国家级教学成果奖

中国人民大学会计系列教材

高级会计学

（第9版·立体化数字教材版）

主编　耿建新　戴德明　周　华

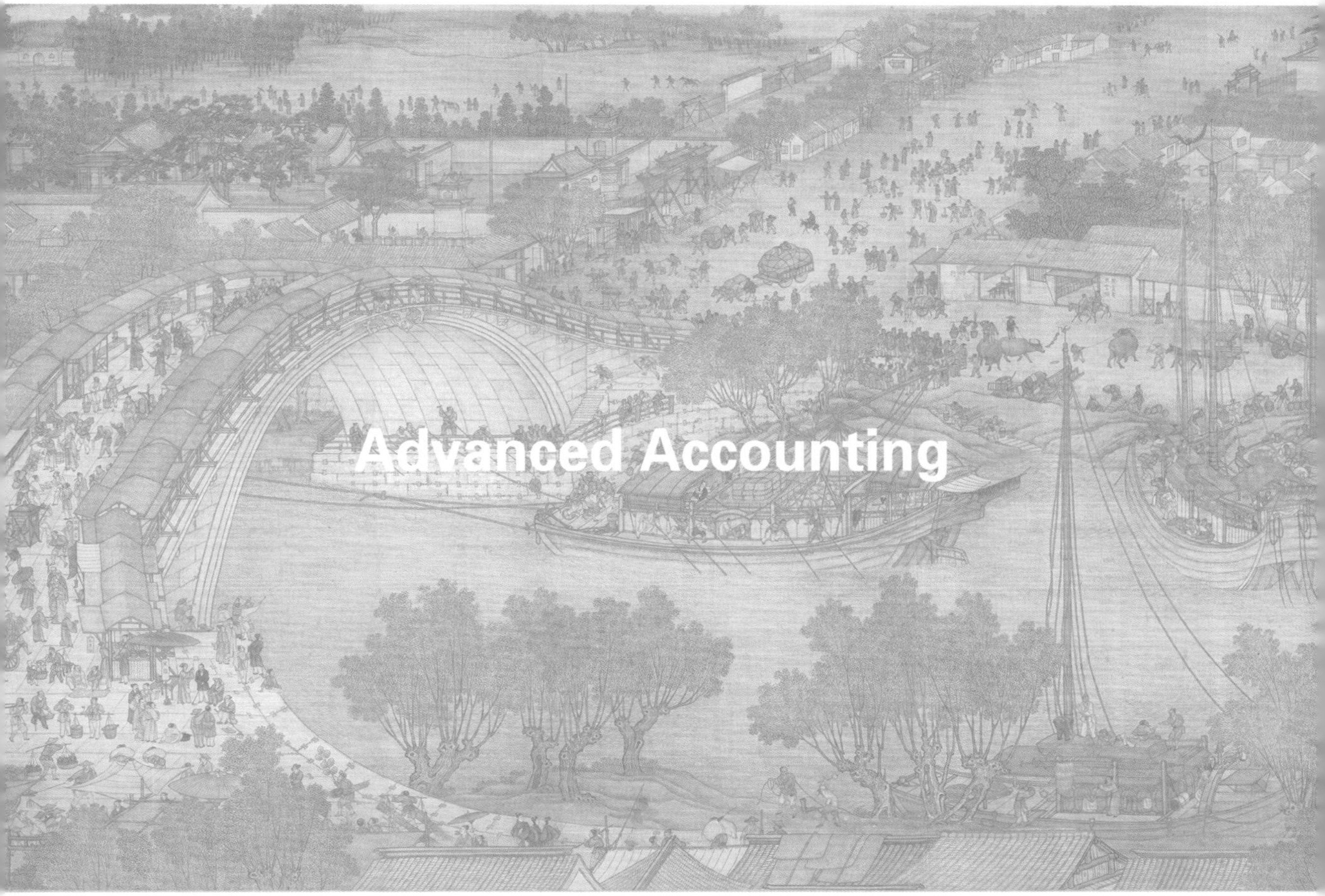

中国人民大学出版社
·北京·

总　序

中国人民大学会计系列教材（简称系列教材）自1993年推出至今，已近30年。这期间我国经济高速发展，会计制度与会计准则发生巨大变化，大学会计教育无论规模还是质量都有了长足进步。回顾近30年的发展历程，系列教材中的每一本每一版，都在努力适应会计环境和教育环境的变化，尽可能满足高校会计教学的需要。

系列教材第1版是由我国当时的重大会计改革催生的。编写时关注两个重点：一是适应我国会计制度的变化，遵循1992年颁布的"两则两制"的要求；二是教材之间尽可能避免重复。系列教材包括：《初级会计学》《财务会计学》《成本会计学》《经营决策会计学》《责任会计学》《高级会计学》《财务管理学》《审计学》《计算机会计学》。

自1997年10月起，系列教材陆续推出第2版。为适应各院校的课程开设需要，将《经营决策会计学》与《责任会计学》合并为《管理会计学》。

自2001年11月起，系列教材陆续推出第3版。根据国家修订的《会计法》、国务院颁布的《企业财务会计报告条例》、财政部修订和颁布的企业具体会计准则以及颁布的《企业会计制度》等进行修订。

自2006年7月起，系列教材陆续推出第4版。进一步修订了教材与2007年1月1日开始实施的《企业会计准则》和中国注册会计师审计准则之间的不协调之处，并将《计算机会计学》变更为《会计信息系统》。

自2009年6月起，系列教材陆续推出第5版。对《高级会计学》《财务管理学》《财务会计学》等的框架结构做了较大调整，新增《会计学（非专业用）》一书。

自2012年6月起，系列教材陆续推出第6版。针对教育部强化本科教育实务性、应用性的要求，新增"简明版"和"模拟实训"两个子系列，并为《初级会计学》和《成本会计学》配备实训资料。

自2014年4月起，系列教材陆续推出第7版。深入阐释了财政部自2014年1月先后发布或修订的多个会计准则。新增《财务报表分析》一书。为适应会计准则的变化，《财务会计学》修订加快，推出第8版。

自2017年8月起，系列教材陆续推出第8版。体现了营改增、会计准则、增值税税率变化等最新动态，其中《初级会计学》修订至第10版，《财务会计学》修订至第12版，并新增《政府与非营利组织会计》，在"简明版"中新增《会计学》《中级财务会计》。为适应数字化对教学的影响，《财务会计学》率先推出"立体化数字教材版"。

自2020年11月起，系列教材陆续推出第9版。根据《普通高等学校教材管理办法》《高等学校课程思政建设指导纲要》对教材的要求，以及数字时代线上线下教学相结合的特点，重点体现立体化数字教材、课程思政内容。此外，为了应对人工智能、大数据等技术对会计实践和教学的影响，拟新增《智能会计》。至此，形成了如下课程体系：

主教材（11本）	学习指导书（7本）	模拟实训（5本）	简明版（8本）
《会计学（非专业用）》	√		《会计学》
《初级会计学》	√	√	
《财务会计学》	√	√	《中级财务会计》
《财务管理学》	√	√	《财务管理》
《成本会计学》	√	√	《成本与管理会计》
《管理会计学》	√	√	
《审计学》			《审计学》
《会计信息系统》			《会计电算化》
《高级会计学》	√		
《财务报表分析》			
《政府与非营利组织会计》			《政府会计》
			《会计专业英语》

系列教材在近30年的出版历程中，以高品质荣获众多奖项，也多次入选国家级规划教材。2001年，系列教材入选由教育部评选的“经济类、管理类专业和法学专业部分主干课程推荐教材”；2003年，系列教材入选“普通高等教育‘十五’国家级规划教材”；2005年，系列教材以“精心组织，持续探索，打造跨世纪会计精品教材（教材）”荣获“第五届高等教育国家级教学成果奖二等奖”；2008年，系列教材入选“普通高等教育‘十一五’国家级规划教材”，其中《会计信息系统》被教育部确认为2008年度普通高等教育精品教材，《审计学》被教育部确认为2009年度普通高等教育精品教材，“简明版”中的《财务管理》被教育部确认为2011年度普通高等教育精品教材；2012年，系列教材入选“‘十二五’普通高等教育本科国家级规划教材”；2014年，系列教材以“以立体化教材建设支撑会计学专业教学改革（教材）”荣获“2014年国家级教学成果奖（高教类）二等奖”。

当前中国高等教育，培养什么人、怎样培养人、为谁培养人是根本问题，立德树人成效是检验高校一切工作的根本标准。具体到会计学专业，在会计准则国际趋同的大背景下，要着力培养既能立足祖国大地又有国际视野的时代新人。基于此，系列教材积极融入习近平新时代中国特色社会主义思想，深刻把握会计专业学生培养目标，积极应对数字化对教学的冲击和挑战，更加重视学生的长远发展，以及学生基本素质和能力的培养，尤其是培养学生发现问题、分析问题和解决问题的能力。

系列教材是在我国著名会计学家阎达五教授等老一辈会计学者的精心呵护下诞生，在广大兄弟院校的大力支持下逐渐成长的。我们衷心希望系列教材能够继续得到大家的认可，也诚恳地希望大家多提改进建议，以便我们在今后的修订中不断完善。

中国人民大学会计系

前 言

《高级会计学》的这次修订后，已经是本书的第 9 版。本书本次修订的原因一是与本书相关会计准则的修订，二是科学技术的发展对本书表达方式的促进；这两方面的因素促成了本书在内容上的不断充实与形式上的不断更新。

作为会计准则的修订因素，本书本次修订涉及的内容既有与本书直接相关的非货币性资产交换、债务重组、租赁、套期会计等准则的修订或再修订，也有来自收入准则、金融工具等准则的修订，以及财务报表的格式变动对本书的影响部分。总之，本书经本次修订之后，能够在内容上与我国现阶段的会计规范更为贴切地配合，在会计教学过程发挥更为精准的作用。

习近平总书记在党的二十大报告中强调，“坚持把发展经济的着力点放在实体经济上”。这是党中央立足全局、面向未来作出的重大战略抉择，具有重要而深远的意义。会计教学和研究要紧紧围绕实体经济发展来展开。本书所阐释的衍生工具、套期保值等知识点，有助于企业更有效地开展金融风险管理、全面预算管理。

为了体现信息时代科学技术发展对本书的促进作用，在本次修订过程中，在中国人民大学出版社领导和同事们的大力支持下，充分利用了二维码、录像视频等教学工具，有针对性地对本书的一些若利用新的表达形式能够得到更好理解效果的部分进行了调整和修改。经过这样的补充与完善之后，我们希望本书中一些较为难以理解、难以尽快掌握的内容，能够通过表达方式的变化而减小难度，更易于同学们接受。

本书的本次修订还有一个令人欣喜的情况，这就是周华教授加入了本书的写作组。这使得本书原作者年龄偏大的状况有了极大的改变，充实了作者队伍，也必然会使本书更受青年同学们的欢迎。

本次修订由中国人民大学商学院会计系耿建新教授、戴德明教授、周华教授共同完成。戴德明教授负责第 1，5，7，8，9 章；周华教授负责第 2，4，10 章；耿建新教授负责第 3，6，11，12 章。本书的三位作者在本次修订过程中认真听取了讲授本书课程的其他院校教师们的意见和建议，认真总结了本书的课堂教学体会，他们以自己扎实的工作为本书的本版修订作出了应有的贡献。

本书是会计教学过程中难度较大的部分，我们衷心希望本书能够继续得到大家的认可与支持，我们也诚恳地希望大家多提出宝贵的改进意见，以使本书为我国的会计教育事业作出更大的贡献。

编者

目　录

二维码目录

第 1 章

Chapter 1 非货币性资产交换

学习目标

1. 理解货币性资产、非货币性资产和非货币性资产交换的概念。
2. 掌握非货币性资产交换的相关确认和计量原则。
3. 掌握非货币性资产交换的会计处理方法。

1.1 非货币性资产交换的界定

1.1.1 货币性资产与非货币性资产的区分

企业的资产可以分为货币性资产与非货币性资产两大类。货币性资产是指企业持有的货币资金和收取固定或可确定金额的货币资金的权利。例如，库存现金和银行存款作为货币资金，属于货币性资产。对于货币资金以外的货币性资产，企业拥有收取固定或可确定金额的货币资金的权利，虽然这种权利不一定能够最终全部实现。例如，应收账款作为企业的债权，有相应的发票等原始凭证作为收款的依据，如果没有现金折扣，则企业拥有收取固定金额的货币资金的权利；如果有现金折扣，则企业也拥有收取可确定金额的货币资金的权利。总之，应收账款虽然有可能发生坏账损失，但其代表了企业收取固定或可确定金额的货币资金的权利，因而属于货币性资产。准备持有至到期的债券投资，由于企业将来持有至到期，因而企业拥有在将来收取固定或可确定金额的货币资金的权利，也属于货币性资产。

非货币性资产是指货币性资产以外的资产。显然，与货币性资产相比，非货币性资产的根本特征是，其在将来为企业带来的经济利益是不固定的，甚至是不可确定的。例如，对于企业在生产中使用的设备，企业持有的主要目的是用于生产经营，设备的价值在使用过程中逐渐磨损，并通过折旧等方式转移到产品成本中去，设备为企业带来的经济利益要通过所生产产品的销售才能实现，其货币金额是不固定的，甚至是不可确定的，因此，生产用设备属于非货币性资产。企业的非货币性资产主要有存货、固定资产、无形资产、投资性房地产和长期股权投资等。

基于货币性资产与非货币性资产的分类，我们可以将一个企业在日常经营过程中与另一个企业之间的资产交换分为以下四类：

（1）以货币性资产与另一个主体的货币性资产相交换。例如，以人民币从银行兑换美元。

（2）以货币性资产与另一个主体的非货币性资产相交换。例如，以银行存款从另一家公司购入设备。

（3）以非货币性资产与另一个主体的货币性资产相交换。例如，出售本公司的商品给另一家公司，并收到货款存入银行。

（4）以非货币性资产与另一个主体的非货币性资产相交换。我们将此类资产交换称为非货币性资产交换。

《财务会计学（第12版·立体化数字教材版）》（中国人民大学出版社，2019）中大量介绍了前三类资产交换交易的会计确认、计量与披露问题，但没有涉及非货币性资产交换。本章专门讨论非货币性资产交换的会计确认、计量与披露问题。

在前三种情况下，通常是基于货币性资产或以货币性资产为主导进行资产计价的，包括对所取得的非货币性资产计价。问题在于，第四种情况下，即当企业用自己的非货币性资产去交换另一个主体的非货币性资产的情况下，我们面临新的问题：（1）所取得的非货币性资产应该如何计价。具体来说，面临两种选择：是基于换出资产或换入资产的公允价值还是基于换出资产的账面价值。（2）换出资产是否应确认损益。

1.1.2 非货币性资产交换的认定

讨论非货币性资产交换的会计问题，首先需要明确界定非货币性资产交换。相关会计准则通常规定，只涉及少量的货币性资产（即补价）的资产交换也属于非货币性资产交换。例如，我国《企业会计准则第7号——非货币性资产交换》规定，非货币性资产交换是指交易双方主要以固定资产、无形资产、投资性房地产和长期股权投资等非货币性资产进行的交换。该交换不涉及或只涉及少量的货币性资产（即补价）。非货币性资产交换之所以要包括涉及少量的货币性资产的情形，是因为用于交换的两项非货币性资产，其价值往往不完全相等，如果完全排除涉及补价的交换，那么准则的适用范围就会太窄。

非货币性资产交换包括只涉及少量货币性资产的情形，还需要解决定量问题。认定涉及少量货币性资产的交换为非货币性资产交换，通常以补价占整个资产交换金额的比例低于25%作为参考。具体来说，支付的货币性资产占换入资产公允价值（或占换出资产公允价值与支付的货币性资产之和）的比例，或者收到的货币性资产占换出资产公允价值（或占换入资产公允价值和收到的货币性资产之和）的比例低于25%的，视为非货币性资产交换；高于25%（含25%）的，不能视为非货币性资产交换。虽然以25%作为一条“明线”并没有充分的理论依据，但这种划线便于实际操作。

1.1.3 广义的非货币性资产交换

为方便讨论非货币性资产交换相关会计处理问题，我们区分狭义与广义的非货币性资产交换。狭义的非货币性资产交换仅包括《企业会计准则第 7 号——非货币性资产交换》所规范的非货币性资产交换；广义的非货币性资产交换除了包括狭义的非货币性资产交换外，还包括由其他具体会计准则所规范的非货币性资产交换。例如：

（1）换出资产为存货的非货币性资产交换。企业以存货换入固定资产、无形资产等非货币性资产的，换出存货的企业相关会计处理适用《企业会计准则第 14 号——收入》。

（2）交换的资产包括属于非货币性资产交换的金融资产。非货币性资产交换中涉及由《企业会计准则第 22 号——金融工具确认和计量》规范的金融资产的，金融资产的确认、终止确认和计量适用《企业会计准则第 22 号——金融工具确认和计量》和《企业会计准则第 23 号——金融资产转移》。

（3）在企业合并中取得的非货币性资产交换。非货币性资产交换涉及企业合并的，适用《企业会计准则第 20 号——企业合并》、《企业会计准则第 2 号——长期股权投资》和《企业会计准则第 33 号——合并财务报表》。

本章 1.2 节、1.3 节、1.4 节、1.6 节介绍狭义的非货币性资产交换涉及的会计确认、计量与披露问题，1.5 节则介绍两类广义的非货币性资产交换：以存货换入非货币性资产，以及非货币性资产交换中涉及由《企业会计准则第 22 号——金融工具确认和计量》所规范的金融资产。

1.2 确认和计量原则

非货币性资产交换涉及两个相互联系的根本性问题：一是换入资产如何计价；二是应否确认交换损益。解决这两个问题可供选择的方法主要有两种：（1）换入资产基于公允价值（换出资产或换入资产的公允价值）计价，确认交换损益；（2）换入资产基于换出资产的账面价值计价，不确认交换损益。会计准则要对这两种方法做出选择，特别是在规定这两种方法分别适用于不同条件的情况下，要使所定条件合理、明确，且具有可操作性。我国《企业会计准则第 7 号——非货币性资产交换》规定，上述两种方法适用于不同类型的非货币性资产交换。而方法的适用条件强调：交换是否具有商业实质以及换入资产或换出资产的公允价值是否能够可靠地计量。

1.2.1 换入资产基于公允价值计价，并确认交换损益

1. 基本条件

《企业会计准则第 7 号——非货币性资产交换》规定，非货币性资产交换同时满足以下两个条件的，应当以公允价值和应支付的相关税费作为换入资产的成本，公允价值与换出资产账面价值的差额计入当期损益：

（1）该项交换具有商业实质。

（2）换入资产或换出资产的公允价值能够可靠地计量。

为了讨论方便，我们将同时满足上述两个条件的非货币性资产交换简称为非货币性资产交换Ⅰ，将不能同时满足上述两个条件的非货币性资产交换简称为非货币性资产交换Ⅱ。

由此可见，非货币性资产交换的会计确认与计量的难点在于对交换是否具有商业实质的判断，及资产公允价值的可靠计量。

2. 商业实质的判断

判断一项非货币性资产交换是否具有商业实质，应当遵循实质重于形式的原则，根据换入资产的性质和换入企业经营活动的特征等因素，换入资产与换入企业其他现有资产相结合能够产生更大的作用，使换入企业受该换入资产影响产生的现金流量与换出资产明显不同，表明该两项资产的交换具有商业实质。

根据《企业会计准则第 7 号——非货币性资产交换》的规定，符合下列条件之一的，视为具有商业实质：

（1）换入资产的未来现金流量在风险、时间分布或金额方面与换出资产显著不同。

对于特定的非货币性资产交换来说，换入资产与换出资产之间在未来现金流量的风险、时间分布或金额三个方面的显著不同，既可以是三个方面都显著不同，也可以只是其中两个方面甚至一个方面显著不同。通常情况下，只要换出资产和换入资产的未来现金流量在其中某个方面存在显著不同，即表明该项交易具有商业实质。

例如，企业以一台生产用设备换入一批商品。因商品的流动性强，能够而且只能在较短的时间内产生现金流量，而生产用设备将在较长的时间内陆续独立地或与其他资产一起为企业带来现金流量，在这种情况下，即使两者产生的未来现金流量的风险和总额都相同，但由于两者产生现金流量的时间跨度相差较大，也可以判断上述生产用设备与商品的未来现金流量显著不同，因而可以认定这两项资产的交换具有商业实质。而实际上，在本例中，生产用设备与商品的未来现金流量的风险和总额也可能显著不同。

又如，A 公司以一项特许使用权换入 B 公司的一项专利技术，预计这两项资产的使用寿命相同，预计在使用寿命内为企业带来的现金流量总额也相同，但是由于换入的专利技术是新开发的，预计在使用初期产生的现金流量明显少于后期，而特许使用权每年产生的现金流量比较均衡，因而可以认为这两项资产每年

产生的现金流量在金额上存在明显差异，可以认定这两项资产的交换具有商业实质。

风险不同是指企业获得现金流量的不确定性程度的差异。比如，甲公司将其拥有的一幢用于出租的写字楼与乙公司的一座酒店交换，两幢楼房的使用年限相同，预计未来现金流量的总金额与时间分布也基本相同，但风险不同。写字楼主要是租给两家信用状况良好的大公司作为办公用房，租金收入比较有保障，而酒店的租住客人主要是散客，入住状况与租金水平等更容易受市场环境因素的影响，未来现金流量具有较大的风险或不确定性。由于写字楼和酒店现金流量的风险或不确定性程度存在明显差异，因此可以认为两者的未来现金流量显著不同，可以认定这两项资产的交换具有商业实质。

（2）使用换入资产所产生的预计未来现金流量现值与继续使用换出资产不同，且其差额与换入资产和换出资产的公允价值相比是重大的。

一般来说，按照上述第一项条件就可以判定某项非货币性资产交换是否具有商业实质。但如果企业按照上述第一项条件难以判定某项非货币性资产交换是否具有商业实质，就可以根据第二项条件，通过计算和比较使用换入资产所产生的预计未来现金流量现值与继续使用换出资产所产生的预计未来现金流量现值加以判断。资产的预计未来现金流量的现值，要按照资产在持续使用过程中和最终处置时所产生的预计未来现金流量，选择恰当的折现率对其进行折现后的金额加以确定。这里的预计未来现金流量应该是税后未来现金流量，而且在计算现值时，应当依据企业自身而不是市场参与者对资产特定风险的评价。

在确定非货币性资产交换是否具有商业实质时，企业应当关注交易各方之间是否存在关联方关系。关联方关系的存在可能导致发生的非货币性资产交换不具有商业实质。

对于企业自身认定具有商业实质的非货币性资产交换，注册会计师、监管部门和其他利益相关者需要重点关注交易的动机，判断相关交易是否为企业经营所需。

3. 公允价值的可靠计量

换入资产或换出资产的公允价值能够可靠确定的，非货币性资产交换才能以公允价值计量，确认产生的损益。

（1）换入资产或换出资产存在活跃市场的，表明该资产的公允价值能够可靠计量。对于存在活跃市场的交易性证券、存货、长期股权投资、固定资产、无形资产等非货币性资产，应当以资产的市场价格为基础确定其公允价值。

（2）换入资产或换出资产本身不存在活跃市场，但类似资产存在活跃市场的，表明该资产的公允价值能够可靠计量。对于类似资产存在活跃市场的存货、长期股权投资、固定资产、无形资产等非货币性资产，应当以调整后的类似资产市场价格为基础确定其公允价值。

（3）对于不存在同类或类似资产可比市场交易的长期股权投资、固定资产、无形资产等非货币性资产，应当参照《企业会计准则第 22 号——金融工具确认和计量》等，采用估值技术确定其公允价值。采用估值技术确定的公允价值估计数的变动区间很小，或者在公允价值估计数变动区间内，各种用于确定公允价值估计数的概率能够合理确定的，视为公允价值能够可靠计量。

1.2.2 换入资产基于换出资产的账面价值计价，不确认交换损益

对于非货币性资产交换Ⅱ，即不具有商业实质或交换涉及的资产公允价值均不能可靠计量的非货币性资产交换，要以换出资产的账面价值和应支付的相关税费作为换入资产的入账金额，不确认交换损益。如果涉及补价，则收到或支付的补价作为确定换入资产入账金额的调整因素。

综上所述，对于非货币性资产交换，是否确认损益与所采用的计量方式直接相关，在以换出资产账面价值为基础确定换入资产成本时，不论是否收到补价，交易各方均不确认交换损益。

1.3 换入资产基于公允价值计价的会计处理

1.3.1 相关问题讨论

对于非货币性资产交换Ⅰ，即交换具有商业实质且换入资产或换出资产的公允价值能够可靠计量的非货币性资产交换，要基于公允价值计价，但具体处理还涉及一些细节问题。例如，换入资产入账金额应该基于换出资产的公允价值还是换入资产的公允价值？如果涉及补价应该如何处理？应支付的相关税费如何处理？交换损益如何确定，如何归类？

1. 换入资产入账金额的确定

在换入资产基于公允价值计价的情况下，换入资产的入账金额原则上应基于换出资产的公允价值予以确定，除非有确凿证据表明换入资产的公允价值比换出资产的公允价值更加可靠。换出资产的公允价值代表了企业取得换入资产所付出的代价，能够更好地体现成本理念。具体分以下几种情况：

（1）不涉及补价的情况下。

1）如果没有确凿证据表明换入资产的公允价值比换出资产的公允价值更加可靠，则

换入资产的入账金额＝换出资产的公允价值＋应支付的相关税费

式中，应支付的相关税费是指按照会计准则的规定应当计入换入资产取得成本的各项税金和费用，如需由换入企业负担的换入固定资产的运输费、装卸费、安装费和专业人员服务费等。需要特别强调的是，与换入资产相关的增值税是否应当包括在换入资产的入账金额中，要根据具体情况而定：按税法规定能够确认为可抵扣销项税额的进项税额，不应计入换入资产的入账金额，否则应当计入。以下各个公式中的“应支付的相关税费”，其意义相同，不再一一说明。

2）如果有确凿证据表明换入资产的公允价值比换出资产的公允价值更加可靠，则

换入资产的入账金额＝换入资产的公允价值＋应支付的相关税费

（2）涉及补价的情况下。

支付补价方：

1）如果没有确凿证据表明换入资产的公允价值比换出资产的公允价值更加可靠，则

换入资产的入账金额＝换出资产的公允价值＋支付的补价＋应支付的相关税费

2）如果有确凿证据表明换入资产的公允价值比换出资产的公允价值更加可靠，则

换入资产的入账金额＝换入资产的公允价值＋应支付的相关税费

收取补价方：

1）如果没有确凿证据表明换入资产的公允价值比换出资产的公允价值更加可靠，则

换入资产的入账金额＝换出资产的公允价值－收到的补价＋应支付的相关税费

2）如果有确凿证据表明换入资产的公允价值比换出资产的公允价值更加可靠，则

换入资产的入账金额＝换入资产的公允价值＋应支付的相关税费

2. 换出资产损益的确定

在换入资产基于公允价值计价的情况下，不论是否涉及补价，只要换出资产的公允价值与其账面价值不同，就会涉及损益的确认问题。在进行损益的具体会计处理时，应当考虑换出资产的种类：

（1）换出资产为固定资产、无形资产的，换出资产公允价值与换出资产账面价值的差额计入资产处置损益。

（2）换出资产为长期股权投资的，换出资产公允价值与换出资产账面价值的差额计入投资收益。

换入资产与换出资产涉及相关税费的，如换出资产视同销售而计算的增值税销项税额，换入资产应当确认的可抵扣增值税进项税额，按照相关税收法规的规定计算确定。

1.3.2　不涉及补价的非货币性资产交换

换入资产的入账金额＝换出资产的公允价值（或换入资产的公允价值）＋应支付的相关税费

应确认的损益＝换出资产的公允价值（或换入资产的公允价值）－换出资产的账面价值

例 1－1

甲公司以原始成本为 1 200 万元、累计折旧为 300 万元的设备换入乙公司的原始成本为 1 100 万元、累计折旧为 300 万元的一套办公用公寓。甲公司换入公寓作办公用房，乙公司换入设备是为扩大生产规模。设备的公允价值和计税价格为 1 000 万元，公寓的公允价值和计税价格为 1 000 万元。假定甲公司出售设备和乙公司出售公寓的增值税税率均为 13%。假定资产交换过程中没有发生除增值税以外的其他相关税费。

分析：

（1）甲公司的会计处理。

第一步，判断该项交易是否为非货币性资产交换。

该项交易是两家企业之间的固定资产交换，且没有涉及补价，该交换属于非货币性资产交换。

第二步，判断对该项非货币性资产交换，能否以公允价值为基础计量。

乙公司持有的公寓的流动性较强，能够在较短的时间内产生现金流量，换入的设备作为固定资产要在较长的时间内陆续为企业带来现金流量，两者产生现金流量的时间相差较大。

因此上述设备与公寓产生的未来现金流量显著不同，两者之间的交换具有商业实质，而且公寓和机器设备的公允价值均能可靠计量。

因此，对该项非货币性资产交换，可以以公允价值为基础对换入资产进行计价。

第三步，编制会计分录（金额单位：万元）。

换入公寓的入账价值＝换出资产的公允价值＋应支付的相关税费
＝1 000＋0＝1 000（万元）

换出设备的损益＝1 000－（1 200－300）＝100（万元）

借：固定资产清理	900	
累计折旧	300	
贷：固定资产		1 200
借：固定资产——办公用房	1 000	
应交税费——应交增值税（进项税额）	130	
贷：资产处置损益——固定资产处置损益		100
应交税费——应交增值税（销项税额）		130
固定资产清理		900

（2）乙公司的会计处理。

第一步，交易分析与甲公司类似。

第二步，编制会计分录（金额单位：万元）。

换入设备的入账价值＝换出资产的公允价值＋应支付的相关税费
＝1 000＋0＝1 000(万元)

换出公寓的损益＝1 000－(1 100－300)＝200(万元)

借：固定资产清理	800	
累计折旧	300	
贷：固定资产		1 100
借：固定资产——设备	1 000	
应交税费——应交增值税（进项税额）	130	
贷：资产处置损益——固定资产处置损益		200
应交税费——应交增值税（销项税额）		130
固定资产清理		800

例 1－2

A 公司以其拥有的一项专利权与 B 公司拥有的对 C 公司的长期股权投资进行交换，交换后 A 公司对 C 公司由重大影响变为控制关系，B 公司换入的专利权能够解决生产中的技术难题。专利权的账面价值为 54 万元，公允价值为 64 万元。长期股权投资的账面价值为 80 万元，公允价值为 64 万元。两项资产未来现金流量的风险、时间和金额均相同。假设整个交易过程没有发生相关税费。

分析：A 公司以一项专利权换入 B 公司拥有的长期股权投资，该项专利权与该项长期股权投资的公允价值相同，两项资产未来现金流量的风险、时间和金额亦相同。但对 A 公司而言，换入该项长期股权投资使该企业对被投资方由重大影响变为控制关系，从而对换入企业的特定价值即预计未来现金流量现值与换出的专利权有较大差异；B 公司换入的专利权能够解决生产中的技术难题，从而对换入企业的特定价值即预计未来现金流量现值与换出的长期股权投资存在明显差异，因而两项资产的交换具有商业实质。因此，该交换属于不涉及补价的非货币性资产交换Ⅰ。

(1) A 公司的会计处理。

第一步，计算确定换入资产的入账金额。

换入资产的入账金额＝换出资产的公允价值＋应支付的相关税费
＝64＋0＝64(万元)

第二步，计算确定非货币性资产交换产生的损益。A 公司换出资产的公允价值为 64 万元，账面价值为 54 万元。因此

该资产交换应确认的损益＝换出资产的公允价值－换出资产的账面价值
＝64－54＝10(万元)

第三步，编制会计分录。

借：长期股权投资——C 公司	640 000	
贷：无形资产——专利技术		540 000
资产处置损益——无形资产处置损益		100 000

(2) B公司的会计处理。

第一步，计算确定换入资产的入账金额。

换入资产的入账金额＝换出资产的公允价值＋应支付的相关税费
＝64＋0＝64(万元)

第二步，计算确定非货币性资产交换产生的损益。B公司换出资产的公允价值为64万元，账面价值为80万元。因此

该资产交换应确认的损益＝换出资产的公允价值－换出资产的账面价值
＝64－80＝－16(万元)

第三步，编制会计分录。

借：无形资产——专利技术	640 000	
投资收益	16 0000	
贷：长期股权投资——C公司		800 000

1.3.3 涉及补价的非货币性资产交换

支付补价方：

换入资产的入账金额＝换出资产的公允价值＋支付补价的公允价值＋应支付的相关税费

应确认的损益＝换出资产的公允价值－换出资产的账面价值

收到补价方：

换入资产的入账金额＝换出资产的公允价值－收到补价的公允价值＋应支付的相关税费

应确认的损益＝换出资产的公允价值－换出资产的账面价值

例1-3

甲公司以原始成本为1 200万元、累计折旧为400万元的设备换入乙公司的原始成本为1 100万元、累计折旧为300万元的一套办公用公寓。甲公司换入公寓作办公用房，乙公司换入设备是为扩大生产规模。设备的公允价值和计税价格为900万元，公寓的公允价值和计税价格为1 000万元。假定甲公司出售设备和乙公司出售公寓的增值税税率均为13%。甲公司向乙公司支付银行存款113万元，其中：补价100万元，增值税13万元。假定资产交换过程中没有发生除增值税以外的其他相关税费。

分析：

(1) 甲公司的会计处理。

第一步，判断该项交易是否为非货币性资产交换。

该项交易是两家企业之间的固定资产交换。

$$\text{交换支付的货币性资产占换入资产公允价值（或占换出资产公允价值与支付的货币性资产之和）的比例}=\frac{100}{1\,000}\times 100\%=10\%<25\%$$

因此，该交换属于涉及补价的非货币性资产交换。

第二步，判断该项非货币性资产交换，是否可以以公允价值为基础计量。

乙公司持有的公寓的流动性较强，能够在较短的时间内产生现金流量，换入的设备作为固定资产要在较长的时间内陆续为企业带来现金流量，两者产生现金流量的时间相差较大。

因此上述设备与公寓产生的未来现金流量显著不同，两者之间的交换具有商业实质，而且公寓和设备的公允价值均能可靠计量。

因此，对该项非货币性资产交换，可以以公允价值为基础对换入资产进行计价。

第三步，编制会计分录（金额单位：万元）。

$$\text{换入公寓的入账价值}=\text{换出资产的公允价值}+\text{支付补价的公允价值}+\text{应支付的相关税费}=900+100+0=1\,000(\text{万元})$$

换出设备的损益＝900－800＝100(万元)

借：固定资产清理　800
　　累计折旧　400
　贷：固定资产　1 200

借：固定资产——办公用房　1 000
　　应交税费——应交增值税（进项税额）　130
　贷：资产处置损益　100
　　　应交税费——应交增值税（销项税额）　117
　　　固定资产清理　800
　　　银行存款　113

（2）乙公司的会计处理。

第一步，具体分析与甲公司类似。

第二步，编制会计分录（金额单位：万元）。

$$\text{换入设备的入账价值}=\text{换出资产的公允价值}-\text{收到补价的公允价值}+\text{应支付的相关税费}=1\,000-100+0=900(\text{万元})$$

换出公寓的损益＝1 000－800＝200(万元)

借：固定资产清理　800
　　累计折旧　300
　贷：固定资产　1 100

借：固定资产——设备　900
　　应交税费——应交增值税（进项税额）　117
　　银行存款　113

贷：资产处置损益　　200

　　应交税费——应交增值税（销项税额）　　130

　　固定资产清理　　800

例 1-4

X公司以其不准备持有至到期的国库券换入Y公司的一幢房屋以备出租。X公司持有的国库券作为交易性金融资产，Y公司的房屋作为固定资产进行管理。国库券的账面价值为550 000元，公允价值为500 000元；房屋的原值为800 000元，在交换日的累计折旧为450 000元，公允价值为400 000元。Y公司向X公司另外支付银行存款100 000元。假设整个交易过程没有发生相关税费。

分析：X公司以其不准备持有至到期的国库券换入一幢房屋以备出租，该公司预计未来每年收到的国库券利息与房屋租金在金额和流入时间上相同，但是国库券利息通常风险很小，租金的取得需要依赖于承租人的财务及信用情况等，两者现金流量的风险或不确定性程度存在明显差异，上述国库券与房屋的未来现金流量显著不同；国库券和房屋的公允价值均能够可靠计量。

$$\text{支付的货币性资产占换入资产公允价值（或占换出资产公允价值与支付的货币性资产之和）的比例}=\frac{100\,000}{500\,000}\times 100\%=20\%<25\%$$

因此，该交换属于涉及补价的非货币性资产交换Ⅰ。

(1) X公司的会计处理。

第一步，计算确定换入资产的入账金额。

$$\text{换入资产的入账金额}=\text{换出资产的公允价值}-\text{收到的补价}+\text{应支付的相关税费}=500\,000-100\,000+0=400\,000(\text{元})$$

第二步，计算确定非货币性资产交换产生的损益。X公司换出资产的公允价值为500 000元，账面价值为550 000元，同时收到补价100 000元。因此

$$\text{该资产交换应确认的损益}=\text{换出资产的公允价值}-\text{换出资产的账面价值}=500\,000-550\,000=-50\,000(\text{元})$$

第三步，编制会计分录。

借：投资性房地产——房屋　　400 000

　　银行存款　　100 000

　　投资收益　　50 000

　贷：交易性金融资产——国库券　　550 000

(2) Y公司的会计处理。

第一步，计算确定换入资产的入账金额。

按照金融工具准则的规定，企业取得交易性金融资产，应当按照其公允价值入账，因此，

$$\text{换入资产的入账金额}=500\,000(\text{元})$$

第二步，计算确定非货币性资产交换产生的损益。Y公司换出资产的公允价值为400 000元，账面价值为350 000元（原值800 000元－累计折旧450 000元）。因此

该资产交换应确认的损益＝换出资产的公允价值－换出资产的账面价值
＝400 000－350 000＝50 000(元)

第三步，编制会计分录。

借：固定资产清理	350 000	
累计折旧	450 000	
贷：固定资产——房屋		800 000
借：交易性金融资产——国库券	500 000	
贷：固定资产清理		350 000
银行存款		100 000
资产处置损益——固定资产处置损益		50 000

例1-5

甲公司以一项商标权换入乙公司新开发的一项专利技术。商标权的账面价值为42 000元，公允价值为69 000元。专利技术的账面价值为68 000元，其公允价值无法评估。此外，甲公司还必须向乙公司支付银行存款21 000元。预计两项无形资产的使用寿命相同，在使用寿命内预计为企业带来的现金流量总额相同。假设整个交易过程没有发生相关税费。

分析：甲公司以其商标权换入乙公司的一项专利技术，由于换入的专利技术是新开发的，预计开始阶段产生的未来现金流量明显少于后期，而该企业拥有的商标权每年产生的现金流量比较均衡，两者产生的现金流量金额差异明显，上述商标权与专利技术的未来现金流量显著不同；商标权的公允价值能够可靠计量。

$$\text{支付的货币性资产占换入资产公允价值（或占换出资产公允价值与支付的货币性资产之和）的比例}=\frac{21\,000}{21\,000+69\,000}\times 100\%=23.33\%<25\%$$

因此，该交换属于涉及补价的非货币性资产交换Ⅰ。

(1) 甲公司的会计处理。

第一步，计算确定换入资产的入账金额。

换入专利技术的入账金额＝换出资产的公允价值＋支付的补价＋应支付的相关税费
＝69 000＋21 000＋0＝90 000(元)

第二步，计算确定非货币性资产交换产生的损益。换出商标权的公允价值为69 000元，账面价值为42 000元，同时支付补价21 000元。因此

该资产交换应确认的损益＝换出资产的公允价值－换出资产的账面价值
＝69 000－42 000＝27 000(元)

第三步，编制会计分录。

借：无形资产——专利技术	90 000	
贷：无形资产——商标权		42 000
银行存款		21 000
资产处置损益——无形资产处置损益		27 000

（2）乙公司的会计处理。

第一步，计算确定换入资产的入账金额。

换入商标权的入账金额＝换入资产的公允价值＋应支付的相关税费
＝69 000（元）

第二步，计算确定非货币性资产交换产生的损益。由于换出专利技术的公允价值无法评估，因此换入资产成本应以换入资产的公允价值为基础来确定，专利技术的账面价值为68 000元，同时收到补价21 000元。因此

$$\begin{aligned}\text{该资产交换应确认的损益}&=\text{换入资产的入账金额}+\text{收到的补价}-\left(\text{换出资产的账面价值}+\text{应支付的相关税费}\right)\\&=\text{换入资产的公允价值}+\text{收到的补价}-\text{换出资产的账面价值}\\&=69\,000+21\,000-68\,000=22\,000(\text{元})\end{aligned}$$

第三步，编制会计分录。

借：无形资产——商标权	69 000	
银行存款	21 000	
贷：无形资产——专利技术		68 000
资产处置损益——无形资产处置损益		22 000

1.3.4 同时换入多项资产时的会计处理

属于非货币性资产交换Ⅰ时，如果同时换入多项资产，应当按照换入各项资产的公允价值占换入资产公允价值总额的比例，对换出资产的公允价值总额进行分配，确定各项换入资产的成本。

1.4 换入资产基于换出资产账面价值计价的会计处理

对于非货币性资产交换Ⅱ，也需要考虑是否涉及补价，以及是否同时换入多项资产。

1.4.1 换入单项资产

1. 不涉及补价时

（1）换入资产的成本计算公式为：

换入资产的入账金额＝换出资产的账面价值＋应支付的相关税费

（2）不确认损益。

2. 涉及补价时

（1）支付补价方。

1）支付补价方换入资产成本的计算公式为：

换入资产的入账金额＝换出资产的账面价值＋支付补价的账面价值＋应支付的相关税费

2）不确认损益。

（2）收到补价方。

1）收到补价方换入资产成本的计算公式为：

换入资产的入账金额＝换出资产的账面价值－收到补价的公允价值＋应支付的相关税费

2）不确认损益。

1.4.2　同时换入多项资产

属于非货币性资产交换Ⅱ时，如果同时换入多项资产，应当按照换入各项资产的原账面价值占换入资产公允价值（如果无法取得公允价值，则按原账面价值总额）的比例，对换入资产的成本总额进行分配，确定各项换入资产的入账金额。

例1－6

A公司拥有一个出租车队经营出租业务，其主要车辆是福特汽车和一汽汽车。A公司希望通过引入通用汽车和丰田汽车来增加出租车队的汽车种类，因此，A公司与同样经营出租车业务的B公司商定，A公司用一辆福特汽车和一辆一汽汽车交换B公司的一辆通用汽车和一辆丰田汽车。福特汽车的原值为150 000元，在交换日的累计折旧为15 000元，公允价值为160 000元；一汽汽车的原值为1 000 000元，在交换日的累计折旧为600 000元，公允价值为500 000元。通用汽车的原值为200 000元，在交换日的累计折旧为64 000元，公允价值为170 000元；丰田汽车的原值为800 000元，在交换日的累计折旧为450 000元，公允价值为500 000元。A公司另外向B公司支付银行存款10 000元。假设整个交易过程没有发生相关税费。

分析：A公司与B公司进行的是多项资产交换，换入、换出资产都是用作出租车，并且其未来现金流量在风险、时间和金额方面基本相同。A，B公司都是经营出租车出租业务，其面临的系统风险基本相同，因此可以合理判断，换入、换出资产的预计未来现金流量的现值基本相同。同时，支付的货币性资产占换出资产公允价值总额与支付的货币性资产之和的比例为1.49%，低于25%。因此，A，B公司进行的是非货币性资产交换Ⅱ。

(1) A公司的会计处理。

第一步，计算确定换入各项资产的成本。换出资产的账面价值分别为：

福特汽车的账面价值＝150 000－15 000＝135 000(元)

一汽汽车的账面价值＝1 000 000－600 000＝400 000(元)

换入资产的账面价值分别为：

通用汽车的账面价值＝200 000－64 000＝136 000(元)

丰田汽车的账面价值＝800 000－450 000＝350 000(元)

换入资产的总成本＝换出资产的账面价值＋支付的补价＋应支付的相关税费

＝135 000＋400 000＋10 000＋0

＝545 000(元)

换入各项资产的入账金额分别为：

$$通用汽车的入账金额=\frac{545\ 000}{136\ 000+350\ 000}\times 136\ 000=152\ 510(元)$$

$$丰田汽车的入账金额=\frac{545\ 000}{136\ 000+350\ 000}\times 350\ 000=392\ 490(元)$$

第二步，编制会计分录。

借：固定资产清理	535 000	
累计折旧	615 000	
贷：固定资产——福特汽车		150 000
——一汽汽车		1 000 000
借：固定资产——通用汽车	152 510	
——丰田汽车	392 490	
贷：固定资产清理		535 000
银行存款		10 000

以账面价值为基础计算换入资产入账金额的情况下，不确认损益。

(2) B公司的会计处理。

第一步，计算确定换入各项资产的入账金额。换出资产的账面价值分别为：

通用汽车的账面价值＝200 000－64 000＝136 000(元)

丰田汽车的账面价值＝800 000－450 000＝350 000(元)

换入资产的账面价值分别为：

福特汽车的账面价值＝150 000－15 000＝135 000(元)

一汽汽车的账面价值＝1 000 000－600 000＝400 000(元)

换入资产的总成本＝换出资产的账面价值－收到的补价＋应支付的相关税费

＝136 000＋350 000－10 000＋0

＝476 000(元)

换入各项资产的入账金额分别为：

$$福特汽车的入账金额=\frac{476\ 000}{135\ 000+400\ 000}\times 135\ 000=120\ 112(元)$$

$$一汽汽车的入账金额=\frac{476\ 000}{135\ 000+400\ 000}\times 400\ 000=355\ 888(元)$$

第二步，编制会计分录。

借：固定资产清理	486 000	
累计折旧	514 000	
贷：固定资产——通用汽车		200 000
——丰田汽车		800 000
借：固定资产——福特汽车	120 112	
——一汽汽车	355 888	
银行存款	10 000	
贷：固定资产清理		486 000

同理，B 公司的该项交换不确认损益。

1.5　适用其他准则的非货币性资产交换

广义的非货币性资产交换除了包括由《企业会计准则第 7 号——非货币性资产交换》所规范的非货币性资产交换外，还包括由其他具体会计准则规范的非货币性资产交换，本节补充介绍其中的两类：由《企业会计准则第 14 号——收入》规范的非货币性资产交换，由金融工具准则规范的非货币性资产交换。

以存货换入固定资产、无形资产等非货币性资产的，换出存货的企业相关会计处理适用《企业会计准则第 14 号——收入》。

非货币性资产交换中涉及由《企业会计准则第 22 号——金融工具确认和计量》规范的金融资产的，金融资产的确认、终止确认和计量适用《企业会计准则第 22 号——金融工具确认和计量》和《企业会计准则第 23 号——金融资产转移》。

1.5.1　换出存货的会计处理

企业以存货换入非货币性资产，涉及收入的确认与计量问题，需要遵循《企业会计准则第 14 号——收入》的相关规定。

《企业会计准则第 14 号——收入》规定：客户支付非现金对价的，企业应当按照非现金对价的公允价值确定交易价格。非现金对价的公允价值不能合理估计的，企业应当参照其承诺向客户转让商品的单独售价间接确定交易价格。单独售价，是指企业向客户单独销售商品的价格。

例 1-7

甲公司以账面价值为 900 万元的产成品办公桌换入乙公司的原始成本为 1 100 万元、累计折旧为 300 万元的一套办公用公寓。甲公司换入公寓作办公用房，乙公司换入办公桌用于办公。公寓的公允价值和计税价格为 1 000 万元，办公桌的公允价值和计税价格为 1 000 万元，不涉及补价。假定甲公司出售办公桌和乙公司出售公寓的增值税税率均为 13%。假定资产交换过程中没有发生除增值税以外的其他相关税费。

分析：

（1）甲公司的会计处理。

第一步，分析。

对于甲公司来说，该项交易是以存货换入非货币性资产。该项交换不是狭义的非货币性资产交换，不由《企业会计准则第 7 号——非货币性资产交换》来规范，而是由《企业会计准则第 14 号——收入》来规范。

换入资产原则上要基于换入资产的公允价值计量。

换入公寓的入账价值＝换入公寓的公允价值＝1 000（万元）

第二步，确定非货币性资产交换产生的损益。

换出资产办公桌的公允价值为 1 000 万元，账面价值为 900 万元，该项交易产生的收益为换出资产的公允价值超过其账面价值的差额 100 万元，应予以确认。

第三步，编制会计分录（金额单位：万元）。

借：固定资产——公寓　1 000
　　应交税费——应交增值税（进项税额）　130
　　主营业务成本　900
　贷：主营业务收入　1 000
　　　应交税费——应交增值税（销项税额）　130
　　　库存商品　900

（2）乙公司的会计处理。

第一步，分析。

对于乙公司来说，该项交易是以固定资产换入固定资产。该项交换是狭义的非货币性资产交换，由《企业会计准则第 7 号——非货币性资产交换》来规范。换入资产原则上要基于换出资产的公允价值计量。

第二步，编制会计分录（金额单位：万元）。

借：固定资产清理　800
　　累计折旧　300
　贷：固定资产——办公用房　1 100
借：固定资产——办公设备　1 000
　　应交税费——应交增值税（进项税额）　130
　贷：资产处置损益　200
　　　应交税费——应交增值税（销项税额）　130

　　固定资产清理　　　　　　　　　　　　　　　　　　　　　　800

1.5.2　换入金融资产的会计处理

如果企业换入的非货币性资产为狭义的金融资产，即应由《企业会计准则第 22 号——金融工具确认和计量》规范的金融资产，则该金融资产的确认和计量适用该准则，而不是《企业会计准则第 7 号——非货币性资产交换》。

企业取得的交易性金融资产等非货币性金融资产，其入账金额的确定要基于公允价值。

企业换出金融资产的非货币性资产交换，无论是遵循《企业会计准则第 7 号——非货币性资产交换》还是《企业会计准则第 22 号——金融工具确认和计量》，会计处理方法都是相同的。

例 1－8

甲公司因资金紧张，急于提高资产的变现能力，遂以其使用中的 A 设备交换乙公司持有的一项交易性金融资产，乙公司另外支付给甲公司银行存款 100 000 元。A 设备的原始成本为 830 000 元，累计已提折旧为 110 000 元，公允价值为 800 000 元；交易性金融资产的账面价值为 630 000 元，公允价值为 650 000 元。甲公司换入资产继续作为交易性金融资产进行管理，乙公司换入 A 设备继续作为固定资产进行管理。假设交换不涉及相关税费。

分析：

(1) 甲公司的会计处理。

按照金融工具准则的规定，企业取得交易性金融资产应当按照其公允价值入账。因此

换入交易性金融资产的入账金额＝650 000(元)

换出固定资产的账面价值＝830 000－110 000＝720 000(元)

换出固定资产的收益＝650 000＋100 000－720 000＝30 000(元)

会计分录为：

借：固定资产清理　　720 000
　　累计折旧　　110 000
　贷：固定资产　　830 000
借：交易性金融资产　　650 000
　　银行存款　　100 000
　贷：固定资产清理　　720 000
　　　资产处置损益　　30 000

(2) 乙公司的会计处理。

换入固定资产的入账金额＝650 000＋100 000＝750 000(元)

换出交易性金融资产的账面价值＝630 000(元)

换出交易性金融资产的收益＝650 000－630 000
＝20 000(元)

会计分录为：

借：固定资产	750 000	
贷：交易性金融资产		630 000
银行存款		100 000
投资收益		20 000

1.6 非货币性资产交换的信息披露

企业应当在附注中披露与非货币性资产交换有关的下列信息：

(1) 非货币性资产交换是否具有商业实质及其原因。

(2) 换入资产、换出资产的类别。

(3) 换入资产初始计量金额的确定方式。

(4) 换入资产、换出资产的公允价值以及换出资产的账面价值。

(5) 非货币性资产交换确认的损益。

思考题

1. 非货币性资产交换给会计确认和计量带来哪些特殊问题？
2. 为什么要强调一项非货币性资产交换是否具有商业实质？
3. 非货币性资产交换中发生补价对确认和计量有何影响？
4. 对于换出存货的非货币性资产交换，其会计处理有何特点？

练习题

1. 20×7 年 5 月，A 公司以其一直用于出租的一幢房屋换入 B 公司生产的办公家具准备作为办公设备使用，B 公司则将换入的房屋继续出租。交换前 A 公司对该房屋采用成本模式进行后续计量，该房屋的原始成本为 500 000 元，累计已提折旧 180 000 元，公允价值为 400 000 元，没有计提过减值准备；B 公司换入房屋后继续采用成本模式进行计量。B 公司办公家具的账面价值为 280 000 元，公允价值和计税价格均为 350 000 元，适用的增值税税率为 13%。B 公司另外支付 A 公司银行存款 0.45 万元，其中包括由于换出和换入资产公允价值不同而支付的补价 5 万元，并扣除换出资产销项税额以及换入资产进项税额（本题暂不考虑与房屋转让相关的增值税，所以进项税额为 0）的差额 4.55 万元。假设该项交换不涉及其他相关税费。

要求： 分别编制A公司和B公司与该项资产交换相关的会计分录。

2. 20×7年9月，X公司的生产经营出现资金短缺，为扭转财务困境，遂决定将其正在建造的一幢办公楼及购买的办公设备与Y公司的一项专利技术及其对Z公司的一项长期股权投资进行交换。截至交换日，X公司办公楼的建造成本为900 000元，办公设备的账面价值为600 000元，公允价值为620 000元；Y公司专利技术的账面价值为400 000元，长期股权投资的账面价值为600 000元。由于正在建造的办公楼完工程度难以合理确定，Y公司的专利技术属于新开发的前沿技术，Z公司是非上市公司，因而X公司在建的办公楼、Y公司的专利技术和对Z公司的长期股权投资这三项资产的公允价值均不能可靠计量。Y公司另支付X公司300 000元补价。假设该项交换不涉及相关税费。

要求： 分别编制X公司和Y公司与该项资产交换相关的会计分录。

第 2 章

Chapter 2

债务重组

学习目标

1. 掌握以资产清偿债务、债转股的会计处理。
2. 了解修改其他债务条件的会计处理。

本章阐释《企业会计准则第 12 号——债务重组》（2019 年修订）的设计理念及其操作规则。该准则是借鉴第 16 号、第 38 号和第 40 号等国际会计准则制定而成的。

《企业会计准则第 12 号——债务重组》（2019 年修订）适用于所有债务重组，但下列各项除外：

（1）债务重组中涉及的债权、重组债权、债务、重组债务和其他金融工具的确认、计量和列报，分别适用《企业会计准则第 22 号——金融工具确认和计量》和《企业会计准则第 37 号——金融工具列报》。

（2）通过债务重组形成企业合并的，适用《企业会计准则第 20 号——企业合并》。

（3）债权人或债务人中的一方直接或间接对另一方持股且以股东身份进行债务重组的，或者债权人与债务人在债务重组前后均受同一方或相同的多方最终控制，且该债务重组的交易实质是债权人或债务人进行了权益性分配或接受了权益性投入的，适用权益性交易的有关会计处理规定。

2.1 债务重组概述

准则所称债务重组，是指在不改变交易对手方的情况下，经债权人和债务人协定或法院裁定，就清偿债务的时间、金额或方式等重新达成协议的交易。该准则中的债务重组涉及的债权和债务是指《企业会计准则第 22 号——金融工具确认和计量》规范的金融工具。

债务重组一般包括下列方式，或下列一种以上方式的组合：（1）债务人以资产清偿债务；(2) 债务人将债务转为权益工具；(3) 除以上两种方式外，采用调整债务本金、改变债务利息、变更还款期限等方式修改债权和债务的其他条款，形成重组债权和重组债务。

2.2 债权人的会计处理

以资产清偿债务或者将债务转为权益工具方式进行债务重组的，债权人应当在相关资产符合其定义和确认条件时予以确认。

2.2.1 以资产清偿债务的情形

1. 以金融资产清偿债务的情形

债权人应将收到的包括现金在内的单项或多项金融资产的公允价值与重组债权的账面价值之间的差额，计入当期损益（投资收益）。账面价值，是指债权扣除减值准备的金额。但收取的金融资产的公允价值与交易价格（即放弃债权的公允价值）存在差异的，应当按照《企业会计准则第 22 号——金融工具确认和计量》的规定处理（即计入投资收益或视情况予以递延）。

借：银行存款	[按实际收到的现金]
交易性金融资产	[按金融资产的公允价值，也可能是其他类别]
投资收益	[按差额，也可能在贷方，下同]
坏账准备	[按原计提的坏账准备]
贷：应收账款	[按原账面余额]

例 2 - 1a

南方制造有限公司于 20×7 年 1 月 1 日销售一批材料给北方实业有限公司，含税价格为 113 000 元。按合同规定，北方实业有限公司应于 20×7 年 3 月 1 日前偿付货款。由于北方实业有限公司发生财务困难，无法按合同规定的期限偿还债务，经双方协议于 4 月 1 日进行债务重组。债务重组协议规定，南方制造有限公司同意北方实业有限公司用一项市价为 10 000 元的债权投资抵偿等额债务，免除 5 000 元债务，余额用现金立即偿清。北方实业有限公司于当日完成债权转让，并通过银行转账支付了剩余款项，南方制造有限公司随即收到了该笔款项，并将该项债权以摊余成本计量。南方制造有限公司已为该项应收债权计提了 10 000 元的坏账准备。北方实业有限公司以摊余成本计量用于抵债的债权投资，债券账面价值为 10 000 元。

分析： 南方制造有限公司（债权人）的账务处理如下。

借：银行存款	98 000
债权投资	10 000

坏账准备　10 000
贷：应收账款　113 000
投资收益　5 000

例 2-2a

福堂农贸有限公司于20×7年1月1日销售给金秋林业有限公司一批产品，含税价格为500 000元。按合同约定，金秋林业有限公司应于20×7年3月31日支付货款。由于金秋林业有限公司财务发生困难，短期内不能支付货款。当日经与福堂农贸有限公司协商，同意以某公司股票抵偿债务。金秋林业有限公司该股票的账面价值为450 000元（假定该资产账面公允价值变动额为零），当日的公允价值为430 000元。假定福堂农贸有限公司为该项应收账款提取了坏账准备45 000元。用于抵债的股票于当日即办理相关转让手续，福堂农贸有限公司将取得的股票作为交易性金融资产处理。假定不考虑该项债务重组相关的税费，该应收账款的公允价值等于账面价值。

分析： 福堂农贸有限公司（债权人）的账务处理如下。

借：交易性金融资产　430 000
投资收益　25 000
坏账准备　45 000
贷：应收账款　500 000

2. 以金融资产以外的资产清偿债务的情形

以资产清偿债务方式进行债务重组的，债权人初始确认受让的金融资产以外的资产时，应当按照下列原则以成本计量：

（1）存货的成本，包括放弃债权的公允价值和使该资产达到当前位置和状态所发生的可直接归属于该资产的税金、运输费、装卸费、保险费等其他成本。

（2）对联营企业或合营企业投资的成本，包括放弃债权的公允价值和可直接归属于该资产的税金等其他成本。

（3）投资性房地产的成本，包括放弃债权的公允价值和可直接归属于该资产的税金等其他成本。

（4）固定资产的成本，包括放弃债权的公允价值和使该资产达到预定可使用状态前所发生的可直接归属于该资产的税金、运输费、装卸费、安装费、专业人员服务费等其他成本。

（5）生物资产的成本，包括放弃债权的公允价值和可直接归属于该资产的税金、运输费、保险费等其他成本。

（6）无形资产的成本，包括放弃债权的公允价值和可直接归属于使该资产达到预定用途所发生的税金等其他成本。

（7）放弃债权的公允价值与账面价值之间的差额，应当计入当期损益（投资收益）。

借：原材料/库存商品/固定资产等科目　［按放弃债权的公允价值和其他成本］
　　应交税费——应交增值税（进项税额）　［按税额］
　　投资收益　［按放弃债权的公允价值与账面价值之间的差额］
　　坏账准备　［按原计提的坏账准备］
　贷：应收账款　［按原账面价值］

例 2-3a

东方电器有限公司与九州电脑有限公司签订购销合同，向九州电脑有限公司购买价值 700 000 元（含增值税）的货物。由于东方电器有限公司财务发生困难，短期内不能支付已于 20×7 年 2 月 1 日到期的货款。20×7 年 4 月 1 日，经双方协商，九州电脑有限公司同意东方电器有限公司以其生产的产品偿还债务。该产品的公允价值与计税价格均为 400 000 元，实际成本为 240 000 元。东方电器有限公司为增值税一般纳税人，适用的增值税税率为 13%。九州电脑有限公司于 20×7 年 4 月 1 日收到东方电器有限公司抵债的产品，并作为库存商品入库；九州电脑有限公司对该项应收账款计提了 100 000 元的坏账准备，该应收账款的公允价值为 452 000 元。

分析： 九州电脑有限公司（债权人）的账务处理如下。

库存商品可抵扣增值税进项税额＝400 000×13%＝52 000(元)

借：库存商品	400 000	
应交税费——应交增值税（进项税额）	52 000	
坏账准备	100 000	
投资收益	148 000	
贷：应收账款		700 000

例 2-4a

金秋林业有限公司于 20×7 年 1 月 1 日销售给润叶家具股份公司一批材料，价值 1 130 000 元（包括应收取的增值税额）。按购销合同约定，润叶家具股份公司应于 20×7 年 3 月 1 日前支付货款，由于润叶家具股份公司财务发生困难，短期内不能支付货款。20×7 年 4 月 1 日，经与金秋林业有限公司协商，双方同意以一台设备偿还债务。该项设备的账面原价为 1 200 000 元，已提折旧 300 000 元，设备的公允价值为 850 000 元。抵债资产均已转让完毕，润叶家具股份公司发生评估费用 6 500 元。金秋林业有限公司已对该项债权计提坏账准备 10 000 元，并发生安装成本 10 000 元。假定不考虑该项债务重组相关的税费，该应收账款的公允价值等于账面价值。

分析： 金秋林业有限公司（债权人）的账务处理如下。

（1）接收固定资产并交付安装时。

借：在建工程	1 120 000
坏账准备	10 000

贷：应收账款　　1 130 000

（2）支付安装成本时。

借：在建工程　　10 000

贷：银行存款　　10 000

（3）安装完毕时。

借：固定资产　　1 130 000

贷：在建工程　　1 130 000

2.2.2　债转股的情形

将债务转为权益工具方式进行债务重组导致债权人将债权转为对联营企业或合营企业的权益性投资的，债权人应当按照前述金融资产以外的资产的入账成本的规定（即包括放弃债权的公允价值和可直接归属于该资产的税金等其他成本），计量其初始投资成本。放弃债权的公允价值与账面价值之间的差额，应当计入当期损益（投资收益）。

借：长期股权投资	［按入账成本］
投资收益	［按放弃债权的公允价值与账面价值之间的差额］
坏账准备	［按原计提的坏账准备］
贷：应收账款	［按原账面余额］
银行存款或应交税费	［按已缴或应缴的税额］

例2-5a

东北重工有限公司于20×7年1月1日销售给西南电器有限公司一批产品，含税价格为600 000元。按合同约定，西南电器有限公司应于20×7年3月31日支付货款。由于西南电器有限公司财务发生困难，短期内不能支付货款。经双方协商同意，采取将所欠债务转为西南电器有限公司股权投资的方式进行债务重组。假定西南电器有限公司普通股的面值为1元，以180 000股抵偿该项债务，股票每股市价为3元。东北重工有限公司对该项应收账款计提了坏账准备20 000元。股票登记手续已办理完毕，东北重工有限公司将其作为长期股权投资处理。该应收账款的公允价值等于账面价值。

分析：东北重工有限公司（债权人）的账务处理如下。

借：长期股权投资　　580 000

　　坏账准备　　20 000

贷：应收账款　　600 000

2.2.3　修改其他债务条件的情形

对于债权人，债务重组通过调整债务本金、改变债务利息、变更还款期限等修改合同条款方式进行的，合同修改前后的交易对手方没有发生改变，合同涉及的本金、利息等现金流量很难在本息之间及债务重组前后作出明确分割，即很难单独识别合同的特定可辨认现金流量。因此，通常情况下，应当整体考虑是否对全部债权的合同条款作出了实质性修改。如果作出实质性修改，或者债权人与债务人之间签订协议，以获取实质上不同的新金融资产方式替换债权，应当终止确认原债权，并按照修改后的条款或新协议确认新金融资产。

具体而言，如果修改其他条款导致全部债权终止确认，债权人应当按照修改后的条款以公允价值初始计量重组债权，重组债权的确认金额与债权终止确认日账面价值之间的差额，记入“投资收益”科目。如果修改其他条款未导致债权终止确认，债权人应当根据其分类，继续以摊余成本、以公允价值计量且其变动计入其他综合收益或者以公允价值计量且其变动计入当期损益进行后续计量。对于以摊余成本计量的债权，债权人应当根据重新议定合同的现金流量变化情况，重新计算该重组债权的账面余额，并将相关利得或损失记入“投资收益”科目。重新计算的该重组债权的账面余额，应当根据将重新议定或修改的合同现金流量按债权原实际利率折现的现值确定，购买或源生的已发生信用减值的重组债权，应按经信用调整的实际利率折现。对于修改或重新议定合同所产生的成本或费用，债权人应当调整修改后的重组债权的账面价值，并在修改后重组债权的剩余期限内摊销。

借：应收账款	
	[修改其他债务条件后的新债权的现值，也可能是其他科目]
投资收益	[差额]
坏账准备	[按原计提的坏账准备]
贷：应收账款	[按原账面余额]

例 2－6a

东北重工有限公司 20×7 年 10 月 31 日应收西南电器有限公司货款的账面余额为 550 000 元，其中，50 000 元为累计未付的利息，票面利率为 10%。由于西南电器有限公司财务发生困难，短期内不能支付货款。经双方协商同意，于 20×7 年末进行债务重组。东北重工有限公司同意将债务本金减至 400 000 元，债务人重新开出了票据；免去债务人所欠的全部利息；将年利率从 10% 降至 5%，并将债务到期日延长至 20×9 年 12 月 31 日，利息按年支付。东北重工有限公司已将应收票据转入应收账款并计提了 50 000 元的坏账准备。如果西南电器有限公司在 20×8 年或 20×9 年中实现盈利，则盈利当年的债务利率按 10% 计算。债务重组时预计西南电器有限公司在 20×8 年实现盈利的概率在 30%，在 20×9 年实现盈利的概率在 80%。最终西南电器有限公司在 20×8 年未实现盈利，在 20×9 年实现盈利。

分析：东北重工有限公司（债权人）的账务处理如下。

（1）20×7 年。

借：应收票据　381 818
　　投资收益　118 182
　　坏账准备　50 000
　贷：应收账款　550 000

（2）20×8 年。

借：银行存款　20 000
　　应收票据　18 182
　贷：财务费用　38 182

（3）20×9 年。

借：银行存款　40 000
　贷：财务费用　40 000
借：银行存款　400 000
　贷：应收票据　400 000

2.2.4　以上述方式的组合进行债务重组的情形

以多项资产清偿债务或者组合方式进行债务重组的，债权人应当首先按照《企业会计准则第 22 号——金融工具确认和计量》的规定确认和计量受让的金融资产和重组债权，然后按照受让的金融资产以外的各项资产的公允价值比例，对放弃债权的公允价值扣除受让金融资产和重组债权确认金额后的净额进行分配，并以此为基础按照前述资产入账成本的计量规则分别确定各项资产的成本。放弃债权的公允价值与账面价值之间的差额，应当计入当期损益（投资收益）。

例 2-7a

汤姆服装有限公司于 20×7 年 1 月 1 日销售给杰瑞商贸有限公司一批产品，含税价格为 600 000 元。按合同约定，杰瑞商贸有限公司应于 20×7 年 3 月 31 日支付货款。由于杰瑞商贸有限公司财务发生困难，短期内不能支付货款。经双方协商同意，杰瑞商贸有限公司支付现金 100 000 元，另外以一批产品偿还债务的一部分，剩下的部分转为汤姆服装有限公司对杰瑞商贸有限公司的投资（投资具有重大影响）。该应收账款的公允价值等于账面价值。

杰瑞商贸有限公司转让的该批产品的成本为 280 000 元，市价为 300 000 元；用于抵债的普通股为 20 000 股，股票每股面值为 1 元，市价每股为 5.5 元。杰瑞商贸有限公司没有对转让的产品计提减值准备，汤姆服装有限公司也未对债权计提坏账准备。汤姆服装有限公司和杰瑞商贸有限公司均为增值税一般纳税人，适用的税率为 13%。假定不考虑其他相关税费。

分析：汤姆服装有限公司（债权人）的账务处理如下。

（1）计算分配给各项资产的成本。

应收账款公允价值　600 000 元
　收到的现金　100 000 元

可以抵扣的增值税进项税额　　300 000×13%＝39 000 元

待分配的成本　　461 000 元

所转股权　　110 000/(110 000＋300 000)×461 000＝123 683 元

受让产品　　337 317 元

（2）会计分录。

借：银行存款　　100 000

长期股权投资　　123 683

库存商品　　337 317

应交税费——应交增值税（进项税额）　　39 000

贷：应收账款　　600 000

2.3　债务人的会计处理

2.3.1　以资产清偿债务的情形

以资产清偿债务方式进行债务重组的，债务人应当在相关资产和所清偿债务符合终止确认条件时予以终止确认，所清偿债务账面价值与转让资产账面价值之间的差额计入当期损益（投资收益或者其他收益）。

1．以金融资产清偿债务的情形

此情形下，应当将重组债务的账面价值与实际转让金融资产账面价值之间的差额，计入当期损益（投资收益）。

借：应付账款	[按原账面价值，也可能是其他科目]
贷：债权投资	[按原账面价值，也可能是其他科目]
长期股权投资	[按原账面价值]
应交税费、银行存款	[税费和杂费]
投资收益	[按差额]

例 2－1b

此例情形同例 12－1a。南方制造有限公司于 20×7 年 1 月 1 日销售一批材料给北方实业有限公司，含税价格为 113 000 元。按合同规定，北方实业有限公司应于 20×7 年 3 月 1 日前偿付货款。由于北方实业有限公司发生财务困难，无法按合同规定的期限偿还债务，经双方协议于 4 月 1 日进行债务重组。债务重组协议规定，南方制造有限公司同意北方实业有限公司用一项市价为 10 000 元的债权投资抵偿等额债务，免除 5 000 元债务，余额用现金立即偿清。北方实业有限公司于当日完成债权转让，并通过银行转账支付了剩余款项，南方制造有限公司随即收到了该笔款项，并将该项债权以摊余成本计量。南方制造有限公司已为该项应收债权计提了 10 000 元的坏账准备。北方实业有限公司以摊余成本计量用于抵债的债权投资，债券账面价值为10 000元。

分析：北方实业有限公司（债务人）的账务处理如下。

借：应付账款	113 000	
贷：银行存款		98 000
债权投资		10 000
投资收益		5 000

例2-2b

此例情形同例12-2a。福堂农贸有限公司于20×7年1月1日销售给金秋林业有限公司一批产品，含税价格为500 000元。按合同约定，金秋林业有限公司应于20×7年3月31日支付货款。由于金秋林业有限公司财务发生困难，短期内不能支付货款。当日经与福堂农贸有限公司协商，同意以某公司股票抵偿债务。金秋林业有限公司该股票的账面价值为450 000元（假定该资产账面公允价值变动额为零），当日的公允价值为430 000元。假定福堂农贸有限公司为该项应收账款提取了坏账准备45 000元。用于抵债的股票于当日即办理相关转让手续，福堂农贸有限公司将取得的股票作为交易性金融资产处理。假定不考虑该项债务重组相关的税费，该应收账款的公允价值等于账面价值。

分析：金秋林业有限公司（债务人）的账务处理如下。

借：应付账款	500 000	
贷：交易性金融资产		450 000
投资收益		50 000

2. 以金融资产以外的资产清偿债务的情形

不需要区分资产处置损益和债务重组损益，也不需要区分不同资产的处置损益，而应将所清偿债务账面价值与转让资产账面价值之间的差额，记入“其他收益——债务重组收益”科目。

（1）以存货清偿债务的情形。

借：应付账款	［按应付账款的原账面价值］
贷：库存商品	［按存货的账面价值］
应交税费——应交增值税（销项税额）	［按税额］
其他收益——债务重组收益	［按上述项目的差额］

例2-3b

此例情形同例12-3a。东方电器有限公司与九州电脑有限公司签订购销合同，向九州电脑有限公司购买价值700 000元的货物。由于东方电器有限公司财务发生困难，短期内不能支付已于20×7年2月1日到期的货款。20×7年4月1日，经双方协商，九州电脑有限公司同意东方电器有限公司以其生产的产品偿还债务。该产品的公允价值与计税价格均为400 000元，实际成本为240 000元。东方电器有限公司为增值税一般纳税人，适用的增值税税率为13%。九州电脑有限公司于20×7年4月1日收到东方电器有限公司抵债的产品，并作为库存商品入库；九州电脑有限公司对该项应收账款计提了100 000元的坏账准备，该应收账款的公允价值为452 000元。

分析：东方电器有限公司（债务人）的账务处理如下。

借：应付账款 700 000
　贷：库存商品 240 000
　　应交税费——应交增值税（销项税额） 52 000
　　其他收益——债务重组收益 408 000

（2）以固定资产、无形资产清偿债务的情形。

例2-4b

此例情形同例12-4a。金秋林业有限公司于20×7年1月1日销售给润叶家具股份公司一批材料，价值1 130 000元（包括应收取的增值税额）。按购销合同约定，润叶家具股份公司应于20×7年3月1日前支付货款，由于润叶家具股份公司财务发生困难，短期内不能支付货款。20×7年4月1日，经与金秋林业有限公司协商，双方同意以一台设备偿还债务。该项设备的账面原价为1 200 000元，已提折旧300 000元，设备的公允价值为850 000元。抵债资产均已转让完毕，润叶家具股份公司发生评估费用6 500元。金秋林业有限公司已对该项债权计提坏账准备10 000元，并发生安装成本10 000元。假定不考虑该项债务重组相关的税费，该应收账款的公允价值等于账面价值。

分析：润叶家具股份公司（债务人）的账务处理如下。

（1）将固定资产净值转入固定资产清理时。

借：固定资产清理 900 000
　　累计折旧 300 000
　贷：固定资产 1 200 000

（2）支付评估费时。

借：固定资产清理 6 500
　贷：银行存款 6 500

（3）确认债务重组利得。

借：应付账款 1 130 000
　贷：固定资产清理 906 500
　　其他收益——债务重组收益 223 500

2.3.2 债转股的情形

债务重组采用将债务转为权益工具方式进行的，债务人初始确认权益工具时，应当按照权益工具的公允价值计量，权益工具的公允价值不能可靠计量的，应当按照所清偿债务的公允价值计量。所清偿债务账面价值与权益工具确认金额之间的差额，记入“投资收益”科目。债务人因发行权益工具而支出的相关税费等，应当依次冲减资本溢价、盈余公积、未分配利润等。

例2－5b

此例情形同例12－5a。东北重工有限公司于20×7年1月1日销售给西南电器有限公司一批产品，含税价格为600 000元。按合同约定，西南电器有限公司应于20×7年3月31日支付货款。由于西南电器有限公司财务发生困难，短期内不能支付货款。经双方协商同意，采取将所欠债务转为西南电器有限公司股权投资的方式进行债务重组。假定西南电器有限公司普通股的面值为1元，以180 000股抵偿该项债务，股票每股市价为3元。东北重工有限公司对该项应收账款计提了坏账准备20 000元。股票登记手续已办理完毕，东北重工有限公司将其作为长期股权投资处理。该应收账款的公允价值等于账面价值。

分析：西南电器有限公司（债务人）的账务处理如下。

借：应付账款	600 000	
贷：股本		180 000
资本公积		360 000
投资收益		60 000

2.3.3 修改其他债务条件的情形

债务重组采用修改其他条款方式进行的，如果修改其他条款导致债务终止确认，债务人应当按照公允价值计量重组债务，终止确认的债务账面价值与重组债务确认金额之间的差额，记入“投资收益”科目。如果修改其他条款未导致债务终止确认，或者仅导致部分债务终止确认，对于未终止确认的部分债务，债务人应当根据其分类，继续以摊余成本、以公允价值计量且其变动计入当期损益或其他适当方法进行后续计量。对于以摊余成本计量的债务，债务人应当根据重新议定合同的现金流量变化情况，重新计算该重组债务的账面价值，并将相关利得或损失记入“投资收益”科目。重新计算的该重组债务的账面价值，应当根据将重新议定或修改的合同现金流量按债务的原实际利率或按《企业会计准则第24号——套期会计》第二十三条规定的重新计算的实际利率（如适用）折现的现值确定。对于修改或重新议定合同所产生的成本或费用，债务人应当调整修改后的重组债务的账面价值，并在修改后重组债务的剩余期限内摊销。

借：应付账款	[按原账面价值]
贷：应付账款	[按修改其他债务条件后新债务的现值]
投资收益	[差额]

例2－6b

此例情形同例12－6a。东北重工有限公司20×7年10月31日应收西南电器有限公司货款的账面余额为550 000元，其中，50 000元为累计未付的利息，票面利率为10%。由于西南电器有限公司财务发生困难，短期内不能支付货款。

经双方协商同意，于20×7年末进行债务重组。东北重工有限公司同意将债务本金减至400 000元，债务人重新开出了票据；免去债务人所欠的全部利息；将年利率从10%降至5%，并将债务到期日延长至20×9年12月31日，利息按年支付。东北重工有限公司已将应收票据转入应收账款并计提了50 000元的坏账准备。如果西南电器有限公司在20×8年或20×9年中实现盈利，则盈利当年的债务利率按10%计算。债务重组时预计西南电器有限公司在20×8年实现盈利的概率在30%，在20×9年实现盈利的概率在80%。最终西南电器有限公司在20×8年未实现盈利，在20×9年实现盈利。

分析：西南电器有限公司（债务人）的账务处理如下。

$$\text{应付票据的新现金流量现值} = 400\,000 \times [5\%/(1+10\%) + (1+10\%)/(1+10\%)^2]$$
$$= 381\,818(\text{元})$$

$$\text{现金流变化} = |(381\,818 - 400\,000)|/400\,000 = 4.5\% < 10\%$$

因此，针对400 000元本金部分的合同条款的修改不构成实质性修改，不终止确认该部分负债。

（1）20×7年。

借：应付票据　　550 000

　贷：应付票据　　381 818

　　　投资收益　　168 182

（2）20×8年。

借：财务费用（381 818×10%）　　38 182

　贷：银行存款（400 000×5%）　　20 000

　　　应付票据　　18 182

（3）20×9年。

借：财务费用（400 000×10%）　　40 000

　贷：银行存款　　40 000

借：应付票据——债务重组　　400 000

　贷：银行存款　　400 000

2.3.4 以上述方式的组合进行债务重组的情形

例2－7b

此例情形同例12－7a。汤姆服装有限公司于20×7年1月1日销售给杰瑞商贸有限公司一批产品，含税价格为600 000元。按合同约定，杰瑞商贸有限公司应于20×7年3月31日支付货款。由于杰瑞商贸有限公司财务发生困难，短期内不能支付货款。经双方协商同意，杰瑞商贸有限公司支付现金100 000元，另外以一批产品偿还债务的一部分，剩下的部分转为汤姆服装有限公司对杰瑞商贸有限公司的投资（投资具有重大影响）。该应收账款的公允价值等于账面价值。

杰瑞商贸有限公司转让的该批产品的成本280 000元，市价为300 000元；用于抵债的普通股为20 000股，股票每股面值1元，市价每股5.5元。杰瑞商贸有限公司没有对转让的产品计提减值准备，汤姆服装有限公司也未对债权计提坏账准备。汤姆服装有限公司和杰瑞商贸有限公司均为增值税一般纳税人，适用的税率为13%。假定不考虑其他相关税费。

分析：杰瑞商贸有限公司（债务人）的账务处理如下。

借：应付账款	600 000	
贷：银行存款		100 000
股本		20 000
资本公积——股本溢价		90 000
库存商品		280 000
应交税费——应交增值税（销项税额）		39 000
其他收益——债务重组收益		71 000

思考题

1.《企业会计准则第12号——债务重组》是如何界定债务重组的？请对这种界定作出简要评价。

2. 你认为债务重组涉及的会计问题主要是什么？

3. 你认为企业会计准则不要求区分债务重组损益和资产处置损益，而是合并作为债务重组相关损益反映有何意义？可能存在什么问题？

练习题

A公司于20×1年1月1日销售给B公司一批产品，含增值税的销售价格为150万元，B公司于20×1年1月1日开出6个月承兑的商业汇票。B公司于20×1年6月30日尚未支付货款。B公司资金周转困难，短期内不能支付货款。当日经与A公司协商，A公司同意B公司以其持有的对丙公司36%的股权抵偿债务。

B公司对该股权投资采用权益法核算，长期股权投资的账面价值为140万元（其中投资成本100万元，损益调整40万元）。假定A公司为该项应收票据提取了坏账准备6万元，其账面价值为144万元，公允价值为147.5万元。用于抵债的股权于当日即办理相关转让手续，不考虑相关税费，A公司将其分类为长期股权投资采用权益法核算。

债务重组前A公司已将该项应收票据转入应收账款；B公司已将应付票据转入应付账款。假定不考虑与商业汇票或者应付款项有关的利息。

要求：对于上述债务重组，分别对A公司和B公司进行账务处理。

第 3 章

Chapter 3 股份支付

学习目标

1. 理解股份支付的概念，能够对概念中各术语的含义进行解释说明。
2. 理解以权益结算的股份支付，熟知以权益结算股份支付的两种形式。
3. 理解以现金结算的股份支付，熟知以现金结算股份支付的两种形式。

股份支付准则的设计理念及其难点

3.1 股份支付概述

3.1.1 股份支付的概念解析

股份支付，是指企业为获取职工和其他方提供服务或商品而授予权益工具或者承担以权益工具为基础确定的负债的交易。

股份支付是一种有目的地给予他人的支付行为。具体来说，可从以下几个方面深入了解：

（1）支付主体是特定的企业，这个企业必须是股份制企业，且应为股份有限公司；更进一步，这个支付主体的代表即为公司所有者。

（2）支付的对象是本企业的职工或其他方，其原因是本企业的职工等为企业提供了服务或商品；一般来说，支付对象主要是本企业职工，他们主要是提供服务。

（3）支付工具的表现形式及其计算依据最为重要，即这种支付工具一般不是作为工资计算的货币，而主要是以股份表现的公司权益工具；即使是货币，其结算基础也不是以一般的即期商品或劳务计算的负债，而是以跨期的条件、以权益工具公允价值变动等为基础确定的负债。这也就使得股份支付具有了以股权结算和以现金结算两种支付方式。

（4）概念中所描述的内容是企业的所有者以股权或者是按照股权的公允价值考虑的，用以处理与职工间支付关系的一种特殊方式；究其根本，是把交易的中心基于企业的股权，以股权的公允价值作为其计算基础的交易。

既然这样的交易也可以现金为结算方式，因此也应当是负债的一种特殊表现，那么，我们为什么不从负债的角度对这样的事项进行解释说明呢？这就需要我们对股份支付与应付职工薪酬之间的关系予以分析说明。

3.1.2 股份支付与应付职工薪酬相比的特征分析

我国《证券法》《公司法》《上市公司股权激励管理办法》等规定，企业可以通过股票期权等权益工具对职工进行激励；已完成股权分置改革的上市公司，允许建立股权激励机制。从表象上来看，属于股权激励的股份支付事项与应付职工薪酬的形成与支付最为相似；但是从具体内容来看，二者既有一定的联系，又有较大的区别。具体来说，企业授予职工股票期权、认股权证等衍生工具或其他权益工具以换取职工提供的服务，从而实现对职工的激励或补偿，实质上属于职工薪酬的组成部分。但是，由于股份支付是以权益工具的公允价值为计量基础，有的业务会随之形成股权关系，因此《企业会计准则第9号——职工薪酬》规定，以股份为基础的薪酬适用《企业会计准则第11号——股份支付》的规定。按上述准则可知，股份支付的会计处理与应付职工薪酬有较大区别。

应付职工薪酬包括应付工资、应付福利费等短期薪酬，离职后福利、辞退福利和其他长期职工福利等长期应付薪酬项目，以及企业提供给职工配偶、子女、受赡养人、已故员工遗属及其他受益人等的福利，是企业为获得职工提供的服务或解除劳动关系而给予的各种形式的报酬或补偿。相比较而言，股份支付虽然是企业对职工的支付，但支付的形式主要是股权，以及以股权的公允价值为基础折算的货币金额。即使以现金结算的股份支付是通过"应付职工薪酬"这个负债账户来完成会计处理的，应付职工薪酬与股份支付仍有下述几个方面的区别：

1. 二者的计价基础不同

应付职工薪酬的计价基础是预先约定好的计时工资、计件工资，或者是其他作为衡量依据的绩效等；股份支付的计价依据则是公司股权的公允价值，具体来说就是上市公司的现行股票价格。

2. 二者的结算基础不同

即使应付职工薪酬有少量的长期应付薪酬项目，其也应是在即期计算结果基础上的延迟发放；股份支付则必须等到预定的日期，可以说是地地道道的跨期项目。

3. 二者体现的相互关系不同

如果职工为企业付出了服务等，他应当得到相应的薪酬，无论这样的薪酬是短期的还是长期的；但在职工取得薪酬之后，支付双方即无应支应付关系外的其他关系。股份支付则与此大不相同，如果职工为企业付出了服务，得到的不是工资而是股份，则同时也成了企业的股东（这里不包括现金结算的股份支付），而这又恰恰成了股份支付的最为特殊之处。

3.1.3　股份支付的实施过程及其各个环节、时点

在股份支付的实施过程中，几个时间性概念非常重要，即行权限制期（等待期）、行权有效期和禁售期；还有不同期间的日期节点，即授予日、可行权日、行权日、出售日和失效日。

1. 等待期与授予日、可行权日

等待期是指可行权条件得到满足的期间。对于可行权条件为规定服务期间的股份支付，等待期为授予日至可行权日的期间；对于可行权条件为规定业绩的股份支付，应当在授予日根据最可能的业绩结果预计等待期的长度。此处的授予日是指股份支付协议获得批准的日期，获得批准是指企业与职工或其他方就股份支付的协议条款和条件已达成一致，该协议获得股东大会或类似机构的批准。可行权日则是指可行权条件得到满足、职工和其他方具有从企业取得现金或权益工具权利的日期。在实际工作中，也有授予后立即可行权的换取职工服务或其他方类似服务的以权益结算的股份支付，这种股份支付的等待期为零。

2. 行权有效期与可行权日、失效日

行权有效期是指可以进行股份支付活动的从始至终的时间期间。此期间的开始日即为上述的可行权日，结束日则为股份支付协议的失效日。这是整个股份支付过程最重要的时间期间。在这段时期内，股份支付协议的持有者可以按照约定的行权价获得企业所有者允诺支付的股份。

3. 禁售期与行权日、出售日

这主要是指股票期权的情况，即按照我国证券相关法规，用于股权激励的支付协议，应在行权日与出售日之间设立禁售期。这里的行权日是指职工和其他方行使权利，获取现金或权益工具的日期；出售日则是指获得股票期权的股票持有者将行使期权所取得的股票对外出售的日期。比如，我国国有控股的上市公司的禁售期不低于两年。

我国股份支付准则的实施过程与重要意义

3.2　以权益结算的股份支付

3.2.1　以权益结算的股份支付及其分类

以权益结算的股份支付，是指企业因获取服务或商品，以股份或其他权益工具作为对价进行结算的交易。

以权益结算的股份支付的会计规则

从业务实践来看，以权益结算的股份支付又有限制性股票和股票期权两种最常见的支付方式。限制性股票，是指激励对象获得无须投资或只需付出很少投资额即可获得全值股票奖励

的激励方式。当股票持有者为企业连续服务到限制性股票所注明的时间段或者是完成预定目标之后，该激励对象即可获得股票，立即拥有企业财产的部分财产权，可以享受企业的分红。相对而言，股票期权则是指公司授予激励对象在未来一定期限内，以预先确定的价格（执行价格）和条件购买本公司一定数量的股票的权利。在这种激励方式下，激励对象通过行权即可获得潜在收益（执行价格和市场价格之差）；抑或反之，如果在行权期股票市场价格低于行权价，则激励对象有权放弃该权利，不予行权。采用股票期权激励方式时，激励对象一般不注重分红权，其收益主要来自股票未来价格的上涨，即其收益实现与否取决于未来股价的波动。

3.2.2 企业会计准则对以权益结算股份支付会计处理的要求

我国《企业会计准则第 11 号——股份支付》对以权益结算的股份支付的会计处理要求如下：

（1）以权益结算的股份支付换取职工提供服务或其他方提供类似服务的，应当以授予职工和其他方权益工具的公允价值计量。

（2）授予后立即可行权的换取职工服务或其他方类似服务的以权益结算的股份支付，应当在授予日按权益工具的公允价值计入相关成本或费用，相应增加资本公积。授予日是指股份支付协议获得批准的日期。

（3）完成等待期内的服务或达到规定业绩条件才可行权的换取职工服务或其他方类似服务的以权益结算的股份支付，在等待期内的每个资产负债表日，应当以对可行权权益工具数量的最佳估计为基础，按照权益工具授予日的公允价值，将当期取得的服务计入相关成本或费用和资本公积。

以权益结算的股份支付的几个重要概念

（4）在资产负债表日，后续信息表明可行权权益工具的数量与以前估计不同的，应当进行调整；在可行权日，调整至实际可行权的权益工具数量。

（5）企业在可行权日之后不再对已确认的相关成本或费用和所有者权益总额进行调整。

（6）以权益结算的股份支付换取商品或其他服务的，应当分别下列情况处理：

1）商品或其他服务的公允价值能够可靠计量的，应当以其取得的公允价值和应支付的相关税费作为商品或其他服务的成本，相应增加所有者权益。

2）商品或其他服务的公允价值不能可靠计量但权益工具公允价值能够可靠计量的，应当以权益工具的公允价值和应支付的相关税费作为换取的商品或其他服务的成本，相应增加所有者权益。

（7）在行权日，企业根据实际行权的权益工具数量，计算确定应转入实收资本或股本的金额，将其转入实收资本或股本。

3.2.3 以权益结算股份支付会计处理的举例说明

案例分析：东华软件

此处对股份支付的会计处理进行举例说明。

例3-1

20×6年1月1日，某上市公司向其从事销售工作的200名职工每人授予10 000份股票期权，这些人员从20×6年1月1日起必须为该公司连续工作三年，三年期满时才能以每股8元的价格购买10 000股公司股票。公司估计该期权在行权日的公允价值为15元。

第一年有20名销售人员离开公司，公司估计三年中离开的人员比例将达到20%；第二年又有10名销售人员离开公司，公司将销售人员离开的比例修正为15%；第三年又有15名销售人员离开。该公司费用和资本公积的计算过程如表3-1所示。

表3-1

单位：元

年份	计算	当期费用	累计费用
20×6	200×10 000×(1−20%)×15×1/3	8 000 000	8 000 000
20×7	200×10 000×(1−15%)×15×2/3−8 000 000	9 000 000	17 000 000
20×8	155×10 000×15−17 000 000	6 250 000	23 250 000

分析：

(1) 20×6年考虑离开的人员是20%时，实际存在的股票期权份数为1 600 000份，按照每份公允价值为15元，已经持有了为期三年的一年，折算为当年的费用应为8 000 000元，累计8 000 000元。

(2) 20×7年考虑离开的人员是15%时，实际存在的股票期权份数为1 700 000份，按照每份公允价值为15元，已经持有了为期三年的两年，折算为当年的费用应为9 000 000元，累计17 000 000元。

(3) 20×8年确定实际离开的人员为45人，实际存在的股票期权份数为1 550 000份，按照每份公允价值为15元，已经持有满三年，折算为当年的费用应为6 250 000元，累计23 250 000元。

该公司的账务处理过程如下：

(1) 20×6年1月1日，授权日不作会计处理。

但是，我们可以想到：在行权期满时，若授予股票期权的人数不发生变化，可以授予的股权为2 000 000份。也就是说，在三年后，若这200名职工都没有离开，会有以每股8元的价格购买股票2 000 000股的业务发生。那时的会计分录为：

借：银行存款　　16 000 000

　贷：股本　　2 000 000

　　资本公积　　14 000 000

一般说来，除了立即可行权的股份支付外，无论权益结算的股份支付还是现金结算的股份支付，企业在授予日均不作会计处理。我国企业会计准则虽然对授予日后立即可行权的股份支付的处理进行了规范，但是授予日后立即可行权的情况在实务中较为少见。

(2) 20×6年12月31日。

借：销售费用等　　8 000 000

　贷：资本公积——权益结算的股份支付　　8 000 000

这样的会计处理说明，等待期内每个资产负债表日，企业应将取得的职工或其他方提供的服务计入成本费用，除以权益结算的对其他方股份支付外，计入成本费用的金额应当按照权益工具的公允价值计量。其道理为：在一年内公司持有协议的职工做了工作，但是还没有按照约定的受益价格购买股票。这样，在一年内，对这些职工工作的承诺应该如何处理呢？具体来说为以下几点：

1）职工提供服务的价格存在吗？数额是多少？计算的结果为8 000 000元，出自何处？

企业会计准则对此的要求是，完成等待期内的服务或达到规定业绩条件才可行权的换取职工服务或其他方类似服务的以权益结算的股份支付，在等待期内的每个资产负债表日，应当以对可行权权益工具数量的最佳估计为基础，按照权益工具授予日的公允价值，将当期取得的服务计入相关成本或费用和资本公积。

2）职工服务的价值该怎样记录？是计作费用，还是计为其他要素？

企业会计准则的要求是，以权益结算的股份支付换取商品或其他服务的，应当分别下列情况处理：商品或其他服务的公允价值能够可靠计量的，应当以其取得的公允价值和应支付的相关税费作为商品或其他服务的成本，相应增加所有者权益；商品或其他服务的公允价值不能可靠计量但权益工具公允价值能够可靠计量的，应当以权益工具的公允价值和应支付的相关税费作为换取的商品或其他服务的成本，相应增加所有者权益。

(3) 20×7年12月31日。

借：销售费用等　　9 000 000

　贷：资本公积——权益结算的股份支付　　9 000 000

这里的会计处理是遵循企业会计准则的以下规定：在资产负债表日，后续信息表明可行权权益工具的数量与以前估计不同的，应当进行调整；在可行权日，调整至实际可行权的权益工具数量。

(4) 20×8年12月31日。

借：销售费用等　　6 250 000

　贷：资本公积——权益结算的股份支付　　6 250 000

第三年的会计处理结果说明，等待期内每个资产负债表日，企业已经根据最新取得的可行权职工人数变动等后续信息做出了最佳估计，修正了预计可行权的权益工具数量。在可行权日，最终预计可行权权益工具的数量应当与实际可行权数量一致。

假设全部职工都在20×8年12月31日行权，公司的股票为每股面值1元，按照8元的价格行权。则

$$可增加的股份数=155\times10\,000=1\,550\,000(股)$$

$$可记录的金额=1\,550\,000\times8=12\,400\,000(元)$$

会计分录如下：

借：银行存款　12 400 000

　　资本公积——权益结算的股份支付　23 250 000

　贷：股本　1 550 000

　　　资本公积——股票溢价　34 100 000

最后的会计处理是遵循了企业会计准则的如下规定：在行权日，企业根据实际行权的权益工具数量，计算确定应转入实收资本或股本的金额，将其转入实收资本或股本。

此例的最终结果是：职工为企业的服务得到了偿付，即职工得到了预先允诺的预定价格股权，在股权的公允价值与约定行权价存在差异的前提下得到了益处；而在这样的跨期过程中，由于职工为企业服务的积累使企业收益增多的数额较大，因此所有者也就利用社会上潜在股东等对本企业的认可而间接实现了职工自身的实际利益。

3.3　以现金结算的股份支付

以现金结算的股份支付

3.3.1　以现金结算的股份支付及其分类

以现金结算的股份支付，是指企业因获取服务或商品，承担以股份或其他权益工具为基础计算确定交付现金或其他资产义务的交易。以现金结算的股份支付与以权益结算的股份支付的主要区别在于前者确认为负债，后者确认为权益，即以现金结算的股份支付应当按照企业承担的以股份或其他权益工具为基础计算确定的负债的公允价值计量。

如同以权益结算的股份支付，以现金结算的股份支付也有两种常用工具，即股票增值权与模拟股票。股票增值权是指公司授予激励对象的一种权利，如果公司股价上涨，激励对象可通过行权获得相应数量的股价升值收益，激励对象不用为行权付出现金，只是在行权后获得现金或等值的公司股票。模拟股票运作原理和限制性股票一样，模拟股票是指公司授予激励对象一种虚拟的股票，激励对象可以根据被授予虚拟股票的数量参与公司分红并享受股价升值收益，但没有所有权和表决权，也不能转让和出售，且在职工离开公司时自动失效。

3.3.2　企业会计准则对以现金结算股份支付会计处理的要求

我国企业会计准则对以现金结算的股份支付的会计处理要求如下：

（1）以现金结算的股份支付应当以承担负债的公允价值计量。

（2）授予后立即可行权的以现金结算的股份支付，应当在授予日以承担负债的公允价值计入相关成本或费用，相应增加负债。

（3）完成等待期内的服务或达到规定业绩条件以后才可行权的以现金结算的

股份支付，在等待期内的每个资产负债表日，应当以对可行权情况的最佳估计为基础，按照承担负债的公允价值金额，将当期取得的服务计入成本或费用和负债。在资产负债表日，后续信息表明当期承担债务的公允价值与以前估计不同的，应当进行调整；在可行权日，调整至实际可行权水平。

（4）企业应当在相关负债结算前的每个资产负债表日以及结算日，对负债的公允价值重新计量，其变动计入当期损益。

以现金结算的股份支付的特征分析

3.3.3 以现金结算股份支付会计处理的举例说明

再以举例的方式说明附有服务年限条件的现金结算股份支付。

例3-2

20×4年1月1日，甲公司向其从事管理工作的200名职工每人授予10 000份现金股票增值权，这些人员从20×4年1月1日起必须为该公司连续工作三年，即可自20×6年12月31日起根据公司股价的增长幅度获得现金，该增值权应在20×8年12月31日之前行使完毕。公司估计，该增值权在负债结算之前的每一个资产负债表日以及结算日的公允价值和可行权后的每份增值权现金支出额如表3-2所示。

表3-2　　单位：元

年份	公允价值	支付现金	对应解释
20×4	14		
20×5	15		
20×6	18	16	第三年，如果职工在此时行使增值权，16元/份
20×7	21	20	第四年，如果职工在此时行使增值权，20元/份
20×8		25	第五年，如果职工在此时行使增值权，25元/份

表3-2是公司根据资本市场与本企业未来发展所做的估计和规定。

该公司的实际情况为：第一年有20名管理人员离开公司，公司估计三年中还将有15名管理人员离开；第二年又有10名管理人员离开公司，公司估计还将有10名管理人员离开；第三年又有15名管理人员离开。第三年年末假定有70人行使股票增值权取得了现金。第四年年末又有50人行使股票增值权取得了现金。在第五年年末，剩余35人全部行使了股票增值权，取得了现金。

费用和应付职工薪酬的计算过程如表3-3所示。

表3-3　　单位：元

年份	计算（1）	支付现金（2）	当期费用 (3)=(1)－上期(1)+(2)
20×4	(200－35)×10 000×14×1/3=7 700 000		7 700 000
20×5	(200－40)×10 000×15×2/3=16 000 000		8 300 000
20×6	(200－45－70)×10 000×18=15 300 000	70×10 000×16=11 200 000	10 500 000
20×7	(200－45－70－50)×10 000×21=7 350 000	50×10 000×20=10 000 000	2 050 000
20×8	7 350 000－7 350 000=0	35×10 000×25=8 750 000	1 400 000
总额		29 950 000	29 950 000

分析：

(1) 20×4年估计离开的人员是35人时，按照股票的公允价值计算的公司负债额为7 700 000元，累计7 700 000元。

(2) 20×5年估计离开的人员是40人时，按照股票的公允价值计算的公司负债额为16 000 000元，累计16 000 000元，当期费用为8 300 000元。

(3) 20×6年实际离开的人数是45人，但有70人已经行权，取得了现金；因此，确定的新增负债额为7 000 000元，累计负债额为15 300 000元。此外，已经行权的70人是按照每份16元的价格行权，共领取公司现金 11 200 000元。经上述数据的推算，70人行权后的当期费用为10 500 000元（15 300 000－16 000 000＋11 200 000）。

(4) 20×7年等待期已满，实际离开的人数是45人，但在70人已经行权后，又有50人行权，取得了现金；因此，累计负债额为7 350 000元。此外，本年行权的50人是按照20元的行权价格领取的现金，领取公司现金10 000 000元。经上述数据的推算得出，第1年70人、第2年50人行权后的当期费用为2 050 000元（7 350 000－15 300 000＋10 000 000）。

(5) 20×8年没有新增负债，最后的35人按照25元的行权价领取现金8 750 000元，最后形成的费用额为1 400 000元（0－7 350 000＋8 750 000）。

该公司的账务处理过程如下：

(1) 20×4年1月1日，授予日不作处理。

解释如上面的权益结算。但是若满三年都没有人离开，到期时应支付的现金为：

若都是在第三年年末＝200×10 000×16＝32 000 000(元)

若都是在第四年年末＝200×10 000×20＝40 000 000(元)

若都是在第五年年末＝200×10 000×25＝50 000 000(元)

则在每年都积累了应付职工薪酬的前提下的会计分录为：

借：应付职工薪酬　　××××

　贷：银行存款　　××××

(2) 20×4年12月31日。

借：管理费用等　　7 700 000

　贷：应付职工薪酬——股份支付　　7 700 000

具体解释的思路如上述以权益结算的股份支付，此处略。

(3) 20×5年12月31日。

借：管理费用等　　8 300 000

　贷：应付职工薪酬——股份支付　　8 300 000

(4) 20×6年12月31日。

借：管理费用等　　10 500 000

　贷：应付职工薪酬——股份支付　　10 500 000

同时，

借：应付职工薪酬——股份支付 11 200 000

贷：银行存款 11 200 000

（5）20×7 年 12 月 31 日。

借：公允价值变动损益 2 050 000

贷：应付职工薪酬——股份支付 2 050 000

同时，

借：应付职工薪酬——股份支付 10 000 000

贷：银行存款 10 000 000

（6）20×8 年 12 月 31 日。

借：公允价值变动损益 1 400 000

贷：应付职工薪酬——股份支付 1 400 000

同时，

借：应付职工薪酬——股份支付 8 750 000

贷：银行存款 8 750 000

3.4 股份支付的信息披露要求

3.4.1 股份支付信息披露的准则要求

无论是以权益结算的股份支付，还是以现金结算的股份支付，在企业的财务报告中，企业都应当在附注中披露与股份支付的性质和范围有关的下列信息：（1）当期授予、行使和失效的权益工具总额。（2）期末发行在外的股份期权或其他权益工具行权价格的范围和合同剩余期限的加权平均数。（3）当期行权的股份期权或类似工具以行权日股票价格计算的加权平均数。（4）权益工具公允价值的确定方法。

企业对性质相似的股份支付信息可以合并披露。

此外，企业应当在附注中披露股份支付交易对当期财务状况和经营成果的影响，至少包括下列信息：（1）当期以权益结算的股份支付确认的费用总额。（2）当期以现金结算的股份支付确认的费用总额。（3）当期以股份支付换取的商品和其他服务总额。

3.4.2 股份支付披露的举例说明

××公司 2014 年年报披露的年股票期权激励计划行权情况如下：

1. 公司股票期权激励计划简述

2011 年 12 月 7 日，公司第四届董事会第十四次会议审议通过了《×× 股份公司股票期权激励计划（草案）》和《股票期权激励计划实施考核办法》，公司独立董事对草案发表了独立意见。同日，公司第四届监事会第六次会议审议通过了《股票期权激励计划（草案）激励对象名单》。

2011 年 12 月 12 日，公司将有关激励计划的申请材料上报中国证监会备案。

12 月 20 日，根据证监会反馈意见，所有文件获证监会备案无异议。

2011 年 12 月 30 日，公司第四届董事会第十五次会议发出召开股东大会通知，审议股权激励相关事项。2012 年 1 月 17 日，公司 2012 年第一次临时股东大会审议通过了《××股份公司股票期权激励计划（修订稿）》《股票期权激励计划实施考核办法》《关于提请股东大会授权董事会办理公司股票期权激励计划相关事宜的议案》。公司将通过向激励对象定向发行人民币普通股（A 股）股票作为本激励计划的股票来源。

2012 年 1 月 18 日，公司第四届董事会第十六次会议审议通过了《关于股票期权激励计划授予相关事项的议案》，确定授予日为 2012 年 1 月 18 日，独立董事对授予股票期权的授予日发表了独立意见。同日，公司第四届监事会第七次会议审议通过了《关于股票期权激励计划授予相关事项的议案》。

股票期权激励计划有效期为授予股票期权的授权日起五年。本激励计划授予的股票期权自授权日起满 12 个月后可以开始行权，激励对象应按本激励计划规定的行权比例分期行权。

2. 本年度股票期权计划执行情况与结果

本次授予的股票期权计划分四次行权，截至本报告出具日，公司股权激励已实施完毕第一期、第二期行权，正在进行第三期，具体情况如表 3－4 所示。

表 3－4

行权期	行权时间	行权比例	行权情况
第一期	自授权日起 12 个月后的首个交易日起至授权日起 24 个月内的最后一个交易日当日止。	30%	2013 年 12 月 5 日，4 336 410 份股票期权流通上市，涉及激励对象 342 名；2014 年 1 月 18 日，31 200 份股票期权流通上市，涉及激励对象 1 名。
第二期	自授权日起 24 个月后的首个交易日起至授权日起 36 个月内的最后一个交易日当日止。	30%	2014 年 2 月 12 日，4 264 260 份股票期权流通上市，涉及激励对象 339 名；2015 年 1 月 15 日，62 400 份股票期权流通上市，涉及激励对象 1 名。
第三期	自授权日起 36 个月后的首个交易日起至授权日起 48 个月内的最后一个交易日当日止。	20%	
第四期	自授权日起 48 个月后的首个交易日起至授权日起 60 个月内的最后一个交易日当日止。	20%	

3. 实施股票期权激励计划对公司报告期内及以后各年度财务状况和经营成果的影响

根据公司授予的期权数量、确定的授予日（2012 年 1 月 18 日），假设各期可行权的股票期权数量不发生变化，经测算，预计激励计划实施各期对经营业绩的影响如表3-5所示。

表3-5　　　　单位：万元

	2012年	2013年	2014年	2015年	合计
对母公司净利润的影响	3 548.12	2 029.40	1 015.33	470.73	7 063.58

企业会计准则第11号——股份支付

思考题

1. 股份支付与应付职工薪酬在实际工作中的区别主要在哪些方面？

2. 以权益结算的股份支付与应付职工薪酬相比较有哪些突出的特点？如何理解其重要意义？

3. 以现金结算的股份支付与以权益结算的股份支付之间的区别何在？与应付职工薪酬之间的关系如何？如何在两种股份支付之间进行选择？

4. 在公司财务报告中，对股份支付的信息披露的要求主要有哪些内容？

练习题

1. 20×5年1月1日，某上市公司向其从事管理工作的100名职工每人授予2 000份股票期权，这些人员从20×4年1月1日起必须为该公司连续工作三年，三年期满时才能以每股5元的价格购买2 000股公司股票。公司估计该期权在授予日的公允价值为16元。

第一年有5名管理人员离开公司，公司估计三年中离开的人员比例将达到10%；第二年又有10名管理人员离开公司，公司将管理人员离开的比例修正为20%；第三年又有5名管理人员离开，剩余人员均按照协议的要求购买了公司股票。

要求：

（1）根据上述情况进行关于当年费用与累计费用的计算。

（2）根据上述计算结果，编制整个行权期间的会计分录并对其经济含义进行简单说明。

2. 某上市公司于20×4年1月1日对从事管理工作的100名职工每人授予5 000份现金股票增值权，这些人员从20×4年1月1日起必须为该公司连续工作三年，即可自20×6年12月31日起根据公司股价的增长幅度获得现金，该增值权应在20×8年12月31日之前行使完毕。公司估计，该增值权在负债结算之前的每一个资产负债表日以及结算日的公允价值和可行权后的每份增值权现金支出额如表3-6所示。

表3-6 单位：元

年份	公允价值	支付现金	对应解释
20×4	12		
20×5	13		
20×6	16	14	第三年，如果职工在此时行使增值权，14元/份
20×7	20	17	第四年，如果职工在此时行使增值权，17元/份
20×8		23	第五年，如果职工在此时行使增值权，23元/份

该公司的实际情况为：第一年有10名管理人员离开公司，公司估计三年中还将有10名管理人员离开；第二年又有5名管理人员离开公司，公司估计还将有10名管理人员离开；第三年又有5名管理人员离开。第三年年末假定有30人行使股票增值权取得了现金。第四年年末又有20人行使股票增值权取得了现金。在第五年年末，剩余人员全部行使股票增值权取得了现金。

要求：

（1）根据上述情况进行关于当年费用与累计费用的计算。

（2）根据上述计算结果，编制整个行权期间的会计分录并对其经济含义进行简单说明。

第4章 政府补助

Chapter 4

学习目标

1. 掌握与资产相关的政府补助的会计处理，与收益相关的政府补助的会计处理。

2. 理解《企业会计准则第16号——政府补助》（2017年修订）所规范的政府补助的范围。

本章简要阐释《企业会计准则第16号——政府补助》（2017年修订）的设计理念及操作规则。该准则是借鉴《国际会计准则第20号——政府补助会计和政府援助的披露》（Accounting for Government Grants and Disclosure of Government Assistance）修订的。

4.1 政府补助概述

4.1.1 定义与范围

准则所称政府补助，是指企业收到的政府无偿给予的货币性资产或非货币性资产。其主要形式包括政府对企业的无偿拨款、税收返还、财政贴息，以及无偿给予非货币性资产等。

准则所称的政府补助是特指的，原则上指直接取得资产的情形下的政府补助。那些不涉及资产直接转移的经济支持，不属于政府补助准则规范的范围。这是因为，在不直接取得资产的情形下，复式记账法无法予以处理，也就不需要为之制定会计规则。

专栏4-1 属于准则规范范围的政府补助的主要形式

（1）无偿拨款。无偿拨款是政府无偿拨付给企业的资金，通常在拨款时明确规定了资金用途。比如，财政部门拨付给企业用于购建固定资产或进行技术改造的专项资金，鼓励企业安置职工就业而给予的奖励款项，拨付企业的粮食定额补贴，拨付企业开展研发活动的研发经费等。

（2）税收返还。税收返还是政府按照国家有关规定采取先征后返（退）、即征即退等办法向企业返还的税款，属于以税收优惠形式给予的一种政府补助。

（3）财政贴息。财政贴息是政府为支持特定领域或区域发展，根据国家宏观经济形势和政策目标，对承贷企业的银行贷款利息给予的补贴。财政贴息主要有两种方式：1）财政将贴息资金直接拨付给受益企业。2）财政将贴息资金拨付给贷款银行，由贷款银行以政策性优惠利率向企业提供贷款。企业可以选择下列方法之一进行会计处理：一是以实际收到的借款金额作为借款的入账价值，按照借款本金和该政策性优惠利率计算相关借款费用。通常情况下，实际收到的金额即为借款本金。二是以借款的公允价值作为借款的入账价值并按照实际利率法计算借款费用，实际收到的金额与借款公允价值之间的差额确认为递延收益。递延收益在借款存续期内采用实际利率法摊销，冲减相关借款费用。

（4）无偿给予非货币性资产。比如，行政划拨土地使用权、天然起源的天然林等。

除税收返还以外的税收优惠（如直接减征、免征、增加计税抵扣额、抵免部分税额等），由于并未直接向企业无偿提供资产，通常不属于准则所规范的政府补助。但也存在例外情况，个别税款减免需要按照政府补助准则进行会计处理。例如，企业取得政策性优惠贷款贴息且财政将贴息资金拨付给贷款银行的情况，这同样属于政府对企业的经济支持。属于一般纳税人的加工型企业根据税法规定招用自主就业退役士兵，并按定额扣减增值税的，应当将减征的税额计入当期损益，借记“应交税费——应交增值税（减免税额）”科目，贷记“其他收益”科目。

另外，增值税出口退税也不属于准则所规范的政府补助。税法对出口货物实行零税率，即对出口环节的增值部分免征增值税，同时退回出口货物前道环节所征的进项税额。由于增值税是价外税，出口货物前道环节所含的进项税额是抵扣项目，体现为企业垫付资金的性质，因此，增值税出口退税实质上是政府归还企业事先垫付的进项税额，不属于政府补助。从复式记账原理上来看，由于增值税是通过设置专栏的形式进行处理，税法为之设计了完整的处理规则，因此，也没有必要设置专门的准则对增值税出口退税另行规范。

4.1.2 政府补助的特征

政府补助具有下列特征：

（1）政府补助是来源于政府的经济资源。对于企业收到的来源于其他方的补助，如果有确凿证据表明政府是补助的实际拨付者，其他方只起到代收代付作用的，那么，该项补助也属于来源于政府的经济资源。例如，某集团公司母公司收到一笔政府补助款，有确凿证据表明该补助款实际的补助对象为该母公司下属子公司，母公司只是起代收代付作用，在这种情况下，该补助款属于对子公司的政府补助。

（2）政府补助是无偿的。即企业取得来源于政府的经济资源，不需要向政府交付商品或服务等对价。无偿性是政府补助的基本特征，这一特征将政府补助与政府作为所有者投入的资本以及政府购买服务等互惠交易区分开来。需要说明的是，政府补助通常附有一定的政策条件，这与政府补助的无偿性并不矛盾。因为这些条件只是政府为了推行宏观经济政策而对政府补助的适用时间、范围和方向进行的限制。

企业从政府取得的经济资源，如果与企业销售商品或提供服务等活动密切相关，且是企业商品或服务的对价或者是对价的组成部分，则应适用《企业会计准则第14号——收入》等相关会计准则，而不适用政府补助准则。例如，新能源汽车价格补贴、家电下乡补贴等从名义上看像是政府补贴，但实际上它们与企业日常经营活动密切相关且构成了企业商品或服务对价的组成部分，因此，企业应当将其作为收入而不是政府补助进行会计处理。

4.1.3 准则对政府补助的分类

根据政府补助给企业带来经济利益或者弥补相关成本费用的形式不同，准则将政府补助划分为与资产相关的政府补助和与收益相关的政府补助。这两类政府补助给企业带来经济利益或者弥补相关成本或费用的形式不同，从而在具体会计处理上存在差别。

1. 与资产相关的政府补助

与资产相关的政府补助，是指企业取得的、用于购建或以其他方式形成长期资产的政府补助。通常情况下，相关补助文件会要求企业将补助资金用于取得长期资产。长期资产将在较长的期间内给企业带来经济利益，因此相应的政府补助的受益期也较长。

2. 与收益相关的政府补助

除与资产相关的政府补助之外的政府补助，一律被准则称作与收益相关的政府补助。此类补助主要是用于补偿企业已发生或即将发生的相关成本费用或损失，受益期相对较短，通常在满足补助所附条件时计入当期损益或冲减相关成本。

对于同时包含与资产相关部分和与收益相关部分的政府补助，应当区分不同部分分别进行会计处理；难以区分的，应当整体归类为与收益相关的政府补助。

4.2 政府补助的会计处理及其列报

4.2.1 政府补助的会计处理规则概要

政府补助准则的会计处理规则看似简单，却包含有相当复杂的逻辑。为便于初学者理解，这里先进行梳理，帮助读者从总体上把握政府补助的会计处理规则。

1. 确认条件

政府补助同时满足下列条件的，才能予以确认：(1) 企业能够满足政府补助所附条件；(2) 企业能够收到政府补助。

2. 不同补助形式下的计量规则

政府补助为货币性资产的，应当按照收到的金额或应收的金额计量。如果企业已经实际收到补助资金，应当按照实际收到的金额计量；如果资产负债表日企业尚未收到补助资金，但企业在符合了相关政策规定后就相应获得了收款权，且与之相关的经济利益很可能流入企业，企业应当在这项补助成为应收款时按照应收的金额计量。

政府补助为非货币性资产的，应当按照公允价值计量；公允价值不能可靠取得的，按照名义金额计量。名义金额为 1 元。

3. 总额法和净额法

根据是否把政府补助计入广义的收入（包括其他收益和营业外收入，准则统称为收益），政府补助的会计处理方法有总额法与净额法之分。

(1) 总额法。在总额法下，企业在确认政府补助时将其全额一次或分次确认为收益（其他收益或营业外收入），而不是作为相关资产账面价值或者成本费用等的扣减。

企业设“其他收益”科目核算总额法下与日常活动相关的政府补助以及其他与日常活动相关且应直接计入其他收益的项目，计入该科目的政府补助可以按照类型进行明细核算。期末，应将该科目余额转入“本年利润”科目，该科目结转后应无余额。

企业通过“营业外收入”科目核算总额法下与日常活动无关的政府补助。

通常情况下，若政府补助补偿的成本费用是营业利润之中的项目，或该补助与日常销售等经营行为密切相关（如增值税即征即退等），则认为该政府补助与日常活动相关。例如，软件企业享受增值税即征即退的税收优惠，该税收优惠与企业销售商品的日常活动密切相关，则属于与日常活动相关的政府补助。与日常活动无关的政府补助，通常由企业常规经营之外的原因所产生，具备偶发性的特征。例如，政府因企业受不可抗力的影响发生停工、停产损失而给予的补助等，应计入营业外收支。

专栏4-2 准则制定者关于将其他收益计入营业利润的理由

实务中，企业取得的一些政府补助与企业的日常活动密切相关，如成本费用补贴、超税负返还、研发活动补助等，有些补助还有国家税法支持且具有持续性的特点，将这些政府补助不加区分地都计入营业外收入，难以真实反映企业的经营情况和营业利润。

修订后的本准则以是否与日常活动相关对政府补助进行了区分，与日常活动相关的政府补助影响营业利润，与日常活动无关的政府补助影响营业外收支，就是为了更加真实地反映企业的经营活动及其营业利润。

资料来源：财政部会计司编写组.《企业会计准则第16号——政府补助》应用指南.2018. 北京：中国财政经济出版社，2018：38.

对于与资产相关的政府补助而言，总额法是指在收到政府补助时按照补助资金的金额借记有关资产科目，贷记“递延收益”科目，然后在相关资产使用寿命内按合理、系统的方法分期计入其他收益或营业外收入。

对于与收益相关的政府补助而言，总额法是指将收到的政府补助直接计入当期的其他收益或营业外收入，或者先计入递延收益然后再逐期分摊计入其他收益或营业外收入。

（2）净额法。在净额法下，企业将政府补助确认为对相关资产账面价值或者所补偿成本费用等的扣减，而不把政府补助计入其他收益或营业外收入。

对于与资产相关的政府补助而言，净额法是指在收到政府补助时，将其冲减相关资产账面价值。以后期间，按照扣减了政府补助后的资产价值对相关资产计提折旧或进行摊销。

对于与收益相关的政府补助而言，净额法是指在收到政府补助时，将其冲减相关成本费用或营业外支出。

专栏4-3 准则制定者关于选择总额法或净额法的要求

企业在选择总额法或净额法之前，首先需要对经济业务的类型进行判断。准则制定者分别结合对增值税即征即退和对芳烃生产企业按实际耗用石脑油数量退还所含消费税这两种情况进行了解读。

一般纳税人对于增值税即征即退的业务，一般应采用总额法进行会计处理，并将该项政府补助计入其他收益。这是由于增值税是价外税，且该税收返还并非对特定的成本费用进行补偿，因此对增值税即征即退业务采用总额法是合适的。至于对芳烃生产企业按实际耗用石脑油数量退还所含消费税，所退还的是生产环节消费税，这部分消费税是生产成本的组成部分，因此，对该业务采用净额法能够更准确地反映企业的生产成本。

资料来源：财政部会计司编写组.《企业会计准则第16号——政府补助》应用指南.2018. 北京：中国财政经济出版社，2018：37-38.

上述规则可概括如表 4－1 所示。

表 4－1　政府补助的会计处理规则

<table>
<tr><th>分类</th><th colspan="3">处理规则</th></tr>
<tr><td rowspan="2">与资产相关的政府补助</td><td>总额法</td><td>按照补助资金的金额借记有关资产科目，贷记“递延收益”科目；然后在相关资产使用寿命内按合理、系统的方法将其分期计入其他收益或营业外收入。
为避免出现前后方法不一致的情况，结转递延收益时不得冲减相关成本费用，而是将递延收益分期计入损益。</td><td>与日常活动有关的，使用“其他收益”科目。
与日常活动无关的，使用“营业外收入”科目。</td></tr>
<tr><td>净额法</td><td>将补助冲减相关资产账面价值，企业按照扣减了政府补助后的资产价值对相关资产计提折旧或进行摊销。</td><td>—</td></tr>
<tr><td rowspan="2">与收益相关的政府补助</td><td>总额法</td><td>直接计入其他收益或营业外收入，或者先计入递延收益，然后再逐期分摊计入其他收益或营业外收入。</td><td>与日常活动有关的，使用“其他收益”科目。
与日常活动无关的，使用“营业外收入”科目。</td></tr>
<tr><td>净额法</td><td>冲减当期的相关成本费用或营业外支出。</td><td>—</td></tr>
</table>

企业应当根据经济业务的实质，判断某一类政府补助业务应当采用总额法还是净额法进行会计处理，通常情况下，对同类或类似政府补助业务只能选用一种方法，同时，企业对该业务应当一贯地运用该方法，不得随意变更。

4.2.2　与资产相关的政府补助的处理

实务中，企业通常先收到补助资金，再按照政府要求将补助资金用于购建固定资产或无形资产等长期资产。如 4.2.1 小节所述，企业可以选择使用总额法或净额法来核算与资产相关的政府补助。

1. 采用总额法核算与资产相关的政府补助

前已述及，在总额法下，企业把政府补助计入当期（或多个期间）的其他收益或营业外收入。

（1）在收到政府补助时，企业应按照补助资金的金额借记“银行存款”等科目，贷记“递延收益”科目。

（2）将政府补助用于购建长期资产时，相关长期资产的购建与企业正常的资产购建或研发处理一致，即通过“在建工程”“研发支出”等科目归集，完成后转为固定资产或无形资产。

（3）后续期间，企业应当在相关资产使用寿命内，采用合理、系统的方法将上述递延收益分期计入损益。即自相关长期资产达到可使用状态时起，在相关资产计提折旧或摊销时，按照相关长期资产的预计使用期限，将递延收益平均分摊转入损益。为避免出现前后方法不一致的情况，结转递延收益时不得冲减相关成本费用，而是将递延收益分期转入其他收益或营业外收入，借记“递延收益”科目，贷记“其他收益”或“营业外收入”科目。

如果企业先收到补助资金，再购建长期资产，则应当在开始对相关资产计提折旧或摊销时开始将递延收益分期计入损益；如果企业先开始购建长期资产，再收到补助资金，则应当在相关资产的剩余使用寿命内按照合理、系统的方法将递延收益分期计入损益。

（4）如果相关资产在使用寿命结束前被出售、转让、报废或发生毁损，企业则应当将尚未分配的相关递延收益余额转入资产处置当期的损益，不再予以递延。对于正常处置的处置损益，记入“资产处置收益”科目。对于因自然灾害发生毁损的固定资产，或者因丧失使用功能等原因而报废清理的固定资产，记入“营业外支出”科目。

例 4－1a

国泰高科有限公司 20×1 年 1 月 6 日以合计 54 240 000 元的代价（其中，政府补助资金 36 000 000 元，自行出资 18 240 000 元）购入一套科研设备。取得的增值税专用发票上注明的不含税金额为 48 000 000 元，增值税进项税额为 6 240 000 元。该设备预计经济使用年限为 10 年，采用直线法计提折旧，假定残值为零。20×9 年 1 月 9 日，国泰高科有限公司出售该设备，得款 14 000 000 元（价税合计）。

分析： 本例采用总额法核算政府补助。该项政府补助与该公司的日常活动相关。

（1）20×1 年 1 月，确认政府补助。

借：银行存款　　36 000 000
　贷：递延收益　　36 000 000

（2）20×1 年 1 月 6 日，购入该设备。

借：固定资产　　48 000 000
　　应交税费——应交增值税（进项税额）　　6 240 000
　贷：银行存款　　54 240 000

（3）自 20×1 年 2 月起，每个资产负债表日计提折旧（按月计提折旧），同时分摊递延收益。

借：研发支出　　400 000
　贷：累计折旧　　400 000
借：递延收益　　300 000
　贷：其他收益　　300 000

（4）20×9 年 1 月 9 日，出售该设备。

此时，自 20×1 年 2 月至 20×9 年 1 月，该公司针对该资产计提了 96 个月的折旧，累计折旧为 38 400 000 元。

借：固定资产清理　　9 600 000
　　累计折旧　　38 400 000
　贷：固定资产　　48 000 000

借：银行存款　　14 000 000

　贷：固定资产清理　　9 600 000

　　应交税费——应交增值税（销项税额）　　1 610 619

　　资产处置收益　　2 789 381

同时，转销递延收益。

借：递延收益　　7 200 000

　贷：其他收益　　7 200 000

对无偿给予的非货币性资产，企业在收到时，应当按照公允价值借记有关资产科目，贷记“递延收益”科目，在相关资产使用寿命内按合理、系统的方法分期计入损益，借记“递延收益”科目，贷记“其他收益”或“营业外收入”科目。

按照名义金额（1 元）计量的政府补助，在取得时直接计入当期损益（其他收益或营业外收入）。

例 4-2

天良粮油有限公司于 20×7 年 6 月 10 日，取得当地政府无偿划拨的一条生产线，该条生产线是当地政府接受某破产企业抵债所得，该条生产线的公允价值为 600 万元，预计可使用 10 年，无残值。该项政府补助与该公司的日常活动相关。

分析：该公司相关账务处理如下。

（1）取得该条生产线时。

借：固定资产　　6 000 000

　贷：递延收益　　6 000 000

（2）自 20×7 年 7 月起，应于每月月末计提该条生产线的折旧，并分摊递延收益。

借：制造费用　　50 000

　贷：累计折旧　　50 000

借：递延收益　　50 000

　贷：其他收益　　50 000

（3）若 20×8 年 12 月，天良粮油有限公司将该项资产对外出售，获得转让价款 560 万元，截至 20×8 年 12 月该项资产已计提折旧及摊销递延收益 90 万元。

借：固定资产清理　　5 100 000

　　累计折旧　　900 000

　贷：固定资产　　6 000 000

借：银行存款　　5 600 000

　贷：固定资产清理　　5 100 000

　　资产处置损益　　500 000

同时，结转尚未摊销的递延收益。

借：递延收益　　5 100 000
　贷：其他收益　　5 100 000

2. 采用净额法核算与资产相关的政府补助

前已述及，在净额法（the capital approach）下，企业将政府补助确认为对相关资产账面价值或者所补偿成本费用等的扣减，而不把政府补助计入其他收益或营业外收入。

如果企业先取得与资产相关的政府补助，再确认所购建的长期资产，净额法下应当将取得的政府补助先确认为递延收益，在相关资产达到预定可使用状态或预定用途时将递延收益冲减资产账面价值。会计处理规则如下：

（1）在收到政府补助时，企业应按照补助资金的金额借记“银行存款”等资产科目，贷记“递延收益”科目。

（2）将政府补助用于购建长期资产时，以政府补助冲减相关资产账面价值。借记“递延收益”科目，贷记“固定资产”等科目。

（3）后续期间，企业按照扣减了政府补助后的资产价值对相关资产计提折旧或进行摊销。

如果相关长期资产投入使用后企业再取得与资产相关的政府补助，净额法下应当在取得补助时冲减相关资产的账面价值，并按照冲减后的账面价值和相关资产的剩余使用寿命计提折旧或进行摊销。

例 4－1b

沿用例 4－1a 的资料。

分析：本例采用净额法核算政府补助。

（1）20×1 年 1 月，确认政府补助。

借：银行存款　　36 000 000
　贷：递延收益　　36 000 000

（2）20×1 年 1 月 6 日，购入该设备。

借：固定资产　　48 000 000
　　应交税费——应交增值税（进项税额）　　6 240 000
　贷：银行存款　　54 240 000

借：递延收益　　36 000 000
　贷：固定资产　　36 000 000

（3）自 20×1 年 2 月起，每个资产负债表日计提折旧时（按月计提折旧）。

借：研发支出　　100 000
　贷：累计折旧　　100 000

（4）20×9 年 2 月 1 日，出售该设备。

此时，自 20×1 年 2 月至 20×9 年 2 月，该公司针对该资产计提了 96 个月的折旧，累计折旧为 9 600 000 元。

借：固定资产清理　　2 400 000
　　累计折旧　　9 600 000

贷：固定资产 12 000 000

借：银行存款 14 000 000

贷：固定资产清理 2 400 000

应交税费——应交增值税（销项税额） 1 610 619

资产处置收益 9 989 381

4.2.3 与收益相关的政府补助的处理

如 4.2.1 小节所述，企业可以选择使用总额法或净额法来核算与收益相关的政府补助。

1. 用于补偿企业以后期间的相关成本费用或损失的与收益相关的政府补助

与收益相关的政府补助，用于补偿企业以后期间的相关成本费用或损失的，企业在取得时应当先判断企业能否满足政府补助所附条件。能够满足政府补助确认条件的，应当将其确认为递延收益，并在确认相关成本费用或损失的期间，计入其他收益或营业外收入（即总额法），或者冲减相关成本费用或营业外支出（即净额法）。

（1）总额法示例。

例 4－3a

中南造船有限公司 20×7 年 1 月接受当地政府提供的政府补助 90 000 000 元，用于企业的人才激励和人才引进奖励，中南造船有限公司必须按年向当地政府报送详细的资金使用计划并按规定用途使用该项政府补助。协议同时还约定，中南造船有限公司自获得奖励起 15 年内不得将注册地址迁离该地区，否则当地政府有权追回奖励资金。中南造船有限公司于 20×7 年 12 月、20×8 年 12 月、20×9 年 12 月各使用了 30 000 000 元，用于向总裁级高管发放年度奖金。本例中不考虑相关税费等其他因素。

分析：中南造船有限公司选择使用总额法核算该项政府补助。

（1）20×7 年 1 月，收到政府补助时。

借：银行存款 90 000 000

贷：递延收益 90 000 000

（2）20×7 年至 20×9 年，每年年末将政府补贴用于发放高管奖金时。

借：递延收益 30 000 000

贷：其他收益 30 000 000

（2）净额法示例。

例 4－3b

中南造船有限公司 20×7 年 1 月接受当地政府提供的政府补助 90 000 000 元，用于企业的人才激励和人才引进奖励，中南造船有限公司必须按年向当地政府报送详细的资金使用计划并按规定用途使用该项政府补助。协议同时还约定，中南造船有限公司自获得奖励起15年内不得将注册地址迁离该地区，否则当地政府有权追回奖励资金。中南造船有限公司于20×7年12月、20×8年12月、20×9年12月各使用了30 000 000元，用于向总裁级高管发放年度奖金。本例中不考虑相关税费等其他因素。

分析：中南造船有限公司选择使用净额法核算该项政府补助。

（1）20×7年1月，收到政府补助时。

借：银行存款	90 000 000	
贷：递延收益		90 000 000

（2）20×7年至20×9年，每年年末将政府补贴用于发放高管奖金时。

借：递延收益	30 000 000	
贷：管理费用		30 000 000

2. 用于补偿企业已发生的相关成本费用或损失的与收益相关的政府补助

与收益相关的政府补助，用于补偿企业已发生的相关成本费用或损失的，直接计入其他收益或营业外收入（即总额法），或者冲减相关成本费用或营业外支出（即净额法）。

（1）总额法示例。

例4-4

香农食品有限公司是农业龙头企业，该公司20×7年7月因遭受重大自然灾害，收到政府补助资金8 000 000元。该项政府补助与该公司的日常活动无关。

分析：香农食品有限公司采用总额法核算政府补助。

20×7年7月，该公司实际收到返还的增值税时。

借：银行存款	8 000 000	
贷：营业外收入		8 000 000

例4-5

行者软件股份公司的软件产品依法享受增值税即征即退政策。税务机关按照13%的税率征收增值税后，对其增值税实际税负超过3%的部分实行即征即退。该公司20×9年9月在进行纳税申报时，对归属于8月的增值税即征即退提交退税申请，经主管税务机关审核后的退税额为1 300 000元。

分析：该公司的账务处理如下。

借：其他应收款	1 300 000	
贷：其他收益		1 300 000

（2）净额法示例。

例4-6

西南环保化工股份公司是主攻芳香烃产品开发的高科技公司。该公司依法享受按照生产环节实际耗用的原料数量退还该原料所含消费税的待遇。20×9年6月6日，该企业根据当期产量及所购原料供应商的消费税证明，向税务机关申请退还消费税4 000 000元。

分析：该公司的账务处理如下。

借：其他应收款 4 000 000

贷：生产成本 4 000 000

4.2.4 财政贴息资金的处理

准则规定，企业取得政策性优惠贷款贴息的，应当区分财政将贴息资金拨付给贷款银行和财政将贴息资金直接拨付给企业两种情况，分别进行会计处理。

1. 财政将贴息资金拨付给贷款银行

财政将贴息资金拨付给贷款银行，由贷款银行以政策性优惠利率向企业提供贷款的，企业可以选择下列两种方法之一进行会计处理。企业选定了会计处理方法之后，应当一致地运用，不得随意变更。[①]

（1）方法一：以实际收到的借款金额作为借款的入账价值，按照借款本金和该政策性优惠利率计算相关借款费用。

例4-7a

20×7年1月1日，东方文明文化传播有限公司向银行贷款1 000 000元，期限2年，按月计息，按季度付息，到期一次还本。该公司的非物质文化遗产项目符合财政贴息的条件，因此，该公司与银行签订的贷款年利率为3.6%（即月利率为0.3%），而同类无贴息贷款的年利率为9.6%（即月利率为0.8%）。当地财政机关按年向银行拨付贴息资金。假定贷款期间的利息费用不满足资本化条件，一律计入财务费用。

分析：

（1）20×7年1月1日，该公司取得银行贷款1 000 000元时。

借：银行存款 1 000 000

贷：长期借款——本金 1 000 000

（2）20×7年1月31日起，每月月末计提利息时。

企业实际承担的利息支出＝1 000 000×0.3%＝3 000(元)

借：财务费用 3 000

贷：应付利息 3 000

（2）方法二：以借款的公允价值作为借款的入账价值并按照实际利率法计算借款费用，实际收到的金额与借款公允价值之间的差额确认为递延收益。递延收益在借款存续期内采用实际利率法摊销，冲减相关借款费用。

---

① 准则制定者称，“之所以提供两种方法供企业选择，是为了同时兼顾实务可操作性和国际趋同的需要”。

例4-7b

20×7年1月1日，东方文明文化传播有限公司向银行贷款1 000 000元，期限2年，按月计息，按季度付息，到期一次还本。该公司的非物质文化遗产项目符合财政贴息的条件，因此，该公司与银行签订的贷款年利率为3.6%（即月利率为0.3%），而同类无贴息贷款的年利率为9.6%（即月利率为0.8%）。当地财政机关按年向银行拨付贴息资金。假定贷款期间的利息费用不满足资本化条件，一律计入财务费用。

分析：本例中的实际利率也就是月利率0.8%。根据这一实际利率，可计算出该项借款在期初的未来现金流量现值为891 211元，这也就是该项借款在期初的摊余成本。用期初摊余成本乘以实际利率，可计算各期的财务费用如表4-2中第②列所示。

表4-2 采用实际利率计算的财务费用以及递延收益的摊销情况

月度	名义上支付的利息	财政贴息	实际承担的利息	财务费用	视为追加本金的金额（递延收益的摊销额）	摊余成本*
			①	②=期初④×IRR	③=②-①	④=上期④+③
0						891 211
1	8 000	5 000	3 000	7 130	4 130	895 341
2	8 000	5 000	3 000	7 163	4 163	899 503
3	8 000	5 000	3 000	7 196	4 196	903 699
4	8 000	5 000	3 000	7 230	4 230	907 929
5	8 000	5 000	3 000	7 263	4 263	912 192
6	8 000	5 000	3 000	7 298	4 298	916 490
7	8 000	5 000	3 000	7 332	4 332	920 822
8	8 000	5 000	3 000	7 367	4 367	925 188
9	8 000	5 000	3 000	7 402	4 402	929 590
10	8 000	5 000	3 000	7 437	4 437	934 027
11	8 000	5 000	3 000	7 472	4 472	938 499
12	8 000	5 000	3 000	7 508	4 508	943 007
13	8 000	5 000	3 000	7 544	4 544	947 551
14	8 000	5 000	3 000	7 580	4 580	952 131
15	8 000	5 000	3 000	7 617	4 617	956 748
16	8 000	5 000	3 000	7 654	4 654	961 402
17	8 000	5 000	3 000	7 691	4 691	966 094
18	8 000	5 000	3 000	7 729	4 729	970 822
19	8 000	5 000	3 000	7 767	4 767	975 589
20	8 000	5 000	3 000	7 805	4 805	980 394
21	8 000	5 000	3 000	7 843	4 843	985 237
22	8 000	5 000	3 000	7 882	4 882	990 119
23	8 000	5 000	3 000	7 921	4 921	995 040
24	8 000	5 000	3 000	7 960	4 960	1 000 000
合计	192 000	120 000	72 000	180 789	108 789	—

*摊余成本原本是根据小数点后10位的精确度计算而成的，在制作本表时由于取整的原因而存在一定的尾差。

以第 1 个月为例，表中的逻辑关系如下：该公司计算的第 1 个月财务费用为 7 130 元，而该公司实际上只负担了 3 000 元，在理论上少负担的利息 4 130 元就被加到了借款的摊余成本上，因此，第 1 个月月末的摊余成本就是 895 341 元。其余月份可以此类推。

（1）20×7 年 1 月 1 日，该公司取得名义本金为 1 000 000 元的银行借款，其摊余成本为 891 211 元，利息调整为 108 789 元。

借：银行存款	1 000 000	
长期借款——利息调整	108 789	
贷：长期借款——本金		1 000 000
递延收益		108 789

（2）限于篇幅，下面以前六个月为例来说明递延收益的摊销效果，其余月份可以此类推。

1）记录第 1—6 月的财务费用时，会计分录如表 4－3 所示。

表 4－3

会计分录	月份					
	1	2	3	4	5	6
借：财务费用	7 130	7 163	7 196	7 230	7 263	7 298
贷：应付利息	3 000	3 000	3 000	3 000	3 000	3 000
长期借款——利息调整	4 130	4 163	4 196	4 230	4 263	4 298

2）递延收益在借款存续期内采用实际利率法摊销时，会计分录如表 4－4 所示。

表 4－4

会计分录	月份					
	1	2	3	4	5	6
借：递延收益	4 130	4 163	4 196	4 230	4 263	4 298
贷：财务费用	4 130	4 163	4 196	4 230	4 263	4 298

可见，采用这种方法所记录的财务费用均为每月 3 000 元，与例 4－7a 的结果相同。

所不同的是，例 4－7a 中的银行借款是以 1 000 000 元列入资产负债表的，而例 4－7b 中的银行存款是以摊余成本 891 211 元入账的。

2. 财政将贴息资金直接拨付给企业

财政将贴息资金直接拨付给企业，企业应当将对应的贴息冲减相关借款费用。

这种对财政贴息的账务处理规则，与《基本建设财务规则》（财政部第 81 号令）的相关规定是一致的。

例 4－7c

本例与例 4－7a 和例 4－7b 作对比。

20×7年1月1日，东方文明文化传播有限公司向银行贷款1 000 000元，贷款年利率为9.6%，期限2年，按月计息，按季度付息，到期一次还本。该公司的非物质文化遗产项目符合财政贴息的条件，可以凭付息凭证向财政机关申请贴息资金，财政机关按年与该公司结算贴息资金。企业实际负担的贷款年利率为3.6%。

假定贷款期间的利息费用不满足资本化条件，一律计入财务费用。

分析：

（1）20×7年1月1日，该公司取得银行贷款1 000 000元时。

借：银行存款　　1 000 000

　贷：长期借款——本金　　1 000 000

（2）20×7年1月31日起，每月月末计提利息时。

企业每月应向银行支付的利息＝1 000 000×9.6%÷12＝8 000(元)

企业实际承担的利息＝1 000 000×3.6%÷12＝3 000(元)

应收政府贴息＝8 000－3 000＝5 000(元)

借：财务费用　　8 000

　贷：应付利息　　8 000

借：其他应收款　　5 000

　贷：财务费用　　5 000

4.2.5 政府补助的返还

已确认的政府补助需要退回的，应当在需要退回的当期分情况按照以下规定进行会计处理：（1）初始确认时冲减相关资产账面价值的，调整资产账面价值；（2）存在相关递延收益的，冲减相关递延收益账面余额，超出部分计入当期损益；（3）属于其他情况的，直接计入当期损益。

例4-8a

本例沿用例4-1a的资料。

国泰高科有限公司20×1年1月6日以合计54 240 000元的代价（其中，政府补助资金36 000 000元，自行出资18 240 000元）购入一套科研设备。取得的增值税专用发票上注明的不含税金额为48 000 000元，增值税进项税额为6 240 000元。该设备预计经济使用年限为10年，采用直线法计提折旧，假定残值为零。

假定20×1年12月1日，有关部门在对国泰高科有限公司的抽检中发现，该公司不符合申请补助的条件，要求其退回补助款。该公司当月退回了补助款。

分析：本例采用总额法核算政府补助。该项政府补助与该公司的日常活动相关。

（1）20×1年1月，确认政府补助。

借：银行存款　　36 000 000

　贷：递延收益　　36 000 000

（2）20×1 年 1 月 6 日，购入该设备。

借：固定资产　48 000 000

　　应交税费——应交增值税（进项税额）　6 240 000

　贷：银行存款　54 240 000

（3）自 20×1 年 2 月起，每个资产负债表日计提折旧（按月计提折旧），同时分摊递延收益。

借：研发支出　400 000

　贷：累计折旧　400 000

借：递延收益　300 000

　贷：其他收益　300 000

（4）20×1 年 12 月 1 日，退回补助款时。选择总额法进行会计处理，应当结转递延收益，并将超出部分计入当期损益。因为以前期间是计入其他收益，所以这部分退回的补助应冲减退回当期的其他收益。

借：递延收益　33 000 000

　　其他收益　3 000 000

　贷：银行存款　36 000 000

例 4 - 8b

本例沿用例 4 - 1b 的资料。

国泰高科有限公司 20×1 年 1 月 6 日以合计 54 240 000 元的代价（其中，政府补助资金 36 000 000 元，自行出资 18 240 000 元）购入一套科研设备。取得的增值税专用发票上注明的不含税金额为 48 000 000 元，增值税进项税额为 6 240 000 元。该设备预计经济使用年限为 10 年，采用直线法计提折旧，假定残值为零。

假定 20×1 年 12 月 1 日，有关部门在对国泰高科有限公司的抽检中发现，该公司不符合申请补助的条件，要求其退回补助款。该公司当月退回了补助款。

分析：本例采用净额法核算政府补助。

（1）20×1 年 1 月，确认政府补助。

借：银行存款　36 000 000

　贷：递延收益　36 000 000

（2）20×1 年 1 月 6 日，购入该设备。

借：固定资产　48 000 000

　　应交税费——应交增值税（进项税额）　6 240 000

　贷：银行存款　54 240 000

借：递延收益　36 000 000

　贷：固定资产　36 000 000

（3）自 20×1 年 2 月起，每个资产负债表日计提折旧时（按月计提折旧）。

借：研发支出　100 000

　贷：累计折旧　100 000

（4）20×1 年 12 月 1 日，退回补助款时。选择净额法进行会计处理，应当视同一开始就没有收到政府补助，调整固定资产的账面价值，将实际退回金额与账面价值调整数之间的差额计入当期损益。因为以前期间实际使用的是“研发支出”科目，所以这部分退回的补助应补记退回当期的研发支出。

借：固定资产	36 000 000	
研发支出	3 000 000	
贷：银行存款		36 000 000
累计折旧		3 000 000

4.2.6 政府补助的列报

1. 政府补助在利润表中的列示

（1）采用总额法核算的政府补助的列示。前已述及，采用总额法核算的与资产相关的政府补助，按照补助资金的金额借记有关资产科目，贷记“递延收益”科目；然后在相关资产使用寿命内按合理、系统的方法将其分期计入损益。采用总额法核算的与收益相关的政府补助，则可以直接计入当期损益，或者先计入递延收益然后再逐期分摊计入损益。其中，计入损益的规则是：与日常活动有关的，使用“其他收益”科目；与日常活动无关的，使用“营业外收入”科目。

基于上述会计规则，采用总额法核算的政府补助的列报方法如下（见图4－1）：

1）企业在利润表的“营业利润”项目之上单列“其他收益”项目，来反映采用总额法核算的与日常活动有关的政府补助。

2）采用总额法核算的与日常活动无关的政府补助，在“营业外收入”项目中反映。

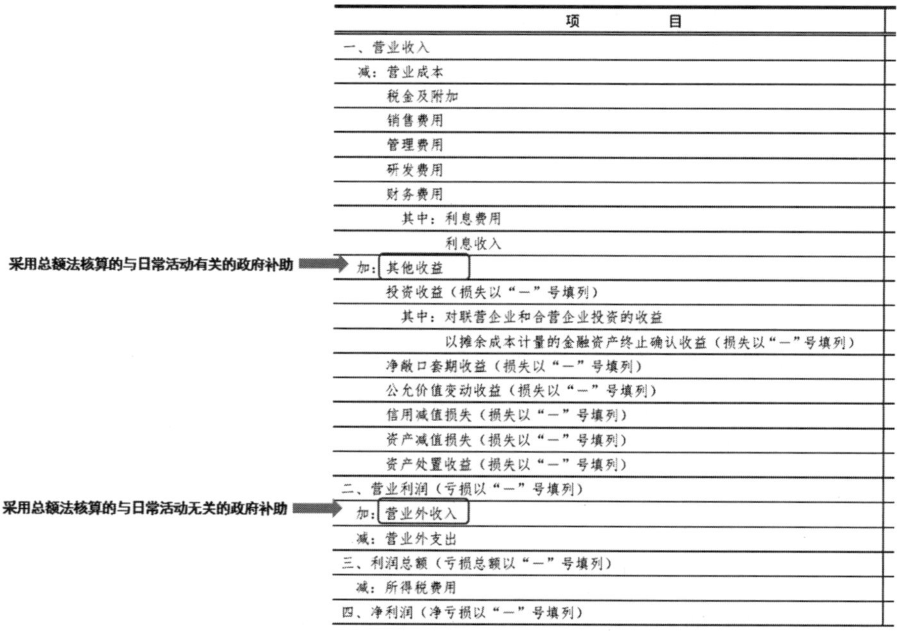

图4－1　政府补助在利润表中的列报

（2）采用净额法核算的政府补助的列报。前已述及，采用净额法核算的与资产相关的政府补助，应将补助冲减相关资产账面价值，以后期间按照扣减了政府补助后的资产价值对相关资产计提折旧或进行摊销。

采用净额法核算的与收益相关的政府补助，冲减当期的相关成本费用或营业外支出。

总而言之，采用净额法核算的政府补助不直接体现为利润表上广义收入的增加。

2. 政府补助在附注中的披露

企业应当在附注中单独披露与政府补助有关的下列信息：

(1) 政府补助的种类、金额和列报项目；

(2) 计入当期损益的政府补助金额；

(3) 本期退回的政府补助金额及原因。

思考题

1. 什么是政府补助？政府补助有哪些种类？

2. 政府补助会计处理中总额法和净额法有什么区别？

3. 为什么要将政府补助区分为与资产相关的政府补助和与收益相关的政府补助，并采用不同的会计处理方法？

4. 阅读与分析一家公司的财务报告时，对于政府补助方面的信息，需要重点关注哪些问题？

练习题

1. 20×5年9月，A公司按照有关规定为其自主创新的某高新技术项目申报政府财政贴息，申报材料中表明该项目已于20×5年3月启动，预计共需投入资金2 000万元，项目期为2.5年，已投入资金600万元。项目尚需新增投资1 400万元，其中计划贷款800万元，已于20×5年9月1日与银行签订贷款协议，协议规定贷款年利率为6%，贷款期为2年。

经审核，20×5年11月政府批准拨付A公司贴息资金70万元，分别在20×6年10月1日和20×7年10月1日支付30万元和40万元。

要求：假设贷款利息全部不符合资本化条件，为A公司编制有关政府补助的会计分录。

2. 20×1年5月，B公司需购置一套环保设备，预计价款为1 000万元，因资金不足，按相关规定向有关部门提出补助420万元的申请。20×1年6月1日，政府批准了B公司的申请并拨付给B公司420万元财政拨款（同日到账）。20×1年7月31日，B公司购入不需安装环保设备，实际成本为960万元，使用寿命为10年，采用直线法计提折旧（假设无残值）。20×9年7月31日，B公司出售了这套设备，取得价款240万元。不考虑其他因素。

要求：分别采用总额法和净额法为B公司编制有关政府补助的会计分录。

第5章 Chapter 5 所得税

学习目标

1. 理解会计准则与税收法规差异的原因与性质。
2. 理解所得税带来的会计问题及解决问题的不同方法。
3. 掌握资产负债表债务法的基本原理与具体运用。

5.1 会计准则与税收法规的差异分析

5.1.1 会计准则与税收法规的目标不同

本章所关注的税收法规是指与企业所得税相关的法规（以下简称“税收法规”或“税法”）。会计准则与税收法规之间的关联度很高，最突出的表现是，企业在申报所得税时，通常是在税前会计利润（利润总额）的基础上调整确定应纳税所得额。税前会计利润是由会计准则所规范的，应纳税所得额则由税收法规所规范。因此，我们在关注会计准则与税收法规之间的异同时，往往聚焦于税前会计利润与应纳税所得额之间的异同，尤其是二者的差异。

税前会计利润与应纳税所得额之间的差异，从根本上讲源于会计准则与税法的目标和要求不同。会计准则的目的是规范企业的对外财务报告，以便如实反映企业的财务状况、经营成果与现金流量情况。税法则是以课税为直接目的，强调公平与效率，具有调节社会资源的配置、推进社会财富的公平分配等功能。

税法是由国家制定并强制推行的，其目的主要有两个：一是取得收入，行使国家作为社会组织者的正当权利；二是发挥国家宏观调控的职能，履行国家管理社会的职责。国家通过税法的实施，发挥税收的经济杠杆作用，体现国家的鼓励和限制政策，并合理调整国家与纳税人的分配关系。

会计与税法之间的关系存在两种基本模式：统一模式与分离模式。前者是指会计规定与税法规定保持完全一致；后者是指会计规定与税法规定在确认、计量方面有所不同。两种模式各有利弊。统一模式的优点是可以节约数据处理成本，便于税务机关实施基于会计数据的税收监管，其缺点是不便于体现会计准则与税收法规在目标上的差异；分离模式的优点是考虑了会计准则与税收法规的目标不同，可以更好地服务于不同的目标，其缺点是成本较高。

显然，如果采用统一模式，则所得税会计将非常简单。随着社会的发展，越来越多的国家采用分离模式。在分离模式下，如何在对外财务报表上反映与所得税有关的会计信息，成为一个重要的问题。作为财务会计重要内容的所得税会计，要着重解决的是对外财务报告中与所得税有关的会计确认、计量与披露问题，而不是如何确定应纳税所得额、如何申报纳税等问题。

企业对外提供的财务报表要符合会计准则的要求，企业申报所得税时则要遵循税收法规的规定。由于会计准则与税收法规的目标不同，二者的相关规定往往存在差异。为了服务于财务会计的目标，研究所得税会计的确认、计量和报告问题，可以分别从特定期间与特定时点两个不同的角度，或者说从利润表和资产负债表两个不同的角度，分析会计准则与税收法规在确认和计量方面的差异。

5.1.2　从特定期间的角度分析会计准则与税收法规之间的具体差异

长期以来，人们一直非常重视从特定期间的角度，也就是从利润表的角度，分析会计准则与税收法规之间的差异，特别关注税前会计利润与应纳税所得额之间的差异。税前会计利润是按照会计准则的规定确定的扣减所得税费用之前的会计利润，也就是利润总额。应纳税所得额则是按照税收法规的规定确定的应该缴纳所得税的收益或所得。按照税前会计利润与应纳税所得额之间产生差异的原因，可以将二者的差异分为永久性差异与时间性差异。

1. 永久性差异

永久性差异是指税前会计利润与应纳税所得额之间由于计算口径不同而形成的不能在以后各期转回的差异。具体来说，这种差异形成的原因是，某些收入或支出项目在计算税前会计利润时包括在内，而在计算应纳税所得额时不包括在内，或者相反，而且不能在以后期间转回，因而是永久存在的差异。例如，企业购买国库券作为投资所获得的利息收入，按会计准则的要求应确认为投资收益，因而应包括在税前会计利润的计算中；而税法为了鼓励企业投资于国库券，规定该利息收入免征所得税，因而不包括在应纳税所得额的计算中。这就体现了会计准则与税收法规在确认方面的差异。

2. 时间性差异

时间性差异是指税前会计利润与应纳税所得额之间由于收支确认的时间先后不同而形成的可以在以后期间转回的差异。这种差异的形成原因是，对某些收入或支出项目的确认，税前会计利润要先于应纳税所得额，或者相反。例如，对于无形资产的摊销，财务会计所采用的摊销期限可能会与税法的规定不一致，因而各期的摊销额不同，但各期摊销额之和相同。又如，对于固定资产折旧，财务会计所采用的折旧方法可能会与税法的规定不同，或者折旧方法相同但所确定的折旧年限不同，因而在特定的期间按两种标准计算的折旧额不同，但按两种标准计算的各期折旧额之和相等。

在实际工作中，企业申报缴纳所得税，一般是在税前会计利润的基础上调整永久性差异和时间性差异，以确定应纳税所得额，计算应交所得税。

例5-1

假设某企业于20×0年年初成立，当年实现税前会计利润200 000元。适用的所得税税率为25%。当年发生下列与纳税有关的事项：

（1）会计上确认了2 000元国库券利息收入，而按税法规定不交所得税。

（2）当年发生工资费用150 000元，而按税法核定的计税工资为120 000元。

（3）由于违法经营被罚款3 000元。

（4）年初购入一台新设备，成本为10 000元，预计无残值，税法规定采用直线法计提折旧，折旧年限为5年，会计上也采用直线法计提折旧，折旧年限为10年。

分析：上述各项中，前三项属于永久性差异，第四项属于时间性差异。

$$\text{按税法规定计算的年折旧额}=\frac{10\,000}{5}=2\,000(\text{元})$$

$$\text{按会计制度规定计算的年折旧额}=\frac{10\,000}{10}=1\,000(\text{元})$$

由于折旧年限不同而形成的时间性差异＝2 000－1 000＝1 000(元)

20×0年应纳税所得额＝200 000－2 000＋(150 000－120 000)＋3 000－1 000
＝230 000(元)

20×0年应交所得税＝230 000×25%＝57 500(元)

5.1.3 从特定时点的角度分析会计准则与税收法规之间的具体差异

资产的计税基础

我们还可以在交易发生的时点和资产负债表日，从特定时点的角度，也就是从资产负债表的角度，分析企业资产、负债的账面价值与其计税基础之间的差异。为此，需要首先明确计税基础的概念。

1. 计税基础与暂时性差异的概念

（1）计税基础。依据《企业会计准则第18号——所得税》的规定，资产的计税基础是指企业收回资产账面价值的过程中，计算应纳税所得额时按照税法规定可以自应税经济利益中抵扣的金额。

负债的计税基础

负债的计税基础是指负债的账面价值减去未来期间计算应纳税所得额时按照税法规定可予抵扣的金额。

资产所代表的未来经济利益流入企业时，有可能需要纳税，产生应税收益。而资产的计税基础是在未来期间计算应税收益时可以抵扣的部分，即不需纳税的金额。负债导致未来经济利益流出企业时，有可能可以抵扣应税所得，产生可抵扣费用。而负债的计税基础是在未来期间计算应税收益时不可抵扣的部分。因此，通俗地讲，资产的计税基础是未来依据税法计算应纳税所得额时可以抵扣的金额；负债的计税基础是未来依据税法计算应纳税所得额时不可抵扣的金额。

（2）暂时性差异。暂时性差异是指资产或负债的账面价值与其计税基础之间的差额。未作为资产和负债确认的项目，按照税法规定可以确定其计税基础的，该计税基础与其账面价值之间的差额也属于暂时性差异。按照对未来期间应税金额的影响，暂时性差异可分为应纳税暂时性差异和可抵扣暂时性差异。

应纳税暂时性差异，是指在确定未来收回资产或清偿负债期间的应纳税所得额时，将导致产生应税金额的暂时性差异。因此在满足规定条件的情况下，应确认相应的递延所得税负债。

可抵扣暂时性差异，是指在确定未来收回资产或清偿负债期间的应纳税所得额时，将导致产生可抵扣金额的暂时性差异。因此在满足规定条件的情况下，应确认相应的递延所得税资产。

2. 存货的计税基础与账面价值的差异

企业以各种方式取得的存货，初始确认时按照会计准则规定确定的入账价值一般情况下都是被税法认可的，即取得时其账面价值一般等于计税基础。

按照会计准则的规定，企业在期末要对存货进行减值测试，对于已经发生减值的存货要计提减值准备，确认存货减值损失。但是税法规定，对于包括存货在内的各项资产计提的减值准备，在发生相关实质性损失之前，不允许税前扣除。这就导致存货在计提了减值准备之后，其账面价值与计税基础之间产生差异。

例 5－2

20×5 年年末甲公司 A 商品存货的成本为 3 000 万元，可变现净值为 2 500 万元，甲公司为 A 商品计提了 500 万元的存货跌价准备。

分析：

20×5 年年末 A 商品的账面价值＝3 000－500＝2 500(万元)
20×5 年年末 A 商品的计税基础＝3 000(万元)
可抵扣暂时性差异＝3 000－2 500＝500(万元)

3. 固定资产的计税基础与账面价值的差异

分析固定资产的计税基础与账面价值的差异，需要关注两个时点：一是固定资产的取得时点；二是会计期末。

（1）固定资产取得时计税基础与账面价值的差异。企业以各种方式取得的固定资产，初始确认时按照会计准则规定确定的入账价值基本上是被税法认可的，即取得时其账面价值一般等于计税基础。但是也有例外。

例 5－3

乙公司是一家经营核电站的公司。20×5 年 12 月 15 日建造完成一座核电站，交付使用。该核电站的建造成本为 40 亿元，估计弃置费用的现值为 2 亿元。

分析：按照现行会计准则的规定，核电站的弃置费用应当计入固定资产的入账金额，但是税法不予认可。因此，20×5年12月15日固定资产的入账金额为42亿元，计税基础为40亿元，产生应纳税暂时性差异2亿元。

（2）会计期末固定资产的计税基础与账面价值的差异。固定资产在持有期间进行后续计量时，由于会计与税法在折旧年限、折旧方法以及固定资产减值准备的提取等方面的处理不同，可能造成期末固定资产的账面价值与计税基础的差异。

1）折旧年限可能不同。税法就每一类固定资产的折旧年限作出了规定，而会计处理时按照准则规定折旧年限是由企业根据固定资产的性质和使用情况合理确定的。会计处理与税法规定的折旧年限不同会使得固定资产的账面价值与计税基础之间产生差异。

2）折旧方法可能不同。会计准则规定，企业应当根据与固定资产有关的经济利益的预期实现方式合理选择折旧方法，既可以按年限平均法计提折旧，也可以按双倍余额递减法、年数总和法等计提折旧。税法中除某些按照规定可以加速折旧的情况外，基本上可以税前扣除的是按照年限平均法计提的折旧。会计处理与税法规定的折旧方法不同会使得固定资产的账面价值与计税基础之间产生差异。

3）计提固定资产减值准备的影响。按照会计准则的规定，企业在持有固定资产的期间内，可能对固定资产计提减值准备，但税法规定企业计提的资产减值准备在相关资产发生实质性损失前不允许税前扣除，这也会导致固定资产的账面价值与计税基础之间产生差异。

例5-4

20×3年年末北方公司以银行存款150 000元购入管理用甲设备，并投入使用。会计规定采用直线法计提折旧，折旧年限为5年，无残值。税法规定采用直线法计提折旧，折旧年限为3年，不考虑减值。

分析：20×4年确认计税折旧费50 000元，剩余100 000元计税折旧费可以在以后年度确认。这意味着以后年度在对该固定资产所产生的经济利益（金额不确定也不需要确定）征税时有100 000元不需要纳税（可以抵扣）。因此：

20×4年年末固定资产的计税基础为100 000元，账面价值为120 000元，相应的暂时性差异为应纳税暂时性差异20 000元（120 000－100 000）；

20×5年年末固定资产的计税基础为50 000元，账面价值为90 000元，相应的暂时性差异为应纳税暂时性差异40 000元（90 000－50 000）；

20×6年年末固定资产的计税基础为0，账面价值为60 000元，相应的暂时性差异为应纳税暂时性差异60 000元（60 000－0）；

20×7年年末固定资产的计税基础为0，账面价值为30 000元，相应的暂时性差异为应纳税暂时性差异30 000元（30 000－0）；

20×8年年末固定资产的计税基础为0，由于其账面价值也为0，因此相应的暂时性差异为0。

计算过程如表5-1所示。

表 5-1　固定资产计税基础和暂时性差异的计算　　单位：元

项目	20×4 年	20×5 年	20×6 年	20×7 年	20×8 年
本年会计折旧	30 000	30 000	30 000	30 000	30 000
年末账面价值	120 000	90 000	60 000	30 000	0
本年计税折旧	50 000	50 000	50 000	0	0
年末计税基础	100 000	50 000	0	0	0
年末暂时性差异	20 000	40 000	60 000	30 000	0

例 5-5

甲公司于 20×5 年 12 月 22 日取得某项环保用固定资产，原价为 150 000 元，使用年限为 5 年，会计上采用直线法计提折旧，净残值为零。税法规定对该类固定资产采用加速折旧法计提的折旧可予税前扣除，该企业在计税时采用年数总和法按 5 年计提折旧，净残值为零。20×6 年 12 月 31 日，企业估计该项固定资产的可收回金额为 110 000 元。

分析：

年数总和＝5—4＋3＋2＋1＝15(年)

20×6 年的计税折旧＝150 000×5/15＝50 000(元)

20×6 年 12 月 31 日的计税基础＝150 000－50 000＝100 000(元)

20×6 年的会计折旧＝150 000/5＝30 000(元)

20×6 年 12 月 31 日的账面余额＝150 000－30 000＝120 000(元)

20×6 年 12 月 31 日计提减值准备＝120 000－110 000＝10 000(元)

20×6 年 12 月 31 日的账面价值＝120 000－10 000＝110 000(元)

该项固定资产的账面价值 110 000 元与计税基础 100 000 元之间的差额 10 000 元，属于应纳税暂时性差异，将于未来期间计入企业的应纳税所得额。

4. 无形资产的计税基础与账面价值的差异

与固定资产类似，分析无形资产的计税基础与账面价值的差异，也需要关注两个时点：一是无形资产的取得时点；二是会计期末。

(1) 无形资产取得时计税基础与账面价值的差异。在企业取得无形资产的时点，初始确认时按照会计准则规定确定的入账价值与按照税法规定确定的计税成本之间一般不存在差异。特殊情况主要有：内部研究开发形成的无形资产。

税法对于企业的研究开发有优惠措施，允许对符合条件的研究开发费用采用加计扣除的办法：企业为开发新技术、新产品、新工艺发生的研究开发费用，未形成无形资产计入当期损益的，在按照规定据实扣除的基础上，按照研究开发费用的 75%加计扣除；形成无形资产的，可以按照无形资产成本的 175%摊销。在这种情况下形成的无形资产，按照会计准则规定确定的成本为研究开发过程中符合资本化条件后至达到预定用途前发生的支出，而因税法规定按照无形资产成本的 175%摊销，则其计税基础应在会计上入账价值的基础上加计 75%，因而产生账面价值与计税基础在初始确认时的差异。

例5-6

A公司20×1年为开发新技术发生研究开发支出计4 000万元，其中研究阶段支出800万元，开发阶段符合资本化条件前发生的支出为200万元，符合资本化条件后至达到预定用途前发生的支出为3 000万元。税法规定，企业为开发新技术、新产品、新工艺发生的研究开发费用，未形成无形资产计入当期损益的，按照研究开发费用的75%加计扣除；形成无形资产的，按照无形资产成本的175%摊销。假定开发形成的无形资产在当年年末已达到预定用途，但尚未开始摊销。

分析：A公司20×1年发生的研究开发支出中，按照会计准则规定应予费用化的金额为1 000万元，形成无形资产的成本为3 000万元，20×1年年末所形成无形资产的账面价值为3 000万元。

A公司当期发生的4 000万元研究开发支出，按照税法规定可在当期税前扣除的金额为1 750万元。所形成无形资产在未来期间可予税前扣除的金额为5 250万元，其计税基础为5 250万元，形成可抵扣暂时性差异2 250万元。

（2）会计期末无形资产的计税基础与账面价值的差异。无形资产在后续计量时，会计与税收的差异主要产生于是否需要摊销及无形资产减值准备的计提。

会计准则规定，应根据无形资产的使用寿命情况，区分为使用寿命有限的无形资产与使用寿命不确定的无形资产。对于使用寿命不确定的无形资产，不要求摊销，但持有期间每年应进行减值测试。税法规定，企业取得的无形资产成本，应在一定期限内摊销。对于使用寿命不确定的无形资产，会计处理时不予摊销，但计税时按照税法规定确定的摊销额允许税前扣除，造成该类无形资产账面价值与计税基础之间的差异。

在对无形资产计提减值准备的情况下，因税法规定计提的无形资产减值准备在转变为实质性损失前不允许税前扣除，即无形资产的计税基础不会随减值准备的计提发生变化，从而造成无形资产的账面价值与计税基础的差异。

例5-7

B公司于20×5年1月1日取得一项无形资产，取得成本为3 000万元，根据各方面情况判断，B公司无法合理预计该项无形资产的使用期限，将其作为使用寿命不确定的无形资产。20×5年12月31日，对该项无形资产进行减值测试表明其发生了减值，B公司对其计提了100万元的减值准备。按照税法规定，对该项无形资产按照10年的期限摊销，摊销金额允许税前扣除。

分析：会计上将该项无形资产作为使用寿命不确定的无形资产，因未发生减值，其在20×5年12月31日的账面价值为2 900万元（成本3 000－计提的减值准备100）。

该项无形资产在20×5年12月31日的计税基础为2 700万元（成本3 000－按照税法规定可予税前扣除的摊销额300）。

该项无形资产的账面价值2 900万元与其计税基础2 700万元之间的差额200万元，属于应纳税暂时性差异。

5. 以公允价值计量且其变动计入当期损益的金融资产的计税基础与账面价值的差异

按照《企业会计准则第 22 号——金融工具确认和计量》的规定，以公允价值计量且其变动计入当期损益的金融资产在会计期末的账面价值为其公允价值。税法规定，企业以公允价值计量的金融资产，持有期间公允价值的变动不计入应纳税所得额，在实际处置或结算时，处置取得的价款扣除其历史成本后的差额应计入处置期间的应纳税所得额。也就是说，按照税法规定，以公允价值计量且其变动计入当期损益的金融资产在会计期末的计税基础为其取得成本，这意味着这类资产在期末公允价值发生变动的情况下，其期末账面价值与计税基础之间会产生差异。

企业持有的其他权益工具投资计税基础的确定，与以公允价值计量且其变动计入当期损益的金融资产类似，可比照处理。

例 5-8

20×6 年 10 月 15 日，甲公司自公开市场购买乙公司股票 100 万股，支付价款 3 000 万元，作为交易性金融资产核算。20×6 年 12 月 31 日，该投资的市价为 3 200 万元。

分析：该项交易性金融资产的期末市价为 3 200 万元，按照会计准则的规定，20×6 年资产负债表日的账面价值为 3 200 万元。

但税法规定交易性金融资产在持有期间的公允价值变动不计入应纳税所得额，其在 20×6 年资产负债表日的计税基础应维持原取得成本不变，为 3 000 万元。

该交易性金融资产的账面价值 3 200 万元与其计税基础 3 000 万元之间产生了 200 万元的应纳税暂时性差异，该应纳税暂时性差异在未来期间转回时会使得转回期间的应纳税所得额在税前会计利润的基础上增加 200 万元。

例 5-9

20×5 年 10 月 20 日，甲公司自公开市场上取得一项股权投资，支付价款 5 000 万元，作为其他权益工具投资核算。20×5 年 12 月 31 日，该投资的市价为 5 100 万元。

分析：按照会计准则的规定，该项金融资产在会计期末应以公允价值计量，其账面价值应为期末公允价值 5 100 万元。

因税法规定该类资产在持有期间公允价值变动不计入应纳税所得额，则该项其他权益工具投资的期末计税基础应维持其原取得成本不变，为 5 000 万元。

该金融资产在 20×5 年资产负债表日的账面价值 5 100 万元与其计税基础 5 000 万元之间产生的 100 万元应纳税暂时性差异，会使得企业在未来处置该资产的期间其应纳税所得额在税前会计利润的基础上增加 100 万元。

6. 投资性房地产的计税基础与账面价值的差异

企业持有的投资性房地产进行后续计量时，会计准则规定可以采用两种模式，一种是成本模式，采用该种模式计量的投资性房地产，其账面价值与计税基础的确定与固定资产、无形资产相同。另一种是公允价值模式，即在符合规定条件的情况下，可以采用公允价值对投资性房地产进行后续计量。对于采用公允价值模式进行后续计量的投资性房地产，其计税基础的确定类似于以公允价值计量且其变动计入当期损益的金融资产。

例5-10

乙公司于20×5年1月1日将其原来自用的两套房屋转为对外出租，该房屋的成本为2 000万元，预计使用年限为20年。转为投资性房地产之前，已使用4年，企业按照年限平均法计提折旧，预计净残值为零。转为投资性房地产核算后，能够持续可靠取得该投资性房地产的公允价值，乙公司采用公允价值对该项投资性房地产进行后续计量。假定税法规定的折旧方法、折旧年限及净残值与会计规定相同。同时，税法规定资产在持有期间公允价值的变动不计入应纳税所得额，待处置时一并计算确定应计入应纳税所得额的金额。该项投资性房地产在20×5年12月31日的公允价值为2 100万元。

分析：该项投资性房地产在20×5年12月31日的账面价值为其公允价值2 100万元，其计税基础为取得成本扣除按照税法规定允许税前扣除的折旧额后的金额。

账面价值＝2 100(万元)
计税基础＝2 000－2 000÷20×5＝1 500(万元)
应纳税暂时性差异＝2 100－1 500＝600(万元)

该项投资性房地产的账面价值与其计税基础之间产生的应纳税暂时性差异600万元，会使得企业未来期间的应纳税所得额在税前会计利润的基础上增加600万元。

7. 应付账款的计税基础与账面价值的差异

例5-11

甲公司20×5年12月31日有应付账款1 000万元。

分析：按照税法规定，发生和偿还应付账款都不是纳税事项，以后偿还这1 000万元应付账款的年份不能抵扣，因此年末应付账款的计税基础为1 000万元，相应的暂时性差异为0。

8. 银行借款的计税基础与账面价值的差异

例5-12

甲公司20×5年12月31日有银行借款2 000万元。

分析：按照税法规定，取得和归还银行借款都不是纳税事项，以后偿还这2 000万元银行借款的年份不能抵扣，因此年末银行借款的计税基础为2 000万元，相应的暂时性差异为0。

9. 预计负债的计税基础与账面价值的差异

预计负债涉及的内容很广泛。此处重点讨论企业因销售商品提供售后服务等原因确认的预计负债。

按照或有事项会计准则的规定，对于销售商品预计提供售后服务将发生的支出在满足有关确认条件时，销售当期即应确认为费用，同时确认预计负债。如果税法规定与销售产品相关的支出应于发生时税前扣除，那么因该类事项产生的预计负债在未来期间计算应纳税所得额时可予抵扣的金额等于其账面价值，其在会计期末的计税基础为其账面价值与未来期间可税前扣除的金额之间的差额，即为零。

例 5-13

丙公司 20×5 年因销售产品承诺提供 3 年的保修服务，在当年利润表中确认了 800 万元的销售费用，同时确认为预计负债，当年未发生任何保修支出。假定按照税法规定，与产品售后服务相关的费用在实际发生时允许税前扣除。

分析：

20×5 年 12 月 31 日预计负债的账面价值＝800(万元)

$$\text{20×5 年 12 月 31 日预计负债的计税基础}=\text{账面价值}-\text{未来期间计算应纳税所得额时按照税法规定可予抵扣的金额}$$

$$=800-800=0$$

20×5 年 12 月 31 日的可抵扣暂时性差异＝800－0＝800(万元)

10. 其他应付款的计税基础与账面价值的差异

其他应付款涉及的内容很广泛，此处重点讨论企业应付未付的罚款。

例 5-14

乙公司 20×8 年 12 月因违反环保法规，被环保部门罚款 200 万元。公司将该项罚款计入管理费用，并确认其他应付款，罚款到年末尚未支付。

分析：税法规定，企业因违反国家有关法律法规而支付的罚款和滞纳金不允许税前抵扣，以后支付这 200 万元罚款的年份可以抵扣的金额为 0，因此该项负债的计税基础为 200 万元，相应的暂时性差异为 0。

11. 暂时性差异与时间性差异的区别

资产或负债的账面价值与其计税基础之间的差额形成暂时性差异。暂时性差异与时间性差异是两个既有联系又有区别的概念。

暂时性差异与时间性差异之间不是一种简单的包含关系。因为时间性差异是税前会计利润与应纳税所得额之间的差额的一部分，因而在性质上属于期间指标；而暂时性差异是资产或负债的计税基础与其账面价值之间的差额，因而在性质上属于时点指标。时点指标与期间指标之间当然不可能是一种包含与被包含的关系。对于形成时间性差异的交易或事项来说，特定期间的所有时间性差异都对应有期末相等金额的暂时性差异，与这类时间性差异相关的期末暂时性差异在金额上等于各期时间性差异的代数和。但某些暂时性差异没有对应的时间性差异。

5.2 所得税会计的一般分析

5.2.1 所得税会计的基本问题

服务于财务会计的目标，对于所得税会计，需要面对以下几个不同层次的问题：

第一个层次：是否确认所得税的会计影响。按照这一标准，可以将所得税的会计处理方法分为应付税款法与纳税影响会计法两种。应付税款法是一种不进行所得税跨期分摊的方法；纳税影响会计法则试图将所得税在不同会计期间进行合理分摊，使所得税有恰当的归属。

第二个层次：基于何种视角反映所得税的会计影响。如前所述，在分析会计准则与税收法规之间的差异时，我们可以分别从利润表的角度和资产负债表的角度考虑问题，这就决定了关于所得税的会计确认、计量和报告问题的讨论，反映所得税的影响时，也可以分别从利润表视角与资产负债表视角进行。据此，我们可以将纳税影响会计法分为：基于利润表的纳税影响会计法和基于资产负债表的纳税影响会计法。基于资产负债表的纳税影响会计法又称为资产负债表债务法。

第三个层次：在资产负债表债务法下，应当如何进行会计确认、计量和报告。

5.2.2 应付税款法

应付税款法是一种以税法规定计算的应交所得税作为本期所得税费用的方法。该方法不反映会计准则与税收法规之间差异的跨期影响。

例如，根据例5-1的资料及计算结果，如果该企业采用应付税款法确认所得税费用，则20×0年确认所得税费用的分录如下：

借：所得税费用	57 500	
贷：应交税费——应交所得税		57 500

应付税款法的最大优点是简单，易操作。但这种方法也存在明显的缺点，我们可以分别从利润表和资产负债表的角度进行分析。

从利润表的角度来看，由于应付税款法对时间性差异的所得税影响不进行跨期分摊，会导致所确认的所得税费用与税前会计利润之间不配比，容易引起报表使用者的误解。以下举一简例说明。

例5-15

假设某企业于20×0年成立，当年税前会计利润与应纳税所得额之间有时间性差异，而无永久性差异；20×1年全部转回上年发生的时间性差异，当年未发生其他时间性差异与永久性差异。所得税税率为25%。有关数据与计算过程详见表5-2。

表 5-2　　单位：元

项目	20×0 年	20×1 年	合计
应纳税所得额（1）	200 000	600 000	800 000
应交所得税（2）=（1）×25%	50 000	150 000	200 000
税前会计利润（3）	400 000	400 000	800 000
所得税费用（4）=（2）	50 000	150 000	200 000
税后利润（5）=（3）-（4）	350 000	250 000	600 000

分析：从资产负债表的角度来看，应付税款法只在资产负债表上反映法定的应交所得税，而不确认由于所得税因素会导致未来经济利益流出企业的递延所得税负债，以及会导致未来经济利益流入企业的递延所得税资产，这就使得资产负债表不能如实反映企业的财务状况，也不利于利润表如实反映企业的经营成果。

5.2.3 基于利润表的纳税影响会计法

该方法将关注的焦点放在利润表中的所得税费用的确定上，因而重视从特定期间的角度分析会计准则与税收法规之间的具体差异，着眼于税前会计利润与应纳税所得额之间的差异。如前所述，将二者的差异分为永久性差异与时间性差异。时间性差异按照其对未来的影响可以分为应纳税时间性差异与可抵扣时间性差异两种。应纳税时间性差异是指会导致形成递延税款贷项的时间性差异，可抵扣时间性差异则是指会导致形成递延税款借项的时间性差异。该方法相对于应付税款法的根本特点在于，它反映了时间性差异的跨期影响，从而有利于如实反映企业的财务状况与经营成果。

例 5-16

20×3 年年末北方公司以银行存款 150 000 元购入管理用甲设备，并投入使用。会计规定采用直线法计提折旧，折旧年限为 5 年，无残值。税法规定采用直线法计提折旧，折旧年限为 3 年，不考虑减值。进一步假设每年计提折旧前的税前会计利润为 100 000 元，第一年年初无递延税款余额，所得税税率为 25%。企业不存在任何其他会计与税收差异。

分析：

（1）20×4 年。

$$\text{本年会计折旧}=\frac{150\,000}{5}=30\,000(\text{元})$$

$$\text{本年税前会计利润}=100\,000-30\,000=70\,000(\text{元})$$

$$\text{本年计税折旧}=\frac{150\,000}{3}=50\,000(\text{元})$$

$$\text{本年应纳税时间性差异}=50\,000-30\,000=20\,000(\text{元})$$

$$\text{本年应确认递延税款贷项}=20\,000\times25\%=5\,000(\text{元})$$

$$\begin{array}{c}\text{本年应纳税}\\\text{所得额}\end{array}=\begin{array}{c}\text{本年税前}\\\text{会计利润}\end{array}-\begin{array}{c}\text{本年应纳税}\\\text{时间性差异}\end{array}\pm\begin{array}{c}\text{永久性差异}\\\text{调整数}\end{array}$$

$$=70\,000-20\,000+0=50\,000(\text{元})$$

本年应交所得税＝50 000×25%＝12 500(元)

本年所得税费用＝(本年税前会计利润±永久性差异调整数)×25%

＝(70 000＋0)×25%＝17 500(元)

应编制如下会计分录：

借：所得税费用　　17 500

　贷：应交税费——应交所得税　　12 500

　　　递延税款　　5 000

(2) 20×5 年。与 20×4 年相同。

(3) 20×6 年。与 20×4 年相同。

(4) 20×7 年。

$$本年会计折旧=\frac{150\ 000}{5}=30\ 000(元)$$

本年税前会计利润＝100 000－30 000＝70 000(元)

本年计税折旧＝0

本年应纳税时间性差异＝0－30 000＝－30 000(元)

本年应转回的递延税款贷项＝－30 000×25%＝－7 500(元)

$$\begin{matrix}本年应纳税\\所得额\end{matrix}=\begin{matrix}本年税前\\会计利润\end{matrix}+\begin{matrix}本年转回的\\应纳税时间性差异\end{matrix}\pm\begin{matrix}永久性差异\\调整数\end{matrix}$$

＝70 000＋30 000＋0＝100 000(元)

本年应交所得税＝100 000×25%＝25 000(元)

本年所得税费用＝(本年税前会计利润±永久性差异调整数)×25%

＝(70 000＋0)×25%＝17 500(元)

应编制如下会计分录：

借：所得税费用　　17 500

　　递延税款　　7 500

　贷：应交税费——应交所得税　　25 000

(5) 20×8 年。与 20×7 年相同。

将本例的结果汇总列示于表 5-3。

表 5-3　基于利润表的纳税影响会计法　　单位：元

项目	20×4 年	20×5 年	20×6 年	20×7 年	20×8 年
会计折旧	30 000	30 000	30 000	30 000	30 000
税法折旧	50 000	50 000	50 000	0	0
时间性差异	20 000	20 000	20 000	−30 000	−30 000
税前会计利润	70 000	70 000	70 000	70 000	70 000
应纳税所得额	50 000	50 000	50 000	100 000	100 000
所得税费用	17 500	17 500	17 500	17 500	17 500
应交所得税	12 500	12 500	12 500	25 000	25 000
本年确认的递延税款	5 000（贷方）	5 000（贷方）	5 000（贷方）	7 500（借方）	7 500（借方）
年末递延税款余额	5 000（贷方）	10 000（贷方）	15 000（贷方）	7 500（贷方）	0

5.2.4　基于资产负债表的纳税影响会计法

该方法将关注的焦点放在资产负债表上的递延所得税负债与递延所得税资产的确认和计量上，因而重视从特定时点的角度，分析会计准则与税收法规之间的具体差异，着眼于资产、负债的账面价值与其计税基础之间的差异。这种方法称为资产负债表债务法。下一节专门介绍资产负债表债务法的基本原理。

由于时间性差异不能反映那些不直接影响税前会计利润和应纳税所得额，却会导致资产、负债的账面价值与计税基础之间产生差异的交易或事项所对应的纳税影响，如企业合并或对资产负债表上的资产或负债进行直接调整（如资产评估增值），因而以时间性差异为核心的基于利润表的纳税影响会计法开始被资产负债表债务法所取代。以暂时性差异为核心的资产负债表债务法能够全面反映各类不同业务的纳税影响，从而可以弥补基于利润表的纳税影响会计法存在的上述缺陷。

5.3　资产负债表债务法的基本原理

暂时性差异的形成原因及其会计处理规则

资产负债表债务法将暂时性差异的影响确认为将在未来得到补偿的递延所得税资产，或在未来予以清偿的递延所得税负债。在资产负债表债务法下，递延所得税资产和递延所得税负债的确认，分别以报告主体预期收回资产的账面价值和清偿负债的账面价值所引起的纳税后果为依据，因此能够确实代表报告主体未来的纳税利益和纳税责任，从而适合在资产负债表中列示为资产和负债。

如何理解递延所得税

5.3.1　运用资产负债表债务法的基本程序

资产负债表债务法的运用可以区分为涉税交易或事项发生时的处理和资产负债表日的处理。

1. 涉税交易或事项发生时的处理

（1）比较资产或负债的账面价值与计税基础，计算暂时性差异。

（2）分析涉税交易或事项的性质，判断是否符合确认递延所得税资产和递延所得税负债的条件。

（3）对于符合条件的，按准则规定计量递延所得税资产和递延所得税负债的具体金额。

2. 资产负债表日的处理

（1）比较资产或负债的账面价值与计税基础，计算暂时性差异。

（2）分析评价暂时性差异，对于符合确认条件的应纳税暂时性差异，确认递延所得税负债的应有期末余额；对于符合确认条件的可抵扣暂时性差异，确认递延所得税资产的应有期末余额。

(3) 比较递延所得税负债或递延所得税资产的应有期末余额与调整前余额，确定期末应调整增加或减少的递延所得税负债和递延所得税资产的金额。

(4) 分析涉税交易或事项的性质，确定对递延所得税负债或递延所得税资产期末余额的调整额应计入所得税费用还是其他综合收益。对于应计入其他综合收益的情况，将在本章后面部分作专门讨论。如果应计入所得税费用，则有以下几种情况：

1）需要调整增加递延所得税负债期末余额的：

借：所得税费用——递延所得税费用

　贷：递延所得税负债

2）需要调整减少递延所得税负债期末余额的：

借：递延所得税负债

　贷：所得税费用——递延所得税费用

3）需要调整增加递延所得税资产期末余额的：

借：递延所得税资产

　贷：所得税费用——递延所得税费用

4）需要调整减少递延所得税资产期末余额的：

借：所得税费用——递延所得税费用

　贷：递延所得税资产

贷记的“递延所得税费用”从本质上讲属于递延所得税收益。

至于当期按税法规定实际应交的所得税，则作为“当期所得税费用”处理：

借：所得税费用——当期所得税费用

　贷：应交税费——应交所得税

在资产负债表债务法下，资产和负债的账面价值、计税基础、暂时性差异以及递延所得税资产（负债）之间的关系如表5-4所示。

表5-4　资产负债表债务法下各项目之间的关系

项目	资产	负债
账面价值①	未来可收回的金额	未来应支付的金额
计税基础②	未来可抵扣的金额	未来不可抵扣的金额
暂时性差异 ③=①-②	正数：应纳税暂时性差异 负数：可抵扣暂时性差异	正数：可抵扣暂时性差异 负数：应纳税暂时性差异
递延所得税的应有余额④=③×预期税率	正数：递延所得税负债的应有余额 负数：递延所得税资产的应有余额	正数：递延所得税资产的应有余额 负数：递延所得税负债的应有余额

5.3.2　递延所得税负债与递延所得税资产的确认

1. 递延所得税负债的确认

一般情况下，企业对于应纳税暂时性差异应当确认相应的递延所得税负债，但是下列情况除外：

（1）商誉的初始确认形成的应纳税暂时性差异不能确认相应的递延所得税负债。企业合并产生的商誉，在确定应纳税所得额时不允许将其账面价值的减值损失作为费用予以抵扣；终止经营、处置资产时，原来确认入账的与此相关的商誉也不允许在税前抵扣。因此，商誉的计税基础为零，并产生一项应纳税暂时性差异，金额等于商誉的账面价值。但是，会计准则不允许确认相应的递延所得税负债，原因在于商誉是一项剩余值，确认递延所得税负债会增加商誉的入账金额，而商誉入账金额的增加又会形成新的应纳税暂时性差异。这样会导致循环往复，没有终结。与此相联系，既然由商誉初始确认产生的应纳税暂时性差异不能确认相应的递延所得税负债的增加，那么这部分应纳税暂时性差异的后续减少也不能确认相应的递延所得税负债的减少。

例 5－17

20×5 年 1 月 1 日，甲公司吸收合并 P 公司。该项企业合并为非同一控制下的合并。甲公司按照会计准则规定确认合并商誉 500 万元。20×5 年 12 月 31 日对该商誉进行减值测试，计提了 100 万元的商誉减值准备，确认了 100 万元的商誉减值损失。

分析： 20×5 年 1 月 1 日，该商誉的入账金额为 500 万元，计税基础为零，因此形成了 500 万元的应纳税暂时性差异。但是不能确认与这 500 万元的应纳税暂时性差异相关的递延所得税负债。

20×5 年 12 月 31 日，按照会计准则的要求，计提了 100 万元的商誉减值准备之后，商誉的账面价值为 400 万元，计税基础为 0，年末的应纳税暂时性差异减少为 400 万元，但是仍不能确认相关的递延所得税负债。

然而，如果与商誉有关的应纳税暂时性差异不是由商誉的初始确认产生的，那么应该确认产生的递延所得税负债。例如，对于上述 500 万元商誉，如果税法允许每年以 20%的比率进行抵扣，那么该商誉初始确认时计税基础为 500 万元，第一年年末为 400 万元。如果该商誉在第一年发生减值 50 万元，那么其第一年年末的账面价值为 450 万元，第一年年末的应纳税暂时性差异为 50 万元，由此产生的递延所得税负债应该予以确认，因为这 50 万元的应纳税暂时性差异与商誉的初始确认无关。

（2）如果交易不是企业合并，且交易发生时既不影响会计利润也不影响应纳税所得额（或可抵扣亏损），那么该交易中产生的资产或负债的初始确认所形成的应纳税暂时性差异不能确认相应的递延所得税负债。因为在这种情况下，对于一项资产或负债因其入账金额与计税基础不同而形成的应纳税暂时性差异，如果确认递延所得税负债，会难以确定相应的借记项目：首先，不能借记所得税费用，因为交易发生时既不影响会计利润也不影响应纳税所得额（或可抵扣亏损）；其次，不能借记初始确认的资产或负债，因为如果这样处理，就会增加相关资产的入账金额或减少相关负债的入账金额，必然导致形成新的应纳税暂时性差异，需要追加确认新的递延所得税负债，以致循环往复，无穷无尽。这样不但会增加会计处理的复杂性，而且会损害会计信息的有用性。

例 5－18

沿用例 5－3 的资料，乙公司 20×5 年 12 月 15 日建造完成的核电站，其入账价值为 42 亿元，计税基础为 40 亿元，产生应纳税暂时性差异 2 亿元。

分析：由于该项应纳税暂时性差异属于固定资产入账时点的差异，该项固定资产不是企业合并交易所取得的，而且交易发生时既不影响会计利润也不影响应纳税所得额（或可抵扣亏损），因此对于这 2 亿元的应纳税暂时性差异不能确认相应的递延所得税负债。

（3）企业对与子公司、联营企业及合营企业投资相关的应纳税暂时性差异，当同时满足以下两个条件时，也不能确认相应的递延所得税负债：

1）投资企业能够控制暂时性差异转回的时间；

2）该暂时性差异在可预见的未来很可能不会转回。

当母公司控制了子公司的股利政策时，就能够控制与对子公司的投资相关的应纳税暂时性差异转回的时间安排。例如，子公司存在未分配利润时会产生应纳税暂时性差异。如果母公司控制了子公司的股利政策，那么它就能决定何时分配这些未分配利润，而将未分配利润进行分配的同时，相应的应纳税暂时性差异也转回。这个时候，母公司能够控制该项应纳税暂时性差异的转回。因此，当母公司已经决定在可预见的未来不对这些利润进行分配时，即应纳税暂时性差异在可预见的未来不会转回时，母公司就不应该确认相应的递延所得税负债。

联营企业的投资者不控制联营企业，通常也不能控制其股利政策。因此，除非协议规定联营企业的利润在可预见的未来不予分配，否则投资者应该确认与联营企业的投资相关的应纳税暂时性差异产生的递延所得税负债。

如果合营企业的投资者能够控制利润分配，并且该利润在可预见的未来被分配的可能性不大，就不能确认相应的递延所得税负债。

2. 递延所得税资产的确认

企业在特定时点形成的可抵扣暂时性差异，并非都能够确认相应的递延所得税资产。确认递延所得税资产，需要遵循以下原则：

（1）递延所得税资产的确认金额应当以企业很可能取得用来抵扣可抵扣暂时性差异的应纳税所得额为限。可抵扣暂时性差异是使未来产生可抵扣金额的暂时性差异，因此可抵扣暂时性差异的转回可以抵扣转回期间（或未来其他期间）的应纳税所得额。但是，只有当企业有足够的应纳税所得额用以抵销该抵扣时，该抵扣导致的所得税支付额的减少所带来的经济利益才能流入企业。因此，只有当很可能获得能利用可抵扣暂时性差异的应纳税所得额时，企业才能确认一项递延所得税资产。这是企业确认递延所得税资产的前提条件，而递延所得税负债的确认没有这样的前提条件。

例 5－19

沿用例 5－2 的资料，20×5 年年末甲公司 A 商品的账面价值与计税基础形成可抵扣暂时性差异500万元。假定该公司之前没有递延所得税资产余额，20×5年年末不存在其他可抵扣暂时性差异，甲公司预计20×5年年末发生减值的A商品将全部在20×6年出售，估计20×6年公司可以获得的应纳税所得额为200万元。甲公司适用的所得税税率为25%。

分析：虽然甲公司20×5年年末有可抵扣暂时性差异500万元，但因为预计20×6年只能获得200万元的应纳税所得额，所以对于20×5年年末的500万元可抵扣暂时性差异，只能确认50万元（200×25%）的递延所得税资产。

借：递延所得税资产　　500 000
　贷：所得税费用　　500 000

（2）如果交易不是企业合并，且交易发生时既不影响会计利润也不影响应纳税所得额（或可抵扣亏损），那么该交易中产生的资产或负债的初始确认所形成的可抵扣暂时性差异不能确认相应的递延所得税资产。因为在这种情况下，对于一项资产或负债因其入账金额与计税基础不同而形成的可抵扣暂时性差异，如果确认递延所得税资产，会难以确定相应的贷记项目：首先，不能贷记所得税费用，因为交易发生时既不影响会计利润也不影响应纳税所得额（或可抵扣亏损）；其次，不能贷记初始确认的资产或负债，因为如果这样处理，就会减少相关资产的入账金额或增加相关负债的入账金额，必然导致形成新的可抵扣暂时性差异，需要追加确认新的递延所得税资产，以致循环往复，无穷无尽。这样不但会增加会计处理的复杂性，而且会损害会计信息的有用性。

例5-20

沿用例5-6的资料，A公司20×5年年末内部研究开发形成的无形资产入账时，其账面价值为3 000万元，计税基础为4 500万元，二者之间形成可抵扣暂时性差异1 500万元。

分析：由于该项可抵扣暂时性差异属于无形资产入账时点的差异，该项无形资产不是企业合并交易所取得的，而且交易发生时既不影响会计利润也不影响应纳税所得额（或可抵扣亏损），因此1 500万元的可抵扣暂时性差异不能确认递延所得税资产。

（3）资产负债表日，如果有确凿证据表明未来期间很可能获得足够的应纳税所得额用来抵扣可抵扣暂时性差异的，应当确认以前期间未确认的递延所得税资产。

（4）企业对与子公司、联营企业及合营企业投资相关的可抵扣暂时性差异，当同时满足以下两个条件时，应当确认相应的递延所得税资产：

1）暂时性差异在可预见的未来很可能转回；

2）未来很可能获得用来抵扣暂时性差异的应纳税所得额。

基于上述与企业对子公司、联营企业及合营企业投资相关的应纳税暂时性差异类似的原因，可抵扣暂时性差异在可预见的未来也有可能无法转回。同时，当未来可能无法获得能利用可抵扣暂时性差异的应纳税所得额时，企业不应确认相应的递延所得税资产。

（5）对于能够结转以后年度的可抵扣亏损和税款抵减，应当确认相应的递延所得税资产，确认金额以很可能获得的用来抵扣亏损和税款抵减的未来应纳税所得额为限。

能够结转以后年度的可抵扣亏损和税款抵减，也能导致以后年度所得税支付额的减少，由此产生经济利益流入企业，从而形成一项递延所得税资产。但是，确认这类递延所得税资产的前提条件是以后年度必须能够获得用来抵扣可抵扣亏损和税款抵减的应纳税所得额。

5.3.3 递延所得税负债与递延所得税资产的计量

1. 当期所得税负债（资产）的计量

资产负债表日，对于当期和以前期间形成的当期所得税负债（或资产），应当按照税法规定的预期应缴纳（或返还）的所得税金额计量。

2. 递延所得税资产（负债）的计量

（1）资产负债表日，对于递延所得税资产和递延所得税负债，应当依据税法规定，按照预期收回该资产或清偿该负债期间的适用税率计量。

（2）适用税率发生变化的，应对已确认的递延所得税资产（负债）进行重新计量，除直接在权益中确认的交易或事项产生的递延所得税资产（负债）以外，应当将其影响数计入变化当期的所得税费用。

（3）递延所得税资产（负债）的计量，应当反映资产负债表日企业预期收回资产或清偿负债方式的纳税影响，即在计量递延所得税资产（负债）时，应当采取与收回资产或清偿债务的预期方式相一致的税率和计税基础。

（4）企业不应当对递延所得税资产（负债）进行折现。不允许对递延所得税资产（负债）进行折现的原因可能在于，对递延所得税资产（负债）进行折现，要求具体推定每一项暂时性差异转回的时间，这并不切实可行。同时，折现可能使得企业之间确认的递延所得税资产（负债）缺乏可比性。

（5）资产负债表日，企业应当对递延所得税资产的账面价值进行复核。如果未来期间很可能无法获得足够的应纳税所得额用以抵扣递延所得税资产的利益，应当减记递延所得税资产的账面价值。在很可能获得足够的应纳税所得额时，减记的金额应当转回。

企业当期所得税和递延所得税应当作为所得税费用或收益计入当期损益，但不包括下列情况产生的所得税：

（1）企业合并。

（2）直接在所有者权益中确认的交易或事项。

与直接计入所有者权益的交易或事项相关的当期所得税和递延所得税，应当计入所有者权益。例如，企业会计准则规定，其他权益工具投资的公允价值变动损益计入其他综合收益，由此形成的暂时性差异的所得税影响应相应调整其他综合收益，而不是计入所得税费用。对此，本章5.4节将举例说明。

例5-21

北方公司20×3年12月取得甲设备，成本为150 000元。会计规定按直线法计提折旧，折旧年限为5年；税法规定按直线法计提折旧，折旧年限为3年。不考虑减值。进一步假设每年计提折旧前的税前会计利润为100 000元，第一年年初无递延所得税余额，所得税税率为25%。企业不存在其他会计与税收差异。

分析：

(1) 20×4年。

年末账面价值＝150 000－30 000＝120 000(元)

年末计税基础＝150 000－50 000＝100 000(元)

年末应纳税暂时性差异＝120 000－100 000＝20 000(元)

年末与甲设备有关的递延所得税负债应有余额＝20 000×25%＝5 000(元)

本年应确认的与甲设备有关的递延所得税负债＝5 000(元)

应编制如下会计分录：

借：所得税费用——递延所得税费用　　5 000
　贷：递延所得税负债　　5 000

本年应交所得税＝(100 000－50 000)×25%＝12 500(元)

借：所得税费用——当期所得税费用　　12 500
　贷：应交税费——应交所得税　　12 500

120 000元的账面价值意味着报告主体未来可以获得120 000元的经济利益，计税基础100 000元意味着在120 000元的经济利益中有100 000元不需要纳税，因此纳税主体还应确认的未来的纳税义务为5 000元（(120 000－100 000)×25%)，即第一年年末的递延所得税负债余额为5 000元。

(2) 20×5年。

年末账面价值＝120 000－30 000＝90 000(元)

年末计税基础＝100 000－50 000＝50 000(元)

年末应纳税暂时性差异＝90 000－50 000＝40 000(元)

年末与甲设备有关的递延所得税负债应有余额＝40 000×25%＝10 000(元)

本年应追加确认的与甲设备有关的递延所得税负债＝10 000－5 000＝5 000(元)

应编制如下会计分录：

借：所得税费用——递延所得税费用　　5 000
　贷：递延所得税负债　　5 000

本年应交所得税＝(100 000－50 000)×25%＝12 500(元)

借：所得税费用——当期所得税费用　　12 500
　贷：应交税费——应交所得税　　12 500

20×5年年末的账面价值为90 000元，意味着报告主体未来可以获得90 000元的经济利益，计税基础50 000元意味着这90 000元中有50 000元不需要纳税，因此20×5年年末的递延所得税负债余额为10 000元（(90 000－50 000)×25%）。

（3）20×6年。

年末账面价值＝90 000－30 000＝60 000(元)

年末计税基础＝50 000－50 000＝0

年末应纳税暂时性差异＝60 000－0＝60 000(元)

年末与甲设备有关的递延所得税负债应有余额＝60 000×25%＝15 000(元)

本年应追加确认的与甲设备有关的递延所得税负债＝15 000－10 000＝5 000(元)

应编制如下会计分录：

借：所得税费用——递延所得税费用　　5 000
　贷：递延所得税负债　　5 000

本年应交所得税＝(100 000－50 000)×25%＝12 500(元)

借：所得税费用——当期所得税费用　　12 500
　贷：应交税费——应交所得税　　12 500

20×6年年末的账面价值为60 000元，意味着报告主体未来可以获得60 000元的经济利益，计税基础为0意味着这60 000元都需要纳税，因此20×6年年末的递延所得税负债余额为15 000元（(60 000－0)×25%）。

（4）20×7年。

年末账面价值＝60 000－30 000＝30 000(元)

年末计税基础＝0

年末应纳税暂时性差异＝30 000－0＝30 000(元)

年末与甲设备有关的递延所得税负债应有余额＝30 000×25%＝7 500(元)

本年应调整减少的与甲设备有关的递延所得税负债＝15 000－7 500＝7 500(元)

应编制如下会计分录：

借：递延所得税负债　　7 500
　贷：所得税费用——递延所得税费用　　7 500

本年应交所得税＝(100 000－0)×25%＝25 000(元)

借：所得税费用——当期所得税费用　　25 000
　贷：应交税费——应交所得税　　25 000

20×7年年末的账面价值为30 000元，意味着报告主体未来可以获得30 000元的经济利益，计税基础为0意味着这30 000元都需要纳税，因此当年年末的递延所得税负债余额为7 500元（(30 000－0)×25%）。

(5) 20×8 年。

年末账面价值＝0

年末计税基础＝0

年末暂时性差异＝0

年末与甲设备有关的递延所得税负债应有余额＝0

本年应调整减少的与甲设备有关的递延所得税负债＝7 500－0＝7 500(元)

应编制如下会计分录：

借：递延所得税负债　　7 500

　贷：所得税费用——递延所得税费用　　7 500

本年应交所得税＝(100 000－0)×25%＝25 000(元)

借：所得税费用——当期所得税费用　　25 000

　贷：应交税费——应交所得税　　25 000

20×8 年年末的账面价值和计税基础均为 0，因此当年年末的递延所得税负债余额为 0；当年应冲减 7 500 元的递延所得税负债。

上述计算过程如表 5－5 所示。

表 5－5　　单位：元

项目	20×4 年	20×5 年	20×6 年	20×7 年	20×8 年
年末甲设备账面价值	120 000	90 000	60 000	30 000	0
年末甲设备计税基础	100 000	50 000	0	0	0
与甲设备有关的年末暂时性差异	20 000	40 000	60 000	30 000	0
年末与甲设备有关的递延所得税负债应有余额	5 000	10 000	15 000	7 500	0
年末应调整的递延所得税负债	5 000(贷方)	5 000(贷方)	5 000(贷方)	7 500(借方)	7 500(借方)
所得税费用——当期所得税费用	12 500	12 500	12 500	25 000	25 000

5.4　资产负债表债务法运用的特殊问题

5.4.1　直接计入所有者权益的交易或事项产生的递延所得税

前面递延所得税资产与递延所得税负债的举例，所涉及的都是不直接计入所有者权益的交易或事项。在现实生活中，运用资产负债表债务法时，递延所得税资产与递延所得税负债的确认和计量可能涉及直接计入所有者权益的交易或事项，如其他权益工具投资公允价值的变动。在这种情况下，相关资产、负债的账面价值与计税基础之间形成暂时性差异的，应当在符合条件的情况下确认递延所得税资产或递延所得税负债，计入其他综合收益。

例 5-22

20×7年6月1日，甲公司以500万元银行存款购买某公司的股票，指定分类为以公允价值计量且其变动计入其他综合收益的非交易性权益工具投资，通过"其他权益工具投资"科目进行核算。20×7年12月31日，该项金融资产的公允价值为560万元，没有发生减值。甲公司的所得税税率为25%，除该事项之外，该公司不存在其他会计与税收差异。20×8年12月31日，该项金融资产的公允价值为540万元。20×9年4月20日，甲公司将上述金融资产以570万元的价格出售。

分析：

（1）20×7年6月1日。

借：其他权益工具投资——成本　　5 000 000
　贷：银行存款　　5 000 000

（2）20×7年12月31日。

1）确认公允价值变动损益，计入其他综合收益。

借：其他权益工具投资——公允价值变动　　600 000
　贷：其他综合收益　　600 000

2）年末该项金融资产形成600 000元的应纳税暂时性差异，确认其所得税影响150 000元（600 000×25%）。

借：其他综合收益　　150 000
　贷：递延所得税负债　　150 000

以上两笔分录也可以合并为一笔。

借：其他权益工具投资——公允价值变动　　600 000
　贷：其他综合收益　　450 000
　　　递延所得税负债　　150 000

（3）20×8年12月31日。

1）确认公允价值变动损益，计入其他综合收益。

借：其他综合收益　　200 000
　贷：其他权益工具投资——公允价值变动　　200 000

2）年末该项金融资产的应纳税暂时性差异减少为400 000元，相应调整减少递延所得税负债的余额50 000元（150 000－400 000×25%）。

借：递延所得税负债　　50 000
　贷：其他综合收益　　50 000

以上两笔分录也可以合并为一笔。

借：其他综合收益　　150 000
　　递延所得税负债　　50 000
　贷：其他权益工具投资——公允价值变动　　200 000

（4）20×9年4月20日。

借：银行存款	5 700 000	
贷：其他权益工具投资——成本		5 000 000
——公允价值变动		400 000
其他综合收益		300 000
借：其他综合收益	600 000	
递延所得税负债	100 000	
贷：利润分配——未分配利润		700 000

本例中，由于其他权益工具投资公允价值的变动按会计准则的规定应该计入其他综合收益，因此在每个资产负债表日，无论是首次确认递延所得税负债，还是后续对原确认的递延所得税负债进行调整，其对应项目都是其他综合收益，而非计入当期的所得税费用。

5.4.2 税率变动情况下递延所得税资产与递延所得税负债的计量

在资产负债表债务法下，每一个资产负债表日，对于递延所得税资产或递延所得税负债应当依据税法规定，按照预期收回该资产或清偿该负债期间的适用税率计量。适用税率发生变化的，应对已确认的递延所得税资产（负债）进行重新计量，除直接在权益中确认的交易或事项产生的递延所得税资产（负债）以外，应当将其影响数计入变化当期的所得税费用。

例5-23

某企业20×6年12月末购入甲设备，原值为120 000元，无残值，会计上采用年数总和法计提折旧，折旧年限为3年。税法规定采用直线法计提折旧，折旧年限也是3年。20×8年1月1日会计上对该固定资产进行法定评估，确认评估增值40 000元，同时会计上对该固定资产改按直线法计提折旧，折旧年限不变。20×7年所得税税率为30%，20×8年1月1日所得税税率降为25%。假设20×7年和20×8年不存在其他会计与税收差异，每年计提折旧前的税前会计利润为140 000元，20×6年年末无递延所得税余额。

分析：计算20×7年年末和20×8年年末资产负债表上的递延所得税，以及20×7年和20×8年的所得税费用如下（假设预计未来能够获得足够的应纳税所得额用以抵扣本例产生的可抵扣暂时性差异）：

（1）20×7年。

$$会计折旧=120\,000\times\frac{3}{6}=60\,000(元)$$

$$计税折旧=\frac{120\,000}{3}=40\,000(元)$$

年末账面价值＝120 000－60 000＝60 000(元)

年末计税基础＝120 000－40 000＝80 000(元)

年末可抵扣暂时性差异＝80 000－60 000＝20 000(元)

年末递延所得税资产余额＝20 000×30％＝6 000(元)

年末应确认的递延所得税资产＝6 000(元)

编制如下会计分录：

借：递延所得税资产——可抵扣暂时性差异（甲设备）　6 000
　贷：所得税费用——递延所得税费用　6 000

本年应交所得税＝(140 000－40 000)×30％＝30 000(元)

借：所得税费用——当期所得税费用　30 000
　贷：应交税费——应交所得税　30 000

（2）20×8年。

1）20×8年1月1日税率降低，需调整年初递延所得税资产余额。

$$调整后年初递延所得税资产余额=\frac{6\ 000}{30\%}\times 25\%=5\ 000(元)$$

应冲减递延所得税资产＝6 000－5 000＝1 000(元)

借：所得税费用——递延所得税费用　1 000
　贷：递延所得税资产——可抵扣暂时性差异（甲设备）　1 000

2）20×8年1月1日该固定资产评估增值40 000元，产生一项应纳税暂时性差异40 000元，因此应确认一项递延所得税负债10 000元（40 000×25％），但是不应确认所得税费用，而是计入所有者权益（其他综合收益）。由于此前还有与甲设备有关的递延所得税资产余额5 000元，故先冲减该余额，实际确认递延所得税负债5 000元。

借：固定资产　40 000
　贷：其他综合收益　30 000
　　递延所得税资产——可抵扣暂时性差异（甲设备）　5 000
　　递延所得税负债——甲设备　5 000

3）年末计提固定资产折旧。折旧方法的变更属于会计估计变更，应该采用未来适用法，不进行追溯调整。

$$会计折旧=\frac{60\ 000+40\ 000}{2}=50\ 000(元)$$

$$计税折旧=\frac{120\ 000}{3}=40\ 000(元)$$

年末账面价值＝60 000＋40 000－50 000＝50 000(元)

年末计税基础＝80 000－40 000＝40 000(元)

年末应纳税暂时性差异＝50 000－40 000＝10 000(元)

年末递延所得税负债应有余额＝10 000×25％＝2 500(元)

年末应调整减少的递延所得税负债＝5 000－2 500＝2 500(元)

应编制如下会计分录：

借：递延所得税负债——甲设备　　2 500
　贷：所得税费用——递延所得税费用　　2 500

4）年末应交所得税的计算。

本年应交所得税＝(140 000－40 000)×25％＝25 000(元)

借：所得税费用——当期所得税费用　　25 000
　贷：应交税费——应交所得税　　25 000

5.4.3 企业合并中产生的递延所得税

本章前面所讨论的资产负债表债务法的运用，都只涉及有关资产或负债的后续计量时如何考虑所得税的影响。然而，企业有可能在资产或负债的初始确认和初始计量时就需要考虑所得税的影响。例如，企业合并所取得的资产或负债的入账价值可能不同于其计税基础，在这种情况下需要确认相应的递延所得税。

例 5－24

假设甲公司20×0年1月1日以每股市价10元、每股面值1元的本公司股份900 000股，以吸收合并的方式购买乙公司的全部资产。该项合并为非同一控制下的企业合并。当日，乙公司的资产只有库存商品和固定资产两项，且没有任何负债。库存商品的账面价值为800 000元，公允价值为1 000 000元；固定资产的账面价值为7 000 000元，公允价值为8 000 000元。按会计准则的规定，所取得的资产需要按公允价值入账，而税法要求按存货和固定资产的原账面价值作为计税基础。所得税税率为25％。

分析：假定甲公司所取得的乙公司的库存商品全部在20×0年出售，会计与税法对固定资产均采用年限平均法，按10年计提折旧，不考虑残值。20×0年与20×1年甲公司的税前利润均为6 000 000元，且未产生会计与税法之间的其他差异。

在资产负债表债务法下，对于企业合并中所取得的资产、负债的入账价值与计税基础之间的差额，需要考虑其所得税影响。本例中，库存商品和固定资产两项资产在入账时均有应纳税暂时性差异。

应纳税暂时性差异＝(1 000 000－800 000)＋(8 000 000－7 000 000)
＝1 200 000(元)

应确认递延所得税负债＝1 200 000×25％＝300 000(元)

本例中，虽然甲公司所支付股份的公允价值与所取得的乙公司全部净资产的公允价值相等，但由于确认了300 000元的递延所得税负债，因而要相应确认一项合并商誉（关于企业合并及商誉的会计处理的详细讨论请参见第7章企业合并）。

(1) 20×0年1月1日。

借：库存商品　1 000 000
　　固定资产　8 000 000
　　商誉　300 000
　贷：股本　900 000
　　　资本公积　8 100 000
　　　递延所得税负债　300 000

(2) 20×0年12月31日。20×0年年末，从乙公司购入的库存商品的账面价值和计税基础都已为0，只需要考虑固定资产的账面价值与计税基础之间的差异。

年末固定资产的账面价值=8 000 000－800 000=7 200 000(元)
年末固定资产的计税基础=7 000 000－700 000=6 300 000(元)
年末应纳税暂时性差异=7 200 000－6 300 000=900 000(元)
年末递延所得税负债应有余额=900 000×25%=225 000(元)
年末应调整减少的递延所得税负债=300 000－225 000=75 000(元)
本年应交所得税=(6 000 000+200 000+100 000)×25%=1 575 000(元)

应编制如下会计分录：

借：递延所得税负债　75 000
　贷：所得税费用——递延所得税费用　75 000
借：所得税费用——当期所得税费用　1 575 000
　贷：应交税费——应交所得税　1 575 000

(3) 20×1年12月31日。

年末固定资产的账面价值=7 200 000－800 000=6 400 000(元)
年末固定资产的计税基础=6 300 000－700 000=5 600 000(元)
年末应纳税暂时性差异=6 400 000－5 600 000=800 000(元)
年末递延所得税负债应有余额=800 000×25%=200 000(元)
年末应调整减少的递延所得税负债=225 000－200 000=25 000(元)
本年应交所得税=(6 000 000+100 000)×25%=1 525 000(元)

应编制如下会计分录：

借：递延所得税负债　25 000
　贷：所得税费用——递延所得税费用　25 000
借：所得税费用——当期所得税费用　1 525 000
　贷：应交税费——应交所得税　1 525 000

20×2年至20×9年的会计处理略。

5.4.4 纳税亏损与税款抵免的所得税影响

企业在一定期间产生的能够结转以后年度的可抵扣亏损和税款抵减，可以减少以后年度的所得税支付额，由此可以为企业带来未来的经济利益，因此在资产负债表债务法下，需要考虑确认一项递延所得税资产。但是，这种未来经济利益实现的前提条件是以后年度必须能够获得足够用来抵扣可抵扣亏损和税款抵减的应纳税所得额，因此，递延所得税资产的确认也必须满足这一前提条件。这与前面可抵扣暂时性差异产生的递延所得税资产的确认标准类似。但是，未利用可抵扣亏损的存在有可能足以表明未来应纳税所得额难以获得。因此，在企业存在能够结转以后年度的可抵扣亏损和税款抵减的情况下，只有在有足够的证据表明企业未来能获得可用以抵扣尚未利用的可抵扣亏损或税款抵减的足够的应纳税所得额时，才能确认相应的递延所得税资产，且确认金额以很可能获得的用来抵扣亏损和税款抵减的未来应纳税所得额为限。

例 5-25

大华公司 20×2 年年末购入甲设备，成本为 2 000 000 元，预计使用寿命为 4 年，会计上采用年数总和法计提折旧，税法规定采用直线法计提折旧。20×3 年税前会计利润为 2 700 000 元，20×4 年税前会计亏损 1 000 000 元，20×5 年税前会计利润为 900 000 元，20×6 年税前会计利润为 1 300 000 元。假定除了折旧差异外，大华公司不存在任何其他会计与税法差异，20×2 年年末无递延所得税余额，所得税税率为 25%。另假设大华公司在每年年末都能够可靠地预计未来很可能获得用以抵扣可抵扣暂时性差异和营业亏损的应纳税所得额。

分析：

(1) 20×3 年 12 月 31 日。

$$\text{会计折旧}=2\,000\,000\times\frac{4}{10}=800\,000(\text{元})$$

$$\text{计税折旧}=\frac{2\,000\,000}{4}=500\,000(\text{元})$$

年末甲设备的账面价值＝2 000 000－800 000＝1 200 000(元)

年末甲设备的计税基础＝2 000 000－500 000＝1 500 000(元)

年末甲设备产生的可抵扣暂时性差异＝1 500 000－1 200 000＝300 000(元)

年末与甲设备有关的递延所得税资产应有余额＝300 000×25%＝75 000(元)

年末应确认的与甲设备有关的递延所得税资产＝75 000(元)

编制如下会计分录：

借：递延所得税资产——可抵扣暂时性差异（甲设备）　　75 000

　贷：所得税费用——递延所得税费用　　75 000

本年应交所得税＝(2 700 000＋300 000)×25%＝750 000(元)

借：所得税费用——当期所得税费用　　750 000

　贷：应交税费——应交所得税　　750 000

(2) 20×4 年 12 月 31 日。

$$\text{会计折旧}=2\,000\,000\times\frac{3}{10}=600\,000(\text{元})$$

$$计税折旧=\frac{2\,000\,000}{4}=500\,000(元)$$

年末甲设备的账面价值=1 200 000−600 000=600 000(元)

年末甲设备的计税基础=1 500 000−500 000=1 000 000(元)

年末甲设备产生的可抵扣暂时性差异=1 000 000−600 000=400 000(元)

年末与甲设备有关的递延所得税资产应有余额=400 000×25%=100 000(元)

年末应调整增加的与固定资产有关的递延所得税资产=100 000−75 000=25 000(元)

本年纳税亏损=1 000 000−600 000+500 000=900 000(元)

年末应确认的与纳税亏损有关的递延所得税资产=900 000×25%=225 000(元)

编制如下会计分录：

借：递延所得税资产——可抵扣暂时性差异（甲设备）　　25 000

　贷：所得税费用——递延所得税费用　　25 000

借：递延所得税资产——营业亏损　　225 000

　贷：所得税费用——递延所得税费用　　225 000

年末递延所得税资产余额包括两部分：由甲设备产生的递延所得税资产100 000元；由纳税亏损产生的递延所得税资产225 000元。

本年应交所得税=0

(3) 20×5年12月31日。

$$会计折旧=2\,000\,000\times\frac{2}{10}=400\,000(元)$$

$$计税折旧=\frac{2\,000\,000}{4}=500\,000(元)$$

年末甲设备的账面价值=600 000−400 000=200 000(元)

年末甲设备的计税基础=1 000 000−500 000=500 000(元)

年末甲设备产生的可抵扣暂时性差异=500 000−200 000=300 000(元)

年末与甲设备有关的递延所得税资产应有余额=300 000×25%=75 000(元)

年末应调整减少的与固定资产有关的递延所得税资产=100 000−75 000=25 000(元)

本年应纳税所得额为800 000元（900 000+400 000−500 000），这意味着20×4年的900 000元纳税亏损中有800 000元可以在本年抵扣。因此年末与纳税亏损相关的递延所得税资产余额为25 000元（100 000×25%）。

本年应冲减递延所得税资产=225 000−25 000=200 000(元)

编制如下会计分录：

借：所得税费用——递延所得税费用　　25 000
　贷：递延所得税资产——可抵扣暂时性差异（甲设备）　　25 000
借：所得税费用——递延所得税费用　　200 000
　贷：递延所得税资产——营业亏损　　200 000

本年应交所得税＝0

（4）20×6 年 12 月 31 日。

$$会计折旧=2\ 000\ 000\times\frac{1}{10}=200\ 000(元)$$

$$计税折旧=\frac{2\ 000\ 000}{4}=500\ 000(元)$$

年末甲设备的账面价值＝200 000－200 000＝0

年末甲设备的计税基础＝500 000－500 000＝0

年末固定资产的暂时性差异＝0

年末与甲设备有关的递延所得税资产余额＝0

年末应调整减少的与固定资产有关的递延所得税资产＝75 000－0＝75 000（元）

编制如下会计分录：

借：所得税费用——递延所得税费用　　75 000
　贷：递延所得税资产——可抵扣暂时性差异（甲设备）　　75 000
借：所得税费用——递延所得税费用　　25 000
　贷：递延所得税资产——营业亏损　　25 000

本年应交所得税＝900 000×25%＝225 000（元）

借：所得税费用——当期所得税费用　　225 000
　贷：应交税费——应交所得税　　225 000

5.5　所得税会计信息的披露

所得税会计信息的披露包括在表内列报和在附注中披露。表内列报又可分为在资产负债表中的列示和在利润表中的列示。

5.5.1　表内列报

1. 在资产负债表中的列示

递延所得税资产和递延所得税负债应当分别作为非流动资产和非流动负债在资产负债表中列示。

2. **在利润表中的列示**

所得税费用应当在利润表中单独列示。

5.5.2 附注中的披露

企业应当在附注中披露与所得税有关的下列信息：

（1）所得税费用（收益）的主要组成部分。所得税费用（收益）包括当期所得税费用（当期应交所得税）和递延所得税，但不包括直接计入所有者权益项目的交易或事项以及企业合并的所得税影响。

（2）对所得税费用（收益）与会计利润之间的关系作出解释。

（3）未确认递延所得税资产的可抵扣暂时性差异、可抵扣亏损的金额（如果存在到期日，还应披露到期日）。

（4）对每一类暂时性差异和可抵扣亏损，在列报期间确认的递延所得税资产或递延所得税负债的金额，确认递延所得税资产的依据。

（5）未确认递延所得税负债的，与对子公司、联营企业及合营企业投资相关的暂时性差异金额。

思考题

1. 什么是所得税会计处理的资产负债表债务法？它有何主要特点？

2. 什么是暂时性差异？它与时间性差异之间有何异同？

3. 在资产负债表债务法下，所有的应纳税暂时性差异都应确认为递延所得税负债吗？为什么？

4. 在资产负债表债务法下，所有的可抵扣暂时性差异都应确认为递延所得税资产吗？为什么？

5. 在资产负债表债务法下，所有的递延所得税资产都源于可抵扣暂时性差异吗？为什么？

练习题

1. 永兴公司20×5年年底购入甲设备，成本为3 000 000元。会计上采用年数总和法计提折旧，使用年限为5年。税法规定采用直线法计提折旧，使用年限也是5年，预计无残值。20×7年之前享受15%的所得税优惠税率，但是从20×7年开始税率恢复为25%（假设永兴公司无法预期所得税税率的这一变动）。假设不存在其他会计与税收差异，20×5年年末“递延所得税资产”科目余额为0，20×6年至20×8年计提折旧前税前利润分别为5 000 000元、6 000 000元和6 000 000元。该公司对甲设备没有计提过减值准备。

要求： 计算20×6年年末至20×8年年末资产负债表上的递延所得税，以及20×6年至20×8年的所得税费用（假设预计未来能够获得足够的应纳税所得额用以抵扣产生的可抵扣暂时性差异）。

2. 20×0年年末，新华公司购入机床一台，价值4 500 000元。会计和税法都规定按直线法计提折旧，但会计规定折旧年限为5年，税法规定折旧年限为8年，预计残值为0。根据减值测试的结果，新华公司于20×2年就该机床计提固定资产减值准备400 000元，折旧年限不变。新华公司20×1年的税前会计利润为5 000 000元，20×2年的税前会计利润为2 000 000元，20×3年会计亏损4 000 000元，20×4年和20×5年的税前会计利润均为3 000 000元。所得税税率为25%。假设该公司除了折旧和固定资产减值准备差异外，不存在其他会计与税法差异，20×0年年末"递延所得税资产"科目余额为0。

要求： 计算20×1年年末至20×5年年末资产负债表上的递延所得税，以及20×1年至20×5年的所得税费用（假设预计未来很可能获得用以抵扣产生的可抵扣暂时性差异和营业亏损的应纳税所得额）。

3. 甲公司以银行存款600 000元购入A设备作为管理用固定资产，当即投入使用。预计该设备无残值，会计折旧与计税折旧均采用年限平均法，会计规定折旧年限为6年，税法规定折旧年限为5年。

第一年年末甲公司对A设备进行减值测试，确定其可收回金额为450 000元。

第二年年末甲公司对A设备进行减值测试，确定其可收回金额为300 000元。

第三年年末甲公司将该设备出售，收到全部出售价款200 000元。

甲公司在这三年的税前会计利润分别为5 000 000元、6 000 000元和8 000 000元，适用的所得税税率为25%，假定甲公司这三年除A设备之外没有发生任何其他的会计与税法之间的差异。不考虑增值税的影响。

要求：

(1) 为甲公司编制第一年与A设备的折旧、减值以及所得税有关的会计分录。

(2) 为甲公司编制第二年与A设备的折旧、减值以及所得税有关的会计分录。

(3) 为甲公司编制第三年与A设备的折旧、出售以及所得税有关的会计分录（各年的主要数据需列出计算过程）。

第 6 章

Chapter 6 外币折算

学习目标

1. 掌握外币、外币交易、外币折算、记账本位币等相关概念。

2. 掌握外币兑换会计处理的全部内容及其全部过程。

3. 掌握外币财务报表折算的要求，能够进行外币财务报表折算的业务处理。

4. 理解恶性通货膨胀经济环境下外币财务报表折算的准则要求并能进行会计处理。

6.1 外币折算及其会计准则

6.1.1 外币、外币交易与外币折算

按照我国会计准则，外币是企业记账本位币以外的货币。外币交易则是以外币计价或结算的交易。相对应地，外币折算是建立在外币、外币交易基础之上的一种会计业务。比如，若某一母公司有在境外经营的子公司，而这一子公司采用所在地货币，亦即母公司的外币进行计价和结算，会计期末也使用该外币编制财务报表，那么以该外币反映的财务报表即为外币财务报表，而将外币财务报表转换为非外币的财务报表，即为外币折算。

6.1.2 记账本位币及其确定要求

由上面的解释可以看出，外币交易与一般交易之间的区别主要是以外币作为交易手段，而外币则是相对于记账本位币而言的其他货币。所以，在探讨外币业务时深入理解记账本位币的概念非常重要。

我国现行会计准则所说的记账本位币，是指企业经营所处的主要经济环境中的货币。这里的主要经济环境通常是指企业主要取得和支出现金的经济环境。因

此，按照企业会计准则的要求，我国企业通常应选择人民币作为记账本位币。

1. 境内企业记账本位币的确定

按照《中华人民共和国会计法》第十二条的规定，会计核算以人民币为记账本位币。业务收支以人民币以外的货币为主的单位，可以选定其中一种货币作为记账本位币，但是编报的财务报表应当折算为人民币。同样，在我国的会计准则中，也并没有将虽在我国境内经营但业务收支以人民币以外的货币为主的企业完全排斥在外。在这种情况下，若在我国境内经营的企业不采用人民币作为记账本位币，则要按照一定的原则选定作为编报报表的记账本位币。按照我国会计准则的要求，在选定记账本位币时应考虑以下因素：

（1）该货币主要影响商品和劳务的销售价格，通常以该货币进行商品和劳务的计价和结算；

（2）该货币主要影响商品和劳务所需人工、材料和其他费用，通常以该货币进行上述费用的计价和结算；

（3）该货币是融资活动获得的货币以及保存从经营活动中收取款项所使用的货币。

按照上述要求确定记账本位币时依然要依据企业的实际情况而定。比如，某主要从国外进口原材料且其产品主要销往国外的企业，其所需原材料的采购价格主要受美元影响，销售产品的价格也主要采用美元计价和结算，其在银行存放的款项也以美元为主，在这种情况下，该企业即可选用美元作为记账本位币。但是，若该企业只是在采购和销售环节受美元影响，而在融资环节主要是取得人民币，销售产品及存在银行中的款项也主要是人民币，则该公司应当将人民币确定为记账本位币。

2. 境外经营记账本位币的确定

按照企业会计准则的要求，确定企业是否为境外经营，不是以企业的位置是否在境外来确定，而是要看企业选定的记账本位币是否与其母公司等使用的记账本位币相同。比如，企业在境外的子公司、合营企业、联营企业、分支机构等，一般采用所在国（地区）的货币为记账本位币，这样的单位即为境外经营单位。但是，企业在境内的子公司、合营企业、联营企业、分支机构等，若与其母公司采用的记账本位币不同，也应当视同境外经营。按照上述要求，企业在选择确定境外经营的记账本位币时，还应当考虑下列情况：

（1）境外经营对其所从事的活动是否拥有很强的自主性；

（2）境外经营活动中与企业的交易是否占有较大比重；

（3）境外经营活动产生的现金流量是否直接影响企业的现金流量，是否可以随时汇回；

（4）境外经营活动产生的现金流量是否足以偿还其现有债务和可预期的债务。

比如，某公司在境外设置了专门进行销售推广的分支机构，其日常支付事项很少，且主要是以人民币支付。这样，即使分支机构设置在境外，也不视为境外经营处理。但是，若分支机构设在境内，而采用的记账本位币不是人民币，那么，即使分支机构是境内单位，也要视同境外经营处理。

3. 记账本位币变更的会计处理要求

按照上述规定选择的记账本位币一经确定，除其经营所处的主要经济环境发生变化外，不得随意变更。企业因经营所处的主要经济环境发生重大变化，确需变更记账本位币的，应当采用变更当日的即期汇率将所有项目折算为变更后的记账本位币，折算后的金额作为新的记账本位币的历史成本。如果企业变更记账本位币，应当提供确凿的证据，以证明企业经营所处的主要经济环境确实发生了重大变化，并在财务报表附注中将这样的事项披露清楚。

6.1.3 外币交易及其不同类型

1. 外币交易的构成

外币交易，亦称外币业务，主要是指下列以外币计价或者结算的交易：(1) 买入或者卖出以外币计价的商品、劳务或者设备等；(2) 借入或者借出外币资金以及接受外币投资；(3) 进行货币之间的相互兑换；(4) 在会计期末将以外币计价的交易事项进行期末汇率的折算调整；(5) 其他以外币计价或者结算的交易。

一般来看，企业外币交易应发生于国际交往的经济业务中，但是，若本国内企业间的交易约定以某一非记账本位币结算，其相关的交易活动也属外币业务；而企业与境外的企业交易按照本企业的记账本位币结算时，则不作为该企业的外币业务。

2. 外币交易的不同类型

从最基本的意义上看，外币交易可以按照其发生时的具体情况划分为：

(1) 货币兑换。亦即以本企业的记账本位币购买某种外币，或者将手中的某种外币卖出，取得记账本位币，也包括通过外币市场将一种外币转换成另一种外币的业务活动。

(2) 取得或者支付外币资金。这类事项既包括取得以外币表现的权益、债务以及经营活动收入，也包括以外币对外支付的其他事项。

(3) 通过结汇、购汇等方式销售或者采购以外币计价的商品、劳务等。这是我国企业现阶段有着特殊性的业务类型，亦即企业发生的通过金融机构进行人民币与外币结算的业务。

(4) 外币折算。与上述诸项外币业务相比，外币折算是指并没有实际的外币收取、支付事项，但因为汇率变动、报表转换等原因，而在会计账表上对外币业务事项进行计算、调整，并将调整的差异计入损益等的业务活动。

相对于本章的内容，此处主要介绍企业日常经营活动的外币业务会计处理，将外币财务报表折算为记账本位币报表的外币折算及其相关的信息披露。

6.1.4 外币交易的相关概念

1. 外汇与汇率

(1) 外汇。外汇是指一国持有的以外币表示的用以进行国际结算的支付手段。国际货币基金组织对外汇的定义为："外汇是货币行政当局（中央银行、货币管理机构、财政部门）以银行存款、财政部库券、长短期政府证券等形式，确保在国际收支逆差时可以使用的债权。"《中华人民共和国外汇管理条例》所称的外汇是指下列以外币表示的可以用作国际清偿的支付手段和资产：1）外国货币，包括纸币、铸币；2）外币支付凭证，包括票据、银行存款凭证、邮政储蓄凭证等；3）外币有价证券，包括政府债券、公司债券、股票等；4）特别提款权、欧洲货币单位；5）其他外汇资产。

（2）汇率及其标价方法。汇率，又称外汇汇价，是指两个国家的货币在指定时间相互交换的比价。汇率有直接标价法和间接标价法两种形式。直接标价法，又称应付标价法，是指以一定单位的外国货币为标准，折算为一定数额的本国货币的标价方法。这种方法被包括我国在内的大多数国家所采用。在这种方法下，外国货币的数额固定不变，本国货币的数额随外币或本国货币价值的变化而变化。例如，以人民币为记账本位币，美元为外币，则1美元＝6.26元人民币。间接标价法，也称收进标价法，是指以一定的本国货币为标准，折算为若干单位外币的标价方法。间接标价法下，本国货币的数额固定不变，外币的数额随本国货币和外国货币的币值变动而变化。例如，直接标价法下的1美元＝6.26元人民币，用间接标价法则表示为：1元人民币＝0.159 7美元。采用直接标价法时，外汇汇率的升降与本国货币币值的升降呈反比例变化；而用间接标价法时，外汇汇率的升降则与本国货币币值呈正比例变化。

（3）汇率的分类。汇率的分类可按照不同的标准进行。

1）市场汇率和法定汇率。这是按照汇率的制定和使用方式进行的分类。市场汇率是指外汇市场上由交易双方的供求关系形成的汇率，这种汇率经常随市场行情的变化而上下波动；法定汇率又称官方汇率，是由各国政府根据发展经济的政策和交易性质而制定的汇率。

2）现行汇率和历史汇率。这是按照汇率记入账中的时间对汇率进行的分类。现行汇率是指企业将外汇款项记入账中，或者是编制财务报表时采用的汇率，因此又称为记账汇率；历史汇率是相对于现行汇率而言的，是指最初取得外币资产、承担外币负债时记入账中的汇率，因此又称为账面汇率。从上述内容可以看出，现行汇率与历史汇率是整个外币业务核算的重要内容，是形成汇兑损益的基础，会出现在与汇率变动有关的任何方面。

3）买入汇率和卖出汇率。这是按照从事外汇经营的银行和经纪人的角度对汇率进行的分类。我国前一阶段的实际情况是：人民币汇率实行以市场供求为基础的单一的有管理的浮动汇率制度，中国人民银行根据银行间外汇市场形成的价格，公布人民币对主要外币的汇率；外汇指定银行和经营外汇业务的其他金融机构是银行间外汇市场的交易者，应当根据中国人民银行公布的汇率和规定的浮动范围，确定对客户的外汇买卖价格，办理外汇买卖业务。因此，买入汇率是指银行等在买进外汇时使用的汇率；而卖出汇率则是指银行等在卖出外汇时使用的汇率。从具体内容来看，买入汇率与卖出汇率是进行货币兑换会计处理的关键，也是企业外币业务会计的重要事项之一。

4）即期汇率、近似汇率和远期汇率。由于外汇交易市场一般都可以进行现汇交易和期汇交易，因此这是按照外汇交易的交割期限对汇率进行的分类。一般来说，即期汇率是指外汇买卖的双方在成交后即期（原则上不超过两个工作日）办理交割业务时采用的汇率；在我国，通常是指中国人民银行公布的当日人民币外汇牌价的基准价。企业发生的外币兑换业务或涉及外币兑换的交易事项，应当按照交易实际采用的汇率（即银行的买入汇率或卖出汇率）折算。在实际工作中，还有一种近似汇率，它是指按照系统合理的方法确定的与交易发生日即期汇率近似的汇率，通常采用当期平均汇率或加权平均汇率等。企业通常应当采用即期汇率进行折算，汇率变动不大的，也可以采用即期汇率的近似汇率进行折算。相对应而言，远期汇率则是特指外汇买卖双方在成交时只是订立合同，规定外汇买卖的数额、汇率、期限等条款，到合同约定日再办理外汇实际交割的远期外汇业务所使用的汇率，即在远期外汇交易订立合同时使用的约定汇率。

2. 外币折算与外币兑换

（1）外币折算。外币折算是指将以外币编制的财务报表转换为以记账本位币编制财务报表的折合换算过程。从实际情况来看，这样的业务也存在于日常的外币交易的账务处理中。但是，这种折算只是货币表述形式的改变，其主要表现有两个方面：一是将在收支过程实际使用的外币折合为等值的记账本位币；二是将以外币表示的财务报表转为由记账本位币表示。这样的转换业务并没有相伴的货币转换业务，即不是真正的货币兑换，只是一种会计处理程序。

（2）外币兑换。外币兑换则是指企业根据需要，并在规定允许的情况下，将一种货币兑换为另一种货币的实际交易活动。外币兑换主要发生在一些需要用外币结算的交易中，比如用本国货币换取外国货币，或将外国货币换为本国货币等。

（3）二者关系的分析。我们要说明的是，外币折算只是一种在账户和财务报表上利用特定的汇率对账户数据或报表数据的调整，不一定有实际的外币交易事项发生；而货币兑换则必定是将一种货币转换为另一种货币，是一种实际发生的外币交易事项。从另一个角度来分析，按照我国现行会计准则的规定，外币折算一般发生在会计期末，是在企业对外报出财务报表时对某些外币项目的必要调整以及对非以本国货币编制的财务报表的调整；而外币兑换则一般发生在会计期中，是对所发生的经济业务实际进行的会计处理。

3. 汇兑损益

汇兑损益是指在将同一项目的外币资产或负债折合为记账本位币时，由于汇率变动而形成的差异额。这样的差异额要作为企业的利得或损失处理。在会计实务中，汇兑损益是由交易损益和报表折算损益两部分内容构成的。其中交易损益可能来自实际的外币兑换业务，也可能来自存储外币以及记录外币交易事项所形成的折算差异；而报表折算损益则来自财务报表各外币项目的折算。我们可用图6-1来表示汇兑损益的各种类型。

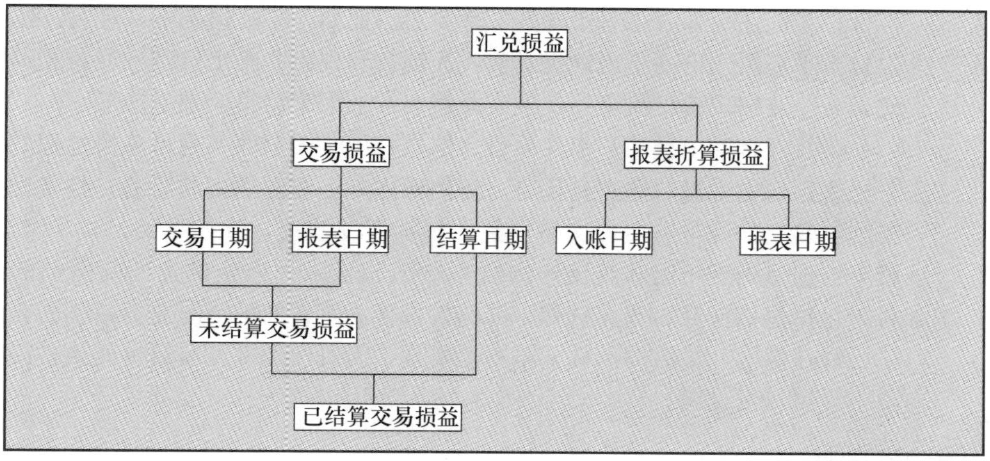

图 6-1　汇兑损益构成图

4. 货币性项目

从实际业务处理的角度来看，货币性项目就是企业拥有的货币和应以货币结算的项目。其主要表现为企业的货币资金、应收账款、应收票据、其他应收款、长期应收款以及有固定利息收入的长期证券投资等货币性资产；也表现为企业的短期借款、应付账款、应付票据、其他应付款、应付职工薪酬、长期借款、应付债券、长期应付款以及其他可由固定货币金额表现的货币性负债。相对应而言，货币性项目以外的项目，即非上述项目的资产与负债等，如存货、长期股权投资、固定资产、无形资产，则为非货币性项目。将二者综合起来可知，货币性项目是企业持有的货币资金和将以固定或可确定金额的货币收取的资产或者偿付的负债。

在外币业务会计中，外币货币性项目还可以进一步划分为短期货币性项目和长期货币性项目。通常的处理方式是，短期货币性项目由于汇率变动而发生的转换为记账本位币的差额计入当期损益；而长期货币性项目由于汇率变动而发生的转换为记账本位币的差额则可视具体情况计入当期损益，作为资本性支出，或作为递延项目处理。

5. 其他相关概念

（1）结汇和售汇。这是我国现阶段实际业务中的一组重要概念。结汇即为企业或个人按照外汇牌价，将经营收入、接受捐赠收入、罚没收入、转让资产收入等取得的外汇全部结售给外汇指定银行；售汇则是指企业或个人按照外汇牌价，将需要在进口产品、货物，购买无形资产，以及保证金及垫付款项、赔付款项中支付的外汇到外汇指定银行兑付。这是我国的特有事项，是人民币与外币转换支付的一种控制方式，或者说是在人民币并没有全部放开时进行外币业务处理的一种特殊规定。

（2）现钞和现汇。这也是企业在进行外币业务交易时必须了解的问题。在我国现行的外汇管理体制下，外汇现钞指的是企业或个人手中直接持有的外币钞票；外汇现汇则是指境外寄来后直接存储于银行的汇款。二者在银行有着不同的汇价，在汇往境外时也有不同的汇率要求。比如，一般情况下，经营外汇业务的银行其现汇买入价高于现钞买入价，而现钞和现汇的卖出价则一般是相等的，因此，若企业将现钞汇往境外，就需要将现钞的汇率调整至现汇的汇率。

（3）经常性项目和资本性项目。这是一国货币全面实现可兑换过程的两个显著标志，或者说是两个必要环节。按照我国外汇管理规定的要求，经常性项目是指国际收支中经常发生的交易项目，包括贸易收支、劳务收支、单方面转移等；资本性项目则是指国际收支中因资本输出和输入而产生的资产与负债的增减项目，包括直接投资、各类贷款、证券投资等。就目前的情况而言，我国企业和居民已经在结汇、售汇的条件下基本上实现了人民币经常性项目可兑换，尚未实现资本性项目可兑换。

中国银行外汇牌价汇率表

6.1.5 有关外币折算业务的会计准则介绍

1. 国际财务报告准则

《国际会计准则第 21 号——汇率变动影响的会计》是专门规范关于如何将外币交易和国外经营反映在主体的财务报表中，以及如何将以外币编制的财务报表折算为报告主体列报其财务报表的货币的会计准则。主要解决使用何种汇率以及如何在财务报表中报告汇率变动影响的问题。该准则对外币折算业务的处理要求主要表现为以下几个方面：

企业会计准则第 19 号——外币折算

（1）在编制财务报表时，每个个别主体，无论是独立的主体，还是拥有国外经营的主体或国外经营单位，都应该按照该准则的规定确定其功能货币（各会计主体编制财务报表使用的货币，亦即我国会计准则中的记账本位币）；主体应按照该准则的规定将外币项目折算成其功能货币并报告这种折算的影响。

（2）许多报告主体会包括多个个别主体，如企业集团等，必须将集团内每个个别主体的经营成果和财务状况折算成报告主体列报其财务报表的货币。准则允许采用任意一种（或几种）货币作为报告主体的列报货币；如果报告主体内存在任何个别主体的功能货币不同于列报货币的，都应当按照准则的规定进行折算。

（3）准则允许某一主体采用一种或几种货币列报其财务报表，如果主体的列报货币不同于其功能货币，其经营成果和财务状况则需要折算。比如，当企业集团由使用不同功能货币的多个个别主体构成时，所有主体的经营成果需要按同一种货币表述以便于列报合并财务报表。

2. 美国财务会计准则

在美国的财务会计准则中有多项准则直接或间接地与外币折算业务有关。比如，从《美国财务会计准则第 1 号——外币交易信息的披露》到《美国财务会计准则第 8 号——外币交易和外币报表折算的会计处理》（后者取代了前者），再到《美国财务会计准则第 52 号——外币折算》（又替代了第 8 号会计准则），体现了其对外币折算业务会计处理的重视程度。

就美国财务会计准则规范的内容来看，应当说是与国际财务报告准则大同小异。但必须说明的是，美国会计界对此方面的研究起步较早，比如，《美国财务会计准则第 1 号——外币交易信息的披露》的公布时间为 1973 年 12 月，《美国财务会计准则第 8 号——外币交易和外币报表折算的会计处理》的公布时间为 1975 年 10 月，《美国财务会计准则第 52 号——外币折算》的公布时间为 1981 年 12 月；而《国际会计准则第 21 号——汇率变动影响的会计》是于 1983 年 7 月公布的。

3. 我国会计准则

在最早的《中华人民共和国中外合资经营企业会计制度》中，我国就对外币业务的会计处理及其财务报表信息披露有了较为明确的规定。而在此后期间的每一次会计制度公布、修订中也都有关于外币折算业务会计处理的零散规定。所有这些都是我国进行外币业务会计处理的依据。

现行《企业会计准则第 19 号——外币折算》分总则、记账本位币的确定、外币交易的会计处理、外币财务报表的折算、披露五个部分对不含外币套期、借款费用及其现金流量表的外币业务进行了全面具体的规范，为我们更好地处理外币折算业务提供了详细、具体、与国际惯例基本一致的会计规范。

6.2 外币交易的会计处理

6.2.1 会计准则对外币交易处理的要求

根据我国《企业会计准则第 19 号——外币折算》，可将外币交易的具体会计处理要求概括如下：

（1）汇率的选用。企业发生外币交易，应当在初始确认时按照交易发生日记账本位币与外币之间的即期汇率将外币交易金额折算为记账本位币金额入账；汇率变动不大的，也可以采用即期汇率的近似汇率进行折算。具体来说，如果本期汇率变化不大，可将其视为近似汇率；但是如果上月的汇率与交易发生日的汇率变动幅度较大，则应全部采用交易发生日的即期汇率。在实际应用中，若汇率变动导致企业采用近似汇率进行折算不合适时，企业应当采用交易发生日的即期汇率进行折算。由此可以看出，企业进行外币交易的会计处理，主要采用即期汇率，近似汇率只适用于汇率变化不大时的情况。

（2）外币货币性项目。对于外币货币性项目，应采用资产负债表日的即期汇率折算，因结算或采用资产负债表日的即期汇率折算而产生的汇兑差额计入当期损益，同时调增或调减外币货币性项目的记账本位币金额。

（3）外币非货币性项目。以历史成本计量的外币非货币性项目，由于已在交易发生日按当时即期汇率折算，资产负债表日不应改变其原记账本位币金额，不产生汇兑差额。以公允价值计量的外币非货币性项目，如投资性房地产，采用公允价值确定日的即期汇率折算，折算后的记账本位币金额与原记账本位币金额的差额，作为公允价值变动（含汇率变动）处理，计入当期损益。

（4）外币投入资本。企业收到投资者以外币投入的资本，应当采用交易发生日即期汇率折算，不得采用合同约定汇率和即期汇率的近似汇率折算，外币投入资本与相应的货币性项目的记账本位币金额之间不产生外币资本折算差额。

（5）实质上构成对境外经营净投资的外币货币性项目。企业编制合并财务报表涉及境外经营的，如有实质上构成对境外经营净投资的外币货币性项目，因汇率变动而产生的汇兑差额，应列入所有者权益中其他综合收益的“外币财务报表折算差额”项目；处置境外经营时，计入处置当期损益。

6.2.2 外币业务会计处理的基本方法

1.“单一交易”观点和“两项交易”观点

一般来说，如果将企业的销售与收款业务视为一个整体，只在实际收到货币资金时才确认销售的实现，就是“单一交易”观点的体现；否则，若将销售实现和收取款项各视为一种业务，则为“两项交易”观点。后者的基础是权责发生制，已得到会计界公认。但是，这样的处理在外币业务会计中会有不同的体现，即外币金额的记账本位币折合额是随着汇率的变动而变化的，因此，在会计处理中，究竟采用哪一时点的汇率确认收入，就成了各自采用不同观点的理由。

2. 两种不同会计处理方式的展示

我们举例来比较一下两种不同的处理方法及其结果。

例 6-1

中国某公司于某年年末向某境外公司赊销商品，账款约定按美元结算，收入额是10 000美元，双方约定于下一年年初结算货款。中国公司以人民币为记账本位币。在销售和结算期间，汇率几经变动，发出货物日的汇率为1美元=7.01元人民币；12月31日的汇率为1美元=6.98元人民币；收取货款日的汇率为1美元=6.99元人民币。（暂不考虑增值税。）

分析：如果中国公司采用“单一交易”观点进行会计处理，则会计分录为：

（1）发出货物时。

借：应收账款——美元（＄10 000×7.01）　　70 100

　贷：主营业务收入　　70 100

（2）年末时。

借：主营业务收入　　300

　贷：应收账款——美元［＄10 000×(7.01－6.98)］　　300

此时，应收账款的汇率已从7.01调整为6.98。

（3）收取货款时。

借：库存现金——美元（＄10 000×6.99）　　69 900

　贷：应收账款——美元（＄10 000×6.99）　　69 900

此时，应收账款的汇率已从6.98调整为6.99。

月末时：

借：应收账款——美元　　100

　贷：主营业务收入　　100

但是，若中国公司采用“两项交易”观点，则会计分录为：

（1）发出货物时。

借：应收账款——美元（$10 000×7.01）　　70 100

　贷：主营业务收入　　70 100

（2）年末时。

借：财务费用——汇兑损益　　300

　贷：应收账款——美元　　300

此时，应收账款的汇率已从7.01调整为6.98。

（3）收取货款时。

借：库存现金——美元（$10 000×6.99）　　69 900

　贷：应收账款——美元（$10 000×6.99）　　69 900

此时，应收账款的汇率已从6.98调整为6.99。

月末时：

借：应收账款——美元　　100

　贷：财务费用——汇兑损益　　100

3. 两种会计处理方法的比较与选择

我们可从上述会计处理的比较中看出：

（1）在采用“单一交易”观点时，最终确认的营业收入为69 900元人民币，是以实际收到货款日汇率计算美元折合为记账本位币的数额。汇率变化形成的差额计入营业收入，实际上遵循的是收付实现制原则。

（2）在采用“两项交易”观点时，确认的营业收入为70 100元人民币，是以发出货物日汇率计算美元折合为记账本位币的数额。汇率变化形成的差额200元人民币计入财务费用的汇兑损益，遵循的是权责发生制原则。

通过对比可知，“两项交易”观点不仅理论上更加严谨，计算也更为清晰、简便，因此这种观点已被绝大多数国家采用，是国际惯例的主要方式。再对比两种观点，我们还可以进一步看到：

（1）采用不同方法的焦点在于如何看待汇兑差额对当期损益的影响，这进一步会对其他会计事项的处理造成影响。在这一点上，各国的做法各有所向、不尽相同。美国财务会计准则委员会肯定“两项交易”观点，并特别倾向于在会计期末将未实现的汇兑损益全部计入当期损益，且其范围不仅是短期货币性项目，还包括长期货币性项目。加拿大特许会计师协会对此的要求更特殊一些，它对长期性外币项目的未实现汇兑损益采用递延摊销法，其他项目则即期确认损益。相对而言，我国会计准则的规定只是列明了货币性项目的汇兑差额应当确认为当期损益，而未对短期、长期的货币性项目如何处理再作划分，尽管如此，应当说也是倾向于主要将外币货币性项目形成的汇兑差额作为即期损益处理，而对非货币性项目的记录则没有这方面的要求。

(2) 更为重要的是，我们应当明确，无论是“单一交易”观点还是“两项交易”观点，对外币货币性项目都有着不同于其他资产、负债等的特殊计价方式。通过对这类业务的进一步分析应看到，外币货币性项目的计价既不按照历史成本，也不按照成本与市价孰低，而是采用即期汇率表示的现行成本，亦即公允价值，且在我国现阶段资产计价中保持着与其他资产有本质区别的特有属性。认清这一点，对于我们学习本书后续各章节的内容，如套期保值等都有较为重要的指导意义。

6.2.3 外币兑换的会计处理

这里的外币兑换主要是指将人民币兑换为外币或将外币兑换为人民币，也包括将外币现钞转换为现汇等。

1. 以人民币兑换美元

例 6-2

某国内企业因业务需要，从经营外汇业务的银行分别购入 1 000 美元现钞和现汇，购入时的汇率即当日中国人民银行的外汇牌价为 \$100＝￥711，银行的现钞买入价为 704.92，现钞卖出价为 712.22；现汇买入价为 709.78，现汇卖出价为 712.22。

分析：该企业对不同情况的会计处理如下：

(1) 购买现钞时。

借：库存现金——美元（\$1 000×7.11）	7 110.00	
财务费用——汇兑损益	12.20	
贷：银行存款——人民币		7 122.20

(2) 购买现汇时。

借：银行存款——美元（\$1 000×7.11）	7 110.00	
财务费用——汇兑损益	12.20	
贷：银行存款——人民币		7 122.20

说明：在外币兑换交易中，外币按照市场汇率记录，记账本位币按照经营外汇银行的卖出汇率记录；由于银行在卖出外币时钞汇同价，二者支付记账本位币数额相等，因此记录的汇兑损益数额也相等。

由上述会计处理可以看出，在将人民币兑换成美元的过程中，会计处理过程及其结果都是一致的。究其原因，是银行在卖出外币时钞汇同价。

2. 以美元兑换人民币

例 6-3

假设例 6-2 中的企业向经营外汇业务的银行分别卖出 1 000 美元现钞和现汇，卖出当日中国人民银行的汇率为 \$100＝￥711，银行的现钞买入价为 704.92，现钞卖出价为 712.22；现汇买入价为 709.78，现汇卖出价为 712.22。

分析：该企业对不同情况的会计处理如下：

（1）卖出现钞时。

借：银行存款——人民币　　7 049.20

　　财务费用——汇兑损益　　60.80

　贷：库存现金——美元（$1 000×7.11）　　7 110.00

（2）卖出现汇时。

借：银行存款——人民币　　7 097.80

　　财务费用——汇兑损益　　12.20

　贷：银行存款——美元（$1 000×7.11）　　7 110.00

由上述会计处理又可看出，在将美元兑换成人民币时，会计处理过程及其结果是有差别的。具体来说，外币按照市场汇率记录，记账本位币按照银行买入汇率记录；由于银行在买入外币时对现钞、现汇采用不同的汇率，二者得到的记账本位币数额不相等，因此记录的汇兑损益数额也不相等。

3. 外币兑换会计处理的进一步分析

在实际业务处理中，我们经常遇到这样的问题：当企业将持有的外币现汇直接汇到境外企业、单位时，不必再缴纳由于汇率差而形成的费用；但是，若要将手中持有的外币现钞汇到境外，则要另外缴纳一笔将外币现钞转换为外币现汇的费用。

例 6-4

仍设上述企业因业务需要对外汇出 1 000 美元，用来偿还以美元计价的应付账款。汇出时的汇率，即当日中国人民银行的汇率为$100＝￥711，银行的现钞买入价为 704.92，现钞卖出价为 712.22；现汇买入价为 709.78，现汇卖出价为 712.22。

分析：该企业对不同情况的会计处理如下：

（1）汇出现钞时。

借：应付账款——美元（$1 000×7.11）　　7 110.00

　　财务费用——汇兑损益　　48.60

　贷：库存现金——美元（$1 000×7.11）　　7 110.00

　　　银行存款——人民币　　48.60

（2）汇出现汇时。

借：应付账款——美元（$1 000×7.11）　　7 110

　贷：银行存款——美元（$1 000×7.11）　　7 110

具体来说，在汇出现钞时，外币账户均按照市场汇率记录，即按照$100＝￥711 记录；同时，由于银行现汇与现钞之间的汇率差异为 48.60 元人民币（7 097.80－7 049.20），需要用人民币弥补并计入财务费用的汇兑损益。但是，由于汇出现汇时汇率不存在差异，因此也就没有需计入财务费用的汇兑损益。

4. 外币兑换会计处理的归纳说明

通过对上述外币兑换会计处理的归纳，我们可以得到以下几点启示：

（1）要对外币资金进行现钞和现汇的区分，并根据企业的实际需要灵活管理。其实，按照我们对会计处理的一般理解，外币现钞就如同企业持有的不可直接对外汇兑结算的外币“现金”，而现汇则如同企业持有的可直接对外汇兑结算的外币“银行存款”。由于既存在中国人民银行的市场汇率，又存在经营外汇银行的现钞和现汇的买入价、卖出价，也就有了由汇率决定的不同计价标准及其外币兑换业务在会计处理方面的上述差异。

（2）只要是专门设置的外币账户，就要采用交易日的即期汇率（或者是近似汇率）记账，而本币账户则一律采用实收实付的金额记账；若发生汇兑差异，一般是直接计入财务费用的汇兑损益。这是外币货币性项目会计处理的特殊要求，即采用的是现行成本法，而不是历史成本。

（3）从账户设置的形式上来看，外币账户还有其特殊的内容。除对存货（采用“数量金额式”的账页格式）等有特殊记账要求的业务之外，会计上一般的账户格式设置都是采用“大三栏”（即“借”“贷”“余”）的账页格式，但是外币账户在账页设置上还有其特殊性，即采用的是“小九栏”的账页格式，具体来说，就是在“借”“贷”“余”三个栏目之下再设有“外币金额”“汇率”“记账本位币折合额”三个栏目。只有这样，外币业务会计的处理过程才能被清晰地表达出来。

6.2.4 接受外币投资的会计处理

接受外币投资的会计处理，也是我国会计准则规定的内容之一，现举例说明。

例6-5

设某公司接受国外某公司的股权投资。投资合同约定，双方的总投资额为1 000万元人民币，国外公司所占股份为21%，需用美元交付。签订合同时美元对人民币的汇率为1∶7.00，外商需要投入30万美元，在该合营企业实际收到对方汇来的美元时，美元对人民币的汇率为1∶6.90。

分析：该合营企业应当在收到投入资本时进行会计处理，即

借：银行存款——美元（$300 000×6.90）　　2 070 000

　贷：实收资本（或分别记入“股本”和“资本公积”）　　2 070 000

上述会计处理反映的内容主要是：“实收资本”按照收到外币投入资本时的即期汇率折合计算，不得采用合同约定汇率和即期汇率的近似汇率，且货币性项目和非货币性项目均应如此。

6.2.5 期末外币折算的会计处理

1. 会计处理的基本要求

需要在会计期末进行调整的外币项目账户既包括外币现金、外币存款，又包括外币结算债权的应收票据、应收账款、长期应收款等资产，以及如短期借款、应付票据、应付账款、应付职工薪酬、长期借款、长期应付款、应付债券等负债。

因此，在上述账户的期末即期汇率（即现行汇率）与期初的即期汇率（即历史汇率）不同时，必须按照期末的即期汇率（即现行汇率）对各账户的余额进行调整。

2. 会计处理的举例说明

例6-6

设某企业上一会计期末各外币账户的余额如表6-1所示。

表6-1 某企业期初的外币账户数额

项目	外币期初数额	期初汇率	折合人民币数额
银行存款	$10 000	7.01	¥70 100
应收账款	$60 000	7.01	¥420 600
应付账款	$30 000	7.01	¥210 300
短期借款	$20 000	7.01	¥140 200

该企业本期支付5 000美元，用于物资采购事项，支付时汇率为6.98；收回应收账款50 000美元，收回时汇率为6.98；归还了全部短期借款，归还时的汇率为6.97；应付账款未发生变化。会计期末时中国人民银行公布的市场汇率为6.96（暂不考虑增值税）。

分析：将本期发生外币业务的会计处理列示如下：

（1）支付美元，采购物资。

借：材料采购　　34 900

　贷：银行存款——美元（$5 000×6.98）　　34 900

请注意：由于材料采购为非外币货币性项目账户，使用记账本位币记录；而银行存款的美元户为外币现汇账户，因此要同时记录支付的美元数额、汇率及其折合为记账本位币的数额。

（2）收回应收账款50 000美元。

借：银行存款——美元（$50 000×6.98）　　349 000

　贷：应收账款——美元（$50 000×6.98）　　349 000

请注意：由于这里的银行存款和应收账款都是外币货币性项目账户，因此在记录发生的经济业务时，都采用发生交易日的即期汇率。但是，若对外币项目采用实际成本法（如先进先出法等），则可按照既定的方法处理，处理的结果应当与此处所述方法完全一致。

（3）归还短期借款。

借：短期借款——美元（$20 000×6.97）　　139 400

　贷：银行存款——美元（$20 000×6.97）　　139 400

请注意：由于这里的短期借款和银行存款都是外币货币性项目账户，因此在记录发生的经济业务时，都采用发生交易日的即期汇率。但是，若对外币项目采用实际成本法（如先进先出法等），则也可按照既定的方法处理，其处理的结果也应当与此处所述方法完全一致。

经过这样的处理之后，该企业的外币账户发生了如下数额变化：

银行存款(美元额)=10 000−5 000+50 000−20 000=35 000(美元)

银行存款(折合额)=10 000×7.01−5 000×6.98+50 000×6.98
−20 000×6.97
=244 800(元)

未进行汇率调整之前的外币账户及其形成汇率变动差异的情况如表6-2所示。

表6-2 某企业期末外币账户未调整前的情况

项目	期末外币账户数额	账面折合为人民币数额	期末的即期汇率	按期末汇率计算的折合额	汇率变动形成的差异
银行存款	$35 000	¥244 800	6.96	¥243 600	¥−1 200
应收账款	$10 000	¥71 600	6.96	¥69 600	¥−2 000
应付账款	$30 000	¥210 300	6.96	¥208 800	¥−1 500
短期借款	$0	¥800	6.96	¥0	¥−800

因此，在会计期末，企业应根据市场汇率编制对外币项目调整的会计分录。

（1）对外币资产的调整。

借：财务费用——汇兑损益 3 200

贷：银行存款——美元 1 200

应收账款——美元 2 000

（2）对外币负债的调整。

借：应付账款——美元 1 500

短期借款——美元 800

贷：财务费用——汇兑损益 2 300

这样处理后，企业各外币账户的外币折合额才与市场汇率一致。调整后的期末（亦即下月期初）外币账户的数据如表6-3所示。

表6-3 某企业期末调整后的外币账户数额

项目	外币期初数额	期初汇率	折合人民币数额
银行存款	$35 000	6.96	¥243 600
应收账款	$10 000	6.96	¥69 600
应付账款	$30 000	6.96	¥208 800
合计	$75 000	6.96	¥522 000

3. 对会计处理的进一步分析

对上述例题进行进一步分析，我们应当看到：按照会计准则的要求，企业对平时发生的外币业务只是按照业务实际发生时的即期汇率进行登记，这样，当历史汇率与现行汇率不一致时，只有在会计期末才将由此形成的汇兑损益计入本期损益。而按照这样的处理方式，有时会出现外币资产已经不存在，但由于汇兑损益未能及时结转的原因，在非会计期末时的会计记录中出现"虚"的人民币折算数。比如，例题中短期借款的偿还就是这样。在这种情况下，"短期借款——美元"实际上已经结清了，但是由于在月中记录两个外币账户时都采用了市场汇率，因此市场汇率与历史汇率之间的差额 800 元就由于没有及时结转汇兑损益而仍留在账中，形成了一个未结清的“尾巴”。而这样的“尾巴”要在月末结转。

仔细分析，这也是对某一会计事项的不同处理要求带来的结果。由此可以看出，经济业务有其相对稳定的性质，但是如果对其进行会计处理时有着不同的主观要求，也就会形成不同的账务处理结果。

6.2.6　汇兑损益的其他处理方式

如前所述，企业的汇兑损益除发生于实际货币兑换之外，还会发生于会计期末由于汇率变动而必须进行的调整。按照我国企业会计准则的一般要求，若发生的汇兑差额属于正常生产经营过程的，其汇兑损益应计入当期损益；而若与购建固定资产有关，则要按照借款费用资本化的原则进行处理。

具体来说，汇兑损益的分配与企业借款费用的处理大致相似，不外乎以下几种情况：（1）平时生产经营中发生的汇兑损益，记入“财务费用”账户；（2）固定资产购建期间发生的汇兑损益，记入“在建工程”账户；（3）企业清算期间发生的汇兑损益，记入“清算费用”账户。

虽然上述分类看上去较为复杂，但从其具体情况来看是符合国际财务报告准则的基本要求的，即对由于汇率变动形成的汇兑差额，应分别按照不同的情况计入当期损益、以后各期损益或者是所有者权益等项目中。

1. 平时生产经营中发生汇兑损益的处理

例 6－7

某企业本期借入短期借款 10 000 美元用于生产经营，在月末调整时，美元对人民币汇率由 1∶6.96 变动为 1∶6.98。

分析：该企业应编制如下会计分录：

　借：财务费用——汇兑损益　　200

　　贷：短期借款——美元　　200

由此可见，一般借款的汇兑损益在会计处理上的特点是，若发生汇兑损益，就应遵循外币项目按照现行价格计价的要求直接增加（或减少）外币借款的记账本位币折合数额。

2. 固定资产购建期间发生汇兑损益的处理

例 6－8

某企业本期借入长期借款 10 000 美元用于固定资产建造，在月末调整时，美元对人民币汇率由 1∶6.98 变动为 1∶6.96。

分析：该企业应编制如下会计分录：

　借：长期借款——美元　　200

　　贷：在建工程　　200

3. 企业清算期间发生汇兑损益的处理

例 6-9

某企业本期借入短期借款 10 000 美元用于企业解体清算，在月末调整时，美元对人民币汇率由 1∶6.96 变动为 1∶6.98。

分析：该企业应编制如下会计分录：

借：清算费用　　200

　贷：短期借款——美元　　200

6.3 外币财务报表折算

6.3.1 会计准则对外币财务报表折算的要求

前已述及，企业境外经营的某子公司若采用外币为记账本位币，则其采用外币编制的期末财务报表即为外币财务报表。这样，在将以外币编制的财务报表在境内应用时，如母公司合并财务报表，就需要将外币折算为人民币，即将以外币编制的财务报表进行调整，折算为以母公司的记账本位币进行反映。

我国《企业会计准则第 19 号——外币折算》指出，企业将境外经营的财务报表并入本企业财务报表时，应当按照下列规定进行折算：

（1）资产负债表中的资产和负债项目，采用资产负债表日的即期汇率折算，所有者权益项目除“未分配利润”项目外，其他项目采用发生时的即期汇率折算。

（2）利润表中的收入和费用项目，采用交易发生日的即期汇率折算；也可以采用按照系统合理的方法确定的与交易发生日即期汇率近似的汇率折算。

按照上述要求折算产生的外币财务报表折算差额，在资产负债表所有者权益项目下的其他综合收益中列示。比较财务报表的折算比照上述规定处理。

从这一规定可以看出，在进行外币财务报表折算时，所使用的汇率具有不同的时点。具体来说，包括以下几种汇率：

（1）资产负债表日的即期汇率。指进行外币财务报表折算时采用的最近时期的汇率，主要用于资产负债表中的资产和负债项目，而非用于所有者权益项目。

（2）资产负债表中项目发生时的即期汇率。指使用资产负债表中的实收资本（股本）、资本公积和盈余公积这些项目发生时的即期汇率。

（3）利润表中费用和收入项目交易发生日的即期汇率。在会计年度内，如果收入和费用项目的发生非常频繁，计算这类数据时一般采用年度内的平均汇率，而不是每一笔交易的汇率；但是，若采用计算机进行系统处理，或者是业务发生次数较少且数额较大时，则要按照每笔交易发生时的汇率计算并调整。

6.3.2　外币财务报表折算的一般过程

此处举例说明外币财务报表折算的一般过程及其各步骤需要处理的业务。

例 6-10

某国内公司，采用人民币为记账本位币。该公司在国外经营的子公司采用美元为记账本位币。子公司的年度资产负债表和利润表如表 6-4 和表 6-5 所示（省略了没有数据的报表项目）。

表 6-4　资产负债表

编制单位：×境外子公司　　20×1 年 12 月 31 日　　单位：美元

资产	期末数	负债与所有者权益	期末数
货币资金	4 000	短期借款	10 000
应收账款	13 500	应付账款	27 000
存货	27 900	长期应付款	8 000
长期股权投资	9 700	实收资本	50 000
固定资产	43 600	资本公积	13 000
无形资产	11 200	留存收益	1 900
资产合计	109 900	负债与所有者权益合计	109 900

表 6-5　利润表

编制单位：×境外子公司　　20×1 年 12 月　　单位：美元

项目	金额
一、营业收入	110 000
减：营业成本	74 300
税金及附加	2 100
销售费用	9 600
管理费用	15 900
财务费用	3 600
二、营业利润	4 500
加：营业外收入	1 300
减：营业外支出	3 700
三、利润总额	2 100
减：所得税费用	200
四、净利润	1 900

说明：按照美元对人民币的汇率标价，资产负债表日的即期汇率为 1∶6.92；年度内的平均汇率为 1∶6.98；实收资本和资本公积发生日的汇率为 1∶7.11。子公司所有的收入与费用项目在年内均匀发生，期末未对外分配利润。

分析： 按照会计准则对外币财务报表折算的要求，境内母公司在合并财务报表时对子公司的外币财务报表要进行折算。折算的过程与结果见表6－6和表6－7。

表6－6 利润表（折算表）

20×1年12月

项目	金额（美元）	折算汇率	折算后数额（人民币元）
一、营业收入	110 000	6.98	767 800
减：营业成本	74 300	6.98	518 614
税金及附加	2 100	6.98	14 658
销售费用	9 600	6.98	67 008
管理费用	15 900	6.98	110 982
财务费用	3 600	6.98	25 128
二、营业利润	4 500		31 410
加：营业外收入	1 300	6.98	9 074
减：营业外支出	3 700	6.98	25 826
三、利润总额	2 100		14 658
减：所得税费用	200	6.98	1 396
四、净利润	1 900		13 262

说明：由于没有进行利润分配，期末的净利润额即为未分配利润总额；按照我国会计准则的要求，在进行外币财务报表折算时，按净利润的10%计提盈余公积。

表6－7 资产负债表（折算表）

20×1年12月31日

资产	期末数（美元）	折算汇率	折算后数额（人民币元）	负债与所有者权益	期末数（美元）	折算汇率	折算后数额（人民币元）
货币资金	4 000	6.92	27 680	短期借款	10 000	6.92	69 200
应收账款	13 500	6.92	93 420	应付账款	27 000	6.92	186 840
存货	27 900	6.92	193 068	长期应付款	8 000	6.92	55 360
长期股权投资	9 700	6.92	67 124	实收资本	50 000	7.11	355 500
固定资产	43 600	6.92	301 712	资本公积	13 000	7.11	92 430
无形资产	11 200	6.92	77 504	其他综合收益			－12 084
				盈余公积	190	6.98	1 326.2
				未分配利润	1 710	6.98	11 935.8
资产合计	109 900		760 508	负债与所有者权益合计	109 900		760 508

说明：外币财务报表折算差额是按照会计期末即期汇率调整后的资产、负债，按照发生日的实际汇率调整后的实收资本和资本公积，以及按照年内平均汇率调整后的盈余公积与未分配利润的差额，计入其他综合收益项目。

对上述外币财务报表折算过程进行分析，我们可以看到：在利润表的折算过程中，由于所有项目都采用了年度的平均汇率，因此没有汇率不同产生的折算差额；但是在资产负债表部分，由于资产、负债项目和所有者权益项目采用不同的汇率，因此需计算出不同汇率产生的折算差额，并将其计入所有者权益的其他综合收益之中。

我们还应看到，经过了这样的转换后，外币财务报表无论是在报表项目上，还是在计价单位上，都与境内企业的财务报表保持一致，这就为将境外经营业务与境内经营业务的财务报表进行合并创造了条件。

6.3.3　处于恶性通货膨胀经济中境外经营的财务报表折算

1. 恶性通货膨胀经济的判定

按照我国会计准则指南的解释，恶性通货膨胀经济通常按照以下特征判断：

（1）最近三年累计通货膨胀率接近或超过 100%；

（2）利率、工资和物价与物价指数挂钩；

（3）公众不是以当地货币而是以相对稳定的外币为单位作为衡量货币金额的基础；

（4）公众倾向于以非货币性资产或相对稳定的外币来保存自己的财富，持有的当地货币立即用于投资以保持购买力；

（5）即使信用期限很短，赊销、赊购交易仍按补偿信用期预计购买力损失的价格成交。

2. 恶性通货膨胀经济环境下外币财务报表折算的准则要求

我国会计准则要求，企业在并入处于恶性通货膨胀经济中的境外经营的财务报表时，应当按照下列规定进行折算：首先对资产负债表项目运用一般物价指数予以重述，对利润表项目运用一般物价指数变动予以重述；然后再按照最近资产负债表日的即期汇率进行折算。在境外经营不再处于恶性通货膨胀经济中时，停止重述，按照停止之日的价格水平重述的财务报表进行折算。

严格来说，按照《国际会计准则第 29 号——在恶性通货膨胀经济中的财务报告》的要求，要根据不同的项目对各报表项目进行重述。

（1）对于资产负债表项目：

1）由于货币性项目已经以报告期末当天的计量单位表述，因此，无论企业采用历史成本还是现行成本编制财务报表，货币性项目都不需要重述；

2）在采用历史成本编制财务报表时，若非货币性项目已经按照资产负债表日的计量单位列示（如存货采用了可变现净值），就不需调整，但若按照购入时的成本计量（如固定资产、无形资产等），则应自购置日起以一般物价指数变动予以重述；

3）在采用现行成本编制财务报表时，若报表项目是按照现行成本表述的不做重述，而非按现行成本表述的则要在期末转换为现行成本。

（2）对于利润表项目：

1）在采用历史成本编制财务报表时，要求报表中的所有项目都应以报告期末的计量单位表述，因此，自收益到费用项目所有的金额都需要在财务报表中初始记录之日起，用一般物价指数变动进行重述；

2）在采用现行成本编制财务报表时，销售成本和折旧按消耗时的现行成本入账，销售费用和其他费用按发生时的货币金额入账，因此所有的金额都需要用一般物价指数重述为报告期末的计量单位。

综上所述，在对资产负债表项目进行重述时，货币资金、应收款项等货币性项目不需要进行重述，通过协议与物价变动挂钩的资产和负债应根据协议的约定进行调整，非货币性项目有的不需要重述（比如已经用可变现净值列示的存货等），有的应当予以重述（如固定资产等，应自购置日起按一般物价指数变动进行重述）。而对于利润表项目，所有的金额都需要自其初始确认之日起，以一般物价指数变动进行重述。在实际业务中，利润表重述时，较多采用年度内平均物价指数，且将由于重述而产生的差额计入当期净利润。对资产负债表和利润表进行重述后，再按资产负债表日的即期汇率对资产负债表项目和利润表项目进行折算。

3. 会计处理举例说明

例6-11

设某公司在境外经营的子公司会计年度内的物价指数变动情况如下：年初为100，年末为144，年平均为120。存货按先进先出法计算，购入日的一般物价指数为125。该子公司本年没有增加新的长期股权投资，没有购置新的固定资产和无形资产，没有新增的实收资本和资本公积，也没有对外分配利润（该子公司期初没有留存收益）。利润表的各项内容均为在年度内均匀发生。该子公司在按历史成本资料编制出资产负债表、利润表之后，要按上述物价变动水平对报表进行调整。子公司的资产负债表和利润表仍见表6-4和表6-5。

分析：调整的计算过程见表6-8和表6-9。

表6-8 资产负债表（按一般物价指数调整）

编制单位：×境外子公司　　20×1年12月31日　　单位：美元

资产	期末数	调整系数	调整后数据	负债与所有者权益	期末数	调整系数	调整后数据
货币资金	4 000	144/144	4 000	短期借款	10 000	144/144	10 000
应收账款	13 500	144/144	13 500	应付账款	27 000	144/144	27 000
存货	27 900	144/125	32 141	长期应付款	8 000	144/144	8 000
长期股权投资	9 700	144/100	13 968	实收资本	50 000	144/100	72 000
固定资产	43 600	144/100	62 784	资本公积	13 000	144/100	18 720
无形资产	11 200	144/100	16 128	留存收益	1 900		6 801
资产合计	109 900		142 521	负债与所有者权益合计	109 900		142 521

注：留存收益＝按照物价指数调整过的资产－按照物价指数调整过的负债与所有者权益部分
＝142 521－10 000－27 000－8 000－72 000－18 720＝6 801(美元)

表 6-9 利润表（按一般物价指数调整）

编制单位：×境外子公司　　20×1 年 12 月　　单位：美元

项目	期末数	调整系数	调整后数据
一、营业收入	110 000	144/120	132 000
减：营业成本	74 300	144/120	89 160
税金及附加	2 100	144/120	2 520
销售费用	9 600	144/120	11 520
管理费用	15 900	144/120	19 080
财务费用	3 600	144/120	4 320
二、营业利润	4 500		5 400
加：营业外收入	1 300	144/120	1 560
减：营业外支出	3 700	144/120	4 440
三、利润总额	2 100		2 520
减：所得税费用	200	144/120	240
四、净利润（未进行调整前）	1 900		2 280

还应注意的是：若按照我国会计准则的要求，期末的留存收益应该进一步划分为 10%的盈余公积，90% 的未分配利润，这样表内的调整数据将变为盈余公积 190 美元（1 900×10%×144/144，即按照年末的物价指数计算），未分配利润 6 611 美元，其内容应当是实际的未分配利润（本例为 1 710 美元）与由于物价变动影响的本期损益而影响的权益额（本例应为 4 901 美元，即 6 611－1 710×144/144）。

请注意：按照各种财务报表之间的勾稽关系，企业年末的留存收益在所有者权益变动表中的数据应与在资产负债表（或利润分配表）中的数据一致，但这里的数据不相符，而这样的数据差异完全是由于物价变动的系数调整形成的，因此，按照国际上物价变动会计的惯例，我们可将这样的数据差额视为物价变动调整影响的净利润。再按照我国会计准则原则分析，本例中的数据应为 4 521 美元（6 801－2 280），但是，基于最后的差异由未分配利润承担的一般处理方式，例中的数据应为盈余公积负担 190 美元，未分配利润负担 4 331 美元。

经过一般物价指数调整后的财务报表如表 6-10 和表 6-11 所示。

表 6-10 资产负债表（按一般物价指数调整后）

编制单位：×境外子公司　　20×1 年 12 月 31 日　　单位：美元

资产	期末数	负债与所有者权益	期末数
货币资金	4 000	短期借款	10 000
应收账款	13 500	应付账款	27 000
存货	32 141	长期应付款	8 000
长期股权投资	13 968	实收资本	72 000
固定资产	62 784	资本公积	18 720
无形资产	16 128	盈余公积	190
		未分配利润	6 611
资产合计	142 521	负债与所有者权益合计	142 521

表6-11 利润表（按一般物价指数调整后）

编制单位：×境外子公司　　20×1年12月　　单位：美元

项目	期末数
一、营业收入	132 000
减：营业成本	89 160
税金及附加	2 520
销售费用	11 520
管理费用	19 080
财务费用	4 320
二、营业利润	5 400
加：营业外收入	1 560
减：营业外支出	4 440
三、利润总额	2 520
减：所得税费用	240
四、净利润（调整前）	2 280
加：物价变动调整影响数	4 521
五、净利润（调整后）	6 801

这样，我们就完成了按照国际上物价变动会计的要求对子公司财务报表的调整，下面的工作即为按照给定的汇率资料，将以美元表示的子公司财务报表折算为以人民币表示的报表。由于外币财务报表折算过程的处理方式与例6-10完全一致，故此处将这一过程略去。

6.4 外币业务的信息披露

会计信息披露一直是会计处理的关键问题之一。在我国上市公司成为社会经济活动的重要力量之后，这方面的工作就显得尤为重要。

我国《企业会计准则第19号——外币折算》对外币业务的披露要求着重于与记账本位币有关的事项和汇兑损益差额在本期的变动情况。具体来说：

(1) 对企业应当披露的与记账本位币有关事项的要求。主要为：1) 企业及其境外经营选定的记账本位币及选定的原因，记账本位币发生变更的，说明变更理由；2) 采用近似汇率的，说明近似汇率的确定方法。

(2) 对企业应当披露的汇兑损益差额在本期变动情况的要求。即企业应当披露包括在当期损益中的汇兑差额以及处置境外经营对外币财务报表折算差额的影响。

思考题

1. 什么是外币？什么是外币交易？外币交易与外币折算的关系如何？

2. 什么是记账本位币？确定境内、境外企业记账本位币时要考虑哪些因素？二者的联系和区别是什么？

3. 外币交易的业务构成是什么？其具体类型有哪些？与外币业务相关的汇率概念有哪些？

4. 什么是外币折算？什么是外币兑换？二者之间的关系如何？

5. 什么是汇兑损益？由哪些内容构成？其在外币业务核算中有什么重要意义？

6. 什么是货币性项目？什么是非货币性项目？什么是经常性项目？什么是资本性项目？了解这些内容有何意义？

7. 国际财务报告准则、美国财务会计准则对外币业务核算要求的主要内容是什么？

8. 我国企业会计准则对外币业务核算要求的主要内容是什么？与国际财务报告准则、美国财务会计准则之间的关系如何？

9. 什么是“单一交易”观点和“两项交易”观点？二者的区别何在？理解这些内容有何意义？

10. 我国企业会计准则对外币兑换会计处理有什么要求？具体的业务处理特征是什么？

11. 如何理解期末外币折算的会计处理？在处理过程中会出现哪些问题？如何解决？

12. 我国对汇兑损益的处理方式是如何规定的？与借款费用的处理原则有什么关系？

13. 我国企业会计准则对外币报表折算的要求是什么？涉及哪些汇率？进行这项工作的一般程序是什么？

14. 恶性通货膨胀经济的判定条件是什么？我国企业会计准则对处于恶性通货膨胀经济中境外经营的财务报表折算的要求是什么？如何进行财务报表项目的重述和折算？进行这项工作的一般程序是什么？

15. 我国企业会计准则对会计期末外币业务的信息披露是如何规定的？实际业务中的状况如何？

练习题

1. 某公司采用当日的市场汇率对外币业务进行核算，并按月计算汇兑损益。期初美元对人民币市场汇率为1∶6.35。期初有关外币账户的数额如表6-12所示。

表6-12 外币账户情况表

项目	外币金额（美元）	汇率	人民币金额（元）
银行存款	25 000	6.35	158 750
应收账款	40 000	6.35	254 000
应付账款	30 000	6.35	190 500

该公司本期发生的有关经济业务如下：

(1) 用美元现汇归还应付账款15 000美元，当日的市场汇率为1∶6.32。

(2) 用人民币购买10 000美元现汇，当日的市场汇率为1∶6.31，经营外汇银行的买入价为1∶6.30，卖出价为1∶6.32。

(3) 用美元现汇买入原材料一批，价款为5 000美元，当日的市场汇率为1∶6.28，价款尚未支付。

(4) 收回应收账款30 000美元，当日的市场汇率为1∶6.27。

(5) 用美元现汇兑换人民币，支付20 000美元，当日的市场汇率为1∶6.26，经营外汇银行的买入价为1∶6.22，卖出价为1∶6.30。

(6) 取得美元短期借款20 000美元，取得日的市场汇率为1∶6.27。期末美元对人民币市场汇率为1∶6.25。

要求：根据上述资料编制该公司的外币账户情况表，计算应调整的汇兑损益数额，并编制所有业务的会计分录。

2. 某公司在第一年年初借入长期借款50 000美元，为期2年，第一年全部美元借款用于固定资产的建造，固定资产于第一年年末完工并投入使用。该公司于第二年归还了全部美元借款。另外，该公司还于第一年年初与外商签订合约，接受外商投资100 000美元；该笔款项于第一年年末收到。在第一年年末，该公司收到投资款项后即支付50 000美元用于原材料的购买。相关的汇率数据见表6-13。

表6-13　相关的汇率数据

时间	市场价格	银行卖出价	银行买入价
第一年年初	6.38	6.40	6.36
第一年年末	6.33	6.35	6.31
第二年年末	6.29	6.31	6.27

要求：根据上述数据作出相关业务的全部会计分录。

第 7 章 Chapter 7 企业合并

学习目标

1. 理解企业合并的方式与基本类型。
2. 理解企业合并带来的会计问题。
3. 掌握购买法和权益结合法的基本原理。
4. 掌握同一控制下的企业合并与非同一控制下的企业合并的具体会计处理方法。

7.1 企业合并概述

7.1.1 企业合并的概念

企业合并是企业谋求规模快速扩张的重要方式之一。企业可以通过合并来获取成本优势和分散风险，获得管理、经营和财务上的协同效应。企业合并也可能出于法律、税收或其他原因而以多种方式形成。

我国《企业会计准则第 20 号——企业合并》中规定：企业合并，是指将两个或两个以上单独的企业合并形成一个报告主体的交易或事项。

《国际财务报告准则第 3 号——企业合并》对企业合并的定义为：企业合并是将单独的主体或业务集合为一个报告主体。

美国会计原则委员会颁布的于 1970 年 11 月起生效的第 16 号意见书《企业合并》第一段对企业合并所下的定义为：企业合并指一家公司与另一家或几家公司或非公司组织的企业合成一个会计主体。这个会计主体继续从事以前彼此分离、相互独立的企业经营活动。

可见，企业合并这一会计概念，强调了单一的会计主体和参与合并的企业在合并之前的独立性两个方面。虽然在企业合并过程中一个或一个以上的企业可能会丧失其独立的法人资格，但从会计上看，法人资格的消失并不是企业合并的必要条件。因此，只要以前彼此独立的企业合成一个会计主体，而它们的经济资源和经营活动处于单一的管理机构控制之下，那么就完成了企业合并。合并的实质是控制，而不是法律主体的解散。一个或几个企业成为别的企业的子公司，一家公司将其净资产转移给另一家公司，以及几家公司将其净资产转移给一家新建立的公司，均可认为实施了企业合并。同样，一个企业持有另一个企业的控股权益，也是企业合并。

在企业合并过程中，实施合并的企业所付出的代价，主要有现金、债务性证券和股票等。也就是说，实施合并的企业可以向被并企业的所有者或股东支付现金、签发债务证书，还可以发给新发行的本公司股票。所以，不论采用哪种代价形式，只要以资金纽带关系控制了其他企业，就是合并。

广义的企业合并包括仅通过合同而不是所有权份额将两个或者两个以上单独的企业合并形成一个报告主体的企业合并，但一般会计准则在规范企业合并时通常都不包括这种情况，本章下面的讨论也不包括这种情况在内。

7.1.2 企业合并的分类

对于企业合并，可按不同的标准加以分类。比较常见的有：按照合并企业所涉及的行业分类、按照企业合并的法律形式分类、按照企业合并的性质分类和按照参与合并的企业在合并前后是否受同一方或相同的多方最终控制分类。

1. 按照合并企业所涉及的行业分类

（1）横向合并。横向合并又称水平式合并，是指生产同类产品的企业之间的合并。横向合并的目的在于把一些规模较小的企业联合起来，组成企业集团，以实现规模效益；或者是利用现有的生产设备增加产量，提高市场占有率，在激烈的竞争中处于有利的地位；或者是优势互补，共渡难关。横向合并会削弱企业间的竞争，甚至造成垄断的局面，在一些国家受到反托拉斯法的限制。

（2）纵向合并。纵向合并又称垂直式合并，是指生产不同类产品，但相互之间有关联的企业之间的合并，如一家生产彩电的企业和一家生产彩电显像管的企业间的合并。企业通过纵向合并往往能够形成一个产、供、销一体化的企业集团，从而增强实力。

（3）混合合并。混合合并又称多元化合并，是指所生产产品和所处行业没有内在联系的企业之间的合并，如一家商业银行对一家汽车生产公司的合并。企业通过混合合并可以扩展经营行业，分散经营风险，增强生存和发展能力；或者通过利用被并企业的环境条件，进一步拓展市场。

2. 按照企业合并的法律形式分类

企业合并按其法律形式进行分类，可以分为吸收合并、创立合并和控股合并。

（1）吸收合并。吸收合并也称兼并，是指一家公司通过股票交换、支付现金或其他资产，或发行债务性证券而取得另一家或几家公司的全部净资产，参与合并的公司中，只有一家继续存在，其余公司都丧失其法律地位。丧失法律地位的公司，其经营活动可能继续进行，但只是作为合并后公司的一部分存在。因此，如果甲公司通过吸收合并取得乙公司，则这种合并可用下式表示：

甲公司＋乙公司＝甲公司

（2）创立合并。创立合并也称新设合并，是指一家公司与另一家或几家公司通过交换有表决权的股份或其他形式成立一家新公司，参与合并的公司均丧失其法律地位，原参与合并的公司的股东成为新公司的股东。如果甲公司与乙公司以新设合并的方式组建丙公司，则这种合并可用下式表示：

甲公司＋乙公司＝丙公司

（3）控股合并。控股合并是指一家企业通过支付现金、发行股票或债券等方式取得另一家企业的全部或部分有表决权的股份，从而达到能够对被投资企业实施控制的程度，而参与合并的两家企业仍然保留其法律地位。在这种情况下，投资企业与被投资企业之间形成母子公司关系，需要编制合并财务报表。如果甲公司取得了对乙公司的控制权，则这种控股合并可用下式表示：

甲公司的财务报表＋乙公司的财务报表＝甲公司与乙公司的合并财务报表

依据法律形式对企业合并进行分类，是传统上讨论企业合并会计问题时采用的主要分类方法。吸收合并和新设合并的结果是形成单一的法律主体，不存在编制合并财务报表的问题。而控股合并后，合并企业与被合并企业仍然是两个独立的法律主体和会计主体。但是从经济角度看，由于控股事实的存在，两者已构成了一个经济实体。为了综合全面地反映这一经济实体的财务状况和经营成果，有必要将母子公司组成的整个企业集团视为单一的会计主体，编制集团的合并财务报表，以反映整体的财务状况、经营成果和现金流量的情况。

3. 按照企业合并的性质分类

企业合并按照其性质分类，可以分为购买性质合并和股权联合性质合并。

（1）购买性质合并。购买性质合并是指一个企业（购买企业）通过转让资产、承担债务或发行股票等方式取得对另一个企业（被购企业）的净资产和经营活动的控制权的企业合并。这种合并的特点是能够清楚地区分购买方与被购买方。

（2）股权联合性质合并。股权联合性质合并是指参与合并的企业的股东联合控制它们的全部或实际上是全部的净资产和经营活动，以便继续对合并后实体分享利益和分担风险的企业合并。参与合并的任何一方都不能认定是购买方。

4. 按照参与合并的企业在合并前后是否受同一方或相同的多方最终控制分类

企业合并按照参与合并的企业在合并前后是否受同一方或相同的多方最终控制进行分类，可以分为同一控制下的企业合并与非同一控制下的企业合并。

（1）同一控制下的企业合并。同一控制下的企业合并，是指参与合并的企业在合并前后均受同一方或相同的多方最终控制且该控制并非暂时性的。

同一方，是指对参与合并的企业在合并前后均实施最终控制的投资者，如企业集团的母公司等。

相同的多方，通常是指根据投资者之间的协议约定，在对被投资单位的生产经营决策行使表决权时发表一致意见的两个或两个以上的投资者。

控制并非暂时性，是指参与合并的各方在合并前后较长的时间内受同一方或相同的多方最终控制，控制时间通常在1年以上（含1年）。

在图7-1中，S1公司、S2公司、S21公司和S22公司均受P公司最终控制，因此四个公司中任意两个（多个）公司的合并，如果合并后仍然受P公司最终控制并且控制不是暂时性的，则应认定为同一控制下的企业合并；在图7-2中，Z1和Z2均受M1和M2共同控制，如果Z1和Z2合并后的公司仍然受M1和M2共同控制，并且控制不是暂时性的，则应将Z1和Z2的合并认定为同一控制下的企业合并。

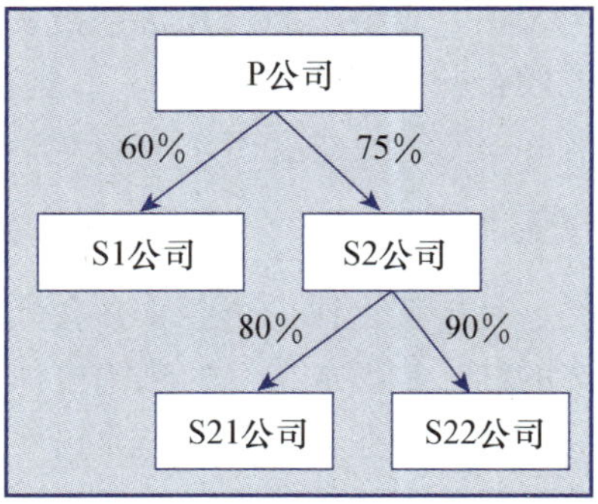

图7-1 受同一方最终控制

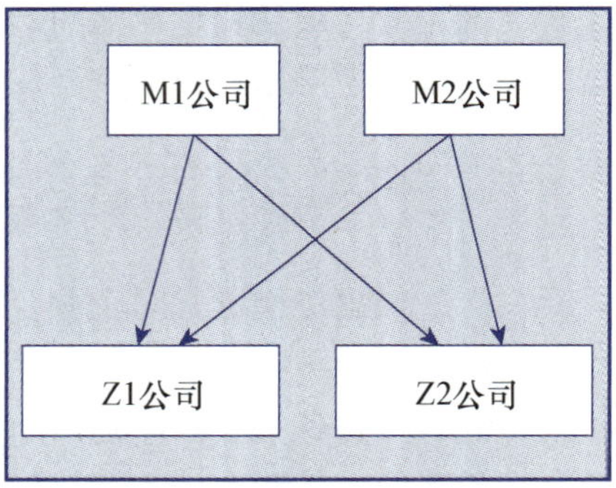

图7-2 受相同的多方最终控制

说明：Z1和Z2均受M1和M2共同控制。

（2）非同一控制下的企业合并。非同一控制下的企业合并，是指参与合并的各方在合并前后不受同一方或相同的多方最终控制，或者虽然受同一方或相同的多方最终控制，但这种控制是暂时性的。

此外，按照出资方式，企业合并还可以分为换股合并、现金合并和综合证券收购合并。

7.2 企业合并的会计处理方法

企业合并的会计处理方法

几十年来，企业合并会计一直是最具争议的话题之一。企业合并的会计处理方法受到会计界、工商界以及相关政府部门和职业团体的极大关注，然而各利益主体关注的焦点不同。会计研究者更多地关注企业合并会计处理方法本身的合理性；准则制定机构更多地关注企业合并不同会计处理方法所提供信息的可比性和对财务报告质量的影响；

企业更多地关注企业合并会计处理方法对其当期和以后各期所报告的经营成果的影响；政府部门更多地关注企业合并会计处理方法对经济发展的影响；各职业团体也纷纷关注企业合并会计处理方法对其相关利益主体的影响。

要想全面、深入地理解企业合并的会计处理方法，需要充分认识企业合并所带来的会计问题。

7.2.1　企业合并带来的会计问题

1. 会计上如何看待企业合并

第一个层次的会计问题是会计上如何看待企业合并的问题。企业合并会计的目标是什么？如果以反映企业合并的经济实质为目标，企业合并的经济实质是什么？关于这一问题主要有三种不同的观点。

（1）购买观：企业合并是一家企业购买另一家或几家企业的购买行为。基于购买观采用的企业合并会计方法称为购买法。

（2）权益结合观：企业合并是参与合并的各企业的原有权益的简单结合。基于权益结合观采用的企业合并会计方法称为权益结合法。

（3）新实体观：企业合并是所有参与合并的企业重新组成新的实体的行为。基于新实体观采用的企业合并会计方法称为新实体法，或称新主体法、新起点法。

2. 可辨认资产与负债的计价

在具体会计处理层次上，企业合并带来的会计问题首要的是，参与合并的企业的可辨认资产与负债如何在合并后企业的报表上反映。解决这一问题的可能方法主要有以下三种：

方法一：参与合并的所有企业都不改变其计价基础，所有资产、负债都按其原来的账面价值计价。这是权益结合法的主要特点。

方法二：对于主并企业和被并企业的资产与负债的计价采用不同的处理方法，主并企业不改变其计价基础，其资产、负债都按其原来的账面价值计价；而被并企业要改变其计价基础，资产、负债按其合并日的公允价值计价。这是购买法的主要特点。

方法三：参与合并的所有企业都改变其计价基础，所有资产、负债都按其合并日的公允价值计价。这是新实体法的主要特点。

按照我国《企业会计准则第 20 号——企业合并》的规定，同一控制下的企业合并应采用类似权益结合法（不是严格意义上的权益结合法）的会计处理方法，非同一控制下的企业合并应采用购买法。关于权益结合法与购买法的详细内容将在下节讨论。

3. 企业合并带来的其他会计问题

企业合并还带来其他一些具体的会计问题。例如：

（1）企业合并中发生的各项直接相关费用的处理。在企业合并过程中往往会发生一些直接相关费用，如咨询费用、法律费用等，这些直接相关费用如何处理，也是企业合并带来的会计问题。可能的选择主要有两种：计入当期损益和不计入当期损益。计入当期损益的处理方法操作简单。

在权益结合法下，只能计入当期损益。在购买法下，企业合并中发生的各项直接相关费用的处理，从原理上来讲还可以有计入当期损益或者计入合并成本两种不同的选择。

（2）被并企业期初至合并日的损益的处理。企业合并有可能不是在期初或期末完成，而是在会计期间中间的某一天完成的，于是就产生了被并企业期初至合并日的损益的处理问题：合并后企业的当期（特别是当年）利润表中是否应该包括被并企业期初至合并日的损益。购买法下不应包括，权益结合法下则应包括。

（3）被并企业的留存收益是否保留。对于被并企业在合并前形成的留存收益（盈余公积和未分配利润），是否应当在合并后企业的账面上或者合并资产负债表上予以保留，也是企业合并会计面临的具体问题。对此，购买法下不予保留，严格意义上的权益结合法下则应当尽可能保留。

7.2.2 购买法

购买法将企业合并视为一家企业购买另一家或几家企业的行为。它要求购买方对被购买方的可辨认资产和负债进行重新估价，按照购买日的公允价值入账或反映在购买日的合并资产负债表上。也就是说，与一般购买交易一样，买方对所取得的资产或承担的负债均以取得成本入账，各项资产、负债的取得成本为其在合并日的公允价值。如果总的购买成本大于所取得的全部可辨认净资产的公允价值，则将其差额确认为商誉，反之为负商誉。

1. 购买法的特点

（1）将企业合并视为一种购买交易行为。购买法将企业合并看成是购买方与被购买方之间的买卖交易。如果为吸收合并，则是购买方一揽子买进被购买方的全部资产，并承担其全部负债。如果为控股合并，则是母公司购买了子公司净资产的控制权，子公司置于母公司的控制之下，因而其股权发生了实质性的变化。

（2）有新的计价基础，在购买日对被购买方的资产与负债按公允价值计价。实施合并的企业要按购买日的公允价值记录所收到的资产和应承担的债务，对于因取得被购买方而发生的成本要按与其他经济业务相同的方法加以确定，即按购买日的公允价值，将合并成本分配至所取得的可辨认资产和承担的债务。

（3）需要确定和分配合并成本。

（4）可能产生商誉或负商誉。当合并成本大于所取得的被购买方可辨认净资产的公允价值时，就产生了商誉；当合并成本小于所取得的被购买方可辨认净资产的公允价值时，就产生了负商誉。

（5）合并后企业的当期收益不包括被购买方期初至购买日所实现的收益。

（6）不需要保留被购买方的留存收益。

(7) 不需要对参与合并的其他企业的会计记录加以调整，因为它们的资产和负债已按公允价值计量。

以上讨论主要是相对于权益结合法而言的。

2. 合并成本的确定

在购买法下，为了如实反映购买交易的财务影响，需要单独确定合并成本，并将合并成本进行适当的分配。合并成本的必然组成部分是购买方所支付的对价，如果购买方的对价采取支付非现金资产或发行债务性证券、权益性证券的方式，则应当基于所支付非现金资产或所发行债务性证券、权益性证券的公允价值确定合并成本。

购买法下确定合并成本时，还面临一个重要的问题，那就是企业合并中发生的直接相关费用是应当计入合并成本还是应当计入当期损益。计入合并成本的好处是，能够全面反映合并成本的内容，因为企业合并中发生的直接相关费用也是购买方所付出的代价。但是，将直接相关费用计入合并成本会影响合并商誉的计量，而直接相关费用显然是与被购买方的商誉毫无关系的。

3. 合并商誉的会计处理方法

采用购买法会涉及合并商誉的会计处理这一难题。关于合并商誉涉及两个层面的问题：一是要不要在企业并购发生时将购买成本大于所取得的可辨认净资产公允价值的差额作为一项资产入账或入表；二是如果将该差额作为一项资产入账或入表，后续期间应该如何进行会计处理。

商誉是企业不可单独辨认的资产，它不能单独在市场上销售或交换，而只能与企业整体一起确认与转让。从理论上讲，一家企业拥有商誉，意味着该企业的盈利能力超过了本行业平均水平或正常的投资回报水平，或者说商誉代表了企业获取超额收益的能力。商誉的形成通常源于企业卓越的管理队伍、优越的地理位置和良好的社会声誉等。

商誉按照其形成来源，可以分为自创商誉和外购商誉。自创商誉是企业在长期的生产经营过程中，自己创立和积累起来的能够为企业带来超额利润的无形资源。外购商誉则是企业通过并购其他企业而获得的商誉。长期以来商誉的计量是理论与实务中的一大难题。我们通常无法精确计量，而只能估计。常用的估算商誉的方法主要有收益资本化价值法和超额利润现值法两种。在财务会计领域，世界各国对于自创商誉一般不予以确认，而对于外购商誉则大都予以确认。会计上一般采用间接计量的方法，将合并成本超过所获得的被购买方可辨认净资产公允价值的差额作为外购商誉的价值。这一差额意味着购买方对被购买方有良好的预期，认定被购买方存在自创商誉，能够在未来时期为购买方带来超过正常盈利水平的利润。但是，实际情况可能与并购方的预期存在差异，这种差异有时还是巨大的。总之，会计上确认的外购商誉能够在多大程度上代表理论上被并购方的商誉，取决于很多因素。区分会计商誉与理论商誉是很有必要的，不应将二者混为一谈。

从广义的角度来看，外购商誉可以分为正商誉和负商誉。在没有特别指明的情况下，商誉通常是指正商誉。正商誉是合并成本超过所获得的被购买方可辨认净资产公允价值的差额。而负商誉则是所获得的被购买方可辨认净资产公允价值超过合并成本的差额。

（1）正商誉的确认和计量。这里所讨论的正商誉的确认和计量问题，主要有三种方法：

1）系统摊销法。系统摊销法将外购商誉作为一项没有实物形态的特殊资产予以确认，并在特定的期间内摊销。其理由是：

第一，由于科学技术的进步和同行业的竞争，企业的商誉不可能永久存在，因此应该合理地分期摊销。

第二，对于外购商誉而言，实施合并的企业为了在以后期间获取超额利润，实际发生了超额耗费。这一超额耗费预期能为企业带来未来经济利益，同样符合资产的定义，在本质上与其他资产没有区别。

第三，按照配比原则，为取得外购商誉所发生的费用应与以后各期所产生的超额利润相配比。

系统摊销法曾经在很长一段时间内是国际上通行的会计处理方法。

2）永久保留法。永久保留法把商誉作为永久性资产，不予摊销，除非有证据表明其价值确实发生了持续下跌。这种观点认为外购商誉的价值不会下降，因为以后的经营活动能够不断地维持这种无形价值。如按期摊销，则商誉的账面价值会逐期减少，而企业的经营却可能越来越好，企业的实际价值可能越来越大，这就会导致会计信息与实际不符。特别是在商誉摊销完毕之后，商誉的账面价值已经消失，而其实际价值却可能还很大，甚至可能比以往更大。此外，在企业获取外购商誉之前，被购买方正常的生产经营活动中发生的各项费用形成了该企业的自创商誉，这些费用已计入被购买方以前期间的损益，再将外购商誉加以摊销就不免重复了。

将商誉确认为资产、之后不分期摊销、只进行减值测试的做法，是我国现行会计准则要求采用的会计处理方法①，也是当今国际上通行的会计处理方法。但这种方法是否比系统摊销法更为合理和有效，仍然是一个值得思考和研究的问题。

3）直接冲销法。该方法将外购商誉作为购买方所有者权益的抵减项目，直接冲减留存收益。理由是：

第一，商誉的价值很不确定，它不能单独存在和变现，而且形成商誉的因素难以为企业所控制，在企业合并之后，被购买方的商誉未必能够继续存在。所以，将其作为资产确认不符合谨慎性原则。

第二，外购商誉作为购买成本超过所取得的被购买方可辨认净资产公允价值的差额，表明企业在合并时多付了一部分价款，多付的这部分价款只隐含着被购买方具有获取未来超额利润的可能性，而不是必然性。

第三，外购商誉不作为资产予以确认，保证了外购商誉与自创商誉在会计处理上的一致性。

---

① 2019 年 1 月 7 日财政部会计准则委员会公布了企业会计准则动态，称会计准则咨询委员大部分同意商誉进行摊销，而不是减值测试。

第四，在被购买方被迫清算的情况下，商誉毫无价值，因而不应将其作为资产予以确认。

显而易见，商誉的会计处理方法会对合并后企业的财务报表产生重大的影响，进一步会对企业的并购行为产生重要影响。出于自身利益的考量，企业管理当局往往喜欢并购，但不喜欢商誉。上述关于商誉的三种会计处理方法，永久保留法容易成为企业管理当局的最爱，系统摊销法与直接冲销法则不容易受企业管理当局的青睐。已有研究表明，会计准则制定机构在确定一些重要事项的会计处理方法时，常常会面临来自企业管理当局的压力。在企业合并领域，特别是在确定商誉的会计处理方法时，这个问题表现得更加突出。现行美国会计准则和国际会计准则对商誉不予分期摊销、只进行定期减值测试的做法，在很大程度上是迫于外在压力所作出的妥协。我国的《企业会计准则第 20 号——企业合并》则是基于会计准则国际趋同的背景，采纳了国际会计准则关于商誉的会计处理方法。

（2）负商誉的确认和计量。企业的合并成本有可能低于所取得的被购买方可辨认净资产公允价值的份额，这一差额可称为负商誉。对于负商誉的处理，目前比较通行的处理方法是直接计入当期损益。

国际会计准则认为，购买法下，如果企业的合并成本低于所取得的被购买方可辨认净资产的公允价值，则意味着购买方是以廉价购买的方式取得了被购买方，该差额本质上是廉价购买产生的利得，应当计入当期损益。

4. 对购买法的评价

（1）优点。购买法最大的优点就是坚持了资产购置的传统会计处理原则。因为在合并谈判过程中，合并双方是以有关资产和负债的公允价值而不是账面价值为基础进行讨价还价的。而且，企业合并是以转让资产、承担负债等方式实现的，企业合并作为一种市场交易，只能以公允价值为基础，而不能以账面价值为基础。所以，企业合并实质上是独立主体之间讨价还价的一种公平交易行为。而购买法正体现了这种交易的实质。它将企业合并视为购买方获得对另一家公司资产的控制权，并以公允价值对所取得的被购买方的资产和负债进行计价的一种交易行为，从而坚持了资产购置的传统会计处理原则。

（2）缺点。

1）公允价值有可能难以确定。购买法下，要对被购买方的资产和负债按公允价值重新计量，而要客观地确定这些资产和负债的公允价值往往存在困难。此外，如果购买方是以本公司的股票作为合并的对价，则所发行股票的公允价值的确定也可能是一个难题。

2）购买方与被购买方的计量基础不一致。购买法将关注的焦点集中于被购买方的资产和负债的计价上，要求按公允价值对被购买方的资产和负债计价，而购买方原来的资产和负债仍然按历史成本记录，这就必然导致合并后企业的财务报表成为一个新旧价格混杂的产物。

3）商誉的确认和计量存在争议。采用购买法会涉及对商誉如何确认和计量的问题，如前所述，目前对于商誉的确认和计量仍然存在争议。

4）购买方有时难以确定。购买法假定可以将参与合并的一方确定为购买方，其他方则为被购买方。然而在实际交易中，有时很难确定谁是购买方，谁是被购买方。尽管可能会找到一些判断的依据，比如，若一个合并实体的公允价值大大超过另一个合并实体的公允价值，则公允价值较大的实体可能是购买方；又如，若企业合并通过以普通权益工具换取现金或其他资产的交易方式实现，则放弃现金或其他资产的实体可能是购买方。但对于具有股权连续性和规模类似性的企业合并来说，购买方与被购买方的区分有时是很困难的。

7.2.3 权益结合法

权益结合法，又称联营法、股权合并法，作为一种企业合并的会计处理方法，其本质特征是指将企业合并视为参与合并的企业的股东为了继续对合并后实体分享利益和分担风险而联合控制它们的全部或实际上是全部的净资产和经营活动的行为。

1. 权益结合法的特点

（1）将合并视为股权联合行为，而不是资产交易。权益结合法的实质是将企业合并视为原有的股东权益在新的会计主体下的联合和继续，而不是企业之间发生的一种取得资产或筹集资本的交易。

（2）没有新的计价基础，参与合并的企业的资产、负债均按其原来的账面价值计价。在权益结合法下，参与合并的企业其各自的资产与负债项目均保持原来的账面价值。如果属于吸收合并，则只需将被合并方的资产与负债按其原来的账面价值计价。如果属于控股合并需要编制合并财务报表时，只需在抵销有关项目后将各个公司相应资产与负债的账面价值相加。

（3）不需要单独确定和分配合并成本。企业合并过程中所发生的所有相关费用，不论是直接相关费用还是间接相关费用，均计入当期损益。

（4）不存在商誉问题。

（5）不论合并发生在会计期间内的哪个时点，参与合并企业自期初至合并日的损益都要包括在合并后企业的利润表中。

（6）需要尽可能保留被合并企业的留存收益。

（7）如参与合并企业的会计方法不一致，则应追溯调整，并重编前期财务报表。

2. 优点

（1）有利于促进企业合并的进行。由于权益结合法允许合并企业在合并当年的合并财务报表中将其净利润予以合并，使合并当年合并实体的利润比较可观，可避免合并当年合并实体净资产收益率、每股收益率等指标的大幅度下降，从而给企业合并带来有利的影响。同时，由于对合并方的购买价格超过被合并方资产账面价值的部分不予以确认，因此不存在商誉，从而可避免合并后对已确认商誉部分的摊销或减值对合并后企业的利润产生不利的影响，使上市公司避免因摊销合并商誉而造成合并后利润率的下降，减少投资者的风险。因此，权益结合法有利于促进企业合并的进行。

（2）符合持续经营假设。权益结合法是以合并后各个参与合并企业的股权及经营活动的持续进行为前提，以原有资产、负债的历史数据为基础，合并前后的数据延续连贯，可以更好地反映参与合并企业股权的集合和存续，从而符合持续经营假设，也有利于对企业未来经营状况进行预测分析。

（3）方法简单，便于操作。对报告主体而言，运用权益结合法的成本低，它保留了参与合并企业所有资产和负债的账面价值，无须确认、计量和报告参与合并企业原来尚未确认的资产和负债及其公允价值，而且合并双方的账面价值仅简单相加，大大节省了操作成本。权益结合法所追求的是反映合并主体各方的连续性，其会计处理相对简单。

3. 缺点

（1）不能准确反映企业合并的经济实质。这是权益结合法的主要缺点。采用权益结合法所记录的是参与合并的企业在合并前以历史成本计量的资产、负债的账面价值，这种处理忽视了一个重要的事实，那就是企业合并往往是长期的、艰难的讨价还价的结果。即使企业合并是通过股票交换进行的，股票作为有价证券也必然有其公允价值，企业之间进行股票交换实质上相当于进行了一次新的交易。实际上，企业并购作为产权交易，其本身也是一种资源，它可能使合并方受益于被合并方所具有的获取超额收益的能力，也可能通过合并产生协同效应，从而为参与合并的企业带来一定的价值。可见，在合并后企业的财务报表中不反映合并协议最终对资产、负债产生的影响，而仍然只反映基于历史成本计量的原账面价值，这种做法显然不符合真实性这一会计信息质量要求。

（2）不利于社会资源的优化配置。能够采用权益结合法进行会计处理的企业往往具有支付较高的收购价格的能力，因为在被合并方的可辨认净资产的公允价值高于账面价值的情况下，按原账面价值而不是合并日的公允价值计价，且不必确认商誉，有利于合并后企业的财务报表显示较好的业绩，从而能够避免对股票价格的不利影响。同时，由于采用权益结合法的企业其现金流量与采用购买法的企业无差异，经济实质无差别，因此，财务报告中显示的盈余差异完全是会计处理的结果，但在市场经济条件下，资源配置往往偏向于那些报告收益较高的企业，从而可能导致社会资源配置出现实质上的不合理，这不但会损害其他企业的利益，也会对整个资本市场造成不良影响。

（3）对实施合并企业的财务报表会产生较大影响。由于在被合并方的可辨认净资产的公允价值高于账面价值的情况下，权益结合法有可能避免较高的固定资产折旧和无形资产摊销，并可避免确认商誉，也可避免因资产价值重估所引起的每股收益的稀释，因此，合并后各期收益往往比购买法下的收益高，这就容易给报表使用者以企业增长的错觉。

7.2.4 新实体法

新实体法，又称新主体法或新起点法，该方法假设企业合并产生了一个全新的报告主体，在合并日也就是这个全新的报告主体的产生日，所有参与合并企业的资产和负债都要以合并日的公允价值为基础进行计量。新实体法假定其他参与合并的各主体均已消亡，合并时只需根据新的会计主体建立新的会计基础。所以，对参与合并的各公司的资产、负债都应调整为合并日的公允价值，然后合并相应账户或编制合并财务报表。另外，合并前双方的留存收益都不应转入新的会计主体，因此在合并日的合并留存收益为零。这种方法要确定所有参与合并企业的资产与负债的公允价值，所以在操作上比较烦琐和困难。在实务中通常只用于符合条件的新设合并，并不用于控股合并情况下合并财务报表的编制。

7.3 同一控制下的企业合并的会计处理

按照我国《企业会计准则第 20 号——企业合并》的规定，对于同一控制下的企业合并，要求采用的会计处理方法类似于上述权益结合法，但不是严格意义上的权益结合法。如果要与权益结合法相区别，可以将该方法称为账面价值法。

7.3.1 合并方与被合并方的认定

同一控制下的企业合并，在合并日取得对其他参与合并企业控制权的一方为合并方，参与合并的其他企业为被合并方。其中，合并日是指合并方实际取得对被合并方控制权的日期。

同时满足以下条件的，可认定为实现了控制权的转移：

(1) 企业合并合同或协议已获股东大会等通过；

(2) 企业合并事项需要经过国家有关主管部门审批的，已获批准；

(3) 参与合并各方已办理了必要的财产交接手续；

(4) 合并方或购买方已支付了合并价款的大部分（一般应超过 50%），并且有能力、有计划支付剩余款项；

(5) 合并方或购买方实际上已经控制了被合并方或被购买方的财务和经营政策，并享有相应的利益、承担相应的风险。

7.3.2 合并方在企业合并中取得资产和承担负债的计量与报告

1. 所取得的被合并方资产和负债的计量

合并方在企业合并中取得的资产和负债，应当按照合并日在被合并方的账面价值计量。合并方取得的净资产账面价值与支付的合并对价账面价值（或发行股份面值总额）的差额，应当调整资本公积；资本公积不足冲减的，调整留存收益。

这一规定包含下述三层含义：

(1) 若被合并方的净资产大于合并方支付的合并对价账面价值（发行股份面值总额），则应将其差额部分相应地增加资本公积。

（2）若被合并方的净资产小于合并方支付的合并对价账面价值（发行股份面值总额），则应将其差额部分先冲减合并方的资本公积，不足部分冲减留存收益。

（3）被合并方留存收益不足冲减的，冲减合并方的留存收益。

总之，对于同一控制下合并方发行股票的企业合并，合并方和被合并方合并后的总资产和总负债等于合并方和被合并方的资产之和与负债之和，因此合并方和被合并方合并后的所有者权益等于合并方和被合并方的所有者权益之和。合并后公司的股本金额等于合并方合并前的股本加上新发行的股本。合并后公司的资本公积等于合并方与被合并方投入资本之和减去合并后公司的股本金额。这些对应关系可以用来检验会计处理的正确性。

2. 会计政策的统一

同一控制下的企业合并中，被合并方采用的会计政策与合并方不一致的，合并方在合并日应当按照本企业会计政策对被合并方的财务报表相关项目进行调整，在此基础上按照企业合并准则的规定确认。

3. 企业合并中发生的直接相关费用的处理

合并方为进行企业合并发生的各项直接相关费用，包括为进行企业合并而支付的审计费用、评估费用、法律服务费用等，应当于发生时计入当期损益。

4. 为企业合并而发行证券或承担其他债务所支付费用的处理

为企业合并发行的债券或承担其他债务支付的手续费、佣金等，应当计入所发行债券及其他债务的初始计量金额。企业合并中发行权益性证券发生的手续费、佣金等费用，应当抵减权益性证券溢价收入，溢价收入不足冲减的，冲减留存收益。

5. 企业合并形成母子公司关系

企业合并形成母子公司关系的，母公司应当编制合并日的合并资产负债表、合并利润表和合并现金流量表。

其中，合并资产负债表中被合并方的各项资产、负债，应当按其账面价值计量。因被合并方采用的会计政策与合并方不一致，已按照企业合并准则的规定进行调整的，应当以调整后的账面价值计量。

合并利润表应当包括参与合并各方自合并当期期初至合并日所发生的收入、费用和利润。

合并现金流量表应当包括参与合并各方自合并当期期初至合并日的现金流量。

同一控制下的企业合并形成母子公司关系的，编制合并财务报表时，参与合并各方的内部交易等，应当按照《企业会计准则第 33 号——合并财务报表》处理。

7.3.3　会计处理举例

例 7－1

20×7 年 1 月 1 日，P 公司收购了 S 公司的全部资产，并承担 S 公司的全部负债。假定P公司和S公司的合并属于同一控制下的企业合并。P公司20×7年1月1日的资产和负债的账面价值及S公司20×7年1月1日的资产和负债的账面价值和公允价值见表7-1。

表7-1 S公司的资产和负债的账面价值和公允价值

20×7年1月1日 单位：元

项目	P公司	S公司	
	账面价值	账面价值	公允价值
银行存款	800 000	100 000	100 000
库存商品	2 400 000	700 000	800 000
固定资产	4 600 000	1 200 000	1 900 000
资产总计	7 800 000	2 000 000	2 800 000
应付账款	280 000	420 000	420 000
长期借款	1 120 000	80 000	80 000
股本	2 000 000	300 000	
资本公积	1 400 000	400 000	
盈余公积	2 000 000	500 000	
未分配利润	1 000 000	300 000	
负债与所有者权益总计	7 800 000	2 000 000	

假定P公司以发行普通股1 000 000股的方式换取S公司的净资产（吸收合并），P公司普通股每股面值为1元，每股市价为2元。P公司以银行存款支付发行股票发生的手续费、佣金100 000元，合并过程中发生的审计费用100 000元、法律服务费用50 000元。

分析：

（1）合并方和被合并方的认定。本例中为P公司收购S公司，因此合并方为P公司，被合并方为S公司，合并日为20×7年1月1日。

（2）将合并方在企业合并中取得的资产和负债，按照合并日在被合并方的账面价值计量。合并方取得的净资产账面价值与支付的合并对价账面价值（即发行股份面值总额）的差额，应当调整资本公积；资本公积不足冲减的，调整留存收益。将各项直接费用计入当期损益（管理费用）。将企业合并中发行权益性证券发生的手续费、佣金等费用，首先冲减溢价收入，溢价收入不足冲减的，冲减留存收益。

将各项直接费用（审计费用和法律服务费用）150 000元（100 000+50 000）计入当期管理费用。将企业合并中发行权益性证券发生的手续费、佣金等费用100 000元冲减资本公积。

合并方发行股票的总面值为1 000 000元，被合并方的净资产的账面价值为1 500 000元，将被合并方净资产大于合并方发行股票总面值的部分500 000元计入资本公积。

借：管理费用	150 000	
资本公积	100 000	
贷：银行存款		250 000
借：银行存款	100 000	
库存商品	700 000	
固定资产	1 200 000	
贷：应付账款		420 000
长期借款		80 000
股本		1 000 000
资本公积		500 000

例 7-2

沿用例 7-1 的资料，分别假定：(1) P 公司发行的普通股为 1 900 000 股；(2) P 公司发行的普通股为 4 000 000 股。其他条件保持不变。

分析：这两种情况下的会计处理见表 7-2。

表 7-2　两种情况下的会计处理

P 公司发行的普通股为 1 900 000 股	P 公司发行的普通股为 4 000 000 股
(1) 记录各项直接费用和发行股票的手续费和佣金。 借：管理费用　150 000 　　资本公积　100 000 　贷：银行存款　250 000 (2) 记录 P 公司吸收合并 S 公司的交易。 借：银行存款　100 000 　　库存商品　700 000 　　固定资产　1 200 000 　　资本公积　400 000 　贷：应付账款　420 000 　　　长期借款　80 000 　　　股本　1 900 000 分析：合并方发行股票的总面值为 1 900 000 元，被合并方的净资产的账面价值为 1 500 000 元，将两者的差额 400 000 元冲减资本公积。	(1) 记录各项直接费用和发行股票的手续费和佣金。 借：管理费用　150 000 　　资本公积　100 000 　贷：银行存款　250 000 (2) 记录 P 公司吸收合并 S 公司的交易。 借：银行存款　100 000 　　库存商品　700 000 　　固定资产　1 200 000 　　资本公积　1 300 000 　　盈余公积　1 200 000 　贷：应付账款　420 000 　　　长期借款　80 000 　　　股本　4 000 000 分析：合并方发行股票的总面值为 4 000 000 元，被合并方的净资产的账面价值为 1 500 000 元，将两者的差额 2 500 000 元首先冲减 P 公司的资本公积余额 1 300 000 元，不足部分冲减 P 公司的盈余公积 1 200 000 元。

我国《企业会计准则第 20 号——企业合并》对于同一控制下的企业合并要求采用的会计处理方法与上一节介绍的权益结合法的要求不完全相同。主要表现在：权益结合法下，对于被合并方的盈余公积和未分配利润，需要在合并后企业的账面上或者合并资产负债表上尽可能保留，而我国会计准则规定不需要保留。

除此之外，还存在适用条件方面的差异：在美国等一些西方国家曾经适用的会计准则中，对权益结合法的运用施加了很多限制条件，其中较为突出的一个条件是，合并方所支付的并购对价应当全部或至少大部分是本公司的股份，也就是说如果全部或主要以现金或非现金资产作为对价，则不能采用权益结合法。而我国《企业会计准则第 20 号——企业合并》规定，只要是同一控制下的企业合并，无论合并方以何种方式支付合并对价，都应当采用相同的会计处理方法。因此，对于我国会计准则要求同一控制下的企业合并应当采用的会计处理方法，本教材称为类似权益结合法，或者称为账面价值法，而不是简单地将其与权益结合法等同。

7.4 非同一控制下的企业合并的会计处理

我国《企业会计准则第 20 号——企业合并》规定，非同一控制下的企业合并应采用购买法进行会计处理，并对该方法的具体运用进行了详细的规范。

参与合并的各方在合并前后不属于同一方或相同的多方最终控制的，为非同一控制下的企业合并。对非同一控制下的企业合并应运用购买法进行会计处理。非同一控制下企业合并的会计处理步骤包括购买方与被购买方的认定、购买方购买日企业合并成本的计量和企业合并成本的分配。

7.4.1 购买方与被购买方的认定

非同一控制下的企业合并中，在购买日取得对其他参与合并企业控制权的一方为购买方，参与合并的其他企业为被购买方。其中，购买日是指购买方实际取得对被购买方控制权的日期。对控制权转移的判断，与同一控制下的企业合并相同。购买方获得控制权之前并不必然要求交易在法律上结束或完成。购买方应在购买日开始应用购买法。

7.4.2 合并成本的计量

1. 购买方应当区别不同情况计量合并成本

购买法下，为了确定商誉的金额，必须确定合并成本。

（1）一次交换交易实现的企业合并，合并成本为购买方在购买日为取得对被购买方的控制权而付出的资产、发生或承担的负债以及发行的权益性证券的公允价值。

（2）通过多次交换交易分步取得股权并最终形成企业合并（控股合并）的，合并成本为原股权投资在购买日的公允价值与购买日支付对价的公允价值之和。

（3）购买方为进行企业合并发生的各项直接相关费用（包括为进行企业合并而支付的审计费用、评估费用和法律服务费用等）计入当期损益，不计入企业合并成本。发行权益性证券的成本是权益发行交易的组成部分，不是可直接归属于合并的成本。

（4）在合并合同或协议中对可能影响合并成本的未来事项作出约定的，购买日如果估计未来事项很可能发生并且对合并成本的影响金额能够可靠计量的，购买方应当将其计入合并成本。预期由于合并而发生的未来损失或其他成本不是购买方为换取被购买方控制权而发生或承担的负债，不应包括在合并成本中。

2. 支付非现金对价的情况

购买方在购买日对作为企业合并对价付出的资产、发生或承担的负债应当按照公允价值计量，公允价值与其账面价值的差额计入当期损益。

7.4.3 合并成本的分配

购买方在购买日应当对合并成本进行分配，将合并成本具体分配到可辨认资产、负债及或有负债，并将余下的借差确认为合并商誉，将贷差确认为营业外收入。

1. 将合并成本分配到可辨认资产、负债及或有负债

合并成本由商誉和被购买方可辨认净资产公允价值两部分组成。被购买方可辨认净资产公允价值，是指合并中取得的被购买方可辨认资产的公允价值减去负债及或有负债公允价值后的余额。

（1）被购买方各项可辨认资产、负债及或有负债的确认条件。被购买方各项可辨认资产、负债及或有负债符合下列条件的，应当单独予以确认：

1）合并中取得的被购买方除无形资产以外的其他各项资产（不仅限于被购买方原已确认的资产），其所带来的未来经济利益预计能够流入企业且公允价值能够可靠计量的，应当按照公允价值计量。

合并中取得的无形资产，其公允价值能够可靠计量的，应当单独确认为无形资产并以公允价值计量。

2）合并中取得的被购买方除或有负债以外的其他各项负债，履行有关的义务很可能导致经济利益流出企业且公允价值能够可靠计量的，应当按照公允价值计量。

合并中取得的被贼买方或有负债，其公允价值能够可靠计量的，应当按照公允价值单独确认为负债。或有负债在初始确认后，应当按照以下两者孰高进行后续计量：

- 按照《企业会计准则第13号——或有事项》应予确认的金额。
- 初始确认金额减去按照《企业会计准则第14号——收入》的原则确认的累计摊销额后的余额。

（2）被购买方各项可辨认资产和负债的公允价值的确定。企业应当按照以下规定确认合并中取得的被购买方各项可辨认资产、负债及或有负债的公允价值：

1）货币资金，按照购买日被购买方的原账面价值确定。

2）有活跃市场的股票、债券、基金等金融工具，按照购买日活跃市场中的市场价值确定。

3）应收款项，对其中的短期应收款项，一般应按应收取的金额作为其公允价值；对长期应收款项，应按适当的现行利率折现后的现值确定其公允价值。在确定应收款项的公允价值时，要考虑发生坏账的可能性及相关收款费用。

4）存货、产成品和商品按其估计售价减去估计的销售费用、相关税费以及购买方通过自身努力在销售过程中对于类似的产成品或商品可能实现的利润确定；在产品按完工产品的估计售价减去至完工仍将发生的成本、预计的销售费用、相关税费以及基于同类或类似产成品的估计可能实现的利润确定；原材料按现行重置成本确定。

5）不存在活跃市场的金融工具如权益性投资等，应当参照《企业会计准则第 22 号——金融工具确认和计量》等，采用估值技术确定其公允价值。

6）房屋建筑物存在活跃市场的，应以购买日的市场价格确定其公允价值；本身不存在活跃市场，但同类或类似房屋建筑物存在活跃市场的，应参照同类或类似房屋建筑物的市场价格确定其公允价值；同类或类似房屋建筑物也不存在活跃市场、无法取得有关市场信息的，应按照一定的估值技术确定其公允价值。

7）机器设备存在活跃市场的，应按购买日的市场价格确定其公允价值；本身不存在活跃市场，但同类或类似机器设备存在活跃市场的，应参照同类或类似机器设备的市场价格确定其公允价值；同类或类似机器设备也不存在活跃市场，或因有关的机器设备具有专用性，在市场上很少出售、无法取得确定其公允价值的市场证据的，可使用收益法或考虑该机器设备损耗后的重置成本合理估计其公允价值。

8）无形资产存在活跃市场的，应按购买日的市场价格确定其公允价值；不存在活跃市场的，应当基于可获得的最佳信息，以估计熟悉情况的双方在公平的市场交易中为取得该项资产应支付的金额作为其公允价值。

9）应付账款、应付票据、应付职工薪酬、应付债券、长期应付款，对其中的短期债务，一般应按应支付的金额作为其公允价值；对其中的长期债务，应当以按适当的折现率折现后的现值作为其公允价值。

10）取得的被购买方的或有负债，其公允价值在购买日能够可靠计量的，应单独确认为预计负债。此项负债应当以假定第三方愿意代购买方承担该项义务，就其所承担义务需要购买方支付的金额作为其公允价值。

11）递延所得税资产和递延所得税负债。企业合并中取得的被购买方各项可辨认资产、负债及或有负债的公允价值与其计税基础之间存在差额的，应当按照《企业会计准则第 18 号——所得税》的规定确认相应的递延所得税资产或递延所得税负债，所确认的递延所得税资产或递延所得税负债的金额不应折现。

上述对于合并中取得资产、负债公允价值的确定未提到估值技术的，并不排除可以按照有关估值技术确定资产、负债的公允价值，但前提是采用估值技术确定的公允价值估计数的变动区间很小，或者在公允价值估计数变动区间内，各种用于确定公允价值估计数的概率能够合理确定。

2. 借差和贷差的处理

（1）借差的处理。购买方对合并成本大于合并中取得的被购买方可辨认净资产公允价值份额的差额（借差），应当确认为商誉。

初始确认后的商誉，应当以其成本扣除累计减值准备后的金额计量。商誉不应摊销，而应当按照《企业会计准则第8号——资产减值》的有关规定进行年度减值测试。

（2）贷差的处理。购买方对合并成本小于合并中取得的被购买方可辨认净资产公允价值份额的差额（贷差），应当按照下列规定处理：

1）对取得的被购买方各项可辨认资产、负债及或有负债的公允价值以及合并成本的计量进行复核。

2）经复核后合并成本仍小于合并中取得的被购买方可辨认净资产公允价值份额的，其差额应当计入当期损益。

7.4.4　非同一控制下的控股合并的特点

如果企业合并为非同一控制下的控股合并，即企业合并形成母子公司关系，那么购买法的运用具体体现在合并资产负债表的编制上，而不像吸收合并那样体现在合并方的账务处理上。对于非同一控制下的控股合并，需要特别强调以下两点注意事项：

1. 母公司应当设置备查簿

企业合并中形成母子公司关系的，母公司应当设置备查簿，记录企业合并中取得的子公司各项可辨认资产、负债及或有负债等在购买日的公允价值。期末编制合并财务报表时，应当以购买日确定的各项可辨认资产、负债及或有负债的公允价值为基础对子公司的财务报表进行调整。

2. 母公司应当编制购买日的合并资产负债表

企业合并中形成母子公司关系的，母公司应当编制购买日的合并资产负债表，其中因企业合并取得的被购买方各项可辨认资产、负债及或有负债应当以公允价值列示。合并成本大于合并中取得的各项可辨认资产、负债公允价值份额的差额，确认为合并资产负债表中的商誉。企业合并成本小于合并中取得的各项可辨认资产、负债公允价值份额的差额，应计入合并当期利润表，但因在购买日不需要编制合并利润表，该差额在合并资产负债表中应调整盈余公积和未分配利润。

7.4.5　会计处理举例

例7-3

续例7-1，假设P公司和S公司的合并属于非同一控制下的企业合并。有如下两种情况：

（1）合并成本大于被购买方S公司可辨认净资产。

假定P公司以支付银行存款800 000元、发行普通股1 000 000股的方式换取S公司的净资产，P公司普通股每股面值为1元，每股市价为2元。P公司以银行存款支付发行股票发生的手续费、佣金100 000元，合并过程中发生的审计费用100 000元、法律服务费50 000元。

（2）合并成本小于被购买方S公司可辨认净资产。

假定P公司以支付银行存款200 000元、发行普通股1 000 000股的方式换取S公司的净资产，P公司普通股每股面值为1元，每股市价为2元。P公司以银行存款支付发行股票发生的手续费、佣金100 000元，合并过程中发生的审计费用 100 000元、法律服务费用50 000元。

分析：

（1）在合并成本大于被购买方S公司可辨认净资产的情况下：

1）购买方和被购买方的认定。本例中为P公司收购S公司，因此P公司为购买方，S公司为被购买方。购买日为20×7年1月1日。

2）合并成本的计量。P公司收购S公司的成本为付出资产与发行权益性证券的公允价值之和，其金额为2 800 000元（800 000+1 000 000×2）。

3）将合并成本分配给商誉和被购买方可辨认净资产的公允价值。根据表7-1，将合并成本分配给商誉和被购买方可辨认净资产的公允价值，分配过程如表7-3所示。

（2）在合并成本小于被购买方S公司可辨认净资产的情况下：

合并成本为2 200 000元，低于被购买方可辨认净资产的公允价值。对可辨认净资产进行复核后，发现可辨认净资产和负债的公允价值均是可靠的，因此将差异直接计入当期损益。合并成本的计量与分配过程如表7-3所示。

表7-3　非同一控制下企业合并的会计处理——购买法的运用　　单位：元

合并成本大于被购买方S公司可辨认净资产			合并成本小于被购买方S公司可辨认净资产		
（1）记录初始直接费用。			（1）记录初始直接费用。		
借：管理费用	150 000		借：管理费用	150 000	
贷：银行存款		150 000	贷：银行存款		150 000
（2）记录所取得的资产和负债，并确认商誉。			（2）记录所取得的资产和负债，并将负商誉计入当期损益。		
借：银行存款	100 000		借：银行存款	100 000	
库存商品	800 000		库存商品	800 000	
固定资产	1 900 000		固定资产	1 900 000	
商誉	500 000		贷：应付账款		420 000
贷：应付账款		420 000	长期借款		80 000
长期借款		80 000	银行存款		300 000
银行存款		900 000	股本——普通股		1 000 000
股本——普通股		1 000 000	资本公积——股本溢价		900 000
资本公积——股本溢价		900 000	营业外收入		100 000

7.5　企业合并信息的披露

7.5.1　同一控制下企业合并有关信息的披露

《企业会计准则第 20 号——企业合并》规定，合并方应当在合并当期附注中披露与同一控制下企业合并有关的下列信息：

（1）参与合并企业的基本情况。

（2）属于同一控制下企业合并的判断依据。

（3）合并日的确定依据。

（4）以支付现金、转让非现金资产以及承担债务作为合并对价的，所支付对价在合并日的账面价值；以发行权益性证券作为合并对价的，合并中发行权益性证券的数量及定价原则，以及参与合并各方交换有表决权股份的比例。

（5）被合并方的资产、负债在上一会计期间资产负债表日及合并日的账面价值；被合并方自合并当期期初至合并日的收入、净利润、现金流量等情况。

（6）合并合同或协议约定将承担被合并方或有负债的情况。

（7）被合并方采用的会计政策与合并方不一致所作调整情况的说明。

（8）合并后已处置或拟处置被合并方资产、负债的账面价值、处置价格等。

7.5.2　非同一控制下企业合并有关信息的披露

《企业会计准则第 20 号——企业合并》规定，购买方应当在合并当期附注中披露与非同一控制下企业合并有关的下列信息：

（1）参与合并企业的基本情况。

（2）购买日的确定依据。

（3）合并成本的构成及其账面价值、公允价值及公允价值的确定方法。

（4）被购买方各项可辨认资产、负债在上一会计期间资产负债表日及购买日的账面价值和公允价值。

（5）合并合同或协议约定将承担被购买方或有负债的情况。

（6）被购买方自购买日起至报告期期末的收入、净利润和现金流量等情况。

（7）商誉的金额及其确定方法。

（8）因合并成本小于合并中取得的被购买方可辨认净资产公允价值的份额计入当期损益的金额。

（9）合并后已处置或拟处置被购买方资产、负债的账面价值、处置价格等。

思考题

1. 企业合并面临的主要会计问题是什么？解决这些问题有何方法？

2. 什么是同一控制下的企业合并？我国会计准则对其会计处理有何规定？
3. 什么是非同一控制下的企业合并？我国会计准则对其会计处理有何规定？
4. 什么是权益结合法？它有何特点？有何优缺点？
5. 什么是购买法？它有何特点？有何优缺点？
6. 购买法与权益结合法的运用有何不同的经济后果？

练习题

1. 20×8年1月1日，甲公司支付银行存款250万元，以吸收合并的方式取得了乙公司的全部资产，并承担全部负债。此外，甲公司以银行存款支付评估费用10万元、审计费用15万元、法律服务费用5万元。该项合并属于非同一控制下的企业合并。假设甲公司和乙公司采用的会计政策一致，并且不考虑所得税的影响。

20×7年12月31日，甲公司与乙公司的资产负债表数据如表7-4所示。

表7-4 甲公司与乙公司的资产负债表数据

20×7年12月31日　　单位：万元

项目	甲公司账面价值	乙公司账面价值	乙公司公允价值
货币资金	300	25	25
应收账款	200	75	75
存货——库存商品	100	75	80
固定资产	400	100	120
资产总计	1 000	275	300
应付账款	200	50	50
长期借款	200	50	50
负债合计	400	100	100
股本	500	100	
资本公积	75	50	
盈余公积	20	22	
未分配利润	5	3	
所有者权益合计	600	175	
负债与所有者权益总计	1 000	275	

要求：

(1) 根据上述资料，按照我国现行企业会计准则的规定，编制甲公司吸收合并乙公司的会计分录。

(2) 假定20×8年1月1日甲公司支付银行存款160万元吸收合并乙公司。其他资料同要求(1)。请按照我国现行企业会计准则的规定，编制甲公司吸收合并乙公司的会计分录。

2. A公司持有B公司100%的股权，持有C公司80%的有表决权股份。20×7年1月1日B公司以发行股份的方式吸收合并C公司，取得C公司的全部资产，并承担全部负债。B公司发行的股票每股面值为1元，C公司原股东持有的股票每股面值为1元，B公司共发行本公司股票640万股交换C公司原股东持有的全部股票。在此次合并中，B公司还以银行存款支付了审计费用、评估费用、法律服务费用等直接与合并相关的费用20万元，以及企业合并中发行股票发生的手续费、佣金等费用10万元。C公司的存货全部为库存商品。B公司和C公司在20×6年12月31日的资产负债表数据如表7-5所示。

表7-5　B公司与C公司的资产负债表数据

20×6年12月31日　　单位：万元

项目	B公司账面价值	C公司账面价值
货币资金	1 200	100
应收账款	800	300
存货——库存商品	400	300
固定资产	1 200	400
无形资产	400	
资产总计	4 000	1 100
应付账款	800	200
长期借款	800	200
负债合计	1 600	400
股本	2 000	400
资本公积	100	200
盈余公积	220	70
未分配利润	80	30
所有者权益合计	2 400	700
负债与所有者权益总计	4 000	1 100

要求：

(1) 按照我国现行企业会计准则的规定，编制B公司吸收合并C公司的会计分录。

(2) 假设20×7年1月1日B公司以发行本公司股票900万股交换C公司原股东持有的全部股票的方式吸收合并C公司。其他资料同要求(1)。请按照我国现行企业会计准则的规定，编制B公司吸收合并C公司的会计分录。

第 8 章

Chapter 8 合并财务报表（上）

学习目标

1. 理解合并财务报表的意义和三种合并理论。

2. 掌握合并财务报表的合并范围和确定方法、合并财务报表的编制程序和编制方法。

3. 理解合并财务报表工作底稿的性质与作用。

4. 掌握同一控制下的控股合并条件下合并财务报表的编制方法。

5. 掌握非同一控制下的控股合并条件下合并财务报表的编制方法。

8.1 合并财务报表的意义

第 7 章曾指出，企业合并可以分为吸收合并、创立合并与控股合并。无论是吸收合并后继续存在的企业，还是创立合并后新成立的企业，都是一个统一的法律主体和会计主体，合并后财务报表的编制，与一般企业相同。而控股合并则不同，它带来了新的会计问题。本章和第 9 章将专门介绍如何解决由控股合并所引起的合并财务报表的编制问题。

8.1.1 合并财务报表的意义

一个企业通过对另一个企业的权益性投资而获得对被投资企业的控制权的合并行为称为控股合并。通常把拥有控制权的投资企业称为控股企业（公司）或母公司；把受控制的被投资企业称为被控股企业（公司）或子公司。

从法律角度来看，控股合并后的控股企业与被控股企业仍然是相互独立的法律实体，但从经济角度来看，它们实际上形成了一个统一的经济实体。为了综合全面地反映这一统一经济实体的财务状况、经营成果以及现金流量情况，需要由控股企业为其编制一套财务报表。这种由母公司依据母公司和子公司的个别财务报表编制的用以综合反映由母公司与子公司组成的企业集团的整体财务状况、经营成果以及现金流量情况的财务报表，称为合并财务报表。相应地，在会计上将由母公司和子公司组成的企业集团称为合并主体。同时，为便于讨论问题，相对于合并财务报表而言，将母公司或子公司自身的财务报表称为个别财务报表。

编制合并财务报表体现了当今企业会计准则所高度重视的实质重于形式的基本理念。基于这一基本理念的解释是，虽然从法律形式来看，合并主体并不是一个统一的法律实体，但从经济实质来看，它是一个统一的经济实体。为合并主体编制财务报表，显然是将其当作一个特殊的会计主体（报告主体）来看待。因为现行会计实务并不为合并主体设置账簿体系，也不为其进行日常的会计核算，所以合并主体不是记账主体。由于要为合并主体编制合并财务报表，因此合并主体是一个特殊的报告主体。由此可见，由控股合并所引起的合并财务报表的编制，客观上要求我们将会计主体细分为记账主体与报告主体。一般情况下，一个会计主体既是记账主体，也是报告主体，也就是说报告主体与记账主体是一致的。我们在财务会计学教材中涉及的会计主体，都是报告主体与记账主体一致的情形。但是，在编制合并财务报表的情况下，导致报告主体与记账主体出现了分离，合并主体只是报告主体，不是记账主体。

合并财务报表由母公司编制，它可以为有关方面提供决策有用的会计信息，弥补母公司个别财务报表的不足。一般来说，编制合并财务报表是为了满足母公司的投资者、债权人等有关方面对会计信息的需要。

1. 为母公司的股东提供决策有用的信息

母公司的股东最关心合并主体的财务状况与经营成果，因为母公司的财务状况与经营成果在很大程度上受子公司的财务状况与经营成果的影响。由于控股关系的存在，子公司的盈亏事实上就是母公司的盈亏。总之，母公司股东对合并财务报表的需要是第一位的。

2. 为母公司的长期债权人提供决策有用的信息

母公司的债权人通过母公司对子公司的投资而对子公司的资产有间接求偿权，因而母公司的长期债权人要评估母公司的盈利能力与财务状况，就必然关心整个合并主体的经营成果与财务状况。

3. 为企业管理者提供有用的信息

外界对于企业管理业绩的评价往往以整个经济实体为基础，企业所能分配的红利也通常是基于合并主体的业绩来计算的，因此，合并财务报表对企业管理者也有重要作用。

4. 为有关政府管理机构提供有用的信息

企业的控股合并容易形成市场垄断或竞争优势，从而可能对整个国民经济产生重大影响。为此，有关法规为了维护正当竞争，常常对企业的市场占有率规定一个上限。合并财务报表可以为有关政府管理机构评价企业的市场占有情况及其对国民经济的影响提供参考依据。

总之，在会计实务中，之所以要编制合并财务报表，是因为合并财务报表具有重要作用。一般认为，编制合并财务报表有利于真实反映企业集团的财务状况和经济实质，有利于正确反映企业集团的经营成果和经营规模，有助于财务报表使用者做出正确的经济决策。然而，合并财务报表能否发挥上述作用，还需要经过实践来检验。合并财务报表还有利于防止一些投资企业利用对被投资企业的控制权，人为地操纵财务报表。

8.1.2 编制合并财务报表的目的

编制合并财务报表的目的在于反映和报告在共同控制之下的一个企业集团的财务状况和经营成果的总括情况，以便满足财务报表使用者对该经济实体会计信息的需求。换言之，编制合并财务报表是基于这样一种假设：母公司财务报表的使用者可以通过合并财务报表来满足其对企业集团有关会计信息的需要，在这方面合并财务报表能够提供比个别财务报表更有意义的会计信息。

基于上述基本目的或假设，对于编制合并财务报表的具体目的又有两种不同观点。一种观点认为，编制合并财务报表的具体目的是将母公司个别财务报表上基于权益法的“长期股权投资——对子公司股权投资”和“投资收益——对子公司投资收益”这样的总括项目具体化，详细反映，即放大这些会计信息的内容，因而母公司在提供合并财务报表的同时仍然需要提供母公司的个别财务报表。这种观点可称为放大观。放大观的解释是以母公司个别财务报表上对子公司长期股权投资采用权益法进行会计处理为前提的。另一种观点认为，编制合并财务报表的直接目的是采用一种新的报表形式来提供一个新实体的会计信息，以取代原有的母公司个别财务报表，因而在提供合并财务报表之后，无须再提供母公司的个别财务报表。这种观点可称为取代观。国际上，这两种观点在实务中被不同的国家采用。采用第一种观点的国家有英国、法国、德国、荷兰等，采用第二种观点的典型代表是美国。我国目前采用的大体上是第一种观点，要求母公司既提供合并财务报表，又提供母公司的个别财务报表。

8.2 合并财务报表的合并理论

编制合并财务报表要以一定的理论为依据。所谓合并理论，实际上是指认识合并财务报表的观点或看问题的角度，即如何看待由母公司与其子公司所组成的企业集团（合并主体）及其内部联系。合并理论主要有母公司理论、实体理论与所有权理论三种。

8.2.1 母公司理论

母公司理论是一种站在母公司股东的角度，来看待母公司与其子公司之间的控股合并关系的合并理论。这种理论强调母公司股东的利益，它不将子公司当作独立的法人来看待，而是将其视为母公司的附属机构。依据这一理论编制的合并财务报表，不仅要反映母公司股东在母公司本身的利益，而且要反映它们在母公司所属子公司的净资产中的利益。当母公司并不拥有子公司100%的股权时，要将子公司的少数股东视为集团外的利益群体，将这部分股东所持有的权益（少数股东权益）视为整个集团的负债。依据母公司理论编制合并财务报表，实际上是在母公司个别财务报表的基础上扩大编制范围，特别是在母公司个别财务报表上对子公司投资采用权益法的情况下，合并资产负债表实际上是在母公司个别资产负债表的基础上，用所有子公司的资产、负债来代替母公司个别资产负债表上的“长期股权投资”项目，合并主体的所有者权益只反映母公司的所有者权益，而不包括子公司的所有者权益；合并利润表实际上是在母公司个别利润表的基础上，用子公司的各收入、费用项目代替母公司个别利润表上的“投资收益——对子公司投资收益”项目。合并净利润中不包括子公司少数股东所持有的子公司净利润的份额，而将其视为企业集团的一项费用。

8.2.2 实体理论

实体理论是一种站在由母公司及其子公司组成的统一实体的角度，来看待母子公司间的控股合并关系的合并理论。它强调单一管理机构对一个经济实体的控制。依据这一理论，编制合并财务报表的目的在于提供由不同法律实体组成的企业集团作为一个统一的合并主体进行经营的信息。因此，母公司及其子公司的资产、负债、收入与费用，也就是合并主体的资产、负债、收入与费用。依据实体理论编制合并财务报表时，如果母公司未能持有子公司100%的股权，则要将子公司净资产（资产减负债后的净额）区分为控股权益与少数股东权益。尽管少数股东的权益只与它们持有股份的子公司有关，但在依据实体理论编制合并财务报表时，少数股东权益与控股权益一样，也属于合并主体的所有者权益的一部分。合并利润表上的合并净利润中，也包括子公司少数股东所持有的子公司净利润的份额。

8.2.3 所有权理论

所有权理论也称业主权理论，它是一种着眼于母公司在子公司所持有的所有权的合并理论。依据这一理论，编制合并财务报表时，对于子公司的资产与负债，只按母公司所持有股权的份额计入合并资产负债表；对于子公司的收入、费用与利润，也只按母公司持有股权的份额计入合并利润表。

应当指出，母公司在实际编制合并财务报表时，往往不是单纯运用上述合并理论中的某一种，而是综合运用不同的合并理论。

8.3 合并财务报表的合并范围

8.3.1 确定合并范围的基本标准

合并财务报表合并范围的确定是编制合并财务报表中重要的一环。从合并财务报表的产生与发展历史来看，合并范围的确定经历了从最初的持股标准演变为现在的控制标准的发展过程。

1. 持股标准

持股标准是以投资企业是否持有被投资企业半数以上的股权为标准，确定合并财务报表的合并范围，也就是说，如果投资企业持有被投资企业半数以上的股权，则将该被投资企业纳入合并财务报表的合并范围，否则不予合并。这种标准的优点是简单、便于操作；缺点是，可能将一些实质上受投资企业所控制的被投资企业排除在合并范围之外，难以全面反映一个投资企业所实际控制的统一经济实体的整体财务状况、经营成果和现金流量情况。

2. 控制标准

控制标准是以投资企业是否控制被投资企业为标准，确定合并财务报表的合并范围，也就是说，只有受投资企业实际控制的被投资企业才能纳入合并财务报表的合并范围。按照现行会计准则的要求，应当基于控制标准确定合并财务报表的合并范围。如前所述，通常将拥有控制权的投资企业称为被控制企业的母公司，将受控制的被投资企业称为子公司。因此，基于控制标准，合并财务报表是反映母公司和其全部子公司形成的企业集团的整体财务状况、经营成果和现金流量的财务报表；母公司是指有一个或一个以上子公司的企业（或主体，下同）；子公司是指被母公司控制的企业。

8.3.2 控制标准及其运用的一般原则

现行会计准则规定，控制是指投资方拥有对被投资方的权力，通过参与被投资方的相关活动而享有可变回报，并且有能力运用对被投资方的权力影响其回报金额。

投资方要实现对被投资方的控制，必须同时满足两个基本条件：第一，投资方因涉入被投资方的活动而享有的回报必须是可变回报；第二，投资方必须拥有对被投资方的权力，并且有能力运用对被投资方的权力影响被投资方的回报金额。

具体来说，投资方在判断其是否控制被投资方时，应考虑所有的事实和情况，当且仅当投资方同时具备上述两个要素时，投资方才控制被投资方。如果事实和情况表明上述两个控制要素中的一个或两个发生变化，则投资方要重新判断其是否控制被投资方。

下面对于投资方实现控制必须同时满足的两个基本条件进行具体分析。

1. 投资方通过涉入被投资方的活动而享有的回报必须是可变回报

这是判断投资方是否拥有对被投资方的控制的基本标准之一。

享有控制权的投资方，通过参与被投资方的活动而享有的回报应该是可变回报。可变回报是不固定且可能随着被投资方业绩的变化而变化的回报。可变回报可以只是正回报，也可以只是负回报，或者同时包括正回报和负回报。

投资方的可变回报通常体现为从被投资方获取股利。在某些情况下，受限于法律法规的相关规定，投资方无法通过分配被投资方利润或结余的形式获得回报。例如，当被投资方的法律形式为信托机构时，其盈利可能不是以股利形式分配给投资者。在这种情况下，需要根据具体情况，以投资方的投资目的为出发点，综合分析投资方是否获得除股利以外的其他可变回报，被投资方不能进行利润分配并不必然代表投资方不能获取可变回报。

尽管只有一个投资方能够控制被投资方，但可能存在多个投资方分享被投资方的回报。例如，少数股东权益的持有者可以分享被投资方的利润。因此，投资方获取的回报为可变回报，只是判断投资方是否控制被投资方的必要条件，而不是充分条件。

2. 投资方必须对被投资方拥有权力，并且能够运用此权力影响被投资方的回报金额

投资方能够主导被投资方的相关活动时，称投资方对被投资方享有权力。权力通常表现为表决权，但有时可能表现为其他合同安排。在判断该项条件是否满足时，需要具体考虑以下几个方面：

（1）投资方应当有能力主导能够对被投资方的回报产生重大影响的相关活动。

1）识别相关活动。要判断投资方是否对被投资方拥有权力，首先需要识别被投资方的相关活动。相关活动是指对被投资方的回报产生重大影响的活动。对许多企业而言，经营和财务活动通常对其回报产生重大影响。但是，不同企业的相关活动可能是不同的，应当根据企业的行业特征、业务特点、发展阶段、市场环境等具体情况来进行判断，这些活动可能包括但不限于下述活动：①商品或劳务的销售和购买；②金融资产的管理；③资产的购买和处置；④研究与开发活动；⑤资本结构的确定和融资活动。

2）分析相关活动的决策机制。判断被投资方的相关活动后，了解谁拥有对被投资方的权力的下一个重要步骤是了解此类活动的决策机制。

就相关活动所作出的决策的例子包括但不限于：

①就被投资方的经营、融资等活动作出决策，包括编制预算；

②任命被投资方的关键管理人员或服务提供商，并决定其报酬，以及终止其作为服务提供商的业务关系或者将其予以辞退。

3）比较不同相关活动对回报的影响大小。被投资方的相关活动通常有多个，并且可能不是同时进行。当两个或两个以上投资方能够分别单方面主导被投资方的不同相关活动时，能够主导对被投资方回报产生最重大影响的活动的一方拥有对被投资方的权力。在判断哪个投资方对被投资方拥有权力时，投资方考虑的因素可能包括：

①被投资方的设立目的；

②影响被投资方利润率、收入和企业价值的决定因素；

③各投资方拥有的与上述决定因素相关的决策职权的范围，分别对被投资方回报的影响程度；

④投资方对于可变回报的风险敞口的大小。

（2）投资方对被投资方拥有的“权力”是一种实质性权利。在判断投资方对被投资方所拥有的权力时，还应区分该权利是实质性权利还是保护性权利。

1）实质性权利。在判断投资方是否拥有对被投资方的权力时，应仅考虑投资方及其他方享有的实质性权利。实质性权利，是指持有人有实际能力行使的可执行权利。实质性权利应是在对相关活动进行决策时可执行的权利。实质性权利通常是当前可执行的权利，但某些情况下目前不可行使的权利也可能是实质性权利。对于投资方拥有的实质性权利，即便投资方并未实际行使，也应在判断投资方是否对被投资方拥有权力时予以考虑。

判断一项权利是否为实质性权利，应当综合考虑所有相关因素。相关因素包括但不限于以下各项：

①权利持有人行使权利是否存在经济或其他方面的障碍。例如，财务处罚或奖励阻止权利持有人行权；法律法规的限制导致权利持有人无法行权（例如，外国投资者被禁止行权）。

②当权利由多方持有或者行权需要多方同意时，是否存在实际可行的机制使得这些权利持有人在其愿意的情况下能够一致行权。该机制的缺乏可能表明权利是非实质性的。需要一致行权的投资方越多，权利是实质性权利的可能性越小。然而，独立于决策者的董事会可以作为一个众多投资方一致行权的机制。因此，相较于众多投资方单独持有的罢免权，独立的董事会持有的同样的罢免权更有可能是实质性权利。

③权利持有人能否从行权中获利。例如，潜在表决权持有人应考虑行权价格或转换价格。当投资方能在行权或转换中因价格或其他原因获利时（例如，实现投资方和被投资方的协同效应），潜在表决权的条款和条件就更有可能是实质性的。

2）保护性权利。保护性权利旨在保护持有这些权利的当事方的权益，而不赋予当事方对这些权利所涉及的主体的权力。投资方仅持有保护性权利不能对被投资方实施控制，也不能阻止其他方对被投资方实施控制。

保护性权利通常仅适用于被投资方的活动发生根本性改变或某些特殊例外的情况，但并非所有在例外情况下行使的权利或在不确定事项发生时才行使的权利都是保护性权利。例如，当被投资方的活动和回报已被预先设定，只有在发生某些特定事项时才需要进行决策，且这些决策对被投资方的回报产生重大影响，则该等事项引发的活动属于相关活动，对这些相关活动行使的权利就不是保护性权利。对于有权主导这些相关活动的投资者，在判断其对被投资方是否拥有权力时，不需要考虑这些特定事项是否已经发生。

保护性权利的例子可能包括但不限于：贷款方限制借款方进行会对借款方信用风险产生不利影响从而损害贷款方利益的活动的权力；少数股东批准超过正常经营范围的资本性支出或发行权益工具、债务工具的权力；以及贷款方在借款方发生违约行为时扣押其资产的权力。

（3）权力的持有人应为主要责任人。权力是为自己行使的，而不是代其他方行使。拥有决策权的投资方在判断其是否控制被投资方时，需要考虑其行使决策权的身份：是以主要责任人的身份还是以代理人的身份来行使决策权。只有当拥有决策权的投资方以主要责任人的身份行使决策权时，才能够视为对被投资方拥有控制。此外，在其他方拥有决策权时，投资方还需要考虑其他方是否是以代理人的身份代表该投资方行使决策权。

代理人代表其他方（主要责任人）行动并服务于该其他方的利益。主要责任人可能将其对被投资方的某些或全部决策权授予代理人，但在代理人代表主要责任人行使此类权力时，代理人并不对被投资方拥有控制。在评估控制时，代理人的决策权应被视为由主要责任人直接持有，权力属于主要责任人而非代理人。

当存在多个主要责任人时，每个主要责任人需评估其是否拥有对被投资方的权力。

决策者不会仅仅因为其他方能从其决策中获益而成为代理人。决策者在确定其是否为代理人时，应总体考虑其自身、被投资方以及其他方面之间的关系。

8.3.3　源于表决权的权力所形成的控制

大部分情况下，投资方通过表决权或类似权利获得主导被投资方相关活动的现实权力。表决权是以投票表决的方式决定或批准被投资方的经营计划、投资方案、年度财务预算方案和决算方案、利润分配方案和弥补亏损方案、内部管理机构的设置、公司经理的聘任或解聘以及薪酬制度、公司的基本管理制度等重要事项时拥有的投票权。特定投资者拥有的表决权比例通常与其出资比例或持股比例一致，但公司章程另有规定的除外。

1. 投资方持有被投资方半数以上表决权而拥有权力并形成控制的情形

投资方通过直接或间接方式拥有被投资方半数以上表决权的情况下，要对被投资方拥有权力，该投资方所拥有的表决权必须是实质性权利，且使该投资方具有主导该被投资方相关活动的现时能力（通常通过决定财务和经营政策实现）。

当被投资方的相关活动由持有半数以上表决权的投资方表决决定，或者主导相关活动的权力机构的多数成员由持有半数以上表决权的投资方指派，而且权力机构的决策由多数成员主导时，持有半数以上表决权的投资方拥有对被投资方的权力。

例8－1

情况1：甲公司和乙公司分别持有丙公司60％和40％的普通股，丙公司的相关活动通过股东会议上多数表决权主导，在股东会议上，每股普通股享有一票投票权。

分析：假设不存在其他因素，丙公司的相关活动由持有丙公司大多数投票权的一方主导。因此，如果不存在其他相关因素，甲公司拥有对丙公司的权力，因其是丙公司大多数投票权的持有者。

情况2：甲公司和乙公司分别持有丙公司60％和40％的普通股，丙公司的相关活动以董事会会议上多数表决权主导，甲公司和乙公司根据其享有企业所有者权益的比例，各自有权任命6名和4名董事。

分析：如果不存在其他相关因素，甲公司拥有对丙公司的权力，因其有权任命主导丙公司相关活动的董事会的大多数成员。

2. 投资方仅持有被投资方半数或半数以下表决权但拥有权力并形成控制的情形

持有半数或半数以下表决权的投资方，应综合考虑下列事实和情况，以判断其持有的表决权与相关事实和情况相结合是否可以赋予投资方拥有对被投资方的权力。

（1）投资方持有的表决权相对于其他投资方持有的表决权份额的大小，以及其他投资方持有表决权的分散程度。投资方持有的表决权比例越高，越有可能有现时能力主导被投资方相关活动。与其他方持有的表决权比例相比，投资方持有的表决权比例越高，越有可能有现时能力主导被投资方相关活动。为否决投资方而需要联合一致的行动方越多，投资方越有可能有现时能力主导被投资方相关活动。

例8－2

情况1：甲公司持有乙公司48％的投票权，剩余投票权由数千位小股东持有，但没有小股东持有超过1％的投票权，没有任何股东与其他股东达成协议或能够作出共同决策。当以其他股权的相对规模为基础判断所获得的投票权的比例时，甲公司确定48％的权益将足以使其拥有控制权。

分析：在这种情况下，无须考虑权利的任何其他证据，即可根据甲公司持有股权的绝对规模和相比其他股东持有股权的相对规模，确定甲公司拥有充分决定性的投票权以满足权力的标准。即可以认定，甲公司拥有对乙公司的权力，能够对乙公司实施控制。

情况2：甲公司持有乙公司40％的投票权，其他12位股东各持有乙公司5％的投票权，股东协议授予甲公司任免负责相关活动的管理人员及确定其薪酬的权利，若要改变协议，须获得2/3的多数股东表决权同意。

分析：在这种情况下，单凭甲公司持有的投票权的绝对规模和相比其他股东持有的投票权的相对规模，无法对甲公司是否拥有足以赋予其权力的权利作出结论。但是，股东协议条款赋予甲公司任免乙公司的管理人员及确定其薪酬的权力，足以说明甲公司拥有对乙公司的权力，能够对乙公司实施控制。

情况 3：甲公司持有乙公司 45％ 的投票权，A 公司和 B 公司各持有乙公司 26％的投票权，剩余投票权由其他 3 位股东持有，各占 1％。不存在影响决策的其他安排。

分析： 在这种情况下，只要 A 公司和 B 公司联合起来就能够阻止甲公司主导乙公司的相关活动，甲公司投票权的规模及其与其他股东持有的投票权的相对规模，足以得出甲公司不拥有对乙公司的权力的结论。

情况 4：甲公司持有乙公司 45％ 的投票权，其他 11 位投资者各持有乙公司 5％的投票权，股东之间不存在合同安排以互相协商或作出共同决策。

分析： 在这种情况下，单凭甲公司持有的投票权的绝对规模和相比其他股东持有的投票权的相对规模，无法对甲公司是否拥有足以赋予其权力的权利作出结论。应考虑其他可能为甲公司是否拥有权力提供证据的额外事实和情况。

情况 5：甲公司持有乙公司 35％ 的投票权，其他 3 位股东各持有乙公司 5％ 的投票权，剩余的投票权由众多小股东持有，没有任何一位小股东持有超过 1％ 的投票权，股东之间不存在合同安排以互相协商或作出共同决策，涉及乙公司相关活动的决策须获得股东会议上大多数投票权的批准（在近期的股东会议上乙公司 75％ 的股东行使了投票权）。

分析： 在这种情况下，其他股东在近期股东会议上积极参与的事实表明甲公司不具有单方面主导乙公司相关活动的实际能力，无论甲公司是否曾经因有足够数量的其他股东与其作出相同表决而主导过乙公司的相关活动。

（2）与其他表决权持有人的协议。在某些情况下，投资方虽然自己拥有的表决权不足，但可能通过与其他表决权持有人的协议控制足以主导被投资方相关活动的表决权，从而拥有对被投资方的权力。该类协议需确保投资方能够主导其他表决权持有人的表决，即其他表决权持有人按照投资方的意愿进行表决，而不是双方协商与其他表决权持有人协商一致的结果进行表决。

例 8－3

A 公司有 4 名股东，分别为甲公司、乙公司、丙公司和丁公司，甲公司持有 A 公司 40％ 的普通股，其他 3 位股东各持有 20％的普通股，A 公司的相关活动受其董事会主导，董事会由 6 名董事组成，其中 3 名董事由甲公司任命，剩余 3 名分别由乙公司、丙公司和丁公司任命。甲公司和乙公司单独签订合同安排，规定乙公司任命的董事必须与甲公司任命的董事以相同方式进行表决。

分析： 若不存在其他因素，该合同安排赋予甲公司在董事会议上获得涉及相关活动的大多数投票权这一事实将使甲公司拥有对 A 公司的权力，即使甲公司并未持有 A 公司的大多数投票权。

（3）其他合同安排产生的权利。投资方可能通过拥有的表决权和其他决策权相结合的方式使其目前有能力主导被投资方的相关活动。例如，合同安排赋予投资方在被投资方的权力机构中指派若干成员的权力，而该等成员足以主导权力机构对相关活动的决策。又如，投资方可能通过表决权和合同安排给予的其他权利，使其目前有能力主导被投资方的生产活动，或主导被投资方的其他经营和财务活动，从而对被投资方的回报产生重大影响。但是，在不存在其他权利时，仅仅是被投资方对投资方的经济依赖（如供应商和其主要客户的关系）不会导致投资方对被投资方拥有权力。

（4）投资方和其他方持有的潜在表决权。潜在投票权是获得被投资方投票权的权利，如可转换工具或期权（包括远期合同）中的权利。为了确定是否拥有对被投资方的权力，投资方应当考虑其持有的潜在投票权及由其他方持有的潜在投票权，但是，投资方应当仅考虑具有实质性的投票权，上述有关判断实质性权利的条件同样适用于潜在投票权。在考虑潜在投票权时，投资方应当考虑工具的目的和设计，以及投资方涉入被投资方的其他方式的目的和设计，这包括判断工具的各项条款及投资者的期望、动机和同意此类条款的原因。如果投资方还拥有与被投资方活动相关的投票权或其他决策权，投资方应当判断这些权利连同潜在投票权是否赋予了投资方权力。实质性潜在投票权本身或与其他权利结合时，可赋予投资方主导相关活动的现时能力。

（5）其他显示投资方在需要决策时拥有现时能力主导被投资方相关活动的事实或情况，例如，被投资方的其他股东是否均为被动的财务投资者，以及被投资方以往股东大会的表决权行使情况。如果根据上述第（1）至（4）项所列因素尚不足以判断投资者能否控制被投资方，则应进一步考虑本部分前面所述的投资方在考虑其自身是否拥有实际能力，单独主导被投资方的相关活动时应关注的各项因素。投资方所持有的被投资方表决权比例越低，否决投资方所提关于相关活动的议案所需一致行动的其他投资者数量越少，投资者为了证明其拥有主导被投资方权力的权利，就需要在更大程度上运用这些证据。在使用这些证据时，应遵循本部分前面提到的关于各因素权重的要求。

在被投资方的相关活动是通过表决权进行决策的情况下，投资方在考虑了所有相关情况和事实后仍不能确定投资方是否拥有被投资方的权力，则投资方不控制被投资方。

例8-4

情况1：甲公司为乙公司的第一大股东，其对乙公司的持股比例为40%，乙公司其他股东的持股比例高度分散。除甲公司外，乙公司的其他前十大股东的单家持股比例均小于3%，合计不超过10%，剩余股东持股比例均小于0.1%。乙公司的各股东之间不存在关联关系。乙公司的各股东均未持有潜在表决权。

乙公司董事会由9名董事组成，其中3名为独立董事。甲公司有权向乙公司指派4名非独立董事，其中一名任乙公司董事长，另一名任乙公司副董事长。乙公司董事长同时兼任甲公司的董事长，乙公司的一名董事同时兼任甲公司的总经理。乙公司最高权力机构为股东大会，与乙公司的相关活动有关的重大决议应由出席股东大会的股东所持表决权的1/2以上表决通过。乙公司董事会在股东大会授权范围内，负责拟订与乙公司相关活动有关的议案，并报股东大会批准，执行股东大会的决议。在历年的股东大会中，出席股东大会的股东所持的表决权总数未超过48%。

分析：在情况1下，乙公司的相关活动通过股东大会半数以上的表决权所主导，然而，甲公司所持表决权仅为40%，未超过半数。因此，甲公司在确定其是否有主导乙公司相关活动的权力时，应综合考虑如下因素：

（1）甲公司的持股比例相对其他股东而言较大，并且其他股东持股比例的分散程度较高。

（2）乙公司的各股东均未持有潜在表决权。

（3）除公司章程规定外，乙公司的各股东均未持有其他合同安排的权利。

（4）其他事实或情况。乙公司的9名董事当中有4名非独立董事由甲公司提名，且一名董事任乙公司董事长，另一名任副董事长。由此可见，甲公司除直接持有表决权外，还可以通过任命对乙公司相关活动有重大影响力的关键人员来获取权力。此外，乙公司董事长还同时兼任甲公司的董事长，乙公司的一名董事还同时兼任甲公司的总经理。由此可见，甲公司和乙公司之间除股权关系外，还存在核心管理层交叉的情况。

另外，与乙公司相关活动有关的重大决议应由出席股东大会的股东所持表决权的1/2以上表决通过。公司历年的股东大会中，出席股东大会的股东所持的表决权总数未超过48%。甲公司所持40%的表决权已经超过了出席股东大会的股东所持有半数的表决权。

综上考虑，可以认定，甲公司具有对乙公司的权力，能够对乙公司实施控制。

情况2：甲公司为乙公司的第一大股东，其对乙公司的持股比例为40%，乙公司的第二、第三及第四大股东的持股比例分别为11%，10%及9%，其他股东持股比例均小于1%。在历年来的股东大会中，出席股东大会的股东所持的表决权总数约为87%。除此以外，其他事实与情况1一致。

分析：在情况2下，甲公司对乙公司的持股比例相对其他股东而言，并不显著高于其他股东。甲公司虽然为第一大股东，但第二、第三及第四大股东持股比例合计达到30%，已经十分接近第一大股东40%的持股比例。此外，乙公司历年来的股东大会中，出席股东大会的股东所持的表决权总数约为87%。甲公司所持40%的表决权也未能超过出席股东大会的股东所持过半数的表决权。

综合考虑，可以认定，甲公司并不具有对乙公司的权力，不能够对乙公司实施控制。

对于被投资方的相关活动通过表决权进行决策，而投资方持有的表决权比例不超过半数的情况，如果投资方在综合考虑了所有相关情况和事实后仍不能确定投资方是否拥有被投资方的权力，则投资方不控制被投资方。

3. 投资方虽然持有被投资方半数以上表决权但不拥有权力因而不能形成控制的情形

投资方虽然持有被投资方半数以上投票权，但当这些投票权不是实质性权利时，其并不拥有对被投资方的权力：

（1）当其他方拥有现时权力使其可以主导被投资方的相关活动（例如，持有半数以下表决权的其他方拥有实质性潜在表决权，并据此取得主导被投资方相关活动的现时权力），且该其他方不是投资方的代理人时，则投资方不拥有对被投资方的权力。

（2）当投资方所拥有的表决权并非实质性权利时，即使持有多数表决权，投资方也不拥有对被投资方的权力。例如，由于无法获得必要的信息或法律法规方面的障碍，投资方虽持有半数以上表决权但无法行使，则该投资方不拥有对被投资方的权力。

确定持有半数以上表决权的投资方是否拥有权力，关键在于该投资方是否拥有主导被投资方相关活动的现时能力。在被投资方相关活动被政府、法院、管理人、接管人、清算人或监管人等其他方主导时，投资方无法凭借其拥有的表决权主导被投资方的相关活动，因此，投资方即使持有被投资方过半数的表决权，也不拥有对被投资方的权力。

有些情况下，根据相关章程、协议或其他法律文件，主导相关活动的决策所要求的表决权比例高于持有半数以上表决权的一方持有的表决权比例。例如，被投资方的公司章程规定，与相关活动有关的决策必须由出席会议的投资方所持2/3以上的表决权通过。这种情况下，持有半数以上但不足2/3表决权的投资方，虽然表决权比例超过半数，但该表决权本身不足以赋予投资方权力，因而应结合其他因素进一步分析和判断。

8.3.4 源于合同安排的权力所形成的控制

在某些情况下，投资方对被投资方的权力并非源于表决权，而是源于合同安排，被投资方的相关活动由一项或多项合同安排决定。例如，被投资方为证券化产品、资产支持融资工具、部分投资基金等结构化主体时。结构化主体，是指没有将表决权或类似权利作为确定其控制方的决定因素而设计的主体。通常情况下，结构化主体在合同约定的范围内开展业务活动，主导该主体相关活动的依据通常是合同安排或其他安排形式，表决权或类似权利仅仅与行政性管理事务相关。

按照现行会计准则的规定，合并财务报表的合并范围是以控制为基础予以确定的，作为母公司的投资方原则上需要将其所控制的所有被投资企业（子公司）纳入合并财务报表的合并范围，当然也包括其所控制的结构化主体在内。

8.3.5 合并范围的豁免

1. 豁免的规定

按照现行会计准则的规定，原则上只要投资企业与被投资企业之间形成了母子公司关系，母公司就应当将其控制的全部子公司纳入合并财务报表的合并范围。但是，如果母公司是投资性主体，则只应将那些为母公司提供相关服务的子公司纳入合并范围，其他子公司不应予以合并，母公司对其他子公司的投资应当按照公允价值计量且其变动计入当期损益。

2. 投资性主体的定义

当一家公司同时满足以下三个条件时，该公司属于投资性主体：

（1）该公司从一个或多个投资者获取资金，其经营的直接目的是为其投资者提供投资管理服务。这是一个投资性主体与其他主体的显著区别。

（2）该公司的唯一经营目的是通过资本增值、投资收益或两者兼有而使投资者获得回报。

（3）该公司按照公允价值对几乎所有投资的业绩进行计量和评价。

8.4 合并财务报表的编制程序

合并财务报表的编制通常需要遵循一定的基本程序。一般来说，合并财务报表的编制程序可以分为以下几大步骤。

8.4.1 设置合并工作底稿

1. 合并工作底稿的意义与性质

虽然从理论上讲，合并财务报表工作底稿（简称合并工作底稿或工作底稿）的编制并不是必不可少的程序，但在实际工作中，由于合并财务报表编制的复杂性，通常都需要编制合并工作底稿。合并工作底稿的作用是为合并财务报表的编制提供基础。在合并工作底稿中，对母公司和子公司个别财务报表中各项目的数据进行加总、调整和抵销处理，最终计算得出合并财务报表各项目的合并金额。所以，编制合并财务报表的第一步通常是设置合并工作底稿，也就是要设计工作底稿的结构。合并工作底稿在本质上是为编制合并财务报表所打的草稿。

2. 合并工作底稿的设计思路

由于合并财务报表工作底稿在本质上是编制合并财务报表的草稿，这一性质决定了依据相同的合并财务报表准则可以有不同形式的工作底稿，而不同形式的工作底稿往往要求编制不同形式的调整与抵销分录，但调整与抵销的最后结果是相同的，因而据以编制的合并财务报表是相同的。

应当说，合并财务报表工作底稿的设计不是会计准则规范的内容，合并财务报表准则只是规范合并财务报表的最终列报，至于编制合并财务报表的具体技术应该由企业自己决定。但是，合并工作底稿的设计必然要受准则要求的制约。在设计合并工作底稿时一般需要考虑以下主要问题：

（1）合并工作底稿包括哪些报表项目。按照我国现行会计准则的规定，企业的合并财务报表应当包括合并利润表、合并资产负债表、合并现金流量表与合并所有者权益（或股东权益）变动表。合并现金流量表具有明显的特殊性，通常要单独编制其工作底稿。合并利润表与合并资产负债表之间具有密切的联系，需要将其置于同一张工作底稿上。关键是合并所有者权益变动表如何安排。我们面临三种选择：一是与合并利润表、合并资产负债表一起编制工作底稿；二是单独编制工作底稿，或者不编制工作底稿；三是将其未分配利润变动部分置于合并利润表与合并资产负债表的工作底稿上。本书以下关于合并财务报表的讨论都是基于第三种选择的思路。这种安排或设计的主要考量是：第一，股东权益变动表的格式为"棋盘式"，这就决定了难以将该表的所有项目都直接与利润表、资产负债表项目纳入同一张合并工作底稿。第二，考虑了合并股东权益变动表中未分配利润项目的变动对合并利润表与合并资产负债表的连接作用。第三，在一个会计期间内，合并股东权益变动表中除未分配利润的变动之外，其他股东权益项目的变动很少，这些项目的金额往往不需要通过工作底稿就能比较容易地确定，这种安排能够简化工作底稿的编制，特别是调整与抵销分录的编制。

综上所述，合并股东权益变动表的编制，其重点在于合并未分配利润项目。此外，未分配利润项目还是连接利润表、股东权益变动表与资产负债表的纽带，将该部分内容纳入合并工作底稿，有利于反映各报表之间的内在联系。而如果将所有的股东权益变动表项目都纳入合并工作底稿，则会使工作底稿过于复杂，抵销分录的编制也更复杂，不利于阐述合并工作底稿（特别是调整与抵销分录）的基本原理。因此，基于以上考虑，我们将利润表、资产负债表与股东权益变动表的未分配利润项目的变动部分合在一张工作底稿上反映，股东权益变动表其他项目的内容则通过另外（工作底稿外）的计算确定。合并现金流量表则由于其特殊性和相对独立性，适宜单独编制工作底稿。本书以下关于合并财务报表的讨论都是基于这一思路。

（2）合并工作底稿的栏目设置。合并工作底稿的栏目设置涉及下面两个问题：

1）是否在工作底稿上先调整子公司个别财务报表数据，然后再抵销。我们没有采用先对母子公司的个别财务报表项目的金额进行调整，然后再编制抵销分录的方法，而是将所有的调整与抵销分录都通过统一的"调整与抵销分录"栏反映。

2）是否设置单独的"少数股东权益"栏目。两种方法各有利弊。单独设置"少数股东权益"栏目，可以在该栏中完整地反映少数股东权益的变动情况，但相当于将调整与抵销分录的内容人为地分隔开来，涉及少数股东权益的项目在该栏反映，而不涉及少数股东权益的项目则在"调整与抵销分录"栏反映，不利于通过借贷平衡关系进行检查。我们采用不单独设置"少数股东权益"栏目的方法。

8.4.2 将个别财务报表的数据过入工作底稿并加总

将母子公司个别财务报表中纳入合并工作底稿的各项目的金额过入合并工作底稿相应项目的对应栏目，并计算加总金额。如果采用先调整母子公司个别财务报表数据然后再抵销的方法，则要先调整，再加总母子公司个别财务报表数据。

8.4.3　在合并工作底稿上编制调整与抵销分录

编制合并财务报表是以整个企业集团作为报告主体，而母子公司的个别财务报表则是分别以母公司和子公司作为报告主体的，这就必然导致两类主体的财务报表在会计确认、计量和报告方面存在很多差异。

1. 个别财务报表与合并财务报表的主要差异

（1）确认方面的差异。某些项目从母子公司个别报告主体的角度应该确认，但从企业集团这个合并主体的角度来看是不应该确认的。例如，母公司个别资产负债表上对子公司的长期股权投资以及相应子公司个别资产负债表上的所有者权益金额，集团内部的债权与债务等。

另外，有的项目在母子公司个别财务报表上没有确认，也不能确认，但从企业集团这个合并主体的角度来看则是应该确认的。例如，在采用购买法的情况下，合并资产负债表上可能要确认合并商誉，而这种合并商誉在个别财务报表上是不会确认的。

（2）计量方面的差异。某些项目在个别财务报表上的计量金额并不代表其在合并财务报表上的应有金额。例如，在内部交易形成未实现销售损益的情况下，购货方对所购入存货、固定资产等的计量金额不等于从集团角度应有的计量金额。

（3）报告方面的差异。合并财务报表在报告方面也与个别财务报表有较大的差异。例如，在子公司为非全资子公司的情况下，合并资产负债表上要单独反映“少数股东权益”，合并利润表上要单独反映合并净利润中归属于少数股东的“少数股东净利润”，合并所有者权益（或股东权益）变动表中要设置专门的“少数股东权益”栏目，反映一定期间内少数股东权益的增减变动情况。

由此可见，合并财务报表各项目的金额不能简单地根据母子公司个别财务报表的对应项目的金额加总得到，在合并工作底稿中要通过编制调整与抵销分录，在个别财务报表项目的加总金额基础上，调整确定合并财务报表有关项目的金额。

2. 调整与抵销分录的性质

在合并工作底稿上编制调整与抵销分录，只是在母子公司个别财务报表相关项目的基础上确定合并财务报表各项目金额的辅助方法。这些调整与抵销分录借记与贷记的是报表项目，而不是会计科目。调整与抵销分录不是记账的依据，它们不需要在母公司或子公司的账上登记。由母子公司组成的合并主体没有独立的账簿体系，因而合并工作底稿上的调整与抵销分录也不存在记入合并主体相关账户的问题。这就决定了在连续编制合并财务报表时，对相关报表项目的调整与抵销应当反映以前各期的累积影响，而不能依赖以前期间合并工作底稿上所作的调整与抵销。

3. 对子公司长期股权投资的抵销思路

在编制调整与抵销分录时，母公司对子公司的长期股权投资与子公司的所有者权益相关项目之间的抵销有两种思路：一是基于期末余额的抵销，也就是将母公司对子公司长期股权投资的期末余额与子公司所有者权益的期末余额相抵销；二是基于期初余额的抵销，也就是将母公司对子公司长期股权投资的期初余额与子公司所有者权益的期初余额相抵销。采用两种抵销思路的结果是相同的。本书采用第一种抵销思路。

4. 编制调整与抵销分录的一般步骤

编制调整与抵销分录可以遵循以下步骤：

第一步，从母子公司个别报告主体的角度，分析相关交易或事项对个别财务报表的影响，或者说确定其在个别财务报表上应有的结果。

第二步，从企业集团这个合并报告主体的角度，分析相关交易或事项对合并财务报表的影响，或者说确定其在合并财务报表上应有的结果。

第三步，比较第一步和第二步分析的结果，按照二者的差异确定需要在个别财务报表的基础上调整的项目、调整的方向和调整的具体金额，正式编制调整与抵销分录。

调整与抵销分录只是服务于合并财务报表的编制，它不是记账的依据，所借记和贷记的是报表项目，而不是会计科目。

8.4.4 计算合并金额

在母子公司个别财务报表数据各项目加总金额的基础上，加减“调整与抵销分录”栏的金额，分别计算出各报表项目的合并金额，填入“合并金额”栏。

（1）收入类项目的合并金额，根据该项目的加总金额，减去该项目调整与抵销分录的借方发生额，加上该项目调整与抵销分录的贷方发生额计算确定。

（2）费用类项目的合并金额，根据该项目的加总金额，加上该项目调整与抵销分录的借方发生额，减去该项目调整与抵销分录的贷方发生额计算确定。

（3）资产类项目的合并金额，根据该项目的加总金额，加上该项目调整与抵销分录的借方发生额，减去该项目调整与抵销分录的贷方发生额计算确定。

（4）负债类项目和所有者权益类项目的合并金额，根据该项目的加总金额，减去该项目调整与抵销分录的借方发生额，加上该项目调整与抵销分录的贷方发生额计算确定。

（5）股东权益变动表的“未分配利润”部分，其中，“年初未分配利润”“年末未分配利润”项目的合并金额的确定方法与所有者权益项目相同，“提取盈余公积”“对股东的分配”项目的合并金额的确定方法与资产类项目相同。

8.4.5 填列合并财务报表

根据合并工作底稿中各报表项目的“合并金额”栏的数据，填列正式的合并财务报表。以上讨论虽然主要是针对合并利润表、合并资产负债表和合并所有者权益（或股东权益）变动表中“未分配利润”部分的，但其基本原理也同样适用于合并现金流量表的编制以及合并所有者权益（或股东权益）变动表中的其他项目。

8.5　同一控制下的控股合并条件下合并财务报表的编制

在第7章中已经介绍，按照我国《企业会计准则第20号——企业合并》的规定，企业合并要区分同一控制下的企业合并与非同一控制下的企业合并，采用不同的会计处理方法；对于同一控制下的企业合并，合并方与被合并方资产、负债的计价基础都不改变。这一规定同样适用于控股合并。因此，我们讨论合并财务报表的编制就需要区分两种情形：同一控制下的控股合并条件下合并财务报表的编制与非同一控制下的控股合并条件下合并财务报表的编制。本节介绍同一控制下的控股合并条件下合并财务报表的编制问题，8.6节专门介绍非同一控制下的控股合并条件下合并财务报表的编制。

8.5.1　控制权取得日的合并工作底稿

按照我国《企业会计准则第33号——合并财务报表》的规定，母公司需要在以下两种情况下编制合并财务报表：一是在母公司取得对子公司的控制权时；二是在母公司保留对子公司的控制权的每一个会计期末。在这两种情况下，合并财务报表的编制原理有所不同。因此本节在讨论同一控制下的控股合并条件下合并财务报表的编制原理（主要是合并工作底稿的编制原理）时，区分控制权取得日的合并工作底稿和控制权取得日后的合并工作底稿两种情况。8.6节讨论非同一控制下的控股合并条件下合并财务报表的编制原理时，同样也区分了这两种情况。

例8-5

P公司20×7年1月1日以212 000元银行存款购买了S公司80%的股权，P公司控制了S公司。该项控股合并为同一控制下的企业合并。20×7年1月1日在该项合并发生后P公司和S公司的资产负债表数据如表8-1所示。

表8-1　控股合并发生后P公司和S公司的资产负债表数据

20×7年1月1日　　单位：元

项目	P公司		S公司	
	借方	贷方	借方	贷方
货币资金	38 000		49 000	
应收账款	264 000		111 000	
存货	160 000		130 000	
长期股权投资	168 000			
固定资产	660 000		100 000	

续表

项目	P公司		S公司	
	借方	贷方	借方	贷方
应付账款		208 000		20 000
应付债券				160 000
长期借款		86 000		160 000
股本		300 000		150 000
资本公积		556 000		40 000
盈余公积		135 000		17 000
未分配利润		5 000		3 000
合计	1 290 000	1 290 000	390 000	390 000

分析：虽然投资方对长期股权投资的会计处理本身并不是合并财务报表的内容，但由于合并财务报表的编制问题源于长期股权投资，为了方便讨论与理解，我们需要首先说明投资方对长期股权投资的会计处理，然后再讨论合并工作底稿上调整与抵销分录的编制原理。

（1）P公司对S公司长期股权投资的会计处理。

按照我国现行会计准则的规定，对于形成控股合并的长期股权投资，在确定其入账金额时，需要区分是形成同一控制下的控股合并，还是形成非同一控制下的控股合并，据以采用不同的处理方法。如果一项长期股权投资形成同一控制下的控股合并，则应当以投资企业占被投资企业净资产账面价值的份额作为该投资的入账金额。实际投资成本小于该份额的差额增加资本公积；实际成本大于该份额的差额则冲减资本公积，资本公积不足冲减的，再冲减留存收益。这样处理的结果是，在编制控制权取得日合并财务报表的工作底稿时，便于合并方长期股权投资与被合并方的所有者权益的抵销。

本例中，P公司对S公司的长期股权投资形成同一控制下的控股合并，P公司为合并方，S公司为被合并方，合并日为20×7年1月1日。

$$\text{P公司的投资成本}=212\,000(\text{元})$$

$$\begin{matrix}\text{P公司占合并日S公司}\\\text{净资产账面价值的份额}\end{matrix}=210\,000\times 80\%=168\,000(\text{元})$$

P公司投资的实际成本大于所占S公司净资产账面价值的份额，且P公司有足够多的资本公积可以冲减。因此，20×7年1月1日，为记录对S公司的投资，P公司应编制如下会计分录：

借：长期股权投资	168 000	
资本公积	44 000	
贷：银行存款		212 000

（2）合并工作底稿的调整与抵销分录。

将P公司的长期股权投资与S公司的净资产抵销，将S公司可辨认净资产账面价值的20%确认为少数股东权益。

借：股本　150 000
　　资本公积　40 000
　　盈余公积　17 000
　　未分配利润　3 000
　贷：长期股权投资　168 000
　　　少数股东权益　42 000

20×7 年 1 月 1 日 P 公司编制的合并资产负债表工作底稿如表 8-2 所示。

表 8-2　P 公司合并工作底稿

20×7 年 1 月 1 日　　单位：元

项目	P 公司	S 公司	合计金额	调整与抵销分录		合并金额
				借方	贷方	
货币资金	38 000	49 000	87 000			87 000
应收账款	264 000	111 000	375 000			375 000
存货	160 000	130 000	290 000			290 000
长期股权投资	168 000		168 000		1）168 000	
固定资产	660 000	100 000	760 000			760 000
资产总计	1 290 000	390 000	1 680 000		168 000	1 512 000
应付账款	208 000	20 000	228 000			228 000
长期借款	86 000	160 000	246 000			246 000
股本	300 000	150 000	450 000	1）150 000		300 000
资本公积	556 000	40 000	596 000	1）40 000		556 000
盈余公积	135 000	17 000	152 000	1）17 000		135 000
未分配利润	5 000	3 000	8 000	1）3 000		5 000
少数股东权益					1）42 000	42 000
负债与股东权益总计	1 290 000	390 000	1 680 000	210 000	42 000	1 512 000
调整与抵销金额合计				210 000	210 000	

8.5.2　控制权取得日后第一年的合并工作底稿

在控制权取得日后的第一个会计年度末编制合并财务报表，与控制权取得日合并财务报表的编制有所不同。

1．需要编制的合并财务报表的种类增加了

虽然按照现行会计准则的规定，在同一控制下的控股合并条件下，控制权取得日也需要编制合并利润表，但实际上此时合并利润表的编制并无多大意义，甚至连控制权取得日的合并资产负债表，其作用也非常有限。但从讨论合并财务报表的编制原理的角度看，控制权取得日合并资产负债表的编制是有重要意义的。

严格意义上的合并财务报表是指形成母子公司关系之后的各个会计期间的合并财务报表的编制。年度合并财务报表除了合并资产负债表之外，还包括合并利润表、合并现金流量表和合并股东权益变动表。

2. 需要在合并工作底稿上调整与抵销的内容增加了

上述第1个特点使合并工作底稿上需要调整与抵销的内容大大增加：除了母公司对子公司的长期股权投资与子公司的相应所有者权益的抵销之外，还可能涉及集团内部的投资收益、内部利润分配的抵销、集团内部交易的抵销等，以及合并净利润的确定、合并净利润在母公司股东与少数股东之间的分配等较为复杂的问题。

3. 年末合并方的长期股权投资余额与被合并方的所有者权益的抵销难度增大了

在同一控制下的控股合并条件下，虽然在控制权取得日长期股权投资的入账金额与母公司占子公司净资产账面价值的份额相一致，但由于在母公司的个别财务报表中对子公司长期股权投资的会计处理要采用成本法，因而第一年年末长期股权投资的余额往往不再等于母公司所占子公司净资产账面价值的份额。所以，为了方便编制抵销分录，需要调整长期股权投资的年末余额，使其等于母公司占子公司净资产账面价值的份额，然后在此基础上进行抵销。

如前所述，在编制控制权取得日后的合并工作底稿时，合并工作底稿的格式可以多种多样。会计准则不宜对工作底稿的格式作出统一规定。在上一节讨论的基础上，进一步明确本教材所采用的工作底稿格式具有以下特点：

（1）将利润表、股东权益变动表的未分配利润变动部分和资产负债表这三部分内容纳入一张合并工作底稿。

（2）在工作底稿中，第一部分列示利润表项目；第二部分列示股东权益变动表中的未分配利润项目的变动，即反映未分配利润从年初余额变化为年末余额的情况；第三部分列示资产负债表项目，并且强化三部分之间的数字勾稽关系：

1）利润表中“归属于母公司股东的净利润”一行的金额转到利润分配部分的“净利润”一行。需要特别说明：合并股东权益变动表中的利润分配部分，只反映母公司的利润分配，不反映子公司的利润分配，所以合并股东权益变动表中“净利润”对应的不是合并利润表中的“净利润”，而是“归属于母公司股东的净利润”。如例8-6的表8-3中利润分配部分的“净利润”项目的“合并金额”94 000元，系由利润表部分的“归属于母公司股东的净利润”94 000元转入；资产负债表部分的“未分配利润”项目的“合并金额”66 200元，系由利润分配部分的“年末未分配利润”66 200元转入。

2）未分配利润变动部分的“年末未分配利润”一行的金额直接转到资产负债表部分的“未分配利润”一行。因此，在下文的举例中第2）笔调整与抵销分录中借记的是合并工作底稿的利润分配部分的“年末未分配利润”项目，而不是资产负债表部分的“未分配利润”。这样能够更好地体现报表之间的内在联系，也便于工作底稿的核对。

例 8-6

承例 8-5，假定 S 公司 20×7 年实现净利润 20 000 元，提取盈余公积 2 000 元，当年没有分配股利，年末未分配利润 21 000 元。20×7 年间 P 公司与 S 公司之间未发生其他内部交易。

分析：

（1）20×7 年度 P 公司对 S 公司长期股权投资的会计处理。

根据企业会计准则的规定，本例中 P 公司对子公司 S 公司的长期股权投资应采用成本法核算。20×7 年 S 公司没有发放股利，成本法下 P 公司对 S 公司的投资不作账务处理。

（2）20×7 年度 P 公司合并财务报表的编制。

为了方便在合并工作底稿上编制调整与抵销分录，特别是为了方便母公司对子公司的长期股权投资与子公司的相应所有者权益的抵销，以及母公司对子公司的投资收益与子公司的利润分配相关项目的抵销，可以采用在工作底稿上先将母公司对子公司的长期股权投资由成本法下的余额调整为权益法下的余额，然后再进行抵销的方法。需要特别强调的是：第一，这种调整只是在合并工作底稿上进行，并不调整母公司的账面记录；第二，这种调整并非必不可少，也就是说，我们完全可以基于成本法下的余额直接进行抵销，最后也能够得到相同的合并结果。

依据本例的资料，按照上述思路，可以在合并工作底稿上编制如下调整与抵销分录：

1）将长期股权投资成本法下的余额调整为权益法下的余额。

20 000×80%＝16 000（元）

借：长期股权投资　　16 000
　贷：投资收益　　16 000

2）将 P 公司对 S 公司长期股权投资的年末余额同 P 公司持有的 S 公司所有者权益的 80% 的份额相抵销，并将 S 公司余下 20% 的所有者权益转为少数股东权益。

长期股权投资＝168 000＋16 000＝184 000（元）
少数股东权益＝42 000＋20 000×20%＝46 000（元）

借：股本　　150 000
　　资本公积　　40 000
　　盈余公积　　19 000
　　年末未分配利润　　21 000
　贷：长期股权投资　　184 000
　　　少数股东权益　　46 000

3）抵销集团内部的投资收益与子公司的利润分配，确认少数股东损益。

少数股东损益＝20 000×20%＝4 000（元）

借：投资收益　　16 000
　　少数股东损益　　4 000
　　年初未分配利润　　3 000
　贷：提取盈余公积　　2 000
　　　年末未分配利润　　21 000

20×7年的合并工作底稿见表8-3。

表8-3　P公司合并工作底稿

20×7年12月31日　　单位：元

项目	P公司	S公司	合计金额	调整与抵销分录		合并金额
				借方	贷方	
（利润表部分）						
营业收入	500 000	240 000	740 000			740 000
营业成本	300 000	163 600	463 600			463 600
税金及附加	30 000	14 400	44 400			44 400
销售费用	22 000	17 500	39 500			39 500
管理费用	35 000	13 200	48 200			48 200
财务费用	7 000	2 100	9 100			9 100
资产减值损失	1 400	2 000	3 400			3 400
投资收益		300	300	3）16 000	1）16 000	300
营业利润	104 600	27 500	132 100	16 000	16 000	132 100
营业外支出	600	500	1 100			1 100
利润总额	104 000	27 000	131 000	16 000	16 000	131 000
所得税费用	26 000	7 000	33 000			33 000
净利润	78 000	20 000	98 000	16 000	16 000	98 000
少数股东损益				3）4 000		4 000
归属于母公司股东的净利润（①转下：未分配利润变动部分）	78 000	20 000	98 000	20 000	16 000	94 000
（股东权益变动表的未分配利润变动部分）						
年初未分配利润	5 000	3 000	8 000	3）3 000		5 000
净利润（承上①：利润表部分）	78 000	20 000	98 000	20 000	16 000	94 000
提取盈余公积	7 800	2 000	9 800		3）2 000	7 800
对股东的分配	25 000		25 000			25 000
年末未分配利润（②转下：资产负债表部分）	50 200	21 000	71 200	2）21 000 44 000	3）21 000 39 000	66 200
（资产负债表部分）						
货币资金	106 000	69 000	175 000			175 000

续表

项目	P公司	S公司	合计金额	调整与抵销分录		合并金额
				借方	贷方	
应收账款	179 000	98 000	277 000			277 000
存货	192 000	145 000	337 000			337 000
长期股权投资	168 000		168 000	1）16 000	2）184 000	
固定资产	704 000	108 000	812 000			812 000
资产总计	1 349 000	420 000	1 769 000	16 000	184 000	1 601 000
应付账款	214 000	30 000	244 000			244 000
长期借款	86 000	160 000	246 000			246 000
股本	300 000	150 000	450 000	2）150 000		300 000
资本公积	556 000	40 000	596 000	2）40 000		556 000
盈余公积	142 800	19 000	161 800	2）19 000		142 800
未分配利润（承上②：未分配利润变动部分）	50 200	21 000	71 200	44 000	39 000	66 200
少数股东权益					2）46 000	46000
负债与股东权益总计	1 349 000	420 000	1 769 000	253 000	85 000	1 601 000
调整与抵销金额合计				269 000	269 000	

为了方便读者阅读理解，对表 8－3 所示的合并工作底稿进一步补充说明如下：

（1）这种格式的工作底稿将所有的调整与抵销分录集中在一个统一的“调整与抵销分录”栏内，便于运用借贷平衡的原理进行核对。

（2）合并工作底稿上的报表项目，可以按照其数据的来源不同分为“原始项目”与“计算项目”。原始项目是指其数据直接通过填列进入工作底稿的项目，如“营业收入”“营业成本”“提取盈余公积”“应收账款”等项目。计算项目是指要依据相关原始项目的数据，通过一定的计算才能得到其数据的项目，“营业利润”“利润总额”“净利润”“资产总计”“负债与股东权益总计”等项目。

有两个特殊的计算项目，可称为结转项目。一是股东权益变动表中的“净利润”，其数据是直接从利润表中的“归属于母公司股东的净利润”项目结转而来的；二是资产负债表中的“未分配利润”项目，其数据是直接从股东权益变动表中的“年末未分配利润”项目结转而来的。这两个结转项目体现了三张报表之间的数据勾稽关系。

计算项目不可能出现在调整与抵销分录中，但各个计算项目对应的“调整与抵销分录”栏内，也要计算相应的借方金额和贷方金额，以便于工作底稿的核对。例如，“营业利润”项目“借方”栏的 16 000 是依据相关借记金额计算的结果，“贷方”栏的 16 000 则是依据相关贷记金额计算的结果。

“年末未分配利润”项目的“借方”金额 44 000＝3 000＋20 000＋21 000

“年末未分配利润”项目的“贷方”金额 39 000＝16 000＋2 000＋21 000

（3）该工作底稿的最后一行为借贷平衡的核对。本例中调整与抵销分录的借记金额合计和贷记金额合计均为 269 000 元，借贷平衡，没有发现错误。当然，借贷平衡并不能保证合并工作底稿的编制正确，但如果借贷不平衡，则肯定存在错误，需要进一步查找原因，予以更正。

（4）该工作底稿的平衡关系并不局限于“调整与抵销分录”栏目，每一个计算项目的“合并金额”都可以通过纵向计算与横向计算进行核对。例如：

1）合并“净利润”的核对。

纵向：

合并“利润总额”－合并“所得税费用”＝131 000－33 000＝98 000（元）

横向：

“净利润”合计＋贷方发生额－借方发生额＝98 000＋16 000－16 000
＝98 000（元）

2）合并“年末未分配利润”的核对。

纵向：

“年初未分配利润”合并数＋“归属于母公司股东的净利润”合并数－“提取盈余公积”合并数－“对股东的分配”合并数
＝5 000＋94 000－7 800－25 000＝66 200（元）

横向：

“年末未分配利润”合计＋贷方发生额－借方发生额＝71 200＋39 000－44 000＝66 200（元）

3）合并“资产总计”的核对。

纵向：

79 000＋96 000＋277 000＋337 000＋812 000＝1 601 000（元）

横向：

1 769 000＋16 000－184 000＝1 601 000（元）

8.5.3 控制权取得日后第二年的合并工作底稿

合并财务报表的编制是将由母子公司组成的企业集团作为一个报告主体。但这一报告主体并非记账主体，它没有独立的账簿体系。我们在例 8－6 的工作底稿中所作的调整与抵销分录并没有在母公司或子公司的账簿体系中记录，例如，在 20×7 年合并工作底稿上将 P 公司对 S 公司的长期股权投资与相应的 S 公司所有者权益进行了抵销，但这种抵销并没有记录在 P 公司和 S 公司的账面上。所以，我们在第二年及之后的各年编制合并财务报表时，需要重新以当年母子公司的个别财务报表为编制依据，在加总母子公司个别财务报表数据的基础上，进行调整与抵销。

例 8-7

承例 8-5 和例 8-6，假定 P 公司于 20×7 年 1 月 1 日投资 212 000 元取得 S 公司 80%的股权后，S 公司于 20×8 年 2 月 28 日发放现金股利 16 000 元，20×8 年实现净利润 54 000 元，提取盈余公积 5 400 元。20×8 年度 P 公司与 S 公司的个别财务报表数据见表 8-4。20×8 年间 P 公司与 S 公司之间未发生其他内部交易。

分析：

(1) 20×8 年度 P 公司对长期股权投资的会计处理。

P 公司对 S 公司的投资采用成本法核算。

1) 20×8 年 2 月 28 日，P 公司记录来自 S 公司的现金股利 12 800 元（16 000×80%），确认为投资收益。

借：银行存款　　12 800

　贷：投资收益　　12 800

2) 20×8 年年末，成本法下 P 公司对 S 公司实现的净利润不作账务处理。

(2) 20×8 年度 P 公司合并工作底稿的编制。

需要先调整 20×8 年长期股权投资的年末余额，使其反映母公司占子公司净资产的份额，然后抵销当年母公司确认的投资收益与子公司的利润分配，以及抵销长期股权投资调整后的年末余额与相应的子公司年末股东权益。

1) 将长期股权投资成本法下的余额调整为权益法下的余额。

权益法下 20×7 年年末应调增长期股权投资的金额＝16 000(元)

20×8 年权益法下应确认的投资收益＝54 000×80%＝43 200(元)

20×8 年成本法下已确认的投资收益＝12 800(元)

应追加确认的投资收益＝43 200－12 800＝30 400(元)

20×8 年年末累计应调增长期股权投资余额＝16 000＋43 200－12 800
＝46 400(元)

调整后长期股权投资的年末余额＝168 000＋46 400＝214 400(元)

借：长期股权投资　　46 400

　贷：年初未分配利润　　16 000

　　　投资收益　　30 400

2) 将 P 公司对 S 公司长期股权投资的年末余额同 P 公司持有的 S 公司所有者权益的 80%的份额相抵销，并将 S 公司余下 20%的所有者权益转为少数股东权益。

少数股东权益＝46 000＋54 000×20%－16 000×20%＝53 600(元)

借：股本　　150 000

　　资本公积　　40 000

　　盈余公积　　24 400

年末未分配利润 53 600

贷：长期股权投资 214 400

少数股东权益 53 600

3）抵销集团内部的投资收益与子公司的利润分配，确认少数股东损益。

少数股东损益＝54 000×20%＝10 800(元)

借：投资收益 43 200

少数股东损益 10 800

年初未分配利润 21 000

贷：提取盈余公积 5 400

对股东的分配 16 000

年末未分配利润 53 600

20×8年的合并工作底稿见表8-4。

表8-4 P公司合并工作底稿

20×8年12月31日 单位：元

项目	P公司	S公司	合计金额	调整与抵销分录		合并金额
				借方	贷方	
（利润表部分）						
营业收入	600 000	320 000	920 000			920 000
营业成本	390 000	180 000	570 000			570 000
税金及附加	36 000	19 200	55 200			55 200
销售费用	15 300	11 700	27 000			27 000
管理费用	24 000	23 000	47 000			47 000
财务费用	4 600	6 200	10 800			10 800
资产减值损失	2 400	7 700	10 100			10 100
投资收益	12 800	200	13 000	3）43 200	1）30 400	200
营业利润	140 500	72 400	212 900	43 200	30 400	200 100
营业外支出	500	400	900			900
利润总额	140 000	72 000	212 000	43 200	30 400	199 200
所得税费用	35 000	18 000	53 000			53 000
净利润	105 000	54 000	159 000	43 200	30 400	146 200
少数股东损益				3）10 800		10 800
归属于母公司股东的损益（①转下：未分配利润变动部分）	105 000	54 000	159 000	54 000	30 400	135 400
（股东权益变动表的未分配利润变动部分）						
年初未分配利润	50 200	21 000	71 200	3）21 000	1）16 000	66 200
净利润（承上①：利润表部分）	105 000	54 000	159 000	54 000	30 400	135 400
提取盈余公积	10 500	5 400	15 900		3）5 400	10 500

续表

项目	P 公司	S 公司	合计金额	调整与抵销分录		合并金额
				借方	贷方	
对股东的分配	62 000	16 000	78 000		3）16 000	62 000
年末未分配利润（②转下：资产负债表部分）	82 700	53 600	136 300	2）53 600 128 600	3）53 600 121 400	129 100
（资产负债表部分）						
货币资金	90 800	40 600	131 400			131 400
应收账款	188 000	128 400	316 400			316 400
存货	214 000	186 000	400 000			400 000
长期股权投资	168 000		168 000	1）46 400	2）214 400	
固定资产	611 200	84 000	695 200			695 200
资产总计	1 272 000	439 000	1 711 000	46 400	214 400	1 543 000
应付账款	94 000	11 000	105 000			105 000
长期借款	86 000	160 000	246 000			246 000
股本	300 000	150 000	450 000	2）150 000		300 000
资本公积	556 000	400 00	596 000	2）40 000		556 000
盈余公积	153 300	24 400	177 700	2）24 400		153 300
未分配利润（承上②：未分配利润变动部分）	82 700	53 600	136 300	128 600	121 400	129 100
少数股东权益					2）53 600	53 600
负债与股东权益总计	1 272 000	439 000	1 711 000	343 000	175 000	1 543 000
调整与抵销金额合计				389 400	389 400	

8.6 非同一控制下的控股合并条件下合并财务报表的编制

8.6.1 控制权取得日的合并工作底稿

第 7 章已经介绍了我国《企业会计准则第 20 号——企业合并》的规定：非同一控制下的企业合并需要采用购买法进行会计处理。就控股合并而言，购买法的运用就具体体现在控制权取得日合并财务报表的编制上。

在运用购买法编制合并财务报表的情况下，控制权取得日又常常称为购买日。按照我国现行会计准则的规定，对于非同一控制下的控股合并，要采用购买法编制合并财务报表，而对于同一控制下的控股合并则采用权益结合法编制合并财务报表。

例 8-8

假定 P 公司 20×7 年 1 月 1 日以 202 000 万元银行存款购买了 S 公司 80%的股权，P 公司控制了 S 公司。该项控股合并为非同一控制下的企业合并。20×7 年 1 月 1 日在购买交易发生后 P 公司和 S 公司的资产负债表数据如表 8-5 所示。

表 8-5　P 公司和 S 公司的资产负债表数据

20×7 年 1 月 1 日　　单位：万元

项目	P 公司		S 公司	
	借方	贷方	借方	贷方
货币资金	38 000		49 000	
应收账款	264 000		111 000	
存货	160 000		130 000	
长期股权投资	202 000			
固定资产	670 000		100 000	
应付账款		208 000		20 000
长期借款		86 000		160 000
股本		400 000		150 000
资本公积		600 000		40 000
盈余公积		35 000		7 000
未分配利润		5 000		13 000
合计	1 334 000	1 334 000	390 000	390 000

在购买日，S 公司的存货的账面价值为 130 000 万元，公允价值为 134 000 万元；固定资产的账面价值为 100 000 万元，公允价值为 130 000 万元。其他可辨认资产与负债的公允价值与账面价值一致。

分析：

（1）购买日 P 公司长期股权投资的会计处理。

按照我国现行会计准则的规定，对子公司的长期股权投资要采用成本法进行会计处理。

母公司在购买日对投资的会计处理以及合并资产负债表的编制，首先需要正确认定购买日，确定购买成本。

P 公司 20×7 年 1 月 1 日以 202 000 万元购买了 S 公司 80%的股权，P 公司控制了 S 公司，因此可知 P 公司为购买方，S 公司为被购买方；购买日为 20×7 年 1 月 1 日；购买成本为 202 000 万元。20×7 年 1 月 1 日，为记录对 S 公司的投资，P 公司应编制如下会计分录（单位为万元，下同）：

借：长期股权投资　　202 000

　贷：银行存款　　202 000

（2）购买日合并资产负债表的编制。

为了比较系统地介绍购买法下合并财务报表的编制原理，本章的举例仍然包括控制权取得日（购买日）合并工作底稿的编制。

运用购买法编制购买日的合并财务报表，关键是要将购买成本（合并成本）分配到子公司的各个资产、负债项目上，也就是要在购买日的合并资产负债表上对子公司的资产与负债按公允价值计量，就如同母公司分别购买了子公司的单项资产、承担了子公司的单项负债。由于购买成本可能大于或小于所取得的子公司可辨认净资产公允价值的份额，因此还要面临在购买日的合并资产负债表上如何处理商誉（包括正商誉和负商誉）的问题。

我国现行会计准则规定，对于子公司各资产、负债项目的公允价值与账面价值之间的差额，全部确认；少数股东权益要基于子公司可辨认净资产公允价值的份额确定；合并商誉则只确认属于母公司的份额。

购买日S公司可辨认净资产的账面价值＝210 000（万元）

购买日S公司可辨认净资产的公允价值＝210 000＋34 000
＝244 000（万元）

P公司应确认的商誉＝202 000－244 000×80%＝6 800（万元）

应确认的少数股东权益＝244 000×20%＝48 800（万元）

1）将S公司的可辨认资产及负债的账面价值调整为公允价值。

借：存货	4 000	
固定资产	30 000	
贷：资本公积		34 000

2）将P公司对S公司长期股权投资的年末余额与S公司调整后股东权益年末余额的80%的份额相抵销，将S公司调整后股东权益年末余额的20%确认为少数股东权益，差异确认为商誉。

调整后的资本公积＝40 000＋34 000＝74 000（万元）

借：股本	150 000	
资本公积	74 000	
盈余公积	7 000	
未分配利润	13 000	
商誉	6 800	
贷：长期股权投资		202 000
少数股东权益		48 800

20×7年1月1日（购买日）P公司编制的合并资产负债表工作底稿如表8-6所示。

表8-6 P公司合并工作底稿

20×7年1月1日　　单位：万元

项目	P公司	S公司	合计金额	调整与抵销分录		合并金额
				借方	贷方	
货币资金	38 000	49 000	87 000			87 000

续表

项目	P公司	S公司	合计金额	调整与抵销分录		合并金额
				借方	贷方	
应收账款	264 000	111 000	375 000			375 000
存货	160 000	130 000	290 000	1）4 000		294 000
长期股权投资	202 000		202 000		2）202 000	
固定资产	670 000	100 000	770 000	1）30 000		800 000
商誉				2）6 800		6 800
资产总计	1 334 000	390 000	1 724 000	40 800	202 000	1 562 800
应付账款	208 000	20 000	228 000			228 000
长期借款	86 000	160 000	246 000			246 000
股本	400 000	150 000	550 000	2）150 000		400 000
资本公积	600 000	40 000	640 000	2）74 000	1）34 000	600 000
盈余公积	35 000	7 000	42 000	2）7 000		3 5000
未分配利润	5 000	13 000	18 000	2）13 000		5 000
少数股东权益					2）48 800	48 800
负债与股东权益总计	1 334 000	390 000	1 724 000	244 000	82 800	1 562 800
调整与抵销金额合计				284 800	284 800	

8.6.2 控制权取得日后第一年的工作底稿

在非同一控制下的控股合并条件下，控制权取得日的合并财务报表只有合并资产负债表，而在控制权取得日后第一年的合并财务报表，则不但有合并资产负债表，还有合并利润表、合并股东权益变动表和合并现金流量表。本章重点介绍合并利润表、合并股东权益变动表中的利润分配部分以及合并资产负债表的编制原理。

例8-9

承例8-8，假定S公司20×7年实现净利润21 000万元，提取盈余公积2 100万元，分配现金股利8 000万元，年末未分配利润23 900万元。

20×7年年初被低估的S公司存货全部于当年对集团外销售。20×7年年初被低估的S公司固定资产系管理用固定资产，其剩余折旧年限为10年，该公司对这部分固定资产采用直线法计提折旧。20×7年P公司与S公司之间未发生其他内部交易。

分析：

（1）20×7年度P公司长期股权投资的会计处理。

根据企业会计准则的规定，本例中P公司对子公司S公司的长期股权投资应采用成本法核算。20×7年S公司发放现金股利8 000万元，成本法下P公司对S公司的投资应编制如下会计分录：

P公司收到的现金股利＝8 000×80％＝6 400(万元)

借：银行存款　　6 400
　贷：投资收益　　6 400

（2）20×7年度P公司合并财务报表的编制。

在权益法下，母公司来自子公司的投资收益应根据子公司在购买日的公允价值进行调整。控制权取得日所发生的子公司资产与负债项目高估或低估的金额，母公司应分期摊销，调整子公司各期的净利润，母公司将调整后的子公司的净利润，作为确认投资收益、调整对子公司长期股权投资账面价值的依据。

20×7年年初S公司存货低估应调整减少当年净利润＝4 000(万元)
20×7年年初S公司固定资产低估应调整减少当年净利润＝30 000÷10＝3 000(万元)
20×7年S公司调整后的净利润＝21 000－4 000－3 000＝14 000(万元)
权益法下P公司应确认的投资收益＝14 000×80％＝11 200(万元)
少数股东损益＝14 000×20％＝2 800(万元)

1）将成本法下的余额调整为权益法下的余额。

成本法下已确认的投资收益＝8 000×80％＝6 400(万元)
权益法下应确认的投资收益＝14 000×80％＝11 200(万元)
应调整增加的金额＝11 200－6 400＝4 800(万元)

借：长期股权投资　　4 800
　贷：投资收益　　4 800

2）基于控制权取得日的评估结果调整S公司的可辨认资产及负债的金额。

借：固定资产　　30 000
　　营业成本　　4 000
　贷：资本公积　　34 000

3）调整固定资产折旧。

借：管理费用　　3 000
　贷：固定资产　　3 000

4）将P公司对S公司长期股权投资的年末余额与S公司调整后股东权益年末余额的80％的份额相抵销，将S公司调整后股东权益年末余额的20％确认为少数股东权益，差异确认为商誉。

调整后的资本公积余额＝40 000＋34 000＝74 000(万元)
调整后的年末未分配利润＝23 900－7 000＝16 900(万元)
调整后的长期股权投资余额＝202 000＋4 800＝206 800(万元)
少数股东权益＝48 800＋2 800－8 000×20％＝50 000(万元)

借：股本　　150 000
　　资本公积　　74 000
　　盈余公积　　9 100

年末未分配利润 16 900

商誉 6 800

贷：长期股权投资 206 800

少数股东权益 50 000

5）抵销集团内部的投资收益与子公司的利润分配，确认少数股东损益。

借：投资收益 11 200

少数股东损益 2 800

年初未分配利润 13 000

贷：提取盈余公积 2 100

对股东的分配 8 000

年末未分配利润 16 900

16 900万元不是S公司个别财务报表上的年末未分配利润，而是调整后的年末未分配利润。

分录5）中借记金额之和代表了子公司调整后的可供分配利润，贷记金额之和代表了子公司调整后可供分配利润的分配去向。

在合并利润表上，少数股东损益应该以少数股东在调整后的子公司净利润中所占的份额2 800万元列示。

20×7年的合并报表工作底稿见表8-7。

表8-7 P公司合并工作底稿

20×7年12月31日 单位：万元

项目	P公司	S公司	合计金额	调整与抵销分录		合并金额
				借方	贷方	
（利润表部分）						
营业收入	500 000	240 000	740 000			740 000
营业成本	300 000	163 600	463 600	2）4 000		467 600
税金及附加	30 000	14 400	44 400			44 400
销售费用	22 000	17 500	39 500			39 500
管理费用	35 000	13 200	48 200	3）3 000		51 200
财务费用	7 000	1 100	8 100			8 100
资产减值损失	1 400	2 000	3 400			3 400
投资收益	6 400	300	6 700	5）11 200	1）4 800	300
营业利润	111 000	28 500	139 500	18 200	4 800	126 100
营业外支出	1 000	500	1 500			1 500
利润总额	110 000	28 000	138 000	18 200	4 800	124 600
所得税费用	26 000	7 000	33 000			33 000
净利润	84 000	21 000	105 000	18 200	4 800	91 600
少数股东损益				5）2 800		2 800
归属于母公司股东的净利润（①转下：未分配利润变动部分）	84 000	21 000	105 000	21 000	4 800	88 800

续表

项目	P公司	S公司	合计金额	调整与抵销分录		合并金额
				借方	贷方	
（股东权益变动表的未分配利润变动部分）						
年初未分配利润	5 000	13 000		5）13 000		5 000
净利润（承上①：利润表部分）	84 000	21 000	105 000	21 000	4 800	88 800
提取盈余公积	8 400	2 100	10 500		5）2 100	8 400
对股东的分配	25 000	8 000	33 000		5）8 000	25 000
年末未分配利润（②转下：资产负债表部分）	55 600	23 900	79 500	4）16 900 50 900	5）16 900 31 800	60 400
（资产负债表部分）						
货币资金	62 000	17 000	79 000			79 000
应收账款	179 000	98 000	277 000			277 000
存货	212 000	87 000	299 000			299 000
长期股权投资	202 000		202 000	1）4 800	4）20 6800	
固定资产	644 000	210 000	854 000	2）30 000	3）3 000	881 000
商誉				4）6 800		6 800
资产总计	1 299 000	412 000	1 711 000	41 600	209 800	1 542 800
应付账款	114 600	29 000	143 600			143 600
长期借款	86 000	160 000	246 000			246 000
股本	800 000	150 000	950 000	4）150 000		800 000
资本公积	200 000	40 000	640 000	4）74 000	2）34 000	200 000
盈余公积	42 800	9 100	51 900	4）9 100		42 800
未分配利润（承上②：未分配利润变动部分）	55 600	23 900	79 500	50 900	31 800	60 400
少数股东权益					4）50 000	50 000
负债与股东权益总计	1 299 000	412 000	1 711 000	284 000	115 800	1 542 800
调整与抵销金额合计				325 600	325 600	

8.6.3　控制权取得日后第二年的合并工作底稿

和第一年一样，我们采用先调整长期股权投资的余额然后抵销的方法。即在工作底稿上先将成本法下长期股权投资的余额调整为权益法下的余额，然后再抵销。

需要先确定 20×8 年权益法下长期股权投资的应有年末余额，然后将其与成本法下的余额相比较，按二者的差额编制调整与抵销分录。

控制权取得日后第二年及以后各年合并工作底稿的编制，与控制权取得日后第一年的合并工作底稿的编制有以下不同：

（1）需要考虑购买日子公司可辨认资产或负债的公允价值与账面价值之间的差异的可能的累计影响。

（2）需要考虑权益法与成本法的累计差异，通过"年初未分配利润"调整以前年度权益法与成本法差异的累计影响。

例8-10

承例8-8和例8-9，假定P公司于20×7年1月1日投资202 000万元取得S公司80%的股权后，20×8年S公司实现净利润33 000万元，提取盈余公积3 300万元，发放现金股利10 000万元。20×8年度P公司与S公司的个别财务报表数据见表8-8。假设20×8年P公司与S公司之间未发生其他内部交易。

分析：

（1）20×8年度P公司长期股权投资的会计处理。

P公司对S公司的投资采用成本法核算。

1）20×8年P公司记录来自S公司的现金股利8 000万元（10 000×80%），作为投资收益。

借：银行存款　　8 000
　贷：投资收益　　8 000

2）20×8年年末，成本法下P公司对S公司实现的净利润不作账务处理。

（2）20×8年度P公司合并工作底稿的编制。

1）将成本法下的余额调整为权益法下的余额。

在工作底稿上先将成本法下长期股权投资的年末余额调整为权益法下的余额，然后再抵销。

20×7年按权益法应调整增加长期股权投资的金额＝4 800(万元)
20×8年S公司调整后净利润＝33 000－3 000＝30 000(万元)
权益法下P公司应确认的投资收益＝30 000×80%＝24 000(万元)
少数股东损益＝30 000×20%＝6 000(万元)
成本法下已确认的投资收益＝10 000×80%＝8 000(万元)
20×8年应调整增加长期股权投资的金额＝24 000－8 000
＝16 000(万元)
累计应调整增加长期股权投资的金额＝4 800＋16 000＝20 800(万元)

借：长期股权投资　　20 800
　贷：年初未分配利润　　4 800
　　　投资收益　　16 000

2）基于控制权取得日的评估结果调整S公司的可辨认资产及负债的金额。

借：固定资产　　30 000
　　年初未分配利润　　4 000
　贷：资本公积　　34 000

3）调整固定资产折旧。

借：年初未分配利润　　3 000
　　管理费用　　3 000
　贷：固定资产　　6 000

4）将 P 公司对 S 公司长期股权投资的年末余额与 S 公司调整后股东权益年末余额的 80%的份额相抵销，将 S 公司调整后股东权益年末余额的 20%确认为少数股东权益，差异确认为商誉。

调整后的资本公积余额＝40 000＋34 000＝74 000(万元)

20×8 年年末权益法下长期股权投资的余额＝202 000＋4 800＋16 000
＝222 800(万元)

20×8 年调整后的年末未分配利润＝16 900＋33 000－3 300－3 000－10 000
＝33 600(万元)

20×8 年年末的少数股东权益＝50 000＋6 000－10 000×20%
＝54 000(万元)

借：股本	150 000	
资本公积	74 000	
盈余公积	12 400	
年末未分配利润	33 600	
商誉	6 800	
贷：长期股权投资		222 800
少数股东权益		54 000

5）抵销集团内部的投资收益与子公司的利润分配，确认少数股东损益。

借：投资收益	24 000	
少数股东损益	6 000	
年初未分配利润	16 900	
贷：提取盈余公积		3 300
对股东的分配		10 000
年末未分配利润		33 600

调整后的“年初未分配利润”16 900 万元等于上年年末调整后的“年末未分配利润”，不是 S 公司个别财务报表上的年末未分配利润。

分录 5）中借记金额之和代表了子公司调整后的可供分配利润，贷记金额之和代表了子公司调整后可供分配利润的分配去向。

20×8 年的合并工作底稿见表 8－8。

表 8－8　P 公司合并工作底稿

20×8 年 12 月 31 日　　单位：万元

项目	P 公司	S 公司	合计金额	调整与抵销分录		合并金额
				借方	贷方	
（利润表部分）						
营业收入	600 000	300 000	900 000			900 000
营业成本	390 000	188 000	578 000			578 000
税金及附加	36 000	19 200	55 200			55 200

续表

项目	P公司	S公司	合计金额	调整与抵销分录		合并金额
				借方	贷方	
销售费用	15 300	11 700	27 000			27 000
管理费用	20 000	23 000	43 000	3）3 000		46 000
财务费用	4 600	6 200	10 800			10 800
资产减值损失	1 600	7 700	9 300			9 300
投资收益	8 000	200	8 200	5）24 000	1）16 000	200
营业利润	140 500	44 400	184 900	27 000	16 000	173 900
营业外支出	500	400	900			900
利润总额	140 000	44 000	184 000	27 000	16 000	173 000
所得税费用	35 000	11 000	46 000			46 000
净利润	105 000	33 000	138 000	27 000	16 000	127 000
少数股东损益				5）6 000		6 000
归属于母公司股东的净利润（①转下：未分配利润变动部分）	105 000	33 000	138 000	33 000	16 000	121 000
（股东权益变动表的未分配利润变动部分）						
年初未分配利润	55 600	23 900	79 500	2）4 000 3）3 000 5）16 900	1）4 800	60 400
提取盈余公积	10 500	3 300	13 800		5）3 300	10 500
净利润（承上①：利润表部分）	105 000	33 000	138 000	33 000	16 000	121 000
对股东的分配	62 000	10 000	72 000		5）10 000	62 000
年末未分配利润（②转下：资产负债表部分）	88 100	43 600	131 700	4）33 600 90 500	5）33 600 67 700	108 900
（资产负债表部分）						
货币资金	40 800	40 600	81 400			81 400
应收账款	88 000	128 400	216 400			216 400
存货	114 000	186 000	300 000			300 000
长期股权投资	202 000		202 000	1）20 800	4）222 800	
固定资产	871 200	84 000	955 200	2）30 000	3）6 000	979 200
商誉				4）6 800		6 800
资产总计	1 316 000	439 000	1 755 000	57 600	228 800	1 583 800
应付账款	88 600	33 000	181 600			121 600
长期借款	86 000	160 000	246 000			246 000
股本	800 000	150 000	950 000	4）150 000		800 000
资本公积	200 000	40 000	240 000	4）74 000	2）34 000	200 000

续表

项目	P公司	S公司	合计金额	调整与抵销分录		合并金额
				借方	贷方	
盈余公积	53 300	12 400	65 700	4）12 400		53 300
未分配利润（承上②：未分配利润变动部分）	88 100	43 600	131 700	90 500	67 700	108 900
少数股东权益					4）54 000	54 000
负债与股东权益总计	1 316 000	439 000	1 755 000	326 900	155 700	1 583 800
调整与抵销金额合计				384 500	384 500	

思考题

1. 什么是合并财务报表？合并财务报表主要满足哪些使用者的需要？

2. 什么是合并财务报表的母公司理论、实体理论和所有权理论？

3. 应当如何确定纳入合并财务报表的子公司的范围？

4. 什么是合并财务报表工作底稿？为什么要编制合并财务报表工作底稿？

关于合并报表的理论争鸣

5. 合并财务报表工作底稿的设计应当考虑哪些因素？合并工作底稿的设计思路是如何影响甚至决定调整与抵销分录的编制的？

6. 同一控制下的控股合并条件下合并工作底稿的编制应当注意哪些主要问题？

7. 非同一控制下的控股合并条件下合并工作底稿的编制应当注意哪些主要问题？

8. 合并财务报表有何局限性？

练习题

1. 20×7年1月1日甲公司以40 000万元银行存款购买乙公司80%的股权，取得了对乙公司的控制权。假定该项控股合并为同一控制下的合并。

20×6年12月31日甲公司与乙公司的资产负债表数据见表8-9。

乙公司20×7年实现净利润4 200万元，提取盈余公积420万元，当年没有分配股利。

乙公司20×8年实现净利润10 800万元，提取盈余公积1 080万元，于20×8年2月28日发放现金股利1 200万元。

20×7年与20×8年甲公司和乙公司之间未发生其他内部交易。

甲公司和乙公司20×7年与20×8年的利润表数据见表8－10，20×7年年末与20×8年年末的资产负债表数据见表8－11。

表8－9　甲公司与乙公司的资产负债表数据

20×6年12月31日　　单位：万元

项目	甲公司		乙公司	
	借方	贷方	借方	贷方
货币资金	47 600		9 800	
应收账款	66 000		22 200	
存货	32 000		20 000	
固定资产	132 000		26 000	
应付账款		41 600		4 000
长期借款		28 000		32 000
股本		40 000		10 000
资本公积		120 000		8 000
盈余公积		47 000		21 400
未分配利润		1 000		2 600
合计	277 600	277 600	78 000	78 000

表8－10　甲公司与乙公司的利润表数据　　单位：万元

项目	20×7年度		20×8年度	
	甲公司	乙公司	甲公司	乙公司
营业收入	100 000	48 000	120 000	64 000
营业成本	60 000	32 720	78 000	36 000
税金及附加	6 000	2 880	7 200	3 840
销售费用	4 400	3 500	2 060	2 340
管理费用	7 000	2 640	4 200	4 600
财务费用	1 400	220	920	1 240
资产减值损失	280	400	480	1 540
投资收益		60	960	40
营业利润	20 920	5 700	28 100	14 480
营业外支出	120	100	100	80
利润总额	20 800	5 600	28 000	14 400
所得税费用	5 200	1 400	7 000	3 600
净利润	15 600	4 200	21 000	10 800

表 8-11　甲公司与乙公司的资产负债表数据　　单位：万元

项目	20×7 年 12 月 31 日		20×8 年 12 月 31 日	
	甲公司	乙公司	甲公司	乙公司
货币资金	21 200	13 800	18 160	8 120
应收账款	58 200	19 600	50 000	15 680
存货	18 400	29 000	32 800	17 200
长期股权投资	33 600		33 600	
固定资产	140 800	21 600	162 240	48 800
资产总计	272 200	84 000	296 800	89 800
应付账款	42 800	5 800	38 800	2 000
长期借款	17 200	32 000	37 200	32 000
股本	40 000	10 000	40 000	10 000
资本公积	113 600	8 000	113 600	8 000
盈余公积	48 560	21 820	50 660	22 900
未分配利润	10 040	6 380	16 540	14 900
负债与股东权益总计	272 200	84 000	296 800	89 800

要求：根据以上资料，按照我国现行会计准则的规定：

(1) 编制 20×7 年 1 月 1 日有关甲公司对乙公司长期股权投资的会计分录。

(2) 假定 20×7 年 1 月 1 日甲公司取得对乙公司的控制权的当日，只编制合并资产负债表。请编制 20×7 年 1 月 1 日甲公司合并工作底稿上的相关调整与抵销分录，并填列合并工作底稿。

(3) 编制 20×7 年度甲公司合并工作底稿上的相关调整与抵销分录，并填列合并工作底稿。

(4) 编制 20×8 年度甲公司合并工作底稿上的相关调整与抵销分录，并填列合并工作底稿。

2. 沿用上题的资料，假定 20×7 年 1 月 1 日甲公司对乙公司的控股合并为非同一控制下的合并。在上题资料的基础上，补充如下：

20×7 年 1 月 1 日甲公司取得对乙公司的控制权时，乙公司的各项资产与负债中，存货与固定资产两个项目的公允价值与账面价值不相等：存货的账面价值为 20 000 万元，公允价值为 22 000 万元；固定资产的账面价值为 26 000 万元，公允价值为 30 000 万元。

乙公司 20×7 年 1 月 1 日的存货全部在当年对集团外销售。乙公司 20×7 年 1 月 1 日的固定资产中公允价值与账面价值存在差异的部分为管理用固定资产，该公司对这部分固定资产采用直线法计提折旧，其剩余折旧年限为 10 年。

由于甲公司在 20×7 年 1 月 1 日对乙公司长期股权投资的入账金额不同于上题，因此成本法下 20×7 年 12 月 31 日和 20×8 年 12 月 31 日甲公司对乙公司长期股权投资的余额为 40 000 万元，不同于上题表 8-11 中的 33 600 万元；相应地，20×7 年 12 月 31 日和 20×8 年 12 月 31 日的资本公积为 120 000 万元，也不同于上题表 8-11 中的 113 600 万元。

除此之外，其他财务报表数据均与上题中的表 8-9、表 8-10 和表 8-11 相同。

要求： 根据以上资料，按照我国现行会计准则的规定：

(1) 编制 20×7 年 1 月 1 日有关甲公司对乙公司长期股权投资的会计分录。

(2) 假定 20×7 年 1 月 1 日甲公司取得对乙公司的控制权的当日，只编制合并资产负债表。请编制 20×7 年 1 月 1 日甲公司合并工作底稿上的相关调整与抵销分录，并填列合并工作底稿。

(3) 编制 20×7 年度甲公司合并工作底稿上的相关调整与抵销分录，并填列合并工作底稿。

(4) 编制 20×8 年度甲公司合并工作底稿上的相关调整与抵销分录，并填列合并工作底稿。

第 9 章

Chapter 9

合并财务报表（下）

学习目标

1. 掌握合并工作底稿中集团内部的产品或商品销售业务、固定资产业务、债务投资业务等内部往来业务的抵销方法。
2. 掌握合并工作底稿中集团内部交易相关资产减值准备的调整与抵销方法。
3. 理解母公司分次取得对子公司的控制权情况下合并财务报表的编制原理。
4. 掌握合并现金流量表与合并股东权益变动表的编制原理。

9.1 集团内部往来业务的相关问题

编制合并财务报表的目的在于反映母公司与各子公司作为一个经济实体的经济活动，因而集团内部公司间的所有交易或往来业务都应抵销，以便使合并财务报表只反映集团与其外部有关方面发生的经济活动。

应该强调的是，集团内部往来业务的抵销，只是为编制合并财务报表而反映在工作底稿上，并不记入母公司或子公司的账簿中。

为了分析与抵销集团内部公司间交易对合并财务报表的影响，有必要对集团内部的往来业务进行适当分类。

9.1.1 集团内部往来业务的分类

集团内部的往来业务按其性质可以分为投资业务、借贷业务与购销业务。若按照是否涉及公司间损益，则可以分为不涉及公司间损益的业务、涉及已实现公司间损益的业务以及涉及未实现公司间损益的业务三类。

1. 不涉及公司间损益的内部往来业务

此类往来业务与母公司或子公司的损益确定无关，又可以分为以下三类：

（1）只涉及资产负债表的内部往来业务。指不涉及利息的集团内部资金转移业务，即集团内部的无息借贷业务。在编制合并财务报表时，这种内部债权债务应该抵销。

（2）只涉及利润表的内部往来业务。指集团内部按成本价进行的现销业务。在编制合并财务报表时，应该将销货方确认的销售收入与销售成本抵销。因为从整个企业集团的角度来看，这种销货业务是未实现的。

（3）既涉及资产负债表又涉及利润表的内部往来业务。指集团内部按成本价进行的赊销业务。例如，母公司A按成本价向子公司B赊销商品，则无论B公司是否将这些商品对集团外部销售，都不涉及公司间损益问题，因为A公司对于这项销货业务并没有确认销售毛利（确认的销售收入与销售成本相等）。在编制合并财务报表时，为了避免重复计算销售收入与销售成本，应该将此类业务予以抵销。虽然抵销销售收入与销售成本之后销售毛利不变，但它可以使销售毛利率等指标能够更精确地反映企业集团的实际情况（销售毛利率提高）。此外，与此相关的内部应收应付款项也应予以抵销，以免重复计算。这种抵销虽然不影响营运资金总额，但在流动资产总额大于流动负债总额的情况下，会提高企业集团的流动比率。

2. 涉及已实现公司间损益的内部往来业务

它是指购货方按照高于或低于成本的价格购货之后，于当期将全部购货向集团外销售的集团内部购销业务。比如母公司按照高于或低于成本的价格从子公司购进商品一批，当期将该批商品全部对集团外出售。

3. 涉及未实现公司间损益的内部往来业务

它是指购货方按照高于或低于成本的价格购货之后，所有或部分购货没有于当期向集团外销售的集团内部购销业务。例如，母公司按照高于或低于成本的价格从子公司购进商品一批，当期该批商品全部或有一部分没有对集团外销售。在这种情况下，会产生集团内部未实现损益的抵销问题。

9.1.2 集团内部未实现损益的抵销方法

为了便于讨论集团内部未实现损益的抵销问题，可以将集团内部的销售业务分为顺流销售、逆流销售与水平销售。顺流销售是指母公司对子公司的销售；逆流销售是指子公司对母公司的销售；水平销售是指集团内部的一家子公司对另一家子公司的销售。依据不同的合并理论，对于不同类型的销售要根据具体情况采用不同的处理方法。

1. 母公司与全资子公司之间未实现损益的抵销

如果子公司为全资子公司，则不论是顺流销售还是逆流销售所形成的集团内部未实现损益，都应予以全部抵销。因为在这种情况下，无论依据何种合并理论，这种内部销售的损益都没有实现，所以不应在合并财务报表上确认。

2. 母公司与非全资子公司之间未实现损益的抵销

如果子公司为非全资子公司，则由于顺流销售所形成的集团内部未实现损益应当全部抵销；由于逆流销售所形成的集团内部未实现损益，依据不同的合并理论，有两种不同的抵销方法，即全部抵销法与部分抵销法。

（1）全部抵销法。这种方法在确定合并销售成本时，对集团内部销售所形成的未实现损益进行全部抵销，因而合并净利润中不包括集团内部未实现损益。

（2）部分抵销法。对于逆流销售所形成的集团内部未实现损益，只抵销其中属于控股权益的份额，对属于少数股东权益的份额则冲减少数股东权益。

显然，全部抵销法是以实体理论为依据的，而部分抵销法是以母公司理论为依据的。依据母公司理论，从母公司的角度来看，逆流销售所形成的内部未实现损益，其中属于少数股东的部分，相当于对外部销售，其损益应视为已实现；而依据实体理论，从整个企业集团的角度来看，属于少数股东的部分也没有实现，因而也应予以抵销。

我国现行会计准则规定，集团内部未实现损益的抵销一律采用全部抵销的方法。

即使是在全部抵销的情况下，区分顺流销售与逆流销售仍有意义，因为还存在合并净利润的划分问题。按照现行会计准则的规定，虽然集团内部的未实现损益需要全部抵销，不会影响合并净利润，但是在确定了合并净利润之后，如何将其在归属于母公司股东的净利润与少数股东损益之间进行分配，或者说如何确定少数股东损益，这个问题仍然存在。对此，我国现行会计准则没有明确规定。从理论上讲，顺流销售的未实现销售损益宜全数调整母公司的净利润，从而与少数股东损益无关；逆流销售的未实现销售损益则宜全数调整子公司的净利润，从而既与归属于母公司股东的净利润有关，也与少数股东损益有关。本章 9.4.5 部分将专门讨论集团内部交易对少数股东损益的影响问题。

9.1.3　所得税问题

在编制控制权取得日后的合并财务报表时，特别是在涉及集团内部交易的情况下，所得税是一个需要考虑的重要问题。在合并财务报表工作底稿上，对所得税的处理取决于企业集团的所得税申报方式，即合并申报还是分别申报。前者是指母公司与其子公司合在一起申报所得税，后者是指母公司与其子公司各自分别申报所得税。对于企业而言，合并申报所得税的好处是：第一，母子公司间如果一方有净损失，可与另一方的净利润相抵，从而减少所得税税负；第二，集团内部交易所产生的未实现利润可以冲销，从而减少所得税税负；第三，合并申报所产生的所得税抵减数可能比分别申报时大。例如，在分别申报所得税的情况下，子公司以前年度的净损失，可能会由于该子公司连续亏损超过规定的年限而失去抵减应纳税所得额的权利；如果采用合并申报的方式，则子公司的以前年度净损失可抵减母公司的净利润，从而减少整个企业集团的所得税税负。但在企业集团有多家子公司的情况下，合并申报比较复杂。

我国的所得税法规对企业集团合并申报所得税有较为严格的规定。而在有些国家，税法对合并纳税的规定较为宽松，允许企业集团在符合一定条件的情况下合并申报所得税。无论企业集团是合并申报还是分别申报所得税，都需要编制合并财务报表。但在不同的所得税申报方式下，合并工作底稿上的调整与抵销分录会有所不同。本章假定企业集团采用分别申报所得税的方式。

9.2 集团内部的存货交易

存货的抵销处理：首次编制合并报表时

如果企业集团内部一个公司将产品或商品销售给另一个公司，对于购货方来说购进的产品或商品可能出现三种情况：（1）当期全部对集团外销售；（2）当期全部未售出而形成期末存货；（3）未售出部分形成期末存货。在第（2）种和第（3）种情况下，内部购货所形成的购货方期末存货又成为下期的期初存货，从而影响下期合并财务报表的编制。因此，在编制合并财务报表时，应当分别不同情况，将内部销售收入、内部销售成本及可能存在的未实现内部销售利润予以抵销。

9.2.1 购进的商品当期全部对集团外销售

例 9－1

假设甲公司于 20×2 年年初以银行存款购买了乙公司 80%的普通股股份。当年甲公司将成本为 4 000 元的商品销售给乙公司，售价为 5 000 元。乙公司当年将该批商品全部对集团外销售，售价为 6 000 元。

存货的抵销处理：连续编制合并报表时

分析：对于整个企业集团来说，这批商品的销售收入为 6 000 元，销售成本为 4 000 元，应确认销售毛利 2 000 元。

由于在甲公司的个别财务报表上确认了销售收入 5 000 元，销售成本 4 000 元，同时在乙公司的个别财务报表上确认了销售收入 6 000 元，销售成本 5 000 元，因而在编制合并财务报表时应将重复确认的销售收入 5 000 元和销售成本 5 000 元予以消除。在合并财务报表工作底稿上编制如下抵销分录：

借：营业收入	5 000	
贷：营业成本		5 000

9.2.2 购进的商品当期全部未售出

例 9－2

假设甲公司于 20×2 年年初以银行存款购买了乙公司 80%的普通股股份。当年甲公司将成本为 8 000 元的商品销售给乙公司，售价为 10 000 元，乙公司购进的这批商品当年全部未对外销售，因而包括在年末存货中。20×3 年乙公司将该批商品全部对集团外销售，售价为12 400元。甲公司和乙公司的所得税税率均为25%。

分析：

（1）20×2年的调整与抵销分录。

20×2年甲公司在个别财务报表上确认了销售收入10 000元，销售成本8 000元，但从整个企业集团的角度来看，这批商品并没有实现销售，因而不应确认任何销售收入与销售成本。这批商品在乙公司的个别资产负债表上是按10 000元的成本计价的，而从企业集团的角度来看，其成本应为8 000元，因而在编制合并财务报表时，应消除乙公司期末存货上包括的未实现内部销售利润2 000元。从企业集团的角度来看，该存货的账面价值与计税基础之间形成了2 000元的可抵扣暂时性差异，在所得税税率为25%的情况下，应确认递延所得税资产500元，同时确认递延所得税收益（即冲减所得税费用）500元。因此，在20×2年的合并财务报表工作底稿上应编制如下抵销分录：

借：营业收入	10 000	
贷：营业成本		8 000
存货		2 000
借：递延所得税资产	500	
贷：所得税费用		500

（2）20×3年的调整与抵销分录。

从企业集团的角度来看，甲公司20×2年确认的内部销售利润2 000元，导致甲公司20×2年年末未分配利润和20×3年年初未分配利润多计2 000元。同时，乙公司20×2年年末存货和20×3年年初存货多计2 000元。由于这批商品在20×3年全部对集团外销售，因而使乙公司20×3年的销售成本多计2 000元。因此，在20×3年的合并财务报表工作底稿上应编制如下抵销分录：

借：年初未分配利润	2 000	
贷：营业成本		2 000

由于集团内交易形成的存货已经对外销售，存货账面价值与计税基础之间的差异也就不复存在，上年合并工作底稿上确认的可抵扣暂时性差异的所得税影响也应该相应消除，即应确认500元的所得税费用，相应冲减年初未分配利润500元（上年合并工作底稿上确认的递延所得税资产并未反映在个别财务报表上，故本年不能冲减递延所得税资产）。因此，在20×3年的合并财务报表工作底稿上应编制如下抵销分录：

借：所得税费用	500	
贷：年初未分配利润		500

以上两笔分录也可以合二为一：

借：年初未分配利润	1 500	
所得税费用	500	
贷：营业成本		2 000

9.2.3 购进的商品当期部分对集团外销售

例9-3

假设20×2年母公司甲将成本为8 000元的商品销售给子公司乙，售价为10 000元。乙公司当期对集团外销售其中的40%，售价为4 800元，其余60%形成期末存货，其成本为6 000元。20×3年乙公司将上年从甲公司购入商品的结存部分全部对集团外销售，又从甲公司购入商品20 000元，当年销售其中的50%。甲公司20×2年与20×3年的销售毛利率均为20%。甲公司和乙公司的所得税税率均为25%。

分析：

（1）20×2年的调整与抵销分录。

在这种情况下，可以将乙公司从甲公司购进的商品分为两部分，一部分在本期实现对外销售，另一部分没有实现对外销售而形成期末存货。对于已实现对外销售的部分，应当抵销重复确认的销售收入和销售成本4 000元（10 000×40%）。因此，在20×2年的合并财务报表工作底稿上应编制如下抵销分录：

借：营业收入　　4 000
　贷：营业成本　　4 000

对于未实现对外销售的部分，应抵销甲公司确认的销售收入6 000元（10 000×60%）、销售成本4 800元（8 000×60%），同时抵销乙公司期末存货未实现的内部销售利润1 200元（6 000×20%）。在20×2年的合并财务报表工作底稿上应编制如下抵销分录：

借：营业收入　　6 000
　贷：营业成本　　4 800
　　　存货　　1 200

上述两笔分录可以合并为如下一笔：

借：营业收入　　10 000
　贷：营业成本　　8 800
　　　存货　　1 200

从企业集团的角度来看，存货的账面价值与计税基础之间形成了1 200元的可抵扣暂时性差异，应在合并工作底稿上确认所得税的影响300元。

借：递延所得税资产　　300
　贷：所得税费用　　300

（2）20×3年的调整与抵销分录。

由于甲公司于20×2年确认了1 200元未实现的内部销售利润，导致甲公司20×3年年初未分配利润多计1 200元；由于乙公司20×2年年末存货多计1 200元，在先进先出法下导致乙公司20×3年的销售成本多计1 200元，因此在20×3年的合并财务报表工作底稿上应编制如下抵销分录：

借：年初未分配利润　　900
　　所得税费用　　300
　贷：营业成本　　1 200

对于20×3年的内部购货，应抵销多计的销售收入20 000元、销售成本18 000元和年末存货2 000元（20 000×50%×20%）。在20×3年的合并财务报表工作底稿上应编制如下抵销分录：

借：营业收入　　20 000
　贷：营业成本　　18 000
　　　存货　　2 000

反映存货的账面价值与计税基础之间的可抵扣暂时性差异的所得税影响500元（2 000×25%）。

借：递延所得税资产　　500
　贷：所得税费用　　500

9.3 集团内部的其他交易

集团内部的各企业之间还可能发生非流动资产交易，如买卖固定资产、无形资产，在资产的转让价格高于或低于账面价值时，出售方便确认了一项出售资产的损益。但从合并主体的角度看，公司间非流动资产销售的损益并没有实现，在编制合并财务报表时应该予以抵销。本节重点介绍集团内部固定资产交易的抵销原理。

如果集团内部发生固定资产的购销业务，则在编制合并财务报表时，不但要抵销公司间未实现损益，还要调整购入方多计或少计的折旧。

例9-4

假设母公司P于20×2年1月1日以7 000元的价格向子公司S出售一台设备。该设备的原始成本为20 000元，累计已提折旧15 000元，剩余使用年限为4年，无残值，采用直线法计提折旧。假设该设备用于企业管理部门，且在S公司使用期间没有发生减值。P公司与S公司的所得税税率均为25%。

分析：

(1) 20×2年的调整与抵销分录。

与前述公司间非折旧长期资产的销售一样，在编制合并财务报表时，首先应抵销母公司所确认的出售设备收益2 000元（7 000－5 000），并调整减少设备的账面价值。

借：资产处置收益　　2 000
　贷：固定资产　　2 000

其次，应抵销S公司购入该设备后当年多计提的折旧（相对于该设备在母公司的折旧而言）。从整个合并主体的角度看，年初该设备的账面净值只有5 000

元，年折旧额应为1 250元（5 000/4），而S公司按其购入成本7 000元计提的年折旧额为1 750元（7 000/4），因而多计折旧500元，需要同时调整增加“固定资产”，减少“管理费用”。即在工作底稿上应编制如下抵销分录：

借：固定资产　　500
　贷：管理费用　　500

此外，还要考虑公司间交易对所得税的影响。上述两笔抵销分录抵销了多计的2 000元收入与500元费用，即相当于抵销了多计的税前利润1 500元，但相应多计的所得税费用并未抵销，按25%的所得税税率，应抵销多计的所得税费用375元，并将其予以递延。应在工作底稿上编制如下抵销分录：

借：递延所得税资产　　375
　贷：所得税费用　　375

(2) 20×3年的调整与抵销分录。

从整个企业集团的角度来看，20×2年由于P公司确认固定资产出售收益而多计税前利润2 000元，由于S公司多计折旧而少计税前利润500元，两者合计使合并主体的税前利润多计1 500元，在不考虑所得税的情况下，导致年末未分配利润多计1 500元，同时年末固定资产也多计1 500元，因而20×3年编制合并财务报表时，要予以抵销，即应在工作底稿上编制如下调整与抵销分录：

借：年初未分配利润　　1 500
　贷：固定资产　　1 500

然后，与20×2年一样，应抵销子公司20×3年多计的折旧500元。

借：固定资产　　500
　贷：管理费用　　500

最后，考虑内部固定资产交易对所得税的影响。

借：递延所得税资产　　250
　　所得税费用　　125
　贷：年初未分配利润　　375

集团内部的无形资产交易，其抵销原理与集团内部的固定资产交易的抵销原理相同。

9.4 集团内部交易相关资产减值准备的抵销

在9.2节和9.3节讨论集团内部交易的抵销问题时，我们都假定与集团内部交易相关的资产在会计期末都没有计提减值准备，而实际上内部交易相关资产是可能计提减值准备的。由于合并财务报表的报告主体与母公司或子公司个别财务报表的报告主体不同，因此编制合并财务报表时，与内部交易相关的资产减值准备也需要根据具体情况进行调整与抵销。其具体抵销可以分为两种：一种是可以直接全额抵销的项目，这类项目包括内部应收账款与内部其他应收款的坏账准备、对子公司长期股权投资的减值准备等；另一种是抵销金额需要计算确定的项目，这类项目包括与内部交易相关的存货跌价准备、固定资产减值准备、无形资产减值准备等。在合并财务报表工作底稿上，对这两类项目的抵销，在抵销金额范围、抵销方法与抵销分录的编制方面均有所不同。

9.4.1　内部应收账款坏账准备的抵销

对于集团内部交易形成的应收账款，在编制个别财务报表时需要进行减值测试，并可能计提坏账准备。在编制合并财务报表时，从企业集团的角度来看，内部交易形成的应收账款需要全部抵销，因而与内部应收账款相关的坏账准备也应当全部抵销。

例9-5

甲公司于20×2年年初以银行存款购买了乙公司80%的普通股股份。当年甲公司将成本为40 000元的商品赊销给乙公司，售价为50 000元。乙公司当年将该批商品全部对集团外销售，售价为60 000元。20×2年年末甲公司应收乙公司的账款50 000元没有收回。甲公司对该项应收账款计提了10 000元的坏账准备，并按照25%的税率确认了2 500元的递延所得税资产。

分析：对于整个企业集团来说，这批商品的销售收入为60 000元，销售成本为40 000元，应确认销售毛利20 000元。由于在甲公司的个别财务报表上确认了销售收入50 000元，销售成本40 000元，同时在乙公司的个别财务报表上确认了销售收入60 000元，销售成本50 000元，因此在编制合并财务报表时应将重复确认的销售收入50 000元和销售成本50 000元予以消除。另外，集团内部的应付账款和应收账款以及与内部应收账款相关的坏账损失、递延所得税也应予以消除。在合并财务报表工作底稿上编制如下抵销分录：

借：营业收入	50 000	
贷：营业成本		50 000
借：应付账款	50 000	
贷：应收账款		40 000
信用减值损失		10 000
借：所得税费用	2 500	
贷：递延所得税资产		2 500

例9-6

假定例9-5中甲公司应收乙公司的账款直到20×3年年末仍未收回，甲公司决定对该项应收账款累计计提30 000元的坏账准备。这意味着甲公司在20×2年计提10 000元坏账准备的基础上，又追加计提20 000元的坏账准备，并按照25%的税率追加确认5 000元的递延所得税资产。

分析：在甲公司20×3年12月31日的个别资产负债表上该项应收账款以20 000元的净值列报，而在乙公司20×3年12月31日的个别资产负债表上对应列报的应付账款为50 000元。因此，在20×3年合并财务报表工作底稿上应编制如下抵销分录：

借：应付账款　　50 000
　贷：应收账款　　20 000
　　　信用减值损失　　20 000
　　　年初未分配利润　　10 000
借：所得税费用　　5 000
　　年初未分配利润　　2 500
　贷：递延所得税资产　　7 500

9.4.2 内部长期股权投资减值准备的抵销

集团内部的两个企业间，一方对另一方进行股权投资，从企业集团的角度来看，这种投资与被投资关系是不存在的，因而在编制合并财务报表时应将投资企业的长期股权投资账面数额与被投资单位的所有者权益项目数额相抵销，其具体抵销方法已在第8章介绍。如果投资企业对该长期股权投资计提了减值准备，这种减值准备对于整个集团来说也是不存在的，也应予以全额抵销。

具体抵销方法如下：初次编制合并财务报表时，应将“长期股权投资（减值准备）”与相应的“资产减值损失”项目相抵销。连续编制合并财务报表时，应将期末的长期股权投资（减值准备）数额分解成期初数和本期调整增加数或本期调整减少数。期初数抵销时，应将“长期股权投资（减值准备）”与相应的“年初未分配利润”相抵销，本期调整增加数或调整减少数抵销时，应将“长期股权投资（减值准备）”与相应的“资产减值损失”相抵销。

存货跌价准备的合并处理：首次编制合并报表时

存货跌价准备的合并处理：连续编制合并报表时

9.4.3 内部存货跌价准备的抵销

在个别财务报表上，内部交易形成的期末存货有可能计提了跌价准备。存货的价值通常不会由于存货在企业集团内部的存放地点不同而发生变化。因此，持有存货的企业在对存货进行减值测试时，所确定的可变现净值也就是从整个企业集团的角度所确定的可变现净值。但是，由于从整个企业集团看该存货的账面价值一般不等于持有该存货的企业的账面价值，因而个别财务报表上所计提的存货跌价准备也往往不等于整个企业集团应该计提的跌价准备，在编制合并工作底稿时应该进行分析，确定应调整和抵销的金额。存货跌价准备是否应该抵销或补提以及抵销与补提的金额，需要根据内部交易是产生了未实现内部销售利润还是未实现内部销售亏损，以及从集团角度看存货成本与可变现净值孰高孰低的不同情况分别决定。具体处理原则如下：

1. 内部存货交易产生未实现内部销售利润

（1）存货减值额小于未实现内部销售利润时，跌价准备应全部抵销。如果内部交易存货的可变现净值低于母公司售价但仍高于母公司实际成本，说明该存货并未发生减值。因此，按照成本与可变现净值孰低的原则，子公司计提的跌价准备不能确认，需要全部抵销。连续编制合并财务报表时，如果可变现净值继续下跌，只要尚未跌至母公司实际成本，均应将跌价准备全部抵销，可变现净值出现回升也不能确认。

（2）减值额大于未实现内部销售利润时，跌价准备应按未实现内部销售利润抵销。如果内部交易存货的可变现净值低于母公司实际成本，说明该存货发生了真正的减值。因此，按照成本与可变现净值孰低的原则，需要将子公司已计提的相当于未实现内部销售利润的跌价准备金额加以抵销，而保留下来的跌价准备金额就是可变现净值低于实际成本的差额。连续编制合并财务报表时，如果可变现净值继续下跌，或可变现净值出现回升但未升至母公司实际成本之前，均应只确认可变现净值低于实际成本部分的跌价准备，而将未实现内部销售利润计提的跌价准备抵销。

2. 内部存货交易产生未实现内部销售亏损

在这种情况下，仍应按照成本与可变现净值孰低的原则，将母公司生产该存货的实际成本与其可变现净值进行比较。但是，由于子公司存货价值（即母公司售价）低于母公司实际生产成本，而子公司是将该存货价值与可变现净值进行比较，因此子公司可能出现以下两种情况，应分别加以处理：

（1）减值额大于未实现内部销售亏损，已计提的跌价准备全部保留并补提部分跌价准备。内部交易存货的减值额大于未实现内部销售亏损时，说明存货的可变现净值不仅低于母公司实际成本，而且低于母公司售价。因此，可变现净值低于实际成本的全部差额均应作为该存货的减值处理，这一差额由两部分构成：第一，子公司对该存货计提的跌价准备必须全额保留，以反映可变现净值低于母公司售价发生的减值；第二，母公司售价低于实际成本的部分，需要在合并财务报表中补提跌价准备。连续编制合并财务报表时，如果可变现净值继续下跌，或可变现净值出现回升但未升至母公司售价之前，均应全额保留子公司计提的跌价准备，并对母公司售价低于其实际成本的部分计提跌价准备。

（2）减值额小于未实现内部销售亏损，全额补提跌价准备。内部交易存货的减值额小于未实现内部销售亏损时，子公司尚未对该存货计提跌价准备，但是按照成本与可变现净值孰低的原则，可变现净值低于实际成本的部分应作为该存货的减值处理。所以，应对可变现净值低于母公司实际成本的部分在合并财务报表中补提跌价准备。连续编制合并财务报表时，无论可变现净值上升还是下降，只要尚未低于母公司售价，均应对可变现净值低于母公司实际成本的部分在合并财务报表中补提跌价准备。

例9－7

P公司为S公司的母公司，两家公司的所得税税率均为25%。20×7年P公司将一批产品销售给S公司，售价（不含增值税）为20 000元，成本为16 000元。当年均未实现对外销售，20×8年实现对外销售50%。

在20×7年年末和20×8年年末，该存货的可变现净值分别为18 000元和8 500元（即S公司年末存货跌价准备应有余额分别为2 000元与1 500元）。

分析：

（1）20×7年度合并财务报表工作底稿的调整与抵销分录。

借：营业收入	20 000	
贷：营业成本		16 000
存货		4 000
借：存货（跌价准备）	2 000	
贷：资产减值损失		2 000
借：递延所得税资产	500	
贷：所得税费用		500

S公司为该存货计提的跌价准备为2 000元（20 000－18 000）。从集团的角度来看，存货成本16 000元小于可变现净值18 000元，存货并没发生减值，因此，应抵销S公司为该存货计提的跌价准备2 000元，并反映S公司存货成本高估4 000元与计提存货跌价准备2 000元的所得税净影响500元（(4 000－2 000)×25%）。

（2）20×8年度合并财务报表工作底稿的调整与抵销分录。

借：年初未分配利润	1 500	
递延所得税资产	500	
贷：营业成本		1 000
存货		500
资产减值损失		500
借：所得税费用	375	
贷：递延所得税资产		375

由于20×7年P公司确认了4 000元的内部销售利润，而S公司确认了2 000元的存货跌价损失，少确认递延所得税资产500元（同时少贷记所得税费用500元），合计导致20×8年合并年初未分配利润多计1 500元。S公司结转营业成本9 000元（10 000－1 000），多结转1 000元。20×8年年末存货可变现净值为8 500元，应有存货跌价准备余额为1 500元，因上年已计提2 000元，本年销售50%已冲销1 000元存货跌价准备，并相应贷记“营业成本”1 000元，因此，S公司20×8年年末补提了存货跌价准备500元。从集团的角度来看，存货没有减值（成本8 000元小于可变现净值8 500元），因此，应冲销500元资产减值损失，并冲销期末存货高估的500元。此外，S公司在个别资产负债表上确认了与1 500元存货跌价准备余额相关的递延所得税资产375元（1 500×25%），合并资产负债表上应有递延所得税资产余额500元（2 000×25%），调整年初未分配利润时已确认递延所得税资产500元，故应冲减375元。

例9-8

P公司为S公司的母公司，两家公司的所得税税率均为25%。20×7年P公司将一批产品销售给S公司，售价（不含增值税）为20 000元，成本为16 000元。当年均未实现对外销售，20×8年实现对外销售50%。

在20×7年年末和20×8年年末，该存货的可变现净值分别为14 000元和7 500元（即S公司年末存货跌价准备应有余额分别为6 000元与2 500元）。

分析：

（1）20×7年度合并财务报表工作底稿的调整与抵销分录。

借：营业收入　　20 000
　贷：营业成本　　16 000
　　　存货　　4 000
借：存货（跌价准备）　　4 000
　贷：资产减值损失　　4 000

S公司为该存货计提的跌价准备为6 000元（20 000－14 000）。从集团的角度来看，应计提的跌价准备为2 000元（16 000－14 000），因此，应抵销多计提的跌价准备4 000元（6 000－2 000）。另外，从集团角度看应确认的递延所得税资产与S公司已确认的金额相同，因此，在合并工作底稿上对于递延所得税资产无须调整。

（2）20×8年度合并财务报表工作底稿的调整与抵销分录。

由于20×7年P公司确认了4 000元的内部销售利润，而S公司多计了减值损失4 000元，两相抵销，不影响20×8年的合并年初未分配利润。S公司按 7 000元结转营业成本，不必调整。S公司年末存货按7 500元计价，也不必调整。

例9-9

假设例9-7中P公司存货的售价（不含增值税）为15 000元，在20×7年年末和20×8年年末，该存货的可变现净值分别为13 000元和6 000元（即S公司年末存货跌价准备应有余额分别为2 000元与1 500元），其他条件与例9-7相同。

分析：

（1）20×7年度合并财务报表工作底稿的调整与抵销分录。

借：营业收入　　15 000
　　存货　　1 000
　贷：营业成本　　16 000
借：资产减值损失　　1 000
　贷：存货（跌价准备）　　1 000

可变现净值为13 000元，则S公司为该存货计提的跌价准备为2 000元。而从集团的角度来看，应计提的存货跌价准备为3 000元，因此，应补提1 000元。在补提存货跌价准备之后，无论是从集团的角度还是从S公司的角度看，存货的账面价值均为13 000元，计税基础为15 000元，因此，在合并工作底稿上不必调整递延所得税资产。

（2）20×8年度合并财务报表工作底稿的调整与抵销分录。

由于20×7年P公司确认了内部销售亏损1 000元，而S公司少确认了存货跌价损失1 000元，两相抵销，不影响20×8年的合并年初未分配利润。S公司按6 500元结转营业成本，不必调整。年末可变现净值为6 000元，S公司年末应有跌价准备余额1 500元，上年已计提2 000元，本年销售50%已冲回 1 000元，并冲减营业成本1 000元，年末补提500元。从集团的角度来看，年末应有存货跌价准备余额2 000元，上年年末应有余额3 000元，本年销售50%应冲减1 500元，年末应补提500元（与S公司实际补提余额相等），因此，资产减值损失和存货也不必调整。

例9－10

假设例9－8中P公司存货的售价（不含增值税）为15 000元，在20×7年年末和20×8年年末，该存货的可变现净值分别是158 00元和7 800元（S公司无须对该存货计提跌价准备）。其他条件与例9－8相同。

分析：

（1）20×7年度合并财务报表工作底稿的调整与抵销分录。

借：营业收入　　15 000
　　存货　　1 000
　贷：营业成本　　16 000

借：资产减值损失　　200
　贷：存货（跌价准备）　　200

借：所得税费用　　200
　贷：递延所得税负债　　200

可变现净值为15 800元，对S公司而言，存货没有减值。从集团的角度来看，应计提存货跌价准备200元（16 000－15 800）。而对该存货计提跌价准备之后，存货的账面价值为15 800元，计税基础为15 000元，形成800元的应纳税暂时性差异，故应在合并工作底稿上确认递延所得税负债200元（800×25%）。

（2）20×8年度合并财务报表工作底稿的调整与抵销分录。

借：营业成本　　400
　　资产减值损失　　100
　　存货　　300
　贷：年初未分配利润　　800

借：年初未分配利润　　200
　贷：递延所得税负债　　75
　　　所得税费用　　125

20×7年P公司确认了1 000元的内部销售亏损，而S公司少确认了资产减值损失200元，两项合计使20×8年合并年初未分配利润少计800元。S公司结转营业成本7 500元，集团应结转7 900元，少结转400元。存货可变现净值为7 800元，S公司不必计提存货跌价准备，但从集团的角度来看，年末存货跌价准备应有余额200元（8 000－7 800）。上年年末应有余额200元，本年销售50%应分别冲减存货跌价准备和营业成本100元，因此年末应补提100元，即确认资产减值损失 100 元。S 公司期末存货 7 500 元，低估了 300 元。从集团的角度来看，年末存货的账面价值为 7 800 元，计税基础为 7 500 元，形成 300 元的应纳税暂时性差异，故应在合并工作底稿上确认递延所得税负债 75 元（300×25%）。

9.4.4　内部固定资产减值准备的抵销

在讨论此问题之前，需要首先明确抵销前净值、抵销后净值与固定资产净额的含义。下面以母公司向子公司销售商品、子公司作为固定资产使用为例进行说明，以下举例相同。抵销前净值是指子公司固定资产原值（即母公司售价）减去子公司计提的累计折旧后的差额；抵销后净值是指抵销未实现内部销售利润后的固定资产原值（即母公司实际成本）减去按其计提的累计折旧后的差额；固定资产净额是指净值减去固定资产减值准备后的差额。

需要讨论的问题包括以下几个方面：

1. 关于减值准备的抵销

固定资产作为实物资产，其减值准备与存货减值准备的性质是相同的。

（1）在内部固定资产交易产生未实现内部销售利润的情况下，可能出现以下两种情况：

1）可变现净值低于抵销前净值而高于抵销后净值；

2）可变现净值既低于抵销后净值也低于抵销前净值。

（2）在内部固定资产交易产生未实现内部销售亏损的情况下，可能出现以下两种情况：

1）可变现净值既低于抵销前净值也低于抵销后净值；

2）可变现净值低于抵销后净值而高于抵销前净值。

以上四种情况下，固定资产减值准备的抵销处理均与存货跌价准备四种情况下分别抵销处理的原则相同，不再赘述。

2. 关于折旧的抵销

在固定资产计提减值准备对计提折旧产生影响的情况下，首先需要正确确定折旧额：

$$\text{子公司本期计提折旧}=\frac{\text{期初抵销前净值}-\text{子公司期初减值准备}}{\text{尚可使用年限}}$$

$$\text{合并财务报表本期计提折旧}=\frac{\text{期初抵销后净值}-\text{合并财务报表期初减值准备}}{\text{尚可使用年限}}$$

上述两个折旧额之间的差额，在编制合并财务报表时应予以抵销，抵销原理没有变化。

3. 操作步骤

（1）计算子公司本期应计提折旧与合并财务报表本期应计提折旧，确定子公司本期折旧额中应抵销的部分。

（2）计算期末抵销前净值与抵销后净值，与可变现净值相比，确定本期应抵销（或补提）的减值准备。

4. 关于固定资产清理

在固定资产清理过程中所产生的唯一新问题是，无论是在固定资产使用期满报废、提前报废还是超期使用后报废进行清理，均需要抵销最后一次多计提的减值准备。

例9-11

20×7年1月1日，P公司（母公司）将一批成本为8 000元的产品销售给S公司（子公司）作为管理用固定资产，不含税售价为10 000元。S公司的会计折旧与计税折旧的折旧年限和折旧方法相同，固定资产的折旧年限为5年，采用直线法计提折旧，无残值。

在20×7年年末该固定资产的可收回金额为7 000元，S公司计提减值准备1 000元，在20×8年年末该固定资产的可收回金额为4 000元。

分析：根据上述资料编制集团内部交易的抵销分录如下：

（1）20×7年度合并财务报表工作底稿的调整与抵销分录。

S公司本年应计提折旧=(10 000－0)÷5=2 000(元)

合并财务报表本年应计提折旧=(8 000－0)÷5=1 600(元)

S公司固定资产净值=10 000－2 000=8 000(元)

集团固定资产净值=8 000－1 600=6 400(元)

借：营业收入	10 000	
贷：营业成本		8 000
固定资产		2 000
借：固定资产（累计折旧）	400	
贷：管理费用		400
借：固定资产（减值准备）	1 000	
贷：资产减值损失		1 000
借：递延所得税资产	150	
贷：所得税费用		150

由于该固定资产的净值（折余价值）8 000元大于可收回金额7 000元，因此S公司应计提1 000元的减值准备。但是从集团的角度来看，资产并没有发生减值，因此编制合并财务报表时应将S公司计提的减值准备1 000元予以抵销。从集团的角度来看，年末固定资产的账面价值为6 400元，计税基础为8 000元（10 000－2 000），形成可抵扣暂时性差异1 600元，应确认递延所得税资产400元（1 600×25%）。S公司个别财务报表上已确认递延所得税资产250元（1 000×25%），因此应在合并工作底稿上调整增加递延所得税资产150元。

（2）20×8年度合并财务报表工作底稿的调整与抵销分录。

S公司本年计提折旧=(10 000－2 000－1 000)÷4=1 750(元)

合并财务报表本年应计提折旧＝(8 000－1 600－0)÷4＝1 600(元)
S公司固定资产净值＝8 000－1 750＝6 250(元)
集团固定资产净值＝6 400－1 600＝4 800(元)

借：年初未分配利润　2 000
　贷：固定资产　2 000
借：固定资产（减值准备）　1 450
　贷：年初未分配利润　1 000
　　　资产减值损失　450
借：固定资产（累计折旧）　550
　贷：年初未分配利润　400
　　　管理费用　150
借：所得税费用　150
　贷：年初未分配利润　150

由于该固定资产的净值（折余价值）6 250元大于可收回金额4 000元，因此S公司本年应计提1 250元（6 250－4 000－1 000）的减值准备。但是从集团的角度来看，计提的减值准备应为800元（4 800－4 000），因此，编制合并财务报表时应转回S公司多计提的减值准备450元（1 250－800）。从S公司和集团的角度看，年末固定资产的账面价值为4 000元，计税基础为6 000元（8 000－2 000），形成可抵扣暂时性差异，本年年末应有递延所得税资产余额500元（2 000×25%）。S公司上年年末有余额250元，本年应追加确认250元。从集团的角度来看，上年年末有余额400元，本年应追加确认100元。因此，合并工作底稿上应将S公司多贷记的所得税费用150元予以冲回，相应贷记年初未分配利润（上年年末S公司少贷记所得税费用150元，导致本年合并年初未分配利润少计150元）。

例9－12

假设在例9－11中，P公司（母公司）销售产品的成本为12 000元。其他资料同例9－11。

分析：根据上述资料编制集团内部交易的调整与抵销分录如下：

(1) 20×7年度合并财务报表工作底稿的调整与抵销分录。

S公司本年应计提折旧＝(10 000－0)÷5＝2 000(元)
合并财务报表本年应计提折旧＝(12 000－0)÷5＝2 400(元)
S公司固定资产净值＝10 000－2 000＝8 000(元)
集团固定资产净值＝12 000－2 400＝9 600(元)

借：营业收入　10 000
　　固定资产　2 000
　贷：营业成本　12 000

借：管理费用　400

　贷：固定资产（累计折旧）　400

借：资产减值损失　1 600

　贷：固定资产（减值准备）　1 600

由于该固定资产的净值 8 000 元大于可收回金额 7 000 元，因此 S 公司应计提 1 000 元的减值准备。但是从集团的角度来看，计提的减值准备应为 2 600 元（9 600－7 000），因此，编制合并财务报表时应补提减值准备 1 600 元（2 600－1 000）。

(2) 20×8 年度合并财务报表工作底稿的调整与抵销分录。

S 公司本年计提折旧＝(10 000－2 000－1 000)÷4＝1 750(元)

合并财务报表本年应计提折旧＝(12 000－2 400－2 600)÷4＝1 750(元)

S 公司固定资产净值＝8 000－1 750＝6 250(元)

集团固定资产净值＝9 600－1 750＝7 850(元)

上年 P 公司多确认了 2 000 元的销售亏损，S 公司少确认了 400 元的管理费用（折旧费用），少确认了 1 600 元的资产减值损失，三项综合起来对 20×7 年的合并净利润的影响为 0，对集团 20×7 年年末的固定资产账面价值的影响也为 0，因此，在 20×8 年的合并工作底稿上无须调整年初未分配利润和固定资产。由于 20×8 年年末该固定资产的净值 6 250 元大于可收回金额 4 000 元，因此 S 公司应增加计提 1 250 元（6 250－4 000－1 000）的减值准备。从集团的角度来看，应增加计提的减值准备也为 1 250 元（7 850－4 000－2 600），因此，编制合并财务报表时无须调整。

对于集团内部交易形成的无形资产等计提的资产减值准备项目的抵销，其抵销原理与集团内部交易形成存货计提的存货跌价准备项目的抵销原理相同。

9.4.5 集团内部交易对少数股东损益的影响

以母公司和子公司的个别财务报表为依据编制合并财务报表，除了要在合并工作底稿上通过编制调整与抵销分录进行调整与抵销之外，还有一项重要的工作，就是要将合并净利润划分为少数股东损益与归属于母公司股东的净利润两部分。确定合并利润表上的“少数股东损益”和合并资产负债表上的“少数股东权益”是合并财务报表的难点内容之一。在第 8 章，我们讨论了非同一控制下的控股合并条件下，控制权取得日子公司可辨认资产及负债的公允价值与账面价值之间存在的差异对后续期间合并净利润以及少数股东损益和少数股东权益的影响；本章前面各节讨论了集团内部未实现损益的调整与抵销，但是没有专门讨论集团内部未实现损益如何影响少数股东损益和少数股东权益。

按照现行会计准则的规定，确定少数股东损益时，不能简单地以子公司的报表利润乘以少数股东的持股比例，而是要以经过调整后的子公司净利润乘以少数股东的持股比例。确定调整后的子公司净利润时，非同一控制下的控股合并条件下，需要作两方面的调整：一是控制权取得日子公司可辨认资产及负债的公允价值与账面价值之间的差异的可能影响；二是集团内部交易的未实现损益的影响。而在同一控制下的控股合并条件下，只需要考虑集团内部交易的未实现损益的影响。

对于第一项调整，其基本原理已经在第8章介绍。对于第二项调整，还需要作进一步的讨论。如前所述，集团内部的销售业务主要可以分为顺流销售、逆流销售与水平销售。无论是顺流销售还是逆流销售，其未实现损益都必须完全消除。问题是，完全消除之后，在确定了合并净利润之后，相关的未实现损益是否应该影响少数股东损益和少数股东权益？从逻辑上讲，顺流销售的未实现损益应该全部归入归属于母公司股东的净利润，不应影响少数股东损益和少数股东权益；逆流销售的未实现损益则应当全部调整子公司净利润，从而按照母公司和少数股东各自的持股比例，分别影响归属于母公司股东的净利润和少数股东损益，并相应影响少数股东权益。

下面举例说明集团内部交易的未实现损益对少数股东损益和少数股东权益的影响。

例9-13

P公司20×7年1月1日以202 000万元银行存款购买了S公司80%的股权，P公司取得了对S公司的控制权。该项控股合并为非同一控制下的合并。20×7年1月1日在购买交易发生后P公司和S公司的资产负债表数据如第8章表8-5所示。购买日S公司净资产的账面价值为210 000万元，股东权益的具体构成为：股本为150 000万元，资本公积为40 000万元，盈余公积为7 000万元，未分配利润为13 000万元。

在购买日，S公司有两项资产的公允价值与账面价值存在差异：存货的账面价值为130 000万元，公允价值为134 000万元；固定资产的账面价值为100 000万元，公允价值为130 000万元。其他可辨认资产与负债的公允价值与账面价值一致。

S公司20×7年实现净利润21 000万元，提取盈余公积2 100万元，分配现金股利8 000万元，年末未分配利润23 900万元。

20×7年年初被低估的S公司存货全部于当年对集团外销售。20×7年年初被低估的S公司固定资产系管理用固定资产，其剩余折旧年限为10年，该公司对这部分固定资产采用直线法计提折旧。

20×7年P公司与S公司之间发生以下内部交易：20×7年母公司P将成本为8 000万元的商品销售给子公司S，售价为10 000万元。S公司当期对集团外销售其中的40%，售价为4 800万元，其余60%形成期末存货，其成本为6 000万元。20×8年S公司将上年从P公司购入商品的结存部分全部对集团外销售，又从P公司购入商品20 000万元，当年销售其中的50%。P公司20×7年与20×8年的销售毛利率为20%。

S公司将成本为4 000万元的商品，以6 000万元的价格卖给P公司作存货使用，P公司当年对集团外部销售了其中的80%。

P公司和S公司20×7年的个别财务报表数据见表9-1。

分析：

（1）购买日的相关计算。

购买日S公司可辨认净资产的公允价值$=210\ 000+34\ 000=244\ 000$（万元）

购买日合并财务报表应确认的商誉$=202\ 000-244\ 000\times80\%=6\ 800$（万元）

购买日应确认的少数股东权益$=244\ 000\times20\%=48\ 800$（万元）

（2）20×7年度P公司合并财务报表的编制。

在权益法下，母公司来自子公司的投资收益应根据子公司在购买日的公允价值进行调整。控制权取得日所发生的子公司资产与负债项目高估或低估的金额，母公司应分期摊销，调整子公司各期的净利润，母公司将调整后的子公司的净利润作为确认投资收益、调整对子公司长期股权投资账面价值的依据。

1）基于控制权取得日的评估结果调整S公司的可辨认资产及负债的金额（本例分录中的单位为万元）。

P公司对S公司销售商品的未实现销售利润$=(10\ 000-8\ 000)\times60\%=1\ 200$（万元）

借：固定资产	30 000	
营业成本	4 000	
贷：资本公积		34 000

2）调整固定资产折旧。

借：管理费用	3 000	
贷：固定资产		3 000

3）抵销P公司对S公司的内部销售。

借：营业收入	10 000	
贷：营业成本		8 800
存货		1 200

4）抵销P公司对S公司的内部销售的所得税影响。

从企业集团的角度来看，存货的账面价值与计税基础之间形成了1 200万元的可抵扣暂时性差异，应在合并工作底稿上确认所得税的影响300万元。

S公司对乙公司销售商品的未实现销售利润的所得税影响$=1\ 200\times25\%=300$（万元）

借：递延所得税资产	300	
贷：所得税费用		300

5）抵销S公司对P公司的内部销售。

S公司将成本为4 000万元的商品，以6 000万元的价格卖给P公司作存货使用，P公司当年对集团外部销售了其中的80%。

P公司对S公司销售商品的未实现销售利润 $=(6\,000-4\,000)\times 20\%=400$（万元）

借：营业收入　6 000
　贷：营业成本　5 600
　　存货　400

6）抵销S公司对P公司的内部销售的所得税影响。

S公司对P公司销售商品的未实现销售利润的所得税影响 $=400\times 25\%=100$（万元）

借：递延所得税资产　100
　贷：所得税费用　100

7）将成本法下P公司对S公司长期股权投资的年末余额调整为权益法下的年末余额。

20×7年年初S公司存货低估应调整减少S公司当年净利润 $=4\,000$（万元）

20×7年年初S公司固定资产低估应调整减少S公司当年净利润 $=30\,000\div 10=3\,000$（万元）

S公司对P公司销售的未实现损益应调整减少S公司当年净利润 $=400-100=300$（万元）

20×7年S公司调整后的净利润 $=21\,000-4\,000-3\,000-300$
$=13\,700$（万元）

权益法下P公司应确认的投资收益 $=13\,700\times 80\%=10\,960$（万元）

成本法下已确认的投资收益 $=8\,000\times 80\%=6\,400$（万元）

权益法下应追加确认的投资收益 $=10\,960-6\,400=4\,560$（万元）

应调整增加长期股权投资的金额 $=4\,560$（万元）

借：长期股权投资　4 560
　贷：投资收益　4 560

8）将P公司对S公司长期股权投资的年末余额与S公司调整后股东权益年末余额的80%的份额相抵销，将S公司调整后股东权益年末余额的20%确认为少数股东权益，差异确认为商誉。

调整后的资本公积余额 $=40\,000+34\,000=74\,000$（万元）

调整后的年末未分配利润 $=23\,900-4\,000-3\,000-300=16\,600$（万元）

调整后的长期股权投资余额 $=202\,000+4\,560=206\,560$（万元）

少数股东权益 $=48\,800+13\,700\times 20\%-8\,000\times 20\%=49\,940$（万元）

借：股本　150 000
　资本公积　74 000
　盈余公积　9 100
　年末未分配利润　16 600
　商誉　6 800

贷：长期股权投资　206 560

　　少数股东权益　49 940

9）抵销P公司对S公司长期股权投资的投资收益与S公司的利润分配，确认少数股东损益。

少数股东损益＝13 700×20％＝2 740(万元)

借：投资收益　10 960

　　少数股东损益　2 740

　　年初未分配利润　13 000

　贷：提取盈余公积　2 100

　　　对股东的分配　8 000

　　　年末未分配利润　16 600

20×7年的P公司合并工作底稿见表9-1。

表9-1　P公司合并工作底稿

20×7年12月31日　　单位：万元

项目	P公司	S公司	合计金额	调整与抵销分录		合并金额
				借方	贷方	
（利润表部分）						
营业收入	500 000	240 000	740 000	3）10 000 5）6 000		724 000
营业成本	300 000	163 600	463 600	1）4 000	3）8 800 5）5 600	453 200
税金及附加	30 000	14 400	44 400			44 400
销售费用	22 000	17 500	39 500			39 500
管理费用	35 000	13 200	48 200	2）3 000		51 200
财务费用	7 000	1 100	8 100			8 100
资产减值损失	1 400	2 000	3 400			3 400
投资收益	6 400	300	6 700	9）10 960	7）4 560	300
营业利润	111 000	28 500	139 500	33 960	18 960	124 500
营业外支出	1 000	500	1 500			1 500
利润总额	110 000	28 000	138 000	33 960	18 960	123 000
所得税费用	26 000	7 000	33 000		4）300 6）100	32 600
净利润	84 000	21 000	105 400	33 960	19 360	90 400
少数股东损益				9）2 740		2 740
归属于母公司股东的净利润（①转下：未分配利润变动部分）	84 000	21 000	105 400	36 700	19 360	87 660
（股东权益变动表的未分配利润变动部分）						
年初未分配利润	5 000	13 000		9）13 000		5 000

续表

项目	P公司	S公司	合计金额	调整与抵销分录		合并金额
				借方	贷方	
净利润（承上①：利润表部分）	84 000	21 000	105 400	35 700	19 360	87 660
提取盈余公积	8 400	2 100	9 600		9）2 100	8 400
对股东的分配	25 000	8 000	33 000		9）8 000	25 000
年末未分配利润（②转下：资产负债表部分）	55 600	23 900	79 500	8）16 600 66 300	9）16 600 46 060	59 260
（资产负债表部分）						
货币资金	62 000	17 000	79 000			79 000
应收账款	179 000	98 000	277 000			277 000
存货	212 000	87 000	299 000		3）1 200 5）400	297 400
长期股权投资	202 000		202 000	7）4 560	8）206 560	
固定资产	644 000	210 000	854 000	1）30 000	2）3 000	881 000
递延所得税资产				4）300 6）100		400
商誉				8）6 800		6 800
资产总计	1 299 000	412 000	1 711 000	41 760	211 160	1 541 600
应付账款	114 600	29 000	143 600			143 600
长期借款	86 000	160 000	246 000			246 000
股本	800 000	150 000	550 000	8）150 000		800 000
资本公积	200 000	40 000	640 000	8）74 000	1）34 000	200 000
盈余公积	42 800	9 100	51 900	8）9 100		42 800
未分配利润（承上②：未分配利润变动部分）	55 600	23 900	79 500	66 300	46 060	59 260
少数股东权益					8）49 940	49 940
负债与股东权益总计	1 299 000	412 000	1 711 000	2 990 004	130 000	1 541 600
调整与抵销金额合计				341 160	341 160	

9.5　母公司分步实现控股合并

在投资企业分步实现对被投资企业的控股合并的情况下，面临合并商誉的确定问题。

9.5.1　母公司的股权投资会计处理

《企业会计准则解释第 4 号》规定，企业通过多次交易分步实现非同一控制下企业合并的，购买方（母公司）应当以购买日之前所持被购买方的股权投资的账面价值与购买日新增投资成本之和，作为该项投资的初始投资成本。也就是说，如果取得控制权之前投资企业对长期股权投资采用权益法核算，原来采用权益法所确定的长期股权投资的账面价值不需要追溯调整。具体计算公式如下：

$$\begin{matrix}\text{控制权取得日}\\\text{长期股权投资的余额}\end{matrix}=\begin{matrix}\text{长期股权投资的}\\\text{原账面价值}\end{matrix}+\begin{matrix}\text{追加投资的}\\\text{成本}\end{matrix}$$

9.5.2 合并财务报表的处理

在企业通过多次交易分步实现非同一控制下企业合并的情况下，合并财务报表编制的关键是如何确定合并商誉。按照《企业会计准则解释第4号》的规定，在这种情况下确定合并商誉时，对于购买日之前持有的被购买方的股权，应当按照该股权在购买日的公允价值进行重新计量，公允价值与其账面价值的差额计入当期投资收益；购买日之前持有的被购买方的股权涉及其他综合收益的，与其相关的其他综合收益应当转为购买日所属当期投资收益。购买方应当在附注中披露其在购买日之前持有的被购买方的股权在购买日的公允价值、按照公允价值重新计量产生的相关利得或损失的金额。也就是说，《企业会计准则解释第4号》要求采用以原投资在购买日的公允价值与新投资的成本之和为基础一次确认合并商誉的方法。

由于购买日之前持有的被购买方的股权并不反映在合并资产负债表上，因此准确的表达是：在确定合并商誉时，应当以购买日之前持有的被购买方的股权在购买日的公允价值与购买日新取得股权的成本之和为基础，具体计算公式如下：

$$\begin{matrix}\text{合并}\\\text{商誉}\end{matrix}=\begin{matrix}\text{购买日之前持有的}\\\text{被购买方股权在}\\\text{购买日的公允价值}\end{matrix}+\begin{matrix}\text{购买日新取得}\\\text{股权的成本}\end{matrix}-\begin{matrix}\text{购买日被购买方}\\\text{可辨认净资产}\\\text{公允价值的份额}\end{matrix}$$

9.5.3 举例

例9-14

20×2年1月1日，假设P公司以银行存款2 000 000元和每股市价8元、每股面值1元的普通股1 000 000股，购买S公司流通在外有表决权普通股的30%。P公司以银行存款支付发行股票发生的手续费、佣金100 000元。P公司对S公司具有重大影响，之前两家公司之间不存在关联关系。假定S公司20×2年实现净利润6 000 000元，未发放股利。S公司20×2年年初的存货全部在当年出售，固定资产采用年限平均法计提折旧，剩余折旧年限为20年。

20×3年1月1日，P公司以9 000 000元银行存款收购了S公司另外25%的股份。至此，P公司对S公司的持股比例达到了55%，P公司控制了S公司。P公司对S公司的收购属于非同一控制下的企业合并。

假定P公司和S公司资产、负债的账面价值和公允价值资料如表9－2所示。

表9－2 P公司和S公司资产和负债的账面价值和公允价值 单位：元

项目	S公司				P公司
	20×1年12月31日		20×2年12月31日		20×2年12月31日
	账面价值	公允价值	账面价值	公允价值	账面价值
货币资金	3 000 000	3 000 000	5 000 000	5 000 000	5 000 000
应收账款	4 400 000	4 400 000	4 500 000	4 500 000	10 000 000
存货	6 000 000	7 600 000	5 500 000	5 500 000	8 000 000
其他流动资产	6 600 000	6 600 000	7 000 000	7 000 000	15 000 000
长期股权投资					20 000 000
固定资产	10 000 000	16 000 000	20 000 000	22 000 000	30 000 000
资产总计	30 000 000	37 600 000	42 000 000	44 000 000	88 000 000
短期借款			6 000 000	6 000 000	40 000 000
应付账款	2 000 000	2 000 000	2 800 000	2 800 000	8 000 000
长期应付款	4 000 000	4 000 000	3 200 000	3 200 000	
股本	20 000 000		20 000 000		10 000 000
资本公积					20 000 000
盈余公积	3 000 000		3 600 000		8 000 000
未分配利润	1 000 000		6 400 000		2 000 000
负债及所有者权益总计	30 000 000		40 000 000		88 000 000

分析：按照我国《企业会计准则第20号——企业合并》的规定，对于非同一控制下的企业合并，应采用购买法进行会计处理。按照《企业会计准则第2号——长期股权投资》的规定，投资企业对被投资企业有重大影响时，应采用权益法进行会计处理；投资企业对被投资企业具有控制时，应采用成本法进行会计处理。

（1）P公司对S公司长期股权投资的账务处理。

1）20×2年1月1日，记录对S公司30%的股权投资的初始投资成本。

借：长期股权投资——S公司（成本） 10 000 000

　贷：股本 1 000 000

　　　资本公积 6 900 000

　　　银行存款 2 100 000

初始投资成本＝2 000 000＋1 000 000×8＝10 000 000(元)

所取得的S公司可辨认净资产公允价值的份额＝[37 600 000－(2 000 000＋4 000 000)]×30%

＝9 480 000(元)

由于初始投资成本大于所取得的S公司可辨认净资产公允价值的份额，因此在投资日不需要对权益法下的初始投资成本进行调整。

2）20×2年12月31日，记录在S公司账面净利润中的份额。

假定存货在20×2年全部出售，固定资产按20年计提折旧。

S公司20×2年应确认对S公司股权投资的投资收益如表9-3所示。

表9-3 权益法下长期股权投资的投资收益计算表 单位：元

S公司的账面净利润	6 000 000
减：存货（20×2年出售）	7 600 000－6 000 000＝1 600 000
固定资产（按20年计提折旧）	（16 000 000－10 000 000）÷20＝300 000
S公司的调整后净利润	4 100 000
P公司应确认投资收益	4 100 000×30％＝1 230 000

借：长期股权投资——S公司（损益调整） 1 230 000

　　贷：投资收益——S公司 1 230 000

20×2年年末P公司对S公司长期股权投资的账面价值为：

10 000 000＋1 230 000＝11 230 000（元）

3）20×3年1月1日，记录P公司对S公司的追加投资。

收购S公司另外25％的股份，持股比例达到了55％，并控制了S公司，因此应改用成本法进行会计处理。改用成本法时，对原投资的权益法下的余额不作调整。这就意味着，在这种处理方法下，控制权取得日对子公司长期股权投资的余额为原投资的账面价值与追加投资成本之和，即

11 230 000＋9 000 000＝20 230 000（元）

20×3年1月1日，P公司记录对S公司追加长期股权投资的会计分录如下：

借：长期股权投资——S公司 9 000 000

　　贷：银行存款 9 000 000

（2）P公司购买日合并资产负债表的编制。

1）确定合并商誉。可以根据追加投资支付的对价估计原投资的公允价值。

控制权取得日原30％股权的公允价值＝9 000 000÷25％×30％

＝10 800 000（元）

控制权取得日的合并成本＝10 800 000＋9 000 000＝19 800 000（元）

控制权取得日S公司可辨认净资产的公允价值＝44 000 000－（6 000 000＋2 800 000＋3 200 000）

＝32 000 000（元）

合并商誉＝19 800 000－32 000 000×55％＝2 200 000（元）

2）20×3年1月1日合并工作底稿上的调整与抵销分录。

①将购买日S公司的可辨认资产与负债的账面价值调整为公允价值。

借：固定资产 2 000 000

　　贷：资本公积 2 000 000

②将P公司对S公司的长期股权投资与S公司调整后净资产的55％的份额相抵销，将S公司余下45％的调整后股东权益确认为少数股东权益，将差额确认为商誉。

调整后的资本公积＝0＋2 000 000＝2 000 000(元)

长期股权投资余额＝10 000 000＋1 230 000＋9 000 000＝20 230 000(元)

少数股东权益＝32 000 000×45%＝14 400 000(元)

投资收益＝10 800 000－11 230 000＝－430 000(元)

借：股本	20 000 000	
资本公积	2 000 000	
盈余公积	3 600 000	
未分配利润	6 400 000	
商誉	2 200 000	
投资收益	430 000	
贷：长期股权投资		20 230 000
少数股东权益		14 400 000

③结转投资收益。

借：未分配利润	430 000	
贷：投资收益		430 000

在非同一控制下的控股合并条件下，控制权取得日只编制合并资产负债表，因此，投资收益－430 000 元需结转至未分配利润项目。需要强调的是，上述关于投资收益－430 000 元的确认与结转，都只是体现在合并工作底稿上。在编制 20×3 年度的合并财务报表时，投资收益－430 000 元便可反映在合并利润表中。

9.6　复杂持股结构下合并财务报表的编制

由于金字塔式的控股结构是我国企业集团主要的控股模式，多层控股与交叉持股在我国企业集团中很普遍。无疑，多层控股与交叉持股会加大合并财务报表编制的难度。

9.6.1　企业集团内部交叉持股下的合并财务报表

在企业集团内部各企业相互持股的情况下，合并财务报表的编制可以采用库存股法。

库存股法将子公司持有的母公司的股票视为企业集团的库存股，因此，子公司对母公司的长期股权投资应采用成本法进行会计处理，在合并资产负债表中，应将该库存股作为股东权益的减项。母子公司之间或子公司之间的股利收入，在工作底稿中应予以冲销。

下面通过具体例子来说明库存股法的实际运用。

例 9-15

A公司与B公司均为上市公司。A公司于20×7年年初以银行存款9 000万元购买了B公司90%的股权，取得了对B公司的控制权。该项控股合并为非同一控制下的合并。购买日B公司可辨认净资产的公允价值为9 500万元，B公司各项可辨认资产和负债的公允价值等于其账面价值。

20×7年2月10日，B公司以5 000万元银行存款从股票市场上购买了A公司5%的股权，作为长期股权投资进行管理，采用成本法核算。

20×7年5月A公司发放现金股利3 000万元，B公司发放现金股利200万元。20×7年A公司与B公司除相互的长期股权投资之外，没有任何其他投资。其余资料见表9-4的合并工作底稿。

分析：

（1）A公司采用成本法，记录从B公司分得的股利（本例分录中的单位为万元）。

借：银行存款　　180

　贷：投资收益　　180

（2）B公司采用成本法，记录从A公司分得的股利。

借：银行存款　　150

　贷：投资收益　　150

（3）合并工作底稿上的抵销分录。

1）将成本法下A公司对B公司长期股权投资的余额调整为权益法下的余额。

应调整增加长期股权投资的金额＝(2 000－200)×90%＝1 620(万元)

借：长期股权投资　　1 620

　贷：投资收益　　1 620

2）抵销A公司对B公司的投资与B公司的股东权益。

购买日的商誉＝9 000－9 500×90%＝450(万元)

调整后A公司对B公司长期股权投资的余额＝9 000＋1 620＝10 620(万元)

购买日应确认的少数股东权益＝9 500×10%＝950(万元)

20×7年年末应确认的少数股东权益＝950＋(2 000－200)×10%
＝1 130(万元)

借：股本　　8 000

　　盈余公积　　1 400

　　年末未分配利润　　1 900

　　商誉　　450

　贷：长期股权投资　　10 620

　　　少数股东权益　　1 130

3）抵销B公司对A公司的投资。

借：库存股 5 000
投资收益 150
贷：长期股权投资 5 000
对股东的分配 150

4）抵销A公司和B公司之间的内部投资收益和股利分配。

借：投资收益 1 800
少数股东损益 200
年初未分配利润 500
贷：提取盈余公积 400
对股东的分配 200
年末未分配利润 1 900

根据上述资料，编制合并工作底稿如表9-4所示。

表9-4 A公司与B公司合并工作底稿

20×7年12月31日 单位：万元

项目	A公司	B公司	合计金额	调整与抵销分录		合并金额
				借方	贷方	
（利润表部分）						
营业收入	130 000	24 000	154 000			154 000
营业成本	98 000	17 400	115 400			115 400
期间费用	15 820	3 950	19 770			19 770
投资收益	180	150	330	3）150 4）1 800	1）1 620	
营业利润	16 360	2 800	19 160	1 950	1 620	18 830
利润总额	16 360	2 800	19 160	1 950	1 620	18 830
所得税费用	4 000	800	4 800			4 800
净利润	12 360	2 000	14 360	1 950	1 620	14 030
少数股东损益				4）200		200
归属于母公司股东的净利润（①转下：未分配利润变动部分）	12 360	2 000	14 360	2 150	1 620	13 830
（股东权益变动表的未分配利润变动部分）						
年初未分配利润	2 000	500	2 500	4）500		2 000
净利润（承上①：利润表部分）	12 360	2 000	14 360	2 150	1 620	13 830
提取盈余公积	2 756	400	3 156		4）400	2 756
对股东的分配	3 000	200	3 200		4）200	2 850
年末未分配利润（②转下：资产负债表部分）	8 604	1 900	10 504	2）1 900 4 550	4）1 900 4 270	10 224
（资产负债表部分）						

续表

项目	A公司	B公司	合计金额	调整与抵销分录		合并金额
				借方	贷方	
长期股权投资	9 000	5 000	14 000	1）1 620	2）10 620 3）5 000	
商誉				2）450		450
其他资产	89 380	15 000	104 380			104 380
资产总计	98 380	20 000	118 380	2 070	15 620	104 830
负债合计	37 020	8 700	45 720			45 720
股本	50 000	8 000	58 000	2）8 000		50 000
减：库存股				3）5 000		5 000
盈余公积	2 756	1 400	4 156	2）1 400		2 756
未分配利润（承上②：未分配利润变动部分）	8 604	1 900	10 504	4 550	4 270	10 224
少数股东权益					2）1 130	1 130
股东权益合计	61 360	11 300	72 660	18 950	5 400	59 110
负债及股东权益总计	98 380	20 000	118 380	18 950	5 400	104 830
调整与抵销金额合计				21 020	21 020	

9.6.2 企业集团内部多层控股结构下的合并财务报表

假定当一家公司持有另一家公司股份超过 50%时，就可以对其形成控制；若持股比例小于等于 50%，则不能形成控制；若持股比例小于等于 20%，则不能形成重大影响，进一步假定不能形成重大影响的，按成本法核算。假定 M 集团的持股结构如图 9-1 所示。

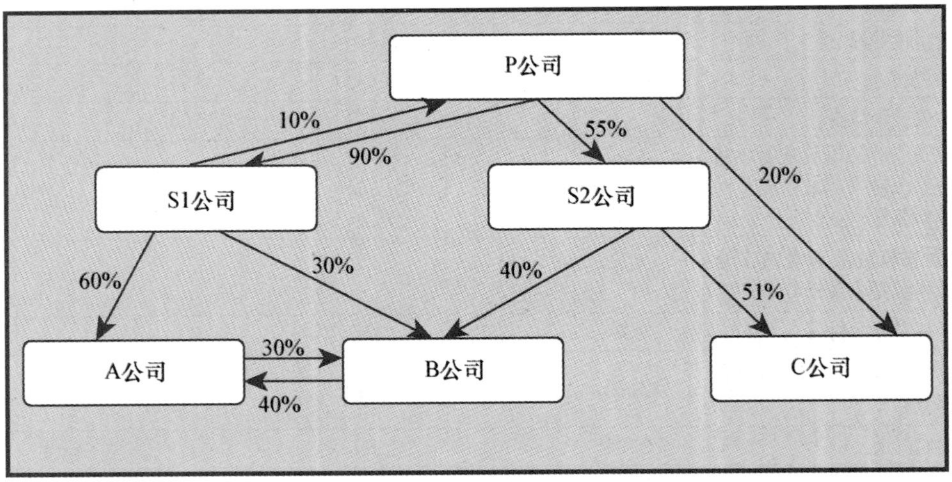

图 9-1　M 集团持股结构示意图

（1）M 集团中哪些公司应当编制合并财务报表？

我国现行会计准则规定，母公司应当编制合并财务报表，其中，母公司是指有一个或一个以上子公司的企业。因此，应编制合并财务报表的公司包括 P 公司、S1 公司和 S2 公司。

（2）在 S1 公司控制 A 公司的情况下，P 公司长期股权投资核算应以 S1 公司的个别财务报表为基础还是以其合并财务报表为基础？

我国现行会计准则规定，对子公司长期股权投资的会计处理应采用成本法，其依据应该为子公司的个别财务报表。因此，P 公司长期股权投资的会计处理应以 S1 公司的个别财务报表为基础，编制合并财务报表时，则以 S1 公司编制的合并财务报表为基础。

（3）如何计算 P 公司合并财务报表中 C 公司的少数股东权益？

少数股东权益是指不直接归属于母公司也不通过其他子公司间接归属于母公司的部分。P 公司直接拥有 C 公司 20％的股权，间接拥有 C 公司 28.05％（即 55％×51％）的股权，因此，少数股东权益的比例应为 51.95％（即 1－(20％＋55％×51％)）。在间接控股的情况下，计算少数股东权益时应运用乘法原理。

在多层控股的情况下，合并财务报表的编制可以采用逐级合并的方法。

例 9－16

沿用第 8 章例 8－8、例 8－9 和例 8－10 的资料，假定 P 公司 20×7 年 1 月 1 日以 202 000 万元银行存款购买了 S 公司 80％的股权，P 公司取得了对 S 公司的控制权，该项控股合并为非同一控制下的合并。20×7 年 1 月 1 日和 20×7 年度 P 公司、S 公司的个别财务报表数据分别参见第 8 章例 8－8 和例 8－9。

20×8 年 1 月 2 日，假定 S 公司以 79 500 万元银行存款收购了 T 公司 90％的股权，S 公司取得了对 T 公司的控制权，该项控股合并为非同一控制下的合并。在购买日，T 公司股东权益的账面价值为 85 000 万元，具体构成为：股本 50 000 万元，资本公积 20 000 万元，盈余公积 9 000 万元，未分配利润 6 000 万元；购买日 T 公司可辨认净资产的公允价值为 85 000 万元，T 公司各项资产和负债的账面价值与公允价值不存在差异。

20×8 年 S 公司实现净利润 33 000 万元，提取盈余公积 3 300 万元，发放现金股利 10 000 万元。

20×8 年 T 公司实现净利润 9 000 万元，提取盈余公积 900 万元，发放现金股利 3 000 万元。

20×8 年度 S 公司和 T 公司的个别财务报表数据见表 9－5。20×8 年度 P 公司的个别财务报表数据见表 9－6。假设 20×8 年 P 公司、S 公司和 T 公司之间未发生其他内部交易。

分析：

（1）编制 20×7 年 1 月 1 日 P 公司的合并财务报表工作底稿。

参见第 8 章例 8－8。

（2）编制 20×7 年度 P 公司的合并财务报表工作底稿。

参见第 8 章例 8－9。

（3）编制 20×8 年 1 月 1 日 S 公司取得对 T 公司的控制权时的合并财务报表工作底稿。

与P公司取得S公司控制权时的编制原理相同，此处略。

（4）20×8年度S公司的合并财务报表工作底稿。

为了方便本例的解释，我们引入“经营利润”的概念。经营利润是指一家母公司的净利润中扣除对子公司投资的投资收益后余下的部分，即

经营利润＝净利润－对子公司投资的投资收益

1）将成本法下长期股权投资的年末余额调整为权益法下的年末余额。

在工作底稿上先将成本法下长期股权投资的年末余额调整为权益法下的余额，然后再抵销（本例分录中的单位为万元）。

20×8年T公司调整后的净利润＝9 000(万元)

权益法下S公司应确认的投资收益＝9 000×90%＝8 100(万元)

少数股东损益＝9 000×10%＝900(万元)

成本法下已确认的投资收益＝3 000×90%＝2 700(万元)

20×8年权益法下应追加确认长期股权投资的投资收益＝8 100－2 700＝5 400(万元)

应调整增加长期股权投资的金额＝5 400(万元)

借：长期股权投资	5 400	
贷：投资收益		5 400

2）将S公司对T公司长期股权投资的年末余额与T公司调整后股东权益年末余额的90%的份额相抵销，将T公司调整后股东权益年末余额的10%确认为少数股东权益，差异确认为商誉。

20×8年年末T公司的盈余公积余额＝9 000＋900＝9 900(万元)

20×8年年末T公司调整后的年末未分配利润＝6 000＋9 000－900－3 000

＝11 100(万元)

商誉＝79 500－85 000×90%＝3 000(万元)

20×8年年末权益法下长期股权投资的余额＝79 500＋5 400＝84 900(万元)

20×8年年初S公司取得对T公司控制权时的少数股东权益＝85 000×10%＝8 500(万元)

20×8年年末的少数股东权益＝8 500＋(9 000－3 000)×10%

＝9 100(万元)

借：股本	50 000	
资本公积	20 000	
盈余公积	9 900	
年末未分配利润	11 100	
商誉	3 000	
贷：长期股权投资		84 900

少数股东权益　　9 100

3）抵销 S 公司与 T 公司的内部投资收益与 T 公司的利润分配，确认少数股东损益。

借：投资收益　　8 100
　　少数股东损益　　900
　　年初未分配利润　　6 000
　贷：提取盈余公积　　900
　　　对股东的分配　　3 000
　　　年末未分配利润　　11 100

分录 3）中借记金额之和代表 T 公司调整后的可供分配利润，贷记金额之和代表 T 公司调整后可供分配利润的分配去向。

20×8 年的 S 公司合并工作底稿见表 9－5。

表 9－5　S 公司合并工作底稿

20×8 年 12 月 31 日　　单位：万元

项目	S 公司	T 公司	合计金额	调整与抵销分录		合并金额
				借方	贷方	
（利润表部分）						
营业收入	300 000	50 000	350 000			350 000
营业成本	188 000	32 000	220 000			220 000
税金及附加	19 200	3 000	22 200			22 200
销售费用	11 700	900	12 600			12 600
管理费用	23 000	18 00	24 800			24 800
财务费用	6 200	500	6 700			6 700
资产减值损失	7 700		7 700			7 700
投资收益	2 700	200	2 900	3）8 100	1）5 400	200
营业利润	46 900	12 000	58 900	8 100	5 400	56 200
营业外支出	400		400			400
利润总额	46 500	12 000	58 500	8 100	5 400	55 800
所得税费用	11 000	3 000	14 000			14 000
净利润	35 500	9 000	44 500	8 100	5 400	41 800
少数股东损益				3）900		900
归属于母公司股东的净利润（①转下：未分配利润变动部分）	35 500	9 000	44 500	9 000	5 400	40 900
（股东权益变动表的未分配利润变动部分）						
年初未分配利润	23 900	6 000	29 900	3）6 000		23 900

续表

项目	S公司	T公司	合计金额	调整与抵销分录		合并金额
				借方	贷方	
净利润（承上①：利润表部分）	35 500	9 000	44 500	9 000	5 400	40 900
提取盈余公积	3 550	900			3）900	3 550
对股东的分配	10 000	3 000	13 000		3）3 000	10 000
年末未分配利润（②转下：资产负债表部分）	45 850	11 100	56 950	2）11 100 26 100	3）11 100 20 400	51 250
（资产负债表部分）						
货币资金	20 600	2 000	22 600			22 600
应收账款	78 900	3 000	81 900			81 900
存货	96 000	50 000	146 000			146 000
长期股权投资	79 500		79 500	1）5 400	2）84 900	
固定资产	164 000	110 000	274 000			274 000
商誉				2）3 000		3 000
资产总计	439 000	165 000	604 000	8 400	84 900	527 500
应付账款	30 500	14 000	44 500			44 500
长期借款	160 000	60 000	220 000			220 000
股本	150 000	50 000	200 000	2）50 000		150 000
资本公积	40 000	20 000	60 000	2）20 000		40 000
盈余公积	12 650	9 900	22 250	2）9 900		12 650
未分配利润（承上②：未分配利润变动部分）	45 850	11 100	56 950	26 100	20 400	51 250
少数股东权益					2）9 100	9 100
负债与股东权益总计	439 000	165 000	604 000	106 000	29 500	527 500
调整与抵销金额合计				114 400	114 400	

（5）20×8年度P公司的合并财务报表工作底稿。

1）将成本法下长期股权投资的年末余额调整为权益法下的年末余额。

在工作底稿上先将成本法下长期股权投资的年末余额调整为权益法下的余额，然后再抵销。

20×7年按权益法应调整增加长期股权投资的金额＝4 800（万元）

20×8年S公司调整前的经营利润＝35 500－2 700＝32 800（万元）

20×8年S公司调整后的经营利润＝32 800－3 000＝29 800（万元）

20×8年S公司权益法下的投资收益＝9 000×90%＝8 100（万元）

20×8年S公司调整后的净利润＝29 800＋8 100＝37 900（万元）

权益法下P公司应确认对S公司投资的投资收益＝37 900×80%＝30 320（万元）

少数股东损益＝37 900×20%＝7 580（万元）

成本法下已确认的投资收益＝10 000×80%＝8 000（万元）

$$\begin{aligned}&\text{权益法下P公司应追加确认对S公司投资的投资收益}=30\,320-8\,000=22\,320(\text{万元})\\&20\times8\text{年权益法下累计应调整增加长期股权投资的金额}=4\,800+22\,320=27\,120(\text{万元})\end{aligned}$$

合并工作底稿上的调整与抵销分录如下：

借：长期股权投资	27 120	
贷：年初未分配利润		4 800
投资收益		22 320

2）基于控制权取得日的评估结果调整S公司的可辨认资产及负债的金额。

借：固定资产	30 000	
年初未分配利润	4 000	
贷：资本公积		34 000

3）调整固定资产折旧。

借：年初未分配利润	3 000	
管理费用	3 000	
贷：固定资产		6 000

4）将P公司对S公司长期股权投资的年末余额与S公司调整后股东权益年末余额的80%的份额相抵销，将S公司调整后股东权益年末余额的20%确认为少数股东权益，差异确认为商誉。

$$\begin{aligned}&\text{调整后的资本公积余额}=40\,000+34\,000=74\,000(\text{万元})\\&\text{年末盈余公积}=9\,100+3\,550=12\,650(\text{万元})\\&20\times8\text{年调整后的年末未分配利润}=\text{调整后的年初未分配利润}+\text{调整后的本年净利润}-\text{提取的盈余公积}-\text{对股东的分配}\\&=16\,900+37\,900-3\,550-10\,000\\&=41\,250(\text{万元})\\&20\times8\text{年年末权益法下长期股权投资的余额}=202\,000+27\,120=229\,120(\text{万元})\\&20\times8\text{年年末的少数股东权益}=50\,000+7\,580-10\,000\times20\%=55\,580(\text{万元})\end{aligned}$$

借：股本	150 000	
资本公积	74 000	
盈余公积	12 650	
年末未分配利润	41 250	
商誉	6 800	
贷：长期股权投资		229 120
少数股东权益		55 580

5）抵销P公司与S公司之间的内部投资收益与S公司的利润分配，确认少数股东损益。

借：投资收益　30 320
　　少数股东损益　7 580
　　年初未分配利润　16 900
　贷：提取盈余公积　3 550
　　　对股东的分配　10 000
　　　年末未分配利润　41 250

调整后的“年初未分配利润”16 900万元等于上年年末调整后的“年末未分配利润”，不是S公司个别财务报表上的年末未分配利润。调整后的“年末未分配利润”41 250万元，既不是S公司个别财务报表上的年末未分配利润，也不是S公司合并财务报表上的年末未分配利润。

20×8年的P公司合并工作底稿见表9-6。

表9-6　P公司合并工作底稿

20×8年12月31日　　单位：万元

项目	P公司	S公司	合计金额	调整与抵销分录		合并金额
				借方	贷方	
（利润表部分）						
营业收入	600 000	350 000	950 000			950 000
营业成本	390 000	220 000	610 000			610 000
税金及附加	36 000	22 200	58 200			58 200
销售费用	15 300	12 600	27 900			27 900
管理费用	20 000	24 800	44 800	3）3 000		47 800
财务费用	4 600	6 700	11 300			11 300
资产减值损失	1 600	7 700	9 300			9 300
投资收益	8 000	200	8 200	5）30 320	1）22 320	200
营业利润	140 500	56 200	196 700	33 320	22 320	185 700
营业外支出	500	400	900			900
利润总额	140 000	55 800	195 800	33 320	22 320	184 800
所得税费用	35 000	14 000	49 000			49 000
净利润	105 000	41 800	146 800	33 320	22 320	135 800
少数股东损益		900	900	5）7 580		8 480
归属于母公司股东的净利润（①转下：未分配利润变动部分）	105 000	40 900	145 900	40 900	22 320	127 320
（股东权益变动表的未分配利润变动部分）						
年初未分配利润	55 600	23 900	79 500	2）4 000 3）3 000 5）16 900	1）4 800	60 400

续表

项目	P 公司	S 公司	合计金额	调整与抵销分录		合并金额
				借方	贷方	
净利润（承上①：利润表部分）	105 000	40 900	145 900	40 900	22 320	127 320
提取盈余公积	10 500	3 550	14 050		5）3 550	10 500
对股东的分配	62 000	10 000	72 000		5）10 000	62 000
年末未分配利润（②转下：资产负债表部分）	88 100	51 250	139 350	4）41 250 106 050	5）41 250 81 920	115 220
（资产负债表部分）						
货币资金	40 800	22 600	63 400			63 400
应收账款	88 000	81 900	169 900			169 900
存货	114 000	146 000	260 000			260 000
长期股权投资	202 000		202 000	1）27 120	4）229 120	
固定资产	871 200	274 000	114 5200	2）30 000	3）6 000	1 169 200
商誉		3 000	3 000	4）6 800		9 800
资产总计	1 316 000	527 500	1 843 500	63 920	235 120	1 672 300
应付账款	88 600	44 500	133 100			133 100
长期借款	86 000	220 000	306 000			306 000
股本	800 000	150 000	950 000	4）150 000		800 000
资本公积	200 000	40 000	240 000	4）74 000	2）34 000	200 000
盈余公积	53 300	12 650	65 700	4）12 650		53 300
未分配利润（承上②：未分配利润变动部分）	88 100	51 250	139 350	106 050	81 920	115 220
少数股东权益		9 100	9 100		4）55 580	64 680
负债与股东权益总计	1 316 000	527 500	1 843 500	342 700	171 500	1 672 300
调整与抵销金额合计				406 620	406 620	

9.7　合并现金流量表与合并股东权益变动表

按照企业会计准则的规定，母公司除了编制合并资产负债表和合并利润表，还应当编制合并现金流量表与合并股东权益变动表（或合并所有者权益变动表）。合并现金流量表是反映整个企业集团的现金流量情况的财务报表。合并股东权益变动表是以母子公司的个别股东权益变动表为依据编制的用以反映一定期间内整个企业集团的各股东权益项目的变动情况的财务报表。

本节专门讨论合并现金流量表与合并股东权益变动表的编制问题。

9.7.1 合并现金流量表的编制依据

现金流量表是按照收付实现制反映企业经济业务所引起的现金流入和流出情况的报表，一般分为经营活动产生的现金流量、投资活动产生的现金流量、筹资活动产生的现金流量等三大类，反映企业一定会计期间的现金流量情况。其中，经营活动产生的现金流量的列示方法有直接法和间接法两种，我国企业会计准则要求采用直接法，并在附注中披露将净利润调节为经营活动现金流量的信息。企业会计准则对合并现金流量表的基本要求与个别现金流量表相同。

合并现金流量表的编制方法按照其编制依据可以分为两种：

（1）以合并资产负债表和合并利润表为基础，采用与个别现金流量表相同的方法编制出合并现金流量表。

（2）以母公司和纳入合并范围的子公司的个别现金流量表为基础，通过编制抵销分录，将母公司与纳入合并范围的子公司以及子公司相互之间发生的经济业务对个别现金流量表中的现金流量的影响予以抵销，从而编制出合并现金流量表。在采用这一方法编制合并现金流量表的情况下，其编制原理、编制方法和编制程序与合并资产负债表、合并利润表相同。即首先编制合并工作底稿，将母公司和子公司个别现金流量表各项目的数据全部过入合并工作底稿，并予以加总；然后根据当期母公司与子公司以及子公司相互之间发生的影响其现金流量增减变动的经济业务，编制相应的抵销分录，通过抵销分录将个别现金流量表中集团内部成员之间的现金流入和流出数量予以抵销；最后，在此基础上计算出合并现金流量表的各项目的合并数，并填制合并现金流量表。

9.7.2 合并现金流量表需要调整的主要内容和抵销分录的编制

编制合并现金流量表时需要调整的内容主要有两个方面：一是内部交易；二是少数股东权益。从整个企业集团的角度来看，内部交易导致的现金流量仅仅是现金在集团内部存放的地点发生变化，不是真正意义上的现金流转，因此，在编制合并现金流量表时应该对内部交易涉及的现金流量进行相应的抵销调整。对于子公司与少数股东之间的现金流入和流出，如上所述，必须在合并现金流量表中予以反映。

编制合并现金流量表抵销分录的规则是：流入项目的借方表示增加，贷方表示减少；流出项目的借方表示减少，贷方表示增加。

1. 内部交易

（1）内部销售业务的现金收付的抵销。内部销售是指集团内部成员企业之间的销售。在编制现金流量表时，需要将内部销售涉及的现金流量进行抵销，具体又可分为以下三种情况。

第一种情况：一方经营活动现金流入与另一方经营活动现金流出相抵销。在销货方的存货卖给购货方仍然作为存货管理的情况下，需要将销货方的“销售商品、提供劳务收到的现金”与购货方的“购买商品、接受劳务支付的现金”相抵销，即借记“经营活动现金流量——购买商品、接受劳务支付的现金”，贷记“经营活动现金流量——销售商品、提供劳务收到的现金”。

例如，P公司为S公司的母公司，并持有S公司80%的股权。20×7年P公司将自己生产的一批产品销售给S公司，售价为400 000元，增值税为68 000元，成本为280 000元。因此，抵销分录为：

借：经营活动现金流量——购买商品、接受劳务支付的现金　　468 000

　　贷：经营活动现金流量——销售商品、提供劳务收到的现金　　468 000

第二种情况：一方经营活动现金流入与另一方投资活动现金流出相抵销。在销货方的存货卖给购货方作为固定资产管理的情况下，需要将销货方的“销售商品、提供劳务收到的现金”与购货方的“购建固定资产、无形资产和其他长期资产支付的现金”相抵销，即借记“投资活动现金流量——购建固定资产、无形资产和其他长期资产支付的现金”，贷记“经营活动现金流量——销售商品、提供劳务收到的现金”。

第三种情况：一方经营活动现金流出与另一方投资活动现金流入相抵销。在销货方的固定资产卖给购货方作为存货管理的情况下，需要将销货方的“处置固定资产、无形资产和其他长期资产收到的现金”与购货方的“购买商品、接受劳务支付的现金”相抵销，即借记“经营活动现金流量——购买商品、接受劳务支付的现金”，贷记“投资活动现金流量——处置固定资产、无形资产和其他长期资产收回的现金净额”。

（2）内部权益性投资与筹资相关的现金收付的抵销。主要涉及以下两种情况：

1）内部权益性投资与筹资的现金收付的抵销。这类业务对现金流量的影响在个别现金流量表上表现为：一方为投资支付的现金，另一方为吸收投资收到的现金。编制抵销分录时，应借记“投资活动现金流量——投资支付的现金”，贷记“筹资活动现金流量——吸收投资收到的现金”。

例如，P公司以银行存款1 600 000元向S公司投资，取得S公司80%的股权。此项投资活动导致P公司现金流量表中“投资支付的现金”项目增加1 600 000元，同时，S公司现金流量表中“吸收投资收到的现金”项目增加1 600 000元。因此，在合并现金流量表工作底稿上应编制的抵销分录为：

借：投资活动现金流量——投资支付的现金　　1 600 000

　　贷：筹资活动现金流量——吸收投资收到的现金　　1 600 000

2）内部权益性投资收益与权益性筹资费用的现金收付的抵销。这类业务对现金流量的影响，在个别现金流量表上表现为：一方为取得投资收益收到的现金，另一方为分配股利、利润或偿付利息支付的现金。

例如，P公司本年度从其子公司S公司处分得股利80 000元。此项业务导致P公司现金流量表中“取得投资收益收到的现金”项目增加80 000元，同时，S公司现金流量表中“分配股利、利润或偿付利息支付的现金”项目增加80 000

元。因此，在合并现金流量表工作底稿上应编制的抵销分录为：

借：筹资活动现金流量——分配股利、利润或偿付利息支付的现金　80 000

　贷：投资活动现金流量——取得投资收益收到的现金　80 000

（3）内部债券投资与筹资相关现金收付的抵销。具体包括以下三种情况：

1）内部债券投资与债券筹资的现金收付的抵销。一家公司可能直接从集团内的另一家公司购买债券作为投资。这种情况在个别现金流量表上表现为：一方为投资支付的现金，另一方为发行债券收到的现金。编制抵销分录时，应借记“投资活动现金流量——投资支付的现金”，贷记“筹资活动现金流量——发行债券收到的现金”。

例如，P 公司于 20×7 年 1 月 1 日折价购入 S 公司当日发行的 5 年期债券，总面值为 1 000 000 元，利率为 10%，用银行存款支付价款 900 000 元。该债券每年付息一次。在编制合并现金流量表时，抵销分录为：

借：投资活动现金流量——投资支付的现金　900 000

　贷：筹资活动现金流量——发行债券收到的现金　900 000

2）内部债券投资收益与债券筹资费用的现金收付的抵销。这类业务对现金流量的影响在个别现金流量表上表现为：一方为取得投资收益收到的现金，另一方为分配股利、利润或偿付利息支付的现金。

如上例，年末 S 公司为此项债券向 P 公司支付利息 100 000 元。在合并现金流量表工作底稿上应编制的抵销分录为：

借：筹资活动现金流量——分配股利、利润或偿付利息支付的现金　100 000

　贷：投资活动现金流量——取得投资收益收到的现金　100 000

3）内部债券投资收回现金收付的抵销。具体分为两种情况：

第一种情况：债券到期时投资方收回投资。这类业务对现金流量的影响在个别现金流量表上表现为：一方为偿还债务支付的现金，另一方为收回投资收到的现金。编制抵销分录时，应借记“筹资活动现金流量——偿还债务支付的现金”，贷记“投资活动现金流量——收回投资收到的现金”。

第二种情况：将债券投资出售或转让给集团内其他成员企业，则后者为之付出的现金属于投资活动支付的现金，前者因此收到的现金属于投资活动收到的现金。其抵销分录为：借记“投资活动现金流量——投资支付的现金”，贷记“投资活动现金流量——收回投资收到的现金”。

（4）内部固定资产、无形资产和其他长期资产交易的现金收付的抵销。在个别现金流量表上，这类内部交易相关的现金流入与流出属于投资活动的现金流动，即一方为处置固定资产、无形资产和其他长期资产收到的现金，另一方为购建固定资产、无形资产和其他长期资产支付的现金。

例如，20×7 年度，P 公司将其一台账面价值为 400 000 元，已提折旧 100 000 元的设备，以 320 000 元的价格出售给 S 公司。在合并现金流量表工作底稿上应编制的抵销分录为：

借：投资活动现金流量——购建固定资产、无形资产和其他长期资产支付的现金　320 000

贷：投资活动现金流量——处置固定资产、无形资产和其他长期资产收回的现金净额　320 000

2. 少数股东权益

编制合并现金流量表时，如果纳入合并范围的子公司为非全资子公司，就涉及子公司与其少数股东之间的现金流入和流出的处理问题。从整个企业集团的角度来看，这部分现金流量也影响其整体的现金流入和流出数量的增减变动，因而必须在合并现金流量表中予以反映。子公司与少数股东之间的现金流量主要有以下两种情况：

（1）少数股东增加对子公司的权益性投资。这类业务引起的子公司现金流入，反映在其个别现金流量表中筹资活动现金流量部分的“吸收投资收到的现金”项目里。编制合并现金流量表时，应该将收现额在该项目下以“其中：子公司吸收少数股东投资收到的现金”项目单独披露。由于这种处理并不影响“吸收投资收到的现金”项目的合并金额，因此不必编制调整与抵销分录。

（2）子公司向少数股东支付现金股利。在子公司个别现金流量中，向少数股东支付现金股利导致的子公司现金流出，反映在“分配股利、利润或偿付利息支付的现金”项目中。编制合并现金流量表时，应该将该项现金流出在原项目下以“其中：子公司支付给少数股东的股利、利润”项目单独列报。由于这种处理并不影响“吸收投资收到的现金”项目的合并金额，因此不必编制调整与抵销分录。

9.7.3　合并现金流量表的基本格式

合并现金流量表的格式与个别现金流量表的格式基本相同，其基本格式如表 9-7 所示。

表 9-7　合并现金流量表　　会合 03 表

编制单位：　　______年______月　　单位：元

项目	本期金额	上期金额
一、经营活动产生的现金流量		
销售商品、提供劳务收到的现金		
收到的税费返还		
收到其他与经营活动有关的现金		
经营活动现金流入小计		
购买商品、接受劳务支付的现金		
支付给职工及为职工支付的现金		

续表

项目	本期金额	上期金额
支付的各项税费		
支付其他与经营活动有关的现金		
经营活动现金流出小计		
经营活动产生的现金流量净额		
二、投资活动产生的现金流量		
收回投资收到的现金		
取得投资收益收到的现金		
处置固定资产、无形资产和其他长期资产收回的现金净额		
处置子公司及其他营业单位收到的现金净额		
收到其他与投资活动有关的现金		
投资活动现金流入小计		
购建固定资产、无形资产和其他长期资产支付的现金		
投资支付的现金		
取得子公司及其他营业单位支付的现金净额		
支付其他与投资活动有关的现金		
投资活动现金流出小计		
投资活动产生的现金流量净额		
三、筹资活动产生的现金流量		
吸收投资收到的现金		
其中：子公司吸收少数股东投资收到的现金		
取得借款收到的现金		
收到其他与筹资活动有关的现金		
筹资活动现金流入小计		
偿还债务支付的现金		
分配股利、利润或偿付利息支付的现金		
其中：子公司支付给少数股东的股利、利润		
支付其他与筹资活动有关的现金		
筹资活动现金流出小计		
筹资活动产生的现金流量净额		
四、汇率变动对现金及现金等价物的影响		
五、现金及现金等价物净增加额		
加：期初现金及现金等价物余额		
六、期末现金及现金等价物余额		

9.7.4　合并股东权益变动表

在第 8 章讨论合并工作底稿的设计思路时，我们曾经对合并股东权益变动表的编制问题进行了简单分析。本节对该问题进行总结和补充。合并股东权益变动表就是要分别反映：（1）归属于母公司股东的各股东权益项目在本期的增减变动，包括股本、资本公积、库存股、盈余公积和未分配利润等项目的增减变动；（2）少数股东权益的增减变动。本书中，我们的基本思路是：为合并现金流量表单独编制合并工作底稿；为合并利润表、合并资产负债表以及合并股东权益变动表中的未分配利润部分联合编制合并工作底稿。本书并没有采用将全部的合并股东权益变动表项目都纳入合并工作底稿的做法。采用这种思路的理由如下：

1. 归属于母公司股东的“股本”的增减变动

在一定期间内，归属于母公司股东的“股本”通常不会发生变动，如果有变动，也不必借助合并工作底稿就可以很容易确定其具体金额。因此，在前面各章的讨论中，没有将该项目纳入合并工作底稿。

2. 归属于母公司股东的“资本公积”的增减变动

在一定期间内，归属于母公司股东的“资本公积”的变动也较少，甚至没有变动。如果有变动，不借助合并工作底稿也不难确定其具体金额。因此，在前面的讨论中，没有将该项目纳入合并工作底稿。

3. 归属于母公司股东的“库存股”的增减变动

在一定期间内，归属于母公司股东的“库存股”的变动也较少，甚至没有变动。如果有变动，不借助合并工作底稿也不难确定其具体金额。因此，在前面的讨论中，没有将该项目纳入合并工作底稿。

4. 归属于母公司股东的“盈余公积”的增减变动

在一定期间内，归属于母公司股东的“盈余公积”通常会发生变动，但这种变动非常简单，可以直接从母公司的个别股东权益变动表中获取该数据，而且反映“未分配利润”项目的变动的同时，就基本上反映了盈余公积的变动，因而不借助合并工作底稿也不难确定其具体金额。因此，在前面的讨论中，没有将该项目纳入合并工作底稿。

5. 归属于母公司股东的“未分配利润”的增减变动

在一定期间内，归属于母公司股东的“未分配利润”项目一定会发生变动，而且该项目的变动是连接利润表、股东权益变动表和资产负债表的桥梁，具有特殊的重要性。基于这一考虑，本书中将该项目纳入了合并工作底稿。

6. “少数股东权益”的增减变动

在一定期间内，“少数股东权益”项目一定会发生变动。影响该项目发生变动的因素主要是少数股东损益、子公司分配股利。这些变动数据完全可以从合并利润表、合并资产负债表以及合并股东权益变动表中的未分配利润部分联合编制的合并工作底稿中取得。因此，在前面各章的讨论中，没有将该项目纳入合并工作底稿。

思考题

1. 在编制合并财务报表时集团内部的存货交易应当如何抵销?

2. 在编制合并财务报表时集团内部的固定资产交易应当如何抵销 ?

3. 你认为在确定少数股东损益时是否应当消除子公司内部销售业务的未实现损益的影响? 为什么?

4. 你认为在抵销集团内部往来业务时是否应当考虑所得税因素? 为什么?

5. 编制合并现金流量表应当注意哪些问题?

6. 在编制合并工作底稿时，与集团内部交易相关的存货、固定资产和无形资产的减值准备应当如何进行调整与抵销?

7. 在母公司分次取得对被投资企业的控制权的情况下，应当如何确认合并商誉（正商誉或负商誉)?

8. 在集团内部交叉持股的情况下如何编制合并财务报表?

9. 在企业集团内部多层控股结构下如何编制合并财务报表?

练习题

1. 20×6年1月2日，甲公司以132 000万元银行存款从丙公司手中购买了乙公司60%的股份，取得了对乙公司的控制权。甲公司对乙公司的该项控股合并为非同一控制下的控股合并。当日乙公司股东权益总额为210 000万元，具体构成为：股本150 000万元，资本公积40 000万元，盈余公积7 000万元，未分配利润13 000万元。当日乙公司的存货的公允价值比账面价值高1 000万元，固定资产的公允价值比账面价值高4 000万元，其他可辨认资产与负债的公允价值与账面价值相同。甲公司与乙公司均为增值税一般纳税人，增值税税率为13%，两家公司的所得税税率均为25%。其他有关资料如下：

(1) 20×6年甲公司对乙公司销售商品一批。成本为2 000万元，售价为2 800万元。至20×6年年末，该批商品全部未对集团外出售。

(2) 20×6年乙公司销售一批B商品给甲公司。售价为1 200万元（不含增值税，下同)，销售成本为800万元。至20×6年年末，甲公司已对集团外销售50%的B商品。

(3) 乙公司20×6年年末对于当年从甲公司购进的商品进行减值测试，对该批商品计提了200万元的存货跌价准备。

(4) 乙公司20×6年1月2日结存的存货全部于当年对集团外销售。乙公司

20×6 年 1 月 2 日在用的其公允价值高于账面价值的固定资产，系管理用固定资产，剩余折旧年限为 10 年，预计净残值为零，乙公司采用直线法计提折旧。

甲公司和乙公司 20×6 年的利润表数据及利润分配数据见表 9-8，甲公司和乙公司 20×6 年 12 月 31 日的资产负债表数据见表 9-9。

表 9-8 甲公司和乙公司的利润表及利润分配数据

20×6 年度 单位：万元

项目	甲公司	乙公司
（利润表数据）		
营业收入	500 000	240 000
营业成本	300 000	163 600
税金及附加	30 000	14 400
销售费用	22 000	17 500
管理费用	35 000	13 200
财务费用	7 000	1 100
资产减值损失	1 400	2 000
投资收益	6 400	300
营业利润	111 000	28 500
营业外支出	1 000	500
利润总额	110 000	28 000
所得税费用	26 000	7 000
净利润	84 000	21 000
（利润分配数据）		
年初未分配利润	5 000	13 000
提取盈余公积	8 400	2 100
对股东的分配	25 000	8 000
年末未分配利润	55 600	23 900

表 9-9 甲公司和乙公司的资产负债表数据

20×6 年 12 月 31 日 单位：万元

项目	甲公司	乙公司
货币资金	62 000	16 000
应收账款	179 000	98 000
存货	212 000	87 000
长期股权投资	132 000	
固定资产	714 000	210 000
递延所得税资产		1 000
资产总计	1 299 000	412 000

续表

项目	甲公司	乙公司
应付账款	114 600	29 000
长期借款	86 000	160 000
股本	800 000	150 000
资本公积	2 00 000	40 000
盈余公积	42 800	9 100
未分配利润	55 600	23 900
负债与股东权益总计	1 299 000	412 000

要求：考虑所得税因素对合并财务报表的影响，根据我国现行会计准则的规定：

(1) 计算确定购买日的合并商誉和少数股东权益；

(2) 计算确定20×6年度的合并净利润与少数股东损益；

(3) 计算确定20×6年12月31日合并资产负债表上少数股东权益的金额；

(4) 编制20×6年度合并财务报表的调整与抵销分录，并填列合并工作底稿。

2. 假设P公司在20×8年1月1日，以银行存款700万元购买了S公司流通在外有表决权股份的10%，对S公司不具有重大影响，P公司将其分类为以公允价值计量且其变动计入其他综合收益的金融资产。在该项投资之前，甲公司与乙公司之间不存在任何关联。20×8年年末该项投资的公允价值为750万元。

20×9年1月1日，P公司以4 000万元银行存款收购了S公司另外50%的股份。至此，P公司对S公司的持股比例达到了60%，P公司取得了对S公司的控制权。该项控股合并属于非同一控制下的控股合并。20×9年1月1日，S公司的固定资产的账面价值为4 000万元，公允价值为4 400万元，其他可辨认资产及负债的公允价值与账面价值相同。

20×9年1月1日P公司取得对S公司的控制权后的资产负债表及相关资料如表9-10所示。

表9-10　P公司和S公司的资产负债表及相关资料

20×9年1月1日　　　　单位：万元

项目	P公司	S公司	
		账面价值	公允价值
货币资金	1 300	1 000	1 000
应收账款	2 000	800	800
存货	1 600	1 000	1 000
长期股权投资	4 750		

续表

项目	P 公司	S 公司	
		账面价值	公允价值
固定资产	12 700	4 000	4 400
资产总计	17 650	8 000	8 400
应付账款	1 600	560	560
长期借款	8 000	1 200	1 200
股本	2 000	4 000	
资本公积	4 000		
盈余公积	500	320	
未分配利润	1 550	1 280	
负债及股东权益总计	17 650	8 000	

要求：

（1）编制 20×8 年和 20×9 年有关 P 公司对 S 公司投资的会计分录。

（2）编制 20×9 年 1 月 1 日 P 公司取得对 S 公司的控制权时的合并工作底稿的相关调整与抵销分录。

第 10 章 租　　赁

Chapter 10

学习目标

1. 掌握租赁的概念与特征，了解租赁业务的具体内容，以及租赁的识别、分拆与合并。

2. 能够熟练进行承租人全过程的业务处理，掌握各不同类型业务之间的特征及具体方法。

3. 能够熟练进行出租人全过程的业务处理，掌握各不同类型业务的不同要求及具体内容。

4. 理解售后租回交易的要求，能够熟练进行售后租回交易的会计业务处理。

10.1 租赁概述

10.1.1 租赁的概念与特征

租赁会计规则的设计理念

租赁是指在约定的期间内，出租人为了获取租金而将资产的使用权让与承租人以收取收益的行为。租赁由出租人和承租人共同形成，通常以协议或合同的形式存在，是出租人和承租人这两个经济主体之间通过签订协议，约定转让资产使用权的时间、支付对价以及期满后的资产处理等内容的过程。因此，会计准则也常将租赁定义为一项协议。原《国际会计准则第 17 号——租赁》将租赁定义为：在一个议定的期间内，出租人将某项资产的使用权让与承租人，以换取一项或一系列支付的协议。《美国会计准则公告第 13 号——租赁》将租赁定义为：在一个规定的期间转让固定资产（土地和/或可折旧资产）的使用权的协议。我国最新修订的《企业会计准则第 21 号——租赁》对租赁所下的定义为：租赁是指在一定期间内，出租人将资产的使用权让与承租人以获取对价的合同。

租赁作为一项经济活动或一项协议，其主要特征表现为：一是协议双方在租赁期内转移的是资产的使用权，而非资产的所有权，由此区别于资产所有权发生转移的资产买卖协议，以及资产使用权不从合同的一方转移给另一方的服务合同，如劳务合同、运输合同、保管合同、仓储合同等；二是这种转移是有偿的，即使用权的转移以租金的收付为条件，从而有别于无偿提供使用权的借用合同。租赁的上述特征决定了租赁资产必须以资产所有权和使用权可相互分离为前提，能够将使用权单独转出和收回，因此，租赁的对象通常是机器、房屋建筑物以及土地等可供企业长期使用的固定资产等可辨认资产，而电影、文稿、专利和版权等项目的许可使用协议一般不属于租赁的范畴。

10.1.2 租赁的识别

1. 租赁条件的识别标准

按照我国《企业会计准则第 21 号——租赁》的要求，在合同开始时，企业应当评估合同是否为租赁或者包含租赁。如果合同中一方让渡了在一定期间内控制一项或多项已识别资产使用的权利以换取对价，则该合同为租赁或者包含租赁。准则还强调，除非合同条款和条件发生变化，企业无须重新评估合同是否为租赁或者包含租赁。

合同是指两方或多方当事人之间在办理某事时，为了确定各自的权利和义务而订立的各自遵守的条文。如果合同的内容包含“让渡了在一定期间内控制一项或多项已识别资产使用的权利以换取对价”，该合同则应被确认为租赁。由此可知，这里突出了让渡的内容是资产使用的权利，也同时明确了这样做的目的是换取对价，亦即相对应的代价。因此以资产的使用权利换取相对应的代价，即为我们在经济业务中辨别是否为租赁及是否包含租赁的主要标准。

2. 对租赁资产识别的角度和方式

按照会计准则的要求，为确定一份合同是否让渡了在一定期间内占有并使用已识别资产的权利，企业应当评估客户在使用期间内是否有权获得该资产所产生的几乎全部经济利益，并有权主导该资产的使用。

（1）已识别资产。此处的已识别资产通常由合同明确指定，也可以在资产可供客户使用时隐性指定。

例 10－1a

甲公司与乙公司签订一份合同，在未来 5 年内向后者提供货运服务。甲公司负责配备机车司机，提供并负责保管机车、车厢。

分析：本例中，上述合同中不包含已识别资产，因此，不包含任何租赁业务。该合同是典型的运输合同，而不是租赁合同。

1）供应方的实质性替换权。如果资产的供应方在该资产的使用期间内拥有对该资产的实质性替换权，那么，客户就不拥有该资产的使用权。实质性替换权，是指供应方在资产的使用期内拥有替换该资产的实际能力，并能够通过行使替换权而获取经济利益。

如果企业难以确定供应方是否拥有对该资产的实质性替换权，则应视其为不具有实质性替换权。

例 10 - 2a

甲公司与乙公司签订一份合同，允许后者在未来 10 年内在机场特许经营区内销售茶叶并提供茶饮服务。合同约定了总占地面积，但具体地块由甲公司根据经济效益和旅客意见随时进行调整。

分析：本例中，上述合同中不包含已识别资产，因此，不包含任何租赁业务。该合同是典型的特许经营合同，而不是租赁合同。

2）可用功能的区分。如果一项资产的一部分可用功能（如建筑物中的一个楼层）能够在物理形态上与该资产的全部可用功能区分开来，那么，就可以将该部分资产单独列为已识别资产。如果一项资产的一部分可用功能（如数据光纤的已使用容量）不能在物理形态上与该资产的全部可用功能区分开来，那么，就不应将该部分资产视为已识别资产，除非其实质上代表了该资产的所有功能，从而使得客户有权获得该资产所产生的几乎全部经济利益。

例 10 - 3a

甲公司与乙公司签订一份 15 年的合同，允许后者使用某大型光缆中的 3 根光纤的容量。甲公司主导数据的传输（如何时开启光纤，传输什么数据，传输多少数据等）。

分析：本例中，该合同不存在已识别资产，因此，该合同中不包含租赁合同。

（2）有权获得已识别资产所产生的几乎全部经济利益。企业应当基于合同中约定的客户使用已识别资产的具体权利范围，来评估客户是否有权获得因使用已识别资产所产生的几乎全部经济利益。例如，汽车租赁合同中可能会针对汽车的行驶区域、行驶里程等作出具体的限定。

（3）有权主导已识别资产的使用。下列情形表明客户有权主导已识别资产在整个使用期内的使用：

1）客户有权在整个使用期间主导已识别资产的使用方式和使用目的。

2）在已识别资产的使用方式和使用目的在使用期开始前已预先确定，并且客户有权在整个使用期间自行或主导他人按照其确定的方式运营该资产，或者客户设计了已识别资产并在设计时已预先确定了该资产在整个使用期间的使用目的和使用方式。

例 10 - 1b

甲公司与乙公司签订一份合同，向后者提供货运列车车厢 10 节，期限为 5

年。在合同约定的范围内，乙公司有权决定何时、何地使用这些车厢，使用多少车厢，以及运载货物的类型等。乙公司负责保管这些车厢。如果上述车厢出现故障，甲公司应当予以调换。

合同还约定，如果乙公司提出了请求，甲公司还应当依照其请求提供机车，配备机车司机，并指导司机制定合理的运输计划。该机车由甲公司保管。甲公司可以选择任意一辆机车来满足乙公司的请求，且该机车可以同时为多位用户提供服务。

分析：本例中，上述合同中包含车厢租赁业务。因为：（1）车厢是已识别资产；（2）客户有权获得该资产所产生的几乎全部经济利益；（3）客户有权主导该资产的使用。

上述合同中，机车不属于已识别资产，因此，不构成租赁业务。

例 10－2b

甲公司与乙公司签订一份合同，允许后者在未来10年内在机场特许经营区内销售茶叶并提供茶饮服务。合同约定了具体地块和总占地面积。甲公司不具有实质性替换权。

分析：本例中，上述合同包含租赁业务。因为：（1）机场内的具体地块是已识别资产；（2）客户有权获得该资产所产生的几乎全部经济利益；（3）客户有权主导该资产的使用。

例 10－3b

京津数码有限公司与东南高科有限公司签订一份合同，允许后者在未来15年使用某大型光缆中的6根特定的物理隔离的光纤。东南高科有限公司自行决定在光纤两端连接何种设备，并主导数据的传输（如何时开启光纤，传输什么数据，传输多少数据等）。供应商不具有实质性替换权。

分析：本例中，上述合同中包含光纤租赁业务。因为：（1）特定的6根光纤是已识别资产；（2）客户有权获得该资产所产生的几乎全部经济利益；（3）客户有权主导该资产的使用。

判断是否构成租赁合同的流程如图10－1所示。

10.1.3 租赁的分拆和合并

1. 租赁的分拆

合同同时包含租赁和非租赁部分的，承租人和出租人应当将该合同包含的各租赁部分和非租赁部分进行分拆。其中，各租赁部分应当分别按照租赁准则进行会计处理，非租赁部分应当按照其他适用的企业会计准则进行会计处理。在分拆合同包含租赁和非租赁部分时，承租人应当按照各租赁部分及非租赁部分的单独价格的相对比例分摊合同对价，出租人应当根据收入准则中关于交易价格分摊的规定分摊合同对价。为简化处理，承租人可以按照租赁资产的类别选择是否分拆

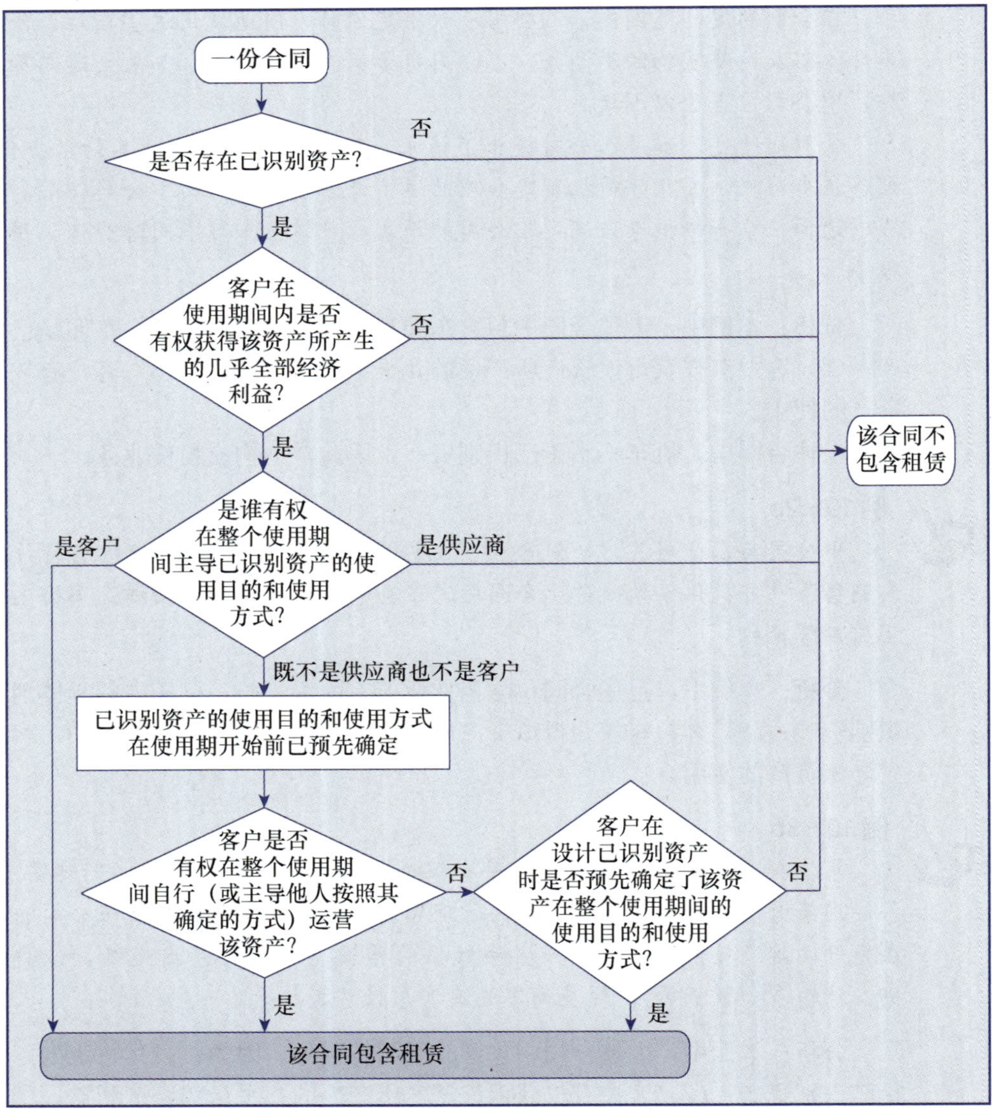

图10-1 判断是否构成租赁合同的流程图

合同包含的租赁和非租赁部分。承租人选择不分拆的，应当将各租赁部分及与其相关的非租赁部分分别合并为租赁，按照租赁准则进行会计处理。即由于是否将合同内的不同业务进行分拆，主要由承租人确定，若承租人确定了不进行业务分拆，就应当将非租赁部分的业务并入对应的租赁业务，也按照租赁准则的要求进行会计处理。

租赁合同中同时包含多项单独租赁的，承租人和出租人应当将合同予以分拆，分别对各个单项租赁合同进行会计处理。如果承租人可以通过使用某项资产（包括单独使用或将其与易于获得的其他资源一起使用）而获利，且该资产与租赁合同中的其他资产不存在高度依赖（或高度关联）关系，则可将使用该资产的权利列为单个租赁合同。

会计准则还提出要求：对于满足会计准则中嵌入衍生工具分拆条件的非租赁

部分，承租人不应将其与租赁部分合并进行会计处理。

2. 租赁的合并

企业与同一交易方或其关联方在同一时间或相近时间订立的两份或多份包含租赁的合同，在满足下列条件之一时，应当合并为一份合同进行会计处理：

（1）该两份或多份合同基于总体商业目的而订立并构成一揽子交易，若不作为整体考虑就无法理解其总体商业目的。

（2）该两份或多份合同中的某份合同的对价取决于其他合同的定价或履行情况。

（3）该两份或多份合同让渡的资产使用权合起来构成一项单独租赁。

10.1.4　租赁会计的具体内容及其处理要求

1. 租赁会计的产生和发展

租赁业务的出现，促成了资产所有权与使用权的分离，带来了资产的风险和报酬已实际转移但法定所有权未正式划转的特别业务。这样，就要有一种新的能够确切表达上述业务活动的会计处理和表达方式。问题的关键是，如何将实际上已属于承租人的租赁资产等合理记录与适当反映，以及如何根据配比原则确定租赁业务的收益和成本等。在实际业务中，会计界有一个提出规范意见、反馈执行信息，再进一步修正，从而制定出某类事务的会计准则的过程。应当说，租赁会计就是这样产生、发展的。

美国注册会计师协会所属的会计程序委员会早在 20 世纪 50 年代前就开始了对租赁会计的研究。最早见到的公告为会计研究第 38 号公告《在承租者的财务报表中列示长期租赁》。在此之后，美国的会计原则委员会和以后的财务会计准则委员会又陆续发布了系列公告，较为全面、透彻地阐述了租赁会计及其具体方法。国际财务报告准则委员会也于 1982 年制定了《国际会计准则第 17 号——租赁》，并于 1997 年对该准则进行了修订。准则于 2016 年再次修订后，发布为《国际财务报告准则第 16 号——租赁》。

鉴于租赁业务在我国的普及与应用，2001 年我国财政部颁布了《企业会计准则——租赁》，规定所有企业从 2001 年 1 月 1 日开始执行；之后，又于 2006 年 2 月 15 日正式颁布了《企业会计准则第 21 号——租赁》，并于 2018 年进行了修订。

专栏 10-1　租赁合同、融资租赁合同与租赁业务的发展

《民法典》第二分编第十四章“租赁合同”和第十五章“融资租赁合同”专门针对租赁合同和融资租赁合同进行了规范。值得注意的是，《民法典》所提及的融资租赁与实务中的业务种类相比，范围要小一些。

《民法典》所称的“租赁合同”，是出租人将租赁物交付承租人使用、收益，承租人支付租金的合同。国际会计准则中的定义与此基本相同。《民法典》所称

的“融资租赁合同”，是出租人根据承租人对出卖人、租赁物的选择，向出卖人购买租赁物，提供给承租人使用，承租人支付租金的合同。此定义与国际会计准则及我国企业会计准则中的定义是有差异的。时至今日，针对融资租赁的金融、财税、会计和法律方面的监管措施仍比较滞后，有待有识之士进一步深入研究。

我国的租赁行业起步较晚。1981年4月，中国国际信托投资公司、北京市机电设备总公司和日本东方租赁股份公司共同组建的中国东方租赁有限公司，是新中国第一家租赁公司。1981年7月，中国国际信托投资公司和原国家物资局共同组建的中国租赁有限公司，是我国第一家金融租赁公司。目前我国已经形成一大批从事融资租赁的金融租赁公司、中外合资租赁公司、信托投资公司和财务公司。业务涉及传统融资租赁（直接租赁）、转租赁、售后租回交易、委托租赁、厂商融资租赁、联合租赁等。此外，还有一大批实物租赁公司，主要从事经营租赁。

世界知名的制造业公司普遍设立有租赁公司，有些还在我国设立了租赁公司。高技术企业通过租赁业务可以同时赚取工商业务利润和金融业务利润。在我国，金融租赁公司作为非银行金融机构，其归口管理单位主要是中国银行保险监督管理委员会。关于融资租赁的现行法规主要是2015年国务院办公厅发布的《关于促进金融租赁行业健康发展的指导意见》《关于加快融资租赁业发展的指导意见》，以及2014年中国银行业监督管理委员会颁布的《金融租赁公司管理办法》。

2. 租赁会计的分类及其会计处理内容

从租赁会计涉及的范围来看，可将租赁会计划分为承租人会计和出租人会计两大部分。承租人会计处理的内容主要是承租人取得资产、支付费用及对期末存有的租赁资产价值进行揭示；而出租人会计处理的内容则主要是出租人取得资产的耗费、出租资产的收益及期末总投资额的揭示等。

租赁业务有不同的类别，租赁会计也有不同的处理方式。比如，在出租方就存在专门核算融资租赁业务的会计和专门核算经营租赁业务的会计；在承租方，则有短期租赁、低价值资产租赁等业务的会计。只从出租人来看，专门核算融资租赁会计的内容要广泛一些，不仅有租赁的形成、租金的收付等业务，还有承租人将租赁物视同自有资产计提折旧，出租人确定损益，以及双方在租赁期届满后对资产的处理等。经营租赁等会计的内容主要是承租人支付租金和出租人对资产租出、收回等业务事项。

3. 租赁会计处理的基本要求

鉴于租赁业务的特殊性，租赁会计应按照下述要求进行会计处理：

（1）严格区分各不同类型的租赁业务，按不同方式进行会计处理。一项租赁业务是属于融资租赁还是经营租赁等其他租赁，应完全取决于与资产所有权有关的全部风险和报酬是否已实质上转移。若已实质上转移，即应按融资租赁方式进行会计处理，否则应按经营租赁等其他方式处理。

（2）严格按会计准则的要求，准确地揭示租赁资产发生的费用和收益，及其期末实有价值。国际财务报告准则和我国会计准则都对租赁业务的会计处理进行了规范，不同租赁方式的资产计价、披露方式及相关的收益、费用确认均有依据。在进行租赁会计业务处理时，无论是承租人还是出租人，都应严格按会计准则的要求进行确认、计量和揭示，以满足财务报表使用者对租赁业务信息的需求。

（3）严格遵守租约、合同的规定，妥善处理租赁期届满后的各类事项。比如，若合同规定租赁期届满后，承租人有低价续租的选择权或低价购进的选择权，承租人即可行使这方面的权利，按自己的要求处理租赁资产；反之，若承租人无此权利，出租人就应及时收回资产，另行处理。这项工作是租赁业务结束的标志，是租赁会计的重要内容之一。

10.2 承租人的会计处理

10.2.1 承租人对租赁业务的确认与初始计量

1. 在租赁期开始日需进行的会计判断

此处提及的会计判断，是指会计的职业判断，即会计人员按照会计准则的要求，根据企业的经营特点和目的，利用自己的专业知识对需要处理的会计事项等应采取的原则、方法、程序等方面进行判断与选择的过程。根据租赁会计准则的要求，在租赁期开始日，承租人应当对租赁确认使用权资产和租赁负债。

对于这样的规定，我们首先要理解下列相关概念：

（1）租赁期，是指承租人有权使用租赁资产且不可撤销的期间。这样的期间还有下列附带条件：一是承租人有权选择续租该资产且合理确定将行使该选择权的，租赁期还应当包含续租选择权涵盖的期间；二是承租人有权选择终止租赁该资产，但合理确定将不会行使该选择权的，租赁期应当包含终止租赁选择权涵盖的期间。

举例来说，若承租人在合同上规定使用寿命为 5 年的租赁资产的租赁期为 4 年，但同时规定，4 年期满后承租人只要支付很少的费用就可以继续使用该项资产，而承租人是不会放弃这种优惠价格的；在这种情况下，承租人在会计处理时确定的租赁期应为包括继续租赁的期间，即 5 年。或者是承租人在合同上规定使用寿命为 5 年的租赁资产的租赁期为 4 年，但承租人在租满 3 年后可以选择是否继续租完最后一年；由于在第 4 年的租赁费用较低，承租人也很难完成同类资产的转换，因此其租赁期应为包括选择权的 4 年。

但是，若在租赁期出现承租人可控范围内的重大事件或变化，且影响承租人是否合理确定将行使相应选择权的，承租人应当对其是否合理确定将行使续租选择权、购买选择权或不行使终止租赁选择权进行重新评估。

（2）租赁期开始日，是指出租人提供租赁资产使其可供承租人使用的起始日期。承租人初始记录租赁资产，就是从租赁期开始日开始的。

（3）使用权资产，是指承租人可在租赁期内使用租赁资产的权利。换句话说，就是承租人按照一定的对价租入了使用权，但未获得所有权的资产。需要说明的是，会计准则的上述规定只适用于一般的租赁业务，而不适用于可进行简化处理的短期租赁和低价值资产租赁。

2. 租赁负债的初始计量

租赁负债应当按照租赁期开始日尚未支付的租赁付款额的现值进行初始计量。

租赁付款额，是指承租人向出租人支付的与在租赁期内使用租赁资产的权利相关的款项，包括以下各项。

（1）固定付款额及实质固定付款额。存在租赁激励的，扣除租赁激励相关金额。实质固定付款额，是指在形式上可能包含变量（存在变数）但实质上无法避免的付款额。

（2）取决于指数或比率的可变租赁付款额，该款项在初始计量时根据租赁期开始日的指数或比率确定。可变租赁付款额，是指承租人为取得在租赁期内使用租赁资产的权利，向出租人支付的因租赁期开始日后的事实或情况发生变化（而非时间推移）而变动的款项。取决于指数或比率的可变租赁付款额包括与消费者价格指数挂钩的款项、与基准利率挂钩的款项和为反映市场租金费率变化而变动的款项等。

（3）购买选择权的行权价格，前提是承租人合理确定将行使该选择权。

（4）行使终止租赁选择权需支付的款项，前提是租赁期反映出承租人将行使终止租赁选择权。

（5）承租人因提供了担保余值而预计应支付的款项。担保余值，是指与出租人无关的一方向出租人提供担保，保证在租赁结束时租赁资产的价值至少为某指定的金额。

在计算租赁付款额的现值时，承租人应当采用租赁内含利率作为折现率；无法确定租赁内含利率的，应当采用承租人增量借款利率作为折现率。

（1）租赁内含利率。租赁内含利率，是指使出租人的租赁收款额的现值与未担保余值的现值之和，等于租赁资产公允价值与出租人的初始直接费用之和的利率。即使得下式成立的折现率 r。

$$\begin{matrix}\text{租赁资产}\\\text{公允价值}\end{matrix}+\begin{matrix}\text{出租人的}\\\text{初始直接费用}\end{matrix}=\sum_{t=1}^{n}\frac{\text{第 }t\text{ 期的租赁收款额}}{(1+r)^t}+\frac{\text{未担保余值}}{(1+r)^n}$$

租赁收款额，是指出租人因让渡在租赁期内使用租赁资产的权利而应向承租人收取的款项。该金额等同于承租人的租赁付款额，如前所述，包括以下各项。

1）承租人需支付的固定付款额及实质固定付款额，存在租赁激励的，扣除租赁激励相关金额；

2）取决于指数或比率的可变租赁付款额，该款项在初始计量时根据租赁期开始日的指数或比率确定；

3）购买选择权的行权价格，前提是合理确定承租人将行使该选择权；

4）承租人行使终止租赁选择权需支付的款项，前提是租赁期反映出承租人将行使终止租赁选择权；

5）由承租人、与承租人有关的一方以及有经济能力履行担保义务的独立第三方向出租人提供的担保余值。

未担保余值，是指租赁资产余值中，出租人无法保证能够实现或仅由与出租人有关的一方予以担保的部分。在租赁交易中，出租人占有信息优势，未担保余值是出租人知道而承租人不知道的信息。承租人往往不愿意提供过高的担保余值，而这恰恰构成出租人提高要价的理由。只要承租人提供了偏低的担保余值，（估计的）资产余值高于担保余值的部分就是未担保余值。

专栏 10－2　信息不对称与未担保余值

信息不对称现象是普遍存在的。信息不对称往往就是商机之所在。

融资租赁合同中也存在典型的信息不对称现象。通常，出租人会要求承租人担保一定的资产余值，以避免后者过度使用或者不爱护该项资产。承租人在合同谈判过程中往往会倾向于担保一个较低的价值，而出租人则会默认承租人的要求，因为出租人可借机要求承租人多付租赁费，同时，出租人拥有信息优势，知道该项设备一旦到期归还，其价值一定会超出承租人担保的价值。这一笔超过担保金额的价值，就是未担保余值。

因此，未担保余值是出租人知道而承租人往往不知道的资产价值。

（2）承租人增量借款利率。承租人增量借款利率，是指承租人在类似经济环境下为获得与使用权资产价值接近的资产，在类似期间以类似抵押条件借入资金须支付的利率。

3. 使用权资产的初始计量

使用权资产应当按照成本进行初始计量。该成本包括：

（1）租赁负债的初始计量金额。

（2）在租赁期开始日或之前支付的租赁付款额，存在租赁激励的，扣除租赁激励相关金额。租赁激励，是指出租人为达成租赁向承租人提供的优惠，包括出租人向承租人支付的与租赁有关的款项以及出租人为承租人偿付或承担的成本等。换句话说，此处的激励就是出租人就租赁业务向承租人作出的让价妥协或折扣。

（3）承租人发生的初始直接费用。初始直接费用，是指为达成租赁所发生的增量成本。增量成本是指若企业不取得该租赁，则不会发生的成本。具体来说，承租人在租赁谈判和签订租赁合同过程中发生的，可归属于租赁项目的手续费、律师费、差旅费、印花税等都可归为租赁业务的初始直接费用，计入租入资产价值。

（4）承租人为拆卸及移除租赁资产、复原租赁资产所在场地或将租赁资产恢复至租赁条款约定状态预计将发生的成本。前述成本属于为生产存货而发生的，则按照存货准则的要求进行处理。

承租人应当按照或有事项准则要求对上述第（4）项成本进行确认和计量。

使用权资产的初始计量成本 = 租赁负债的初始计量金额 + 在租赁期开始日或之前支付的租赁付款额（减去租赁激励）+ 初始直接费用 + 拆卸及移除租赁资产等将发生的成本

综上所述，在租赁期开始日，承租人按应计入使用权资产的金额，借记“使用权资产”科目，按租赁期开始日尚未支付的租赁付款额的现值，贷记“租赁负债”科目，按在租赁期开始日（或之前）支付的租赁付款额，以及发生的初始直接费用，贷记“银行存款”等科目。涉及预计弃置费用的，还应作相应的处理（如借记“使用权资产”科目，贷记“预计负债”科目等）。可概括如图10－2所示。

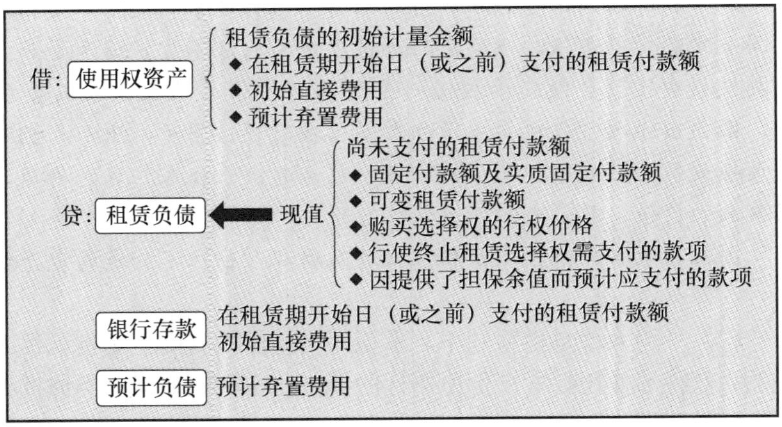

图10－2　承租人的入账处理

4. 租赁初始计量的举例说明

租赁业务的初始计量包含租赁初始期内发生的一系列经济活动，这些经济活动都是会计要反映的具体内容。

例10－4

本例讲解普通年金（后付年金）、固定付款额情形下的会计处理。

2×20年12月1日，甲公司向乙公司租入一套设备，合同主要条款如下：

（1）租赁期自2×21年1月1日起，至2×24年12月31日，共4年。

（2）租金支付方式为租赁期间内每年年末支付固定付款额15 000 000元。此外，承租人每年年末需为该设备支付100 000元的保险费、维护费等实质固定付款额，均由承租人承担。

（3）承租人因提供了担保余值而预计应支付款项310 000元。

（4）承租人不知道出租人的租赁内含利率。承租人增量借款利率为7%（年利率）。

（5）承租人的初始直接费用为6 000元。

（6）该套设备估计使用年限为5年，承租人无法合理确定租赁期届满时能够取得租赁资产所有权。

（7）承租人对设备采用年数总和法计提折旧。

（8）在租赁期最后一期，承租人因使用该机器比较满意，支付了未纳入租赁负债计量的可变租赁付款额60 000元。

要求：确认租赁负债和使用权资产。

分析：承租人甲公司的会计处理如下：

（1）2×21年1月1日确定租赁负债的入账价值时。

$$租赁负债=\frac{15\ 100\ 000}{(1+7\%)^1}+\frac{15\ 100\ 000}{(1+7\%)^2}+\frac{15\ 100\ 000}{(1+7\%)^3}+\frac{15\ 100\ 000}{(1+7\%)^4}+\frac{310\ 000}{(1+7\%)^4}$$
$$=51\ 383\ 387(元)$$

（2）2×21年1月1日确定使用权资产的入账价值时。

使用权资产＝租赁负债的初始计量金额＋初始直接费用
＝51 383 387＋6 000
＝51 389 387（元）

借：使用权资产	51 389 387	
贷：租赁负债		51 383 387
银行存款		6 000

10.2.2 承租人对租赁业务的后续计量

1. 准则对使用权资产的后续计量要求

在租赁期开始日后，承租人应当采用成本模式对使用权资产进行后续计量。

（1）折旧。承租人应当参照《企业会计准则第4号——固定资产》有关折旧规定，对使用权资产计提折旧。

承租人能够合理确定租赁期届满时取得租赁资产所有权的，应当在租赁资产剩余使用寿命内计提折旧。无法合理确定租赁期届满时能够取得租赁资产所有权的，应当在租赁期与租赁资产剩余使用寿命两者孰短的期间内计提折旧。

（2）资产减值。承租人应当按照《企业会计准则第8号——资产减值》的规定，确定使用权资产是否发生减值，并对已识别的减值损失进行会计处理。

（3）对使用权资产的调整。承租人基于特定原因重新计量租赁负债时，应当相应调整使用权资产的账面价值。使用权资产的账面价值已调减至零，但租赁负债仍需进一步调减的，承租人应当将剩余金额计入当期损益。

2. 准则对租赁负债的后续计量要求

（1）支付租金时的会计处理。按期支付租金时，借记“租赁负债”科目，贷记“银行存款”等科目。

(2) 利息费用的计算。承租人应当按照固定的周期性利率计算租赁负债在租赁期内各期间的利息费用，并计入当期损益。按照《企业会计准则第17号——借款费用》等其他准则规定应当计入相关资产成本的，从其规定。上述“固定的周期性利率”，是指租赁内含利率、承租人增量借款利率，或者根据续租选择权、购买选择权、担保余值的变化进行修订后的折现率。

(3) 未纳入租赁负债计量的可变租赁付款额。未纳入租赁负债计量的可变租赁付款额应当在实际发生时计入当期损益。按照《企业会计准则第1号——存货》等其他准则规定应当计入相关资产成本的，从其规定。

(4) 租赁负债的重新计量：续租选择权、终止租赁选择权和购买选择权。在租赁期开始日后，发生下列情形的，承租人应当重新确定租赁付款额，并按变动后租赁付款额和修订后的折现率计算的现值重新计量租赁负债：

1) 因续租选择权或终止租赁选择权的评估结果发生变化，或者前述选择权的实际行使情况与原评估结果不一致等导致租赁期变化的，应当根据新的租赁期重新确定租赁付款额；

2) 因购买选择权的评估结果发生变化的，应当根据新的评估结果重新确定租赁付款额。

在计算变动后租赁付款额的现值时，承租人应当采用剩余租赁期间的租赁内含利率作为修订后的折现率；无法确定剩余租赁期间的租赁内含利率的，应当采用重估日的承租人增量借款利率作为修订后的折现率。

(5) 租赁负债的重新计量：担保余值、指数或比率的变化所导致的变动。在租赁期开始日后，根据担保余值预计的应付金额发生变动，或者因用于确定租赁付款额的指数或比率变动而导致未来租赁付款额发生变动的，承租人应当按照变动后租赁付款额的现值重新计量租赁负债。在这些情形下，承租人采用的折现率不变；但是，租赁付款额的变动源自浮动利率变动的，使用修订后的折现率。

例10-5

承例10-4，要求：对租赁负债和使用权资产进行后续计量。

分析：各期利息费用的计算见表10-1。

表10-1 各期利息费用的计算* 单位：元

	利息费用	实质固定付款额	固定付款额	租赁负债的摊余成本
	①	②	③	本期④=期初④+①−②−③
2×21.01.01				51 383 387
2×21.12.31	3 596 837	100 000	15 000 000	39 880 225
2×22.12.31	2 791 616	100 000	15 000 000	27 571 840
2×23.12.31	1 930 029	100 000	15 000 000	14 401 869
2×24.12.31	1 008 131	100 000	15 000 000	310 000
合计	9 326 613	400 000	60 000 000	—

* 每个年度的利息费用和折旧均列示于12月31日。

(1) 2×21年至2×24年每年年底记录财务费用时。

	2×21 年	2×22 年	2×23 年	2×24 年
借：财务费用	3 596 837	2 791 616	1 930 029	1 008 131
贷：租赁负债	3 596 837	2 791 616	1 930 029	1 008 131

（2）2×21 年至 2×24 年每年年底支付固定付款额时。

	2×21 年	2×22 年	2×23 年	2×24 年
借：租赁负债	15 000 000	15 000 000	15 000 000	15 000 000
贷：银行存款	15 000 000	15 000 000	15 000 000	15 000 000

（3）2×21 年至 2×24 年每年支付实质固定付款额时。

	2×21 年	2×22 年	2×23 年	2×24 年
借：租赁负债	100 000	100 000	100 000	100 000
贷：银行存款	100 000	100 000	100 000	100 000

（4）折旧的处理与自有资产相同。

应计折旧额＝51 389 387－310 000＝51 079 387(元)

各年计提折旧额计算如表 10－2 所示。

表 10－2 使用权资产的折旧额的计算 单位：元

年份	尚可使用年限	应计折旧额	年折旧率	年折旧额	累计折旧
1	4	51 079 387	4/10	20 431 755	20 431 755
2	3	51 079 387	3/10	15 323 816	35 755 571
3	2	51 079 387	2/10	10 215 877	45 971 448
4	1	51 079 387	1/10	5 107 939	51 079 387
合计	—	—	1	51 079 387	—

2×21 年至 2×24 年每年计提折旧时。

	2×21 年	2×22 年	2×23 年	2×24 年	合计
借：制造费用等成本费用类科目	20 431 755	15 323 816	10 215 877	5 107 939	51 079 387
贷：使用权资产累计折旧	20 431 755	15 323 816	10 215 877	5 107 939	51 079 387

在租赁期末（2×24 年 12 月 31 日），“租赁负债”账户贷方余额为 310 000 元。“使用权资产”账户借方余额为 51 389 387 元，“使用权资产累计折旧”账户贷方余额为 51 079 387 元，使用权资产的账面价值为 310 000 元（即承租人担保的余值）。

（5）承租人因使用该机器比较满意，支付了未纳入租赁负债计量的可变租赁付款额 60 000 元。

借：管理费用 60 000

　贷：银行存款 60 000

3. 会计准则对租赁发生变更时的会计处理要求

租赁变更，是指原合同条款之外的租赁范围、租赁对价、租赁期限的变更，包括增加或终止一项或多项租赁资产的使用权，延长或缩短合同规定的租赁期等。租赁变更生效日，是指双方就租赁变更达成一致的日期。会计准则对于发生租赁变更时的相关处理要求如下：

（1）租赁发生变更且同时符合下列条件的，承租人应当将该租赁变更作为一项单独租赁进行会计处理：

1）该租赁变更通过增加一项或多项租赁资产的使用权而扩大了租赁范围；

2）增加的对价与租赁范围扩大部分的单独价格按该合同情况调整后的金额相当。

（2）租赁变更未作为一项单独租赁进行会计处理的，在租赁变更生效日，承租人应当按照租赁准则的相关规定分摊变更后合同的对价，重新确定租赁期，并按照变更后租赁付款额和修订后的折现率计算的现值重新计量租赁负债。

在计算变更后租赁付款额的现值时，承租人应当采用剩余租赁期间的租赁内含利率作为修订后的折现率；无法确定剩余租赁期间的租赁内含利率的，应当采用租赁变更生效日的承租人增量借款利率作为修订后的折现率。租赁变更导致租赁范围缩小或租赁期缩短的，承租人应当相应调减使用权资产的账面价值，并将部分终止或完全终止租赁的相关利得或损失计入当期损益。其他租赁变更导致租赁负债重新计量的，应当相应调整使用权资产的账面价值。

10.2.3　承租人租赁期届满时的会计业务处理

租赁期届满时，对使用权资产的处理有返还、续租和留购，会计处理如下。

（1）承租人返还租赁资产的情形。返还租赁资产时，借记“租赁负债”“使用权资产累计折旧”科目，贷记“使用权资产”科目。

（2）承租人按照合同约定的优惠条款继续承租该项租赁资产的情形。承租人若行使优惠续租选择权，则视同该项租赁一直存在而作出相同的账务处理。如果租赁期届满时承租人没有续租，根据租赁合同规定应向出租人支付违约金时，借记“营业外支出”科目，贷记“银行存款”科目。

（3）承租人按照合同约定的优惠条款留购租赁资产的情形。承租人在支付购买价款时，借记“租赁负债”科目，贷记“银行存款”等科目；同时，将租赁资产从“使用权资产”科目转入“固定资产”科目。

例 10-6

承例 10-4、例 10-5，要求：进行租赁期届满时承租人的会计处理。

分析：

（1）2×25 年年初如果承租人不购买，则退还该套设备。

借：租赁负债	310 000	
使用权资产累计折旧	51 079 387	
贷：使用权资产		51 389 387

（2）2×25 年年初如果出租人允许承租人以 400 000 元购得。

借：租赁负债	310 000	
使用权资产累计折旧	51 079 387	
贷：使用权资产		51 389 387
借：固定资产	40 000	
贷：银行存款		40 000

10.2.4　短期租赁和低价值资产租赁

1. 短期租赁和低价值资产租赁的概念和特征

短期租赁，是指在租赁期开始日，租赁期不超过 12 个月的租赁。包含购买选择权的租赁不属于短期租赁。此处的购买选择权，一般是一种契约，其持有人有权利在契约到期日或之前，以通常较低的价格而向对方续租一定数量的租赁资产。

低价值资产租赁，是指单项租赁资产为全新资产时价值较低的租赁。低价值资产租赁的判定仅与资产的绝对价值有关，不受承租人规模、性质或其他情况影响。低价值资产还应当符合下列条件：（1）承租人可从单独使用该资产或将其与易于获得的其他资源一起使用中获利；（2）该资产与其他资产不存在高度依赖或高度关联关系。承租人转租或预期转租租赁资产的，原租赁不属于低价值资产租赁。此处的转租，是指转租租赁，是指承租人在租赁期内将租入资产出租给第三方的行为。

2. 短期租赁和低价值资产租赁的会计处理要求

我国企业会计准则要求，对于短期租赁和低价值资产租赁，承租人可以选择不确认使用权资产和租赁负债。作出该选择的，承租人应当将短期租赁和低价值资产租赁的租赁付款额，在租赁期内各个期间按照直线法或其他系统合理的方法计入相关资产成本或当期损益。其他系统合理的方法能够更好地反映承租人的受益模式的，承租人应当采用该方法。

对于短期租赁，承租人应当按照租赁资产的类别作出上述会计处理选择。

对于低价值资产租赁，承租人可根据每项租赁的具体情况作出上述会计处理选择。

在按照上述规定进行简化处理的短期租赁发生租赁变更或者租赁变更之外的原因导致租赁期发生变化的，承租人应当将其视为一项新租赁进行会计处理。相对而言，低价值资产租赁不必做租赁变更的考虑。

例 10－7

2×22 年 1 月 1 日，甲公司向乙公司租入某商场入口处的一个小型展销厅进行产品推广，租期为 10 个月。合同约定，自租赁开始日（2×22 年 1 月 1 日）起，甲公司每月月末向乙公司支付租金，前五个月每月支付租金 30 000 元，后五个月每月支付70 000元。

分析：甲公司的账务处理如下：

假定甲公司采用直线法分摊确认各期的租金费用。租赁费用总额为500 000元（30 000×5＋70 000×5），按直线法计算，每月应分摊的租金费用为50 000元。

前五个月的记录如下：

	1月	2月	3月	4月	5月
借：管理费用	50 000	50 000	50 000	50 000	50 000
贷：银行存款	30 000	30 000	30 000	30 000	30 000
其他应付款	20 000	20 000	20 000	20 000	20 000

后五个月的记录如下：

	1月	2月	3月	4月	5月
借：管理费用	50 000	50 000	50 000	50 000	50 000
其他应付款	20 000	20 000	20 000	20 000	20 000
贷：银行存款	7 000	7 000	7 000	7 000	7 000

10.3 出租人的会计处理

10.3.1 出租人对租赁业务的分类

1. 出租人应当在租赁开始日进行的分类

出租人应当在租赁开始日将租赁分为融资租赁和经营租赁。

（1）租赁开始日，是指租赁合同签署日与租赁各方就主要租赁条款作出承诺日中的较早者。请注意：本章在前面承租人的会计处理部分也曾强调过一个术语，即租赁期开始日，是指出租人提供租赁资产使其可供承租人使用的日期；而这里的租赁开始日则是针对出租人而言，涉及租赁合同签署日与租赁各方就主要租赁条款作出承诺日两个可能会有区别的时间点。

（2）融资租赁，是指实质上转移了与租赁资产所有权有关的几乎全部风险和报酬的租赁。其所有权最终可能转移，也可能不转移。我们还要注意：在本次会计准则修订之前，无论是出租人还是承租人，在租赁业务开始时的首要工作都是认定租赁业务是属于融资租赁还是经营租赁；会计准则在本次修订之后，只是强调了出租人对租赁业务的如此划分，未对承租人的业务提此要求。

（3）经营租赁，是指除融资租赁以外的其他租赁。此处使用的术语解释方法为排除法，其前提是，对于租赁业务只有融资租赁和经营租赁两种类型。我们按照这样的划分可以推导：在本章前面的例题中，我们介绍的出租人的租赁业务，可能是融资租赁，也可能是经营租赁；但是关于承租人的短期租赁和低价值资产租赁业务，一般是经营租赁。

准则对租赁的分类的要求还有：在租赁开始日后，出租人无须对租赁的分类进行重新评估，除非发生租赁变更。租赁资产预计使用寿命、预计余值等会计估计变更或发生承租人违约等情况变化的，出租人不对租赁的分类进行重新评估。

2. 融资租赁与经营租赁的划分标准

一项租赁是属于融资租赁还是经营租赁取决于交易的实质，而不是合同的形式。如果一项租赁实质上转移了与租赁资产所有权有关的几乎全部风险和报酬，出租人应当将该项租赁分类为融资租赁。具体来说，一项租赁存在下列一项或多项情形的，通常分类为融资租赁：

（1）在租赁期届满时，租赁资产的所有权转移给承租人；

（2）承租人有购买租赁资产的选择权，所订立的购买价款与预计行使选择权时租赁资产的公允价值相比足够低，因而在租赁开始日就可以合理确定承租人将行使该选择权；

（3）资产的所有权虽然不转移，但租赁期占租赁资产使用寿命的大部分；

（4）在租赁开始日，租赁收款额的现值几乎相当于租赁资产的公允价值；

（5）租赁资产性质特殊，如果不作较大改造，只有承租人才能使用。

一项租赁存在下列一项或多项迹象的，也可能分类为融资租赁：

（1）若承租人撤销租赁，撤销租赁对出租人造成的损失由承租人承担；

（2）资产余值的公允价值波动所产生的利得或损失归属于承租人；

（3）承租人有能力以远低于市场水平的租金继续租赁至下一期间。

若承租人将租入资产转租时（请注意，此时的原承租人又有了出租业务出租人的身份，即转租出租人），转租出租人应当基于原租赁产生的使用权资产，而不是原租赁的标的资产，对转租赁进行分类。但是，原租赁为短期租赁，且转租出租人应用“不确认使用权资产和租赁负债”方法时，转租出租人应当将该转租赁分类为经营租赁。

10.3.2 出租人在租赁期开始日对融资租赁业务的会计处理

1. 出租人对融资租赁的会计处理之一：租赁期开始日

在租赁期开始日，出租人应当将租赁投资净额作为应收融资租赁款的入账价值，并终止确认融资租赁资产。

出租人对应收融资租赁款进行初始计量时，应当以租赁投资净额作为应收融资租赁款的入账价值。租赁投资净额，是指未担保余值和租赁期开始日尚未收到的租赁收款额按照租赁内含利率折现的现值之和。

$$\begin{aligned}\text{租赁投资净额} &= \text{租赁投资总额的折现值}\\ &= \sum_{t=1}^{n}\frac{\text{第 }t\text{ 期的租赁收款额}}{(1+r)^{t}}+\frac{\text{未担保余值}}{(1+r)^{n}}\end{aligned}$$

在转租的情况下，若转租的租赁内含利率无法确定，转租出租人可采用原租赁的折现率（根据与转租有关的初始直接费用进行调整）计量转租投资净额。

2. 出租人对融资租赁的会计处理之二：生产商或经销商作为出租人的融资租赁

生产商或经销商作为出租人的融资租赁，在租赁期开始日，该出租人应当按照租赁资产公允价值与租赁收款额按市场利率折现的现值两者孰低确认收入，并按照租赁资产账面价值扣除未担保余值的现值后的余额结转销售成本。

生产商或经销商出租人为取得融资租赁发生的成本，应当在租赁期开始日计入当期损益。之所以将该成本计入当期损益，是因为 IFRS 16 的设计者认为，该成本主要与生产商或经销商出租人赚取的销售利润有关，所以，该成本不作为初始直接费用，当然也就不再列入租赁投资净额（可参见 IFRS 16 第 74 段）。

生产商或经销商出租人的租赁投资净额的账务处理如图 10－3 所示。

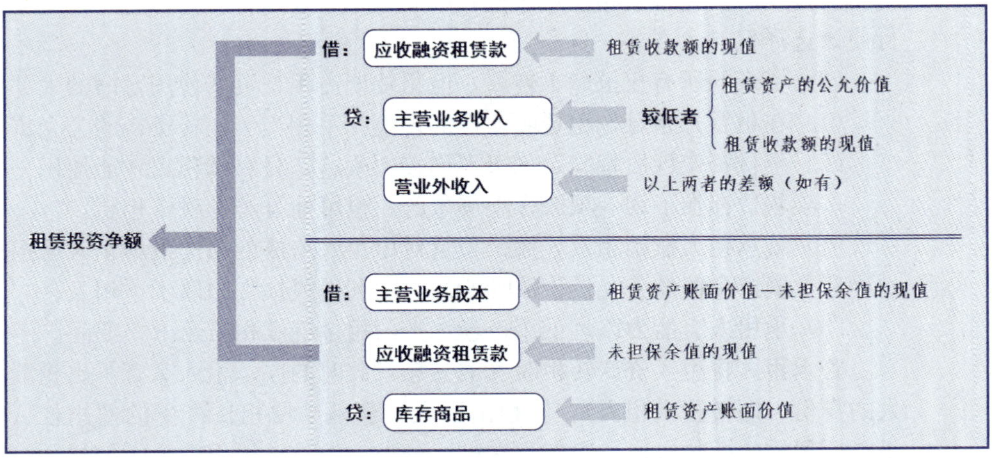

图 10－3　生产商或经销商出租人的租赁投资净额的账务处理

3. 出租人对融资租赁的会计处理之三：融资租赁发生变更

融资租赁发生变更且同时符合下列条件的，出租人应当将该变更作为一项单独租赁进行会计处理：

（1）该变更通过增加一项或多项租赁资产的使用权而扩大了租赁范围；

（2）增加的对价与租赁范围扩大部分的单独价格按该合同情况调整后的金额相当。

融资租赁的变更未作为一项单独租赁进行会计处理的，出租人应当分别下列情形对变更后的租赁进行处理：（1）假如变更在租赁开始日生效，该租赁会被分类为经营租赁的，出租人应当自租赁变更生效日开始将其作为一项新租赁进行会计处理，并以租赁变更生效日前的租赁投资净额作为租赁资产的账面价值；（2）假如变更在租赁开始日生效，该租赁会被分类为融资租赁的，出租人应当按照《企业会计准则第 22 号——金融工具确认和计量》关于修改或重新议定合同的规定进行会计处理。

4. 出租人对融资租赁会计处理的其他要求

（1）出租人应当按照固定的周期性利率计算并确认租赁期内各个期间的利息收入。

（2）出租人应当按照金融工具确认和计量准则和金融资产转移准则的规定，对应收融资租赁款的终止确认和减值进行会计处理。出租人将应收融资租赁款或其所在的处置组划分为持有待售类别的，应当按照持有待售的非流动资产、处置组和终止经营准则的要求进行会计处理。

（3）出租人取得的可变租赁付款额应当在实际发生时计入当期损益，取决于指数或比率的可变租赁付款额除外。

5. 出租人对融资租赁会计处理的举例说明

例 10－8

2×21 年 12 月 1 日，甲公司向乙公司出租一套设备，合同主要条款如下：

（1）租赁期自 2×21 年 1 月 1 日起，至 2×24 年 12 月 31 日，共 4 年。

（2）该租赁资产的账面价值和公允价值均为 50 000 000 元。

（3）租金收取方式为租赁期间内每年年末收取固定付款额 15 000 000 元。此外，该设备每年约需 100 000 元的保险费、维护费等实质固定付款额，均由承租人承担。

（4）该资产的余值预计为 800 000 元。承租人因提供了担保余值而预计应支付的款项为 310 000 元。未担保余值为 490 000 元。

（5）出租人的初始直接费用为 6 000 元。

（6）在租赁期最后一期，承租人因使用该机器比较满意，支付了未纳入租赁负债计量的可变租赁付款额 60 000 元。

分析：承租人乙公司的会计处理如下：

（1）租赁内含利率的计算。

租赁内含利率也就是使得下式成立的折现率 r。

$$\text{租赁资产公允价值}+\text{出租人的初始直接费用}=\sum_{t=1}^{n}\frac{\text{第 }t\text{ 期的租赁收款额}}{(1+r)^{t}}+\frac{\text{未担保余值}}{(1+r)^{n}}$$

$$50\,000\,000+6\,000=\frac{15\,000\,000}{(1+r)^{1}}+\frac{15\,000\,000}{(1+r)^{2}}+\frac{15\,000\,000}{(1+r)^{3}}+\frac{15\,310\,000}{(1+r)^{4}}+\frac{490\,000}{(1+r)^{4}}$$

上式中的 15 310 000 元为最后一年的租赁收款额（含承租人提供的担保余值），490 000 元为未担保余值，租赁内含利率为 8.235%。

（2）确定应收融资租赁款的入账价值。

$$\text{租赁投资净额}=\frac{15\,000\,000}{(1+r)^{1}}+\frac{15\,000\,000}{(1+r)^{2}}+\frac{15\,000\,000}{(1+r)^{3}}$$

$$+\frac{15\,310\,000}{(1+r)^4}+\frac{490\,000}{(1+r)^4}$$
$$=50\,006\,000(元)$$

借：应收融资租赁款　　50 006 000
　贷：固定资产　　50 000 000
　　　银行存款　　6 000

10.3.3 出租人在租赁期开始日后对融资租赁业务的会计处理

1. 出租人转移租赁资产后的后续计量

例 10-9

承例 10-8。此步骤会计处理涉及的内容主要是取得租赁资产的租金，结转未实现融资收益。

分析： 应收融资租赁款的计算见表 10-3。

表 10-3 应收融资租赁款的计算

	利息收入	租赁收款额	应收融资租赁款的摊余成本
	①=上期③×IRR	②	本期③=上期③+①-②
2×21.01.01			50 006 000
2×21.12.31	4 118 022	15 000 000	39 124 022
2×22.12.31	3 221 885	15 000 000	27 345 907
2×23.12.31	2 251 951	15 000 000	14 597 858
2×24.12.31	1 202 142	15 000 000	800 000
合计	10 794 000	60 000 000	

（1）2×21 年至 2×24 年每年年底计算利息收入时。

	2×21 年	2×22 年	2×23 年	2×24 年
借：应收融资租赁款——未实现融资收益	4 118 022	3 221 885	2 251 951	1 202 142
贷：租赁收入	4 118 022	3 221 885	2 251 951	1 202 142

（2）2×21 年至 2×24 年每年年底收取租赁收款额时。

	2×21 年	2×22 年	2×23 年	2×24 年
借：银行存款	15 000 000	15 000 000	15 000 000	15 000 000
贷：应收融资租赁款——租赁收款额	15 000 000	15 000 000	15 000 000	15 000 000

（3）2×24 年收到承租人支付的未纳入租赁负债计量的可变租赁付款额 60 000 元时。

借：银行存款　　60 000
　贷：租赁收入　　60 000

2. 租赁到期，出租人收回租赁资产的会计处理

租赁期届满时，出租人对租赁资产的处理方式有收回、续租和转让所有权，

不同的租赁资产处理方式会有不同的会计处理要求。

例 10－10

承例 10－8 和例 10－9。2×24 年年底租赁期届满，应收融资租赁款的借方余额为 800 000 元。

分析：

（1）2×25 年初如果承租人不购买，则出租人收回该套设备。

借：固定资产　　800 000

　　贷：应收融资租赁款　　800 000

（2）2×25 年年初如果出租人允许承租人以 400 000 元购得。

借：银行存款　　400 000

　　营业外支出　　400 000

　　贷：应收融资租赁款　　800 000

10.3.4 出租人对经营租赁业务的会计处理

1. 经营租赁业务的会计处理要求

前已述及，按照会计准则的解释，经营租赁是指除融资租赁以外的其他租赁。所以，对于承租人而言，若是没有满足融资租赁的相关条件，一律按照经营租赁的要求进行会计处理。

（1）经营租赁收入的确认要求。在租赁期内各个期间，出租人应当采用直线法或其他系统合理的方法，将经营租赁的租赁收款额确认为租金收入。其他系统合理的方法能够更好地反映因使用租赁资产所产生经济利益的消耗模式的，出租人应当采用该方法。

（2）经营租赁初始直接费用的确认要求。出租人发生的与经营租赁有关的初始直接费用应当资本化，在租赁期内按照与租金收入相同的确认基础进行分摊，分期计入当期损益。

（3）对于经营租赁资产中的固定资产，出租人应当采用类似资产的折旧政策计提折旧；对于其他经营租赁资产，应当根据该资产适用的企业会计准则，采用系统合理的方法进行摊销。

（4）如果经营租赁资产有减值的迹象，出租人应当按照资产减值准则的规定，确定经营租赁资产是否发生减值，并进行相应会计处理。

（5）出租人取得的与经营租赁有关的未计入租赁收款额的可变租赁付款额，应当在实际发生时计入当期损益。

（6）经营租赁发生变更的，出租人应当自变更生效日起将其作为一项新租赁进行会计处理，与变更前租赁有关的预收或应收租赁收款额应当视为新租赁的收款额。

2. **经营租赁业务会计处理的举例说明**

例10-11

2×22年1月1日，甲公司向乙公司租入一层写字楼，租期为3年。租赁合同约定，租赁开始日（2×22年1月1日）甲公司向乙公司一次性预付租金150 000元，第一年年末支付租金150 000元，第二年年末支付租金200 000元，第三年年末支付租金250 000元。3年的租金总额为750 000元。（假定甲公司和乙公司均在年末确认租金费用和租金收入，并且不存在租金逾期支付的情况。）

乙公司将该租赁合同分类为经营租赁合同。采用直线法分摊确认各期的租金收入。

分析：此项租赁合同租赁收入总额为750 000元，按直线法计算，每年应分摊的租金收入为250 000元。

（1）2×22年1月1日。

借：银行存款	150 000	
贷：应收账款		150 000

（2）2×22年12月31日。

借：银行存款	150 000	
应收账款	100 000	
贷：租赁收入		250 000

（3）2×23年12月31日。

借：银行存款	200 000	
应收账款	50 000	
贷：租赁收入		250 000

（4）2×24年12月31日。

借：银行存款	250 000	
贷：租赁收入		250 000

10.4 售后租回交易

10.4.1 售后租回交易的初始判断

1. **对售后租回交易的说明**

售后租回交易是一种特殊形式的租赁业务，是指卖主（即承租人）将一项自制或外购的资产出售后，又将该项资产从买主（即出租人）租回的业务活动，习惯上也称为回租。在售后租回方式下，卖主同时是承租人，买主同时是出租人。通过售后租回交易，资产的原所有者（即承租人）在保留对资产的控制权的前提下，将固定资产转化为货币资本，在出售时可取得全部价款的现金，而租金则是分期支付的，从而获得了所需的资金；相对而言，资产的新所有者（即出租人）通过售后租回交易，也找到了一个风险小、回报有保障的投资机会。如图 10－4 所示。

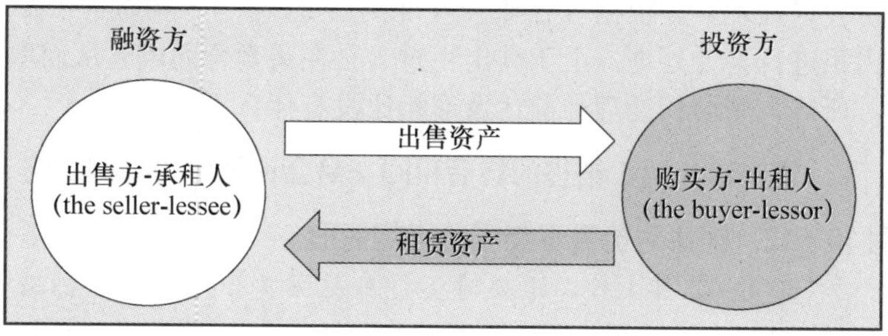

图 10－4　售后租回交易的典型业务流程

2. 售后租回交易的特征与实质

从本质上看，售后租回是一种集销售和融资为一体的特殊形式，是企业筹集资金的新型方法，也是企业间常用的筹资方式之一。

在售后租回的交易过程中，出售方（承租人）对资产所有权转让并不要求资产实物发生转移，因而出售方在售后租回交易过程中可以不间断地使用资产。作为购买方即出租人，则只是取得资产的所有权，取得商品所有权上的风险与报酬，并没有在实质上掌握资产的实物，因而形成实物转移与价值转移的分离。

由此可知，售后租回交易是承租人在不改变其对租赁物占用和使用的前提下，将固定资产及类似资产向流动资产转换的过程，从而增强了长期资产价值的流动性，促进了本不活跃的长期资金发生流动，提高了全部资金的使用效率。这样，一方面解决了企业流动资金困难的问题，另一方面盘活了固定资产，有效地利用现有资产，加速资金再循环，产生资本扩张效应。

3. 对售后租回交易的判断要求

按照会计准则的要求，承租人和出租人应当在业务开始时，依据收入会计准则的规定，评估确定售后租回交易中的资产转让是否属于销售。若租回资产的所有权真正发生了转移，即使是将来可能再以融资租赁的方式转回来，这样的售后租回业务的资产转让仍属于销售。反之，若售后租回资产没有进行所有权的转移，则不属于销售。

10.4.2 资产转让属于销售的售后租回交易的会计处理

1. 资产转让属于销售的售后租回交易的会计处理要求

我国会计准则对售后租回的会计处理要求是依据售后租回交易中的资产转让是否属于销售而进行划分的。售后租回交易中的资产转让属于销售的，出售方-承租人应当用该资产账面价值与公允价值的比值，乘以租赁负债，计量售后租回所形成的使用权资产；仅就转让给购买方-出租人的权利，确认该资产的相关利得或损失（即用公允价值与账面价值之间的比例，乘以公允价值与租赁负债之间的差额来计算）。[①] 购买方-出租人应当根据其他适用的企业会计准则对资产购买进行会计处理，并根据《企业会计准则第 21 号——租赁》（2018 年修订）对资产出租进行会计处理。由于其出租行为是在买卖合同成立从而取得物权之后进行的，所以，其会计处理与前述情形相比没有什么不同。

2. 资产转让属于销售的售后租回交易会计处理的举例说明

例 10－12　销售对价等于市场价格的情形

2×20 年 12 月 1 日，甲公司签订房屋买卖合同，将一栋造价为 100 000 000 元的写字楼按照公允价值 180 000 000 元出售给乙公司。该房屋买卖合同构成《企业会计准则第 14 号——收入》（2017 年修订）所定义的销售。同时，双方又签署租赁合同，约定租期为 18 年，甲公司自 2×21 年起每年年末支付租金 12 000 000 元。购买方-出租人（乙公司）将该项租赁合同划分为经营租赁合同。

出售方-承租人（甲公司）不知道购买方-出租人（乙公司）的租赁内含利率。出售方-承租人（甲公司）的增量借款利率为 4.5%。

分析：

（1）出售方-承租人（甲公司）的会计处理。

1）2×21 年 12 月 1 日销售成立，将固定资产转入固定资产清理时。

借：固定资产清理	100 000 000	
贷：固定资产		100 000 000

2）2×21 年 1 月 1 日记录租赁合同的使用权资产和租赁负债。

①租赁负债的计算。

$$租赁负债=\sum_{t=1}^{18}\frac{12\,000\,000}{(1+4.5\%)^t}=145\,919\,902(元)$$

②使用权资产的计算。

租赁负债其实就是未来各期租赁付款额的现值之和，可将其按照资产转让价差与资产账面价值之比进行分摊，前者即是租赁资产中归属于已出售的权利的部分，后者为使用权资产。

$$资产公允价值=180\,000\,000(元)$$

$$归属于已出售的权利的部分=租赁负债\times\frac{资产转让价差}{资产公允价值}$$

$$=145\,919\,902\times\frac{80\,000\,000}{180\,000\,000}=64\,853\,290(元)$$

---

① 准则（第五十一条）原文如下："售后租回交易中的资产转让属于销售的，承租人应当按原资产账面价值中与租回获得的使用权有关的部分，计量售后租回所形成的使用权资产，并仅就转让至出租人的权利确认相关利得或损失。"

$$使用权资产=租赁负债\times\frac{资产账面价值}{资产公允价值}$$

$$=145\ 919\ 902\times\frac{100\ 000\ 000}{180\ 000\ 000}=81\ 066\ 612(元)$$

③资产处置损益的计算。

资产出售价格 180 000 000 元，可视为各期租赁付款额的现值（即租赁负债）和未来各期利息的现值之和。

$$未来各期利息的现值=180\ 000\ 000-145\ 919\ 902=34\ 080\ 098(元)$$

可将未来各期利息的现值按照资产转让价差与资产账面价值之比进行分摊，前者即是归属于转让出去的账面价值的部分，后者为归属于保留的使用权资产的部分。

$$归属于已出售的权利的部分=未来各期利息的现值\times\frac{资产转让价差}{资产公允价值}$$

$$=34\ 080\ 098\times\frac{80\ 000\ 000}{180\ 000\ 000}=15\ 146\ 710(元)$$

$$归属于保留的使用权资产的部分=未来各期利息的现值\times\frac{资产账面价值}{资产公允价值}$$

$$=34\ 080\ 098\times\frac{100\ 000\ 000}{180\ 000\ 000}=18\ 933\ 388(元)$$

其实上述分析只是把资产的公允价值 180 000 000 元分拆成了两部分。一是未来租金的现值（即租赁负债）145 919 901 元，这部分按照 0.8∶1 的比例分拆成了归属于已出售的权利的部分（即 64 853 290 元）和归属于保留的使用权资产的部分（即 81 066 612 元）。二是未来各期利息的现值 34 080 098 元，这部分按照 0.8∶1 比例分拆成了归属于已出售的权利的部分（即 15 146 710 元）和归属于保留的使用权资产的部分（即 18 933 388 元）。

汇总起来看，归属于已出售的权利部分的金额共计 80 000 000 元（包括租赁付款的现值 64 853 290 元，以及该部分的利息的现值 15 146 710 元），归属于保留的使用权资产部分的金额共计 100 000 000 元（包括租赁付款的现值 81 066 612 元，以及该部分的利息的现值 18 933 388 元）。

上述计算思路可概括如图 10-5 所示。

根据上述分析，记录租赁合同的使用权资产和租赁负债时的会计分录如下：

借：银行存款	180 000 000	
使用权资产	81 066 612	
贷：固定资产清理		100 000 000
租赁负债		145 919 902
资产处置损益		15 146 710

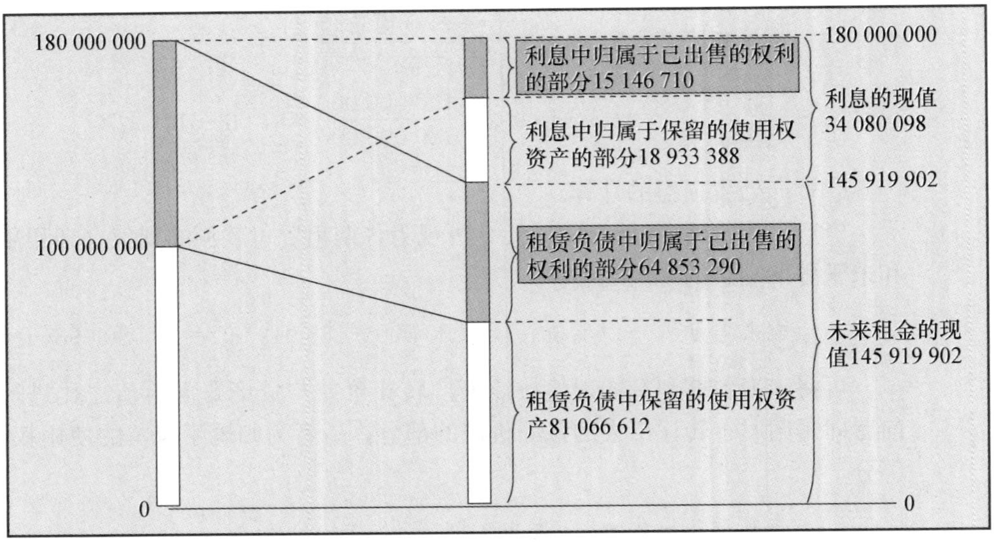

图 10-5　使用权资产和资产处置损益的计算逻辑

甲公司办理好租回手续后的会计分录同例 10-4，此处略。

（2）购买方-出租人（乙公司）的会计处理。按照会计准则的要求，出租人应当根据其他适用的企业会计准则进行资产购买的会计处理，并根据租赁准则对资产出租进行会计处理。乙公司在取得写字楼的所有权时不考虑增值税的会计分录为：

借：固定资产　　180 000 000

　贷：银行存款　　180 000 000

乙公司办理好租赁手续后的会计分录参考例 10-11，此处略。

10.4.3　资产转让不属于销售的售后租回交易的会计处理

1. 资产转让不属于销售的售后租回交易的会计处理要求

售后租回交易中的资产转让不属于销售的，承租人应当继续确认被转让资产，同时确认一项与转让收入等额的金融负债，并按照金融工具确认和计量准则的要求对该金融负债进行会计处理；出租人不确认被转让资产，但应当确认一项与转让收入等额的金融资产，并按照金融工具确认和计量准则的要求对该金融资产进行会计处理。

2. 资产转让不属于销售的售后租回交易会计处理的举例说明

例 10-13

20×6 年 1 月 1 日，甲公司正式签订合同，将一条公允价值为 150 000 元的在用生产线以同等价格交与乙租赁公司，并与乙租赁公司签订合同，按照资产的公允价值先取得等价的银行存款，再分 3 年按照经营租赁的方式每年归还 54 000 元。不考虑增值税。

分析：

（1）出售方-承租人（甲公司）的会计处理。

借：银行存款 150 000
　贷：长期应付款——应付租赁款 150 000

（2）购买方-出租人（乙公司）的会计处理。

借：长期应收款——应收租赁款 150 000
　贷：银行存款 150 000

10.5 租赁业务的会计信息列报

10.5.1 承租人的期末会计信息列报

承租人应当在资产负债表中单独列示使用权资产和租赁负债。其中，租赁负债通常分别非流动负债和一年内到期的非流动负债列示。

在利润表中，承租人应当分别列示租赁负债的利息费用与使用权资产的折旧费用。租赁负债的利息费用在财务费用项目列示。

在现金流量表中，偿还租赁负债本金和利息所支付的现金应当计入筹资活动现金流出，支付的按租赁准则简化处理的短期租赁付款额和低价值资产租赁付款额以及未纳入租赁负债计量的可变租赁付款额应当计入经营活动现金流出。

承租人应当在附注中披露与租赁有关的下列信息：

（1）各类使用权资产的期初余额、本期增加额、期末余额以及累计折旧额和减值金额；

（2）租赁负债的利息费用；

（3）计入当期损益的按租赁准则简化处理的短期租赁费用和低价值资产租赁费用；

（4）未纳入租赁负债计量的可变租赁付款额；

（5）转租使用权资产取得的收入；

（6）与租赁相关的总现金流出；

（7）售后租回交易产生的相关损益；

（8）其他按照金融工具列报准则应当披露的有关租赁负债的信息。

承租人应用租赁准则对短期租赁和低价值资产租赁进行简化处理的，应当披露这一事实。

承租人应当根据理解财务报表的需要，披露有关租赁活动的其他定性和定量信息。此类信息包括：

（1）租赁活动的性质，如对租赁活动基本情况的描述；

（2）未纳入租赁负债计量的未来潜在现金流出；

（3）租赁导致的限制或承诺；

（4）售后租回交易中除其产生的相关损益之外的其他信息；

（5）其他相关信息。

10.5.2 出租人的期末会计信息列报

出租人应当根据资产的性质，在资产负债表中列示经营租赁资产。

出租人应当在附注中披露与融资租赁有关的下列信息：

（1）销售损益、租赁投资净额的融资收益以及与未纳入租赁投资净额的可变租赁付款额相关的收入；

（2）资产负债表日后连续五个会计年度每年将收到的未折现租赁收款额，以及以后年度将收到的未折现租赁收款额总额；

（3）未折现租赁收款额与租赁投资净额的调节表。

出租人应当在附注中披露与经营租赁有关的下列信息：

（1）租赁收入，并单独披露与未计入租赁收款额的可变租赁付款额相关的收入；

（2）将经营租赁固定资产与出租人持有自用的固定资产分开，并按经营租赁固定资产的类别提供固定资产准则要求披露的信息；

（3）资产负债表日后连续五个会计年度每年将收到的未折现租赁收款额，以及剩余年度将收到的未折现租赁收款额总额。

出租人应当根据理解财务报表的需要，披露有关租赁活动的其他定性和定量信息。此类信息包括：

（1）租赁活动的性质，如对租赁活动基本情况的描述；

（2）对其在租赁资产中保留的权利进行风险管理的情况；

（3）其他相关信息。

专栏 10-3 关于租赁合同会计处理规则的理论探讨

1. 承租人为什么要记录使用权资产和租赁负债？

《国际财务报告准则第16号——租赁》的制定者提出，该准则之所以要求承租人记录使用权资产和租赁负债，主要是因为财务报表使用者希望承租人能够在资产负债表中列示与租赁合同有关的长期权利和长期义务，这样，他们的金融分析就可以更为便捷。如果承租人不这么做，财务报表使用者往往就需要根据承租人每年支付的租赁费用乘以一定的年份（比如8年）来匡算企业的总杠杆和资本（见IFRS 16的结论基础部分的第3段）。

2. 区分融资租赁和经营租赁的理论依据不充分

准则规定，如果租赁合同实质上转移了与资产所有权相关的全部风险和报酬，那么出租人就应按融资租赁的会计规则处理。如果租赁合同实质上没有转移与资产所有权相关的全部风险和报酬，那么出租人就应按经营租赁的会计规则处理。

本书认为，实际上，无论是（经营）租赁合同还是融资租赁合同，租赁标的物的所有权均未转移。承租人依据（经营）租赁合同、融资租赁合同所确定的权利，均为债权，而不是所有权。因此，融资租赁承租人实际上是把自己并不具有处置权的租入资产当作自有资产进行记录了。显然，这可能会误导报表读者误判企业的资产规模、资产负债率。

3. 实质重于形式原则导致的困境

根据会计准则的规定，长期大额租赁的承租人要把并不属于自己的资产以"使用权资产"的名义记入自己的资产负债表。之后，要比照固定资产的算法，逐期对使用权资产计提折旧。各期利润表上记载的成本费用包括使用权资产的折旧和分期确认的融资费用。这些处理规则与民商法（如物权法、合同法）以及经济法（如税法）的规定存在一定的差异。从法律视角来判断，在融资租赁合同下，物权并未发生转移，承租人拥有的只是租赁合同所确立的债权。

面对这种法律困境，会计理论上特设计了"实质重于形式"原则予以规避。该原则被美国教科书奉若圭臬，但缺乏合理的理论依据。实质重于形式原则是用于突破民法（物权法）的一个失当原则，其实质是要求长期大额租赁合同的承租人把合同债权当作物权来记账。

IFRS 16 把合同债权称作"使用权资产"，从而规避了物权、债权的概念之争。[①] 但"使用权资产"的法律性质是什么？这种奇特的资产既然不是物权，为什么又能计算折旧？如果承租人和出租人都计算折旧的话，岂不是重复计算了折旧？税法容许这种奇特的计算规则吗？这一系列问题都值得认真研究。

税收是金融合同的设计基础，税法直接影响着金融交易策略和会计处理规则。而我国税法当前对融资租赁的研究才刚刚起步，融资租赁法仍处在论证阶段。可以说，对融资租赁给予一定的法律支持，同时还要保证税收公平，这将是该领域研究中的主导原则。怎样针对融资租赁承租人制定税收待遇条款？融资租赁承租人应当怎样进行会计处理？这些都是值得深入探讨的研究选题。

4. 现值计算的困难性

新租赁会计准则规定，使用权资产和租赁负债的入账金额都会用到现值算法。这种规定导致如下困境：其一，所有计算现值的处理都有一个共同的难题，就是折现率如何确定；其二，按该规则所确定的资产，其折旧额在纳税申报时的调整工作量比较大。

5. 成本概念的复杂性

如前所述，IFRS 16 要求采用成本法计量使用权资产和租赁负债，成本的计量需要参照租赁付款额的现值。在这里，现值被用于计算成本。准则制定者认为，这种成本计量比公允价值计量更为简便和经济。

上述观念是对传统成本概念的一大挑战。

6. 低价值资产租赁的金额标准如何确定

IFRS 16 的结论基础部分第 100 段提出，国际会计准则理事会在 2015 年提出的金额标准是 5 000 美元。但该标准缺乏合理理由。时任国际会计准则理事会理事张为国先生是 14 位理事中唯一投反对票的，但 IFRS 16 仍然被该民间机构

---

① 对于租赁权的性质，法学界长期存有"债权的物权化"和"物权的债权化"之争。可参见：冉昊，论"中间型权利"与财产法二元架构——兼论分类的方法论意义. 中国法学，2005 (12).

以 13∶1 的投票予以通过。

思考题

何为使用权资产？承租人确认使用权资产会对资产负债表产生什么样的影响？

练习题

2×20 年 12 月 1 日，甲公司签订房屋买卖合同，将一栋造价为 100 000 000 元的写字楼按照公允价值 180 000 000 元出售给乙公司。该房屋买卖合同构成《企业会计准则第 14 号——收入》（2017 年修订）所定义的销售。同时，双方又签署租赁合同，约定租期为 18 年，甲公司自 2×21 年起每年年末支付租金 12 000 000 元，甲公司将该写字楼用于办公。购买方-出租人（乙公司）将该项租赁合同划分为经营租赁合同。

出售方-承租人（甲公司）不知道购买方-出租人（乙公司）的租赁内含利率。出售方-承租人（甲公司）的增量借款利率为 4.5%。不考虑购买方-出租人（乙公司）的利息收入。

要求：请完成甲公司和乙公司办完租赁手续之后第一年的会计处理（之前的会计处理见例 10－12）。

第 11 章

Chapter 11 套期会计

学习目标

1. 理解套期的概念，理解套期工具与被套期项目以及二者之间的相互关系。

2. 理解公允价值套期的概念，掌握其会计处理过程，能够对交易结果进行说明。

3. 理解现金流量套期的概念，掌握其会计处理过程，理解其与公允价值套期会计之间的相互关系。

4. 能够对境外经营净投资进行举例说明，并进行与其相关业务的会计处理。

11.1 套期会计基础

11.1.1 套期的概念解释

按照我国《企业会计准则第 24 号——套期会计》的规定，套期，是指企业为管理外汇风险、利率风险、价格风险、信用风险等特定风险引起的风险敞口，指定金融工具为套期工具，以使套期工具的公允价值或现金流量变动，预期抵销被套期项目全部或部分公允价值或现金流量变动的风险管理活动。此处的风险敞口一般是指未加保护的风险，即因债务人违约行为导致的可能承受风险的信贷余额，亦即实际所承担的风险，一般与特定风险相连。

对此概念，我们可做以下几点解释：

(1) 套期的目的是规避风险。企业面临的风险有很多种，如外汇风险、利率风险、商品价格风险、股票价格风险、信用风险等，而这些风险是可规避的，我们把可用来规避这些风险的相关活动称为套期。

(2) 套期会涉及套期工具和被套期项目两个对应的内容。就是说：既然要套期，首先就要明确是为了什么，可具体为对何物、何事进行套期，这个被套期的物或事就是被套期项目；再就是，在明确了被套期项目后，需再明确以什么，具体为何物、何事来进行套期，这个用来套期的物或事就是套期工具。

（3）套期的核心内容是套期工具与被套期项目之间公允价值或现金流量变动的相互抵销。由此可知，套期工具与被套期项目之间的公允价值或现金流量变动应存在着一种此长彼消的关系，正是这种关系的相互抵销，消除了被套期项目可能给企业带来的全部或部分风险。

与套期会计相关的概念

11.1.2 套期工具与被套期项目

1. 套期工具的概念与内容

套期工具，是指企业为进行套期而指定的、其公允价值或现金流量变动预期可抵销被套期项目的公允价值或现金流量变动的金融工具。具体包括：（1）以公允价值计量且其变动计入当期损益的衍生工具，但签出期权除外。企业只有在对购入期权（包括嵌入在混合合同中的购入期权）进行套期时，签出期权才可以作为套期工具。嵌入在混合合同中但未分拆的衍生工具不能作为单独的套期工具。（2）以公允价值计量且其变动计入当期损益的非衍生金融资产或非衍生金融负债，但指定为以公允价值计量且其变动计入当期损益，且其自身信用风险变动引起的公允价值变动计入其他综合收益的金融负债除外。企业自身权益工具不属于企业的金融资产或金融负债，不能作为套期工具。

此处以作为商品期货的衍生工具为例，如果企业以铜为其产品的主要原材料，为规避库存铜品等价格下跌的风险，可以通过卖出一定数量铜品的期货合同实现，其中，卖出铜品的期货合同即是套期工具，库存的铜以及准备购入的铜，即为被套期项目。但必须明确的是，如若衍生工具无法有效地降低被套期项目的风险，就不能作为套期工具。

2. 被套期项目的概念与内容

被套期项目，是指使企业面临公允价值或现金流量变动风险，且被指定为被套期对象的、能够可靠计量的项目。企业可以将下列单个项目、项目组合或其组成部分指定为被套期项目：（1）已确认资产或负债。（2）尚未确认的确定承诺。确定承诺，是指在未来某特定日期或期间，以约定价格交换特定数量资源、具有法律约束力的协议。（3）极可能发生的预期交易。预期交易，是指尚未承诺但预期会发生的交易。（4）境外经营净投资。

上述项目组成部分是指小于项目整体公允价值或现金流量变动的部分，企业只能将下列项目组成部分或其组合指定为被套期项目：（1）项目整体公允价值或现金流量变动中仅由一个或多个特定风险引起的公允价值或现金流量变动部分（风险成分）。根据在特定市场环境下的评估，该风险成分应当能够单独识别并可靠计量。风险成分也包括被套期项目公允价值或现金流量的变动仅高于或仅低于特定价格或其他变量的部分。（2）一项或多项选定的合同现金流量。（3）项目名义金额的组成部分，即项目整体金额或数量的特定部分，其可以是项目整体的一定比例部分，也可以是项目整体的某一层级部分。若某一层级部分包含提前还款权，且该提前还款权的公允价值受被套期风险变化影响的，企业不得将该层级指定为公允价值套期的被套期项目，但企业在计量被套期项目的公允价值时已包含该提前还款权影响的情况除外。除上述内容之外，企业还可以将符合被套期项目条件的风险敞口与衍生工具组合形成的汇总风险敞口指定为被套期项目。

3. 套期工具和被套期项目之间的关系分析

由上述套期工具与被套期项目的概念可知，要保证套期目的的实现，即以套期工具的公允价值或现金流量变动抵销被套期项目公允价值或现金流量变动，就必须要求二者在一定时期内存在价格上升或下降的同方向运动关系。比如，若某股票持有者预计在其售出股票时股票价格将会下降，他就可预先卖出股票指数期货；这样，在转让股票时如果股票价格真的下降，他就可以买进降低了的股票指数期货平仓；结果是，由于价格下降而形成的持有股票的损失即可由从股票指数期货上赚取的收益来弥补，从而避免因价格变动给自己造成损失。反过来，若以谷物为主要原料的加工企业在谷物收获季节预计谷物价格在一段时期后要上升，就可购进期货合同，并在价格上涨后买进实物时再卖出期货合同；这样，就可以通过合同的"跨期"特征，使用"套期"（即把现货交易与期货交易在跨期期间套在一起）的方法，抵销价格变动的风险，起到以期货合同"保值"的作用。或者是说，若被套期项目价格发生了不利变动，其损失就能够由套期工具的收益承担。但是，如若交易者判断失误，被套期项目非但没有发生预计中的不利变动，而是有利变动，则有利变动形成的收益也将会由套期工具的损失而抵销。

11.1.3　衍生工具及其构成类型

我们从上述对套期概念的解释中可看到，套期使用的主要工具，或者说套期实现过程的主要操作方式，就是我们一般称谓的衍生工具。着眼于此，这里有必要对衍生工具进行详细说明。

按照我国《企业会计准则第 22 号——金融工具确认和计量》的规定，衍生工具，是指属于金融工具确认和计量准则范围同时具备下列特征的金融工具或其他合同：(1) 其价值随特定利率、金融工具价格、商品价格、汇率、价格指数、费率指数、信用等级、信用指数或其他变量的变动而变动，变量为非金融变量的，该变量不应与合同的任何一方存在特定关系。(2) 不要求初始净投资，或者与对市场因素变化预期有类似反应的其他合同相比，要求较少的初始净投资。(3) 在未来某一日期结算。常见的衍生工具包括远期合同、期货合同、互换合同和期权合同等。在业务实践中，各种衍生工具均有其各自的特征，简单说明如下：

1. 远期合同

远期合同（forward），是指合约双方同意在未来一定日期按一定价格交换各类资产（主要是金融资产）的合约，主要由远期外汇合约、远期股票合约、远期利率协议等构成。

2. 期货合同

期货合同（future contract），是指买卖双方在有组织的交易所内以公开竞价形式达成的、在将来某一特定时间交收标准数量特定种类商品或金融工具的合约，主要由商品期货、外汇期货、利率期货、股票指数期货等构成。交易标的为某种商品的即为商品期货。由于商品期货具有使用价值的特征，因此其有着巨大的局限性；但是在交易标的采用金融工具形式以后，交易内容和交易范围都极大地扩展了。曾经有这样一句话，由于开出了恒生股票指数期货，救活了整个香港期货市场。

3. 互换

互换（swap），是指两个或两个以上当事人按共同商定的条件，在约定时间内交换一定支付款项的跨期交易，主要由货币互换和利率互换构成。

4. 期权

期权（option），又称选择权，是指合约双方按约定价格在约定日期内就是否买卖某种物品或某类金融工具达成的协议，主要由现货期权、期货期权和可转换债券、认股权证等构成。

11.1.4 套期的分类及其具体内容

套期的分类

我国企业会计准则将套期分为三种类型，即公允价值套期、现金流量套期和境外经营净投资套期。三种不同类型的套期有其各具特色的内容。

1. 公允价值套期

公允价值套期，是指对已确认资产或负债、尚未确认的确定承诺，或上述项目组成部分的公允价值变动风险敞口进行的套期。该公允价值变动源于特定风险，且将影响企业的损益或其他综合收益。其中，影响其他综合收益的情形，仅限于企业对指定为以公允价值计量且其变动计入其他综合收益的非交易性权益工具投资的公允价值变动风险敞口进行的套期。

公允价值套期的具体内容包括：(1) 某企业对承担的固定利率负债的公允价值变动风险进行套期。(2) 某公司与某国外机构签订了合约，将在一段时期后使用外币购买一套组合设备的合同（未确认的确定承诺），为规避外汇风险对该确定承诺的外汇风险进行套期。(3) 某公司签订了将在一段时期后以固定价格购买一批数额较大的原材料的合同（未确认的确定承诺），为规避价格变动风险对该确定承诺可能的价格变动进行套期。

2. 现金流量套期

现金流量套期，是指对现金流量变动风险敞口进行的套期。该现金流量变动源于与已确认资产或负债、极可能发生的预期交易，或与上述项目组成部分有关的特定风险，且将影响企业的损益。

现金流量套期的具体内容包括：(1) 某企业对承担的浮动利率债务的现金流量变动风险进行套期。(2) 某公司将来很可能会从某国外机构购买一套组合设备的合同（未确认的确定承诺），为规避购买该设备相关的现金流量变动风险进行的套期。(3) 某公司签订了将在一段时期后预期很可能发生的与其他权益工具投资处置相关的现金流量变动风险进行的套期。

对确定承诺的外汇风险进行套期，企业可将其作为公允价值套期或现金流量套期处理。

3. 境外经营净投资套期

境外经营净投资套期，是指对境外经营净投资外汇风险敞口进行的套期。境外经营净投资，是指企业在境外经营净资产中的权益份额。

企业既无计划也无可能于可预见的未来会计期间结算的长期外币货币性应收项目（含贷款），应当视同境外经营净投资的组成部分。因销售商品或提供劳务等形成的期限较短的应收账款不构成境外经营净投资。

对境外经营净投资套期，企业一般作为现金流量套期。

11.2　套期关系评估

11.2.1　运用套期会计应满足的条件

1. 运用套期会计需要满足的条件

公允价值套期、现金流量套期或境外经营净投资套期同时满足下列条件的，才能运用套期会计准则规定的套期会计方法进行处理：(1) 套期关系仅由符合条件的套期工具和被套期项目组成。(2) 在套期开始时，企业正式指定了套期工具和被套期项目，并准备了关于套期关系和企业从事套期的风险管理策略和风险管理目标的书面文件。该文件至少载明了套期工具、被套期项目、被套期风险的性质以及套期有效性评估方法（包括套期无效部分产生的原因分析以及套期比率确定方法）等内容。(3) 套期关系符合套期有效性要求。

套期有效性，是指套期工具的公允价值或现金流量变动能够抵销被套期风险引起的被套期项目公允价值或现金流量变动的程度。套期工具的公允价值或现金流量变动大于或小于被套期项目的公允价值或现金流量变动的部分为套期无效部分。

2. 认定套期有效性的要求

套期同时满足下列条件的，企业应当认定套期关系符合套期有效性要求：(1) 被套期项目和套期工具之间存在经济关系。该经济关系使得套期工具和被套期项目的价值因面临相同的被套期风险而发生方向相反的变动。(2) 被套期项目和套期工具经济关系产生的价值变动中，信用风险的影响不占主导地位。(3) 套期关系的套期比率，应当等于企业实际套期的被套期项目数量与对其进行套期的套期工具实际数量之比，但不应当反映被套期项目和套期工具相对权重的失衡，这种失衡会导致套期无效，并可能产生与套期会计目标不一致的会计结果。例如，企业确定拟采用的套期比率是为了避免确认现金流量套期的套期无效部分，或是为了创造更多的被套期项目进行公允价值调整以达到增加使用公允价值会计的目的，可能会产生与套期会计目标不一致的会计结果。

3. 评估套期有效性的时间要求

企业应当在套期开始日及以后期间持续地对套期关系是否符合套期有效性要求进行评估，尤其应当分析在套期剩余期限内预期将影响套期关系的套期无效部分产生的原因。企业至少应当在资产负债表日及相关情形发生重大变化将影响套期有效性要求时对套期关系进行评估。

11.2.2 套期关系再平衡

套期关系由于套期比率的原因而不再符合套期有效性要求，但指定该套期关系的风险管理目标没有改变的，企业应当进行套期关系再平衡。

此处所称套期关系再平衡，是指对已经存在的套期关系中被套期项目或套期工具的数量进行调整，以使套期比率重新符合套期有效性要求。基于其他目的对被套期项目或套期工具所指定的数量进行变动，不构成此处称谓的套期关系再平衡。

企业在套期关系再平衡时，应当首先确认套期关系调整前的套期无效部分，并更新在套期剩余期限内预期将影响套期关系的套期无效部分产生原因的分析，同时相应更新套期关系的书面文件。

11.2.3 套期会计运用的终止

1. 终止运用套期会计的情形

按照会计准则的要求，企业发生下列情形之一的，应当终止运用套期会计：(1) 因风险管理目标发生变化，导致套期关系不再满足风险管理目标。(2) 套期工具已到期、被出售、合同终止或已行使。(3) 被套期项目与套期工具之间不再存在经济关系，或者被套期项目和套期工具经济关系产生的价值变动中，信用风险的影响开始占主导地位。(4) 套期关系不再满足以上所述的运用套期会计方法的其他条件。在适用套期关系再平衡的情况下，企业应当首先考虑套期关系再平衡，然后评估套期关系是否满足本准则所规定的运用套期会计方法的条件。终止套期会计可能会影响套期关系的整体或其中一部分，在仅影响其中一部分时，剩余未受影响的部分仍适用套期会计。

2. 不得撤销套期关系的条件与处理

与上述情况相反，套期关系同时满足下列条件的，企业不得撤销套期关系的指定并由此终止套期关系：(1) 套期关系仍然满足风险管理目标；(2) 套期关系仍然满足准则运用套期会计方法的其他条件。在适用套期关系再平衡的情况下，企业应当进行与上述终止运营套期会计同方式的考虑，即首先考虑套期关系再平衡，然后评估套期关系是否满足准则所规定的运用套期会计方法的条件。

3. 企业终止使用套期会计的其他情形

企业发生下列情形之一的，不作为套期工具已到期或合同终止处理：(1) 套期工具展期或被另一项套期工具替换，而且该展期或替换是企业书面文件所载明的风险管理目标的组成部分。(2) 由于法律法规或其他相关规定的要求，套期工具的原交易对手方变更为一个或多个清算交易对手方（例如清算机构或其他主体），以最终达成由同一中央交易对手方进行清算的目的。如果存在套期工具其他变更的，该变更应当仅限于达成此类替换交易对手方所必须的变更。

11.2.4 投机及其与套期之间的关系

对套期会计及其会计科目运用的说明

1. 投机的概念说明

所谓投机套利，是指衍生工具的交易者自己承担风险，预测衍生工具的价格走向，跨期赚取价格变动差异的一种交易活动。与上述套期业务相比，其最突出的表现即为没有被套期项目的存在。比如，若期货交易者预测某种商品的价格可在未来一段时间内上升，即买入该品种的期货合同，在该品种实际价格上升时，则可卖出合同对冲，从中赚取因价格变动的利益；反之，若预计某种商品价格要下降，可先卖出该品种的期货合同，待实际价格下降时，再买入获利。

由于衍生工具的目的和作用主要是套期或投机，二者就构成了较为紧密的互补关系。具体来说，若是所从事的衍生工具交易符合套期的要求，可确定为套期；而不符合套期保值条件的衍生工具业务，即可确定为投机，或者说是投机套利。

我国会计准则在这方面的规定与国际会计准则基本一致。按照准则的要求，若不能满足上述条件，相关的期货合同交易等就必须被视为非套期保值的投机套利，不能按照套期保值的要求进行会计处理。

2. 投机与套期之间的关系

进一步分析，套期保值的交易人一般为正常生产经营的单位，它们要利用衍生工具来对冲被套期项目存在的价格波动风险等；而投机者，则多为资本市场中敢于承担风险的投机商，一般不涉及被套期项目的存在与保值，仅进行衍生工具的买卖，通过低价买进、高价卖出或高价卖出、低价买进而获利。

必须说明的是，从某种情况来看，二者是不可或缺的，即交易者有套期保值的要求，即规避风险，就要有敢于承担风险的投机套利者；如若套期保值者的判断失误，那么衍生工具收益的机会就会由投机套利者获得。也可以说，二者的共存是衍生工具市场等存在和发展的基础。

11.2.5 套期过程的举例说明

前已述及，套期的存在基础为套期工具与被套期项目之间风险共存。这就要求，无论是套期工具还是被套期项目，它们的公允价值，或者是现金流量都存在而且可同时按相同口径计量。这既是将套期工具与被套期项目联系在一起的条件，又是二者的风险可以相互抵销的首要条件。

1. 企业套期的举例说明

例 11－1

某企业将在 6 个月后购入 1 000 吨钢材用于产品生产，当时的现货价格为 2 100 元/吨，期货价格为 2 200 元/吨；如果钢材价格上升，企业将因价格上升而蒙受损失。该企业是某期货交易所的会员，认为若采用购进期货合同的方式，可以起到对钢材套期保值的作用。

分析：

对于这样的事项，按照套期保值的标准进行如下分析：

（1）被套期项目——计划购入的钢材。其原因是，若钢材价格上涨，该企业可能会因此而蒙受损失。

（2）套期工具——计划购入的钢材期货合同。其道理为，在买入钢材期货合同之后，若钢材现货价格上涨，相对应的期货合同价格也可能会上涨；这样若在买入钢材现货时卖出期货合同，即使钢材现货蒙受了损失，也可以用钢材期货合同的交易收入来弥补。

（3）被套期项目与套期工具的结合可以实现套期保值的目的。

根据上述三点解释可以看出，这里有一个前提要求，就是现货价格与期货价格之间要有一个合理的关系：在预计的套期保值期限内，二者的价格变化要有一个符合市场变化的区间，或者是期货价格按照一定的水平高于现货价格，抑或反之，期货价格按照一定的水平低于现货价格。被套期项目与套期工具之间的关系说明见表 11－1。

表 11－1　被套期项目与套期工具之间的关系说明

比较内容	被套期项目	套期工具	必要说明
交易品种	钢材	钢材期货合同	二者在内容上应当一致
交易时间	6 个月后	应当在 6 个月时交易	二者在时间上应当一致
交易数量	1 000 吨	应当为 1 000 吨	二者在交易数量上应当一致
交易方向	6 个月后买入	现在买入，在买入现货时卖出	在跨期的前提下，二者方向上相反

如果期货交易事项不符合上述要求，则只可作为投机套利处理，不能作为套期保值。

2. 套期关系是否具有高相关性的解释

就此，上述的相互关系构成了我们一般称谓的判断套期工具与被套期项目之间是否具有高相关性的前提要求：

（1）二者在内容的结合方面。套期工具应当与被套期项目的内容一致。即该项交易的被套期项目是钢材，那么作为套期工具的期货交易也应当是钢材，不能是谷物等。否则若套期工具与被套期项目内容上差异大，期货合同就难以减少现货交易的风险，亦即期货交易价格与现货交易价格的变动不具有高相关性。

（2）二者在时间的结合方面。套期工具应当与被套期项目在时间上大致相同。即现货交易（或实际结算等）将于 6 个月以后发生，期货交易的跨期期间也应当在 6 个月内完成。如果期货交易的时间早于现货交易的时间，期货损益应待现货交易发生后计入被套期项目；反之，如果期货交易的时间晚于现货交易的时间，应当在现货交易发生时，按照期货交易的公允价值记录浮动盈亏，计入被套期项目，而在此之后的期货交易则视为投机套利，其结果要计入期货交易损益。

（3）二者在数量的结合方面。套期工具应当与被套期项目在数量上大致相同。即现货交易的金额应当与期货交易的数额基本相同，如果期货交易的数额高于现货交易，高出的部分应当按照投机套利处理；若期货交易的数额低于现货交易的数额，则可全部被视为套期保值。

（4）二者在交易方向的结合方面。套期工具应当与被套期项目在交易方向上完全相反。即现货交易若是在将来买入，也就是期货交易在将来卖出；否则以期货合同套期保值的目的就无法实现。

我们将上述前提要求综合起来可以看出，只有这四个条件同时具备，才能对套期活动是否高度有效作出判断。

3. 套期保值结果的数据计算说明

我们以计算举例的方式对套期保值的实现过程予以解释。

假设例 11－1 中 6 个月以后，钢材的现货价格为 2 200 元/吨，期货价格为 2 320 元/吨。该企业在这时买入钢材，卖出期货合同。我们根据前面所述的期货合同的业务处理要求，以及上述数据可知：

（1）由于现货价格上升，使企业的现货交易蒙受了损失。

$$\begin{matrix}\text{由于现货价格上升}\\\text{使企业蒙受的损失}\end{matrix}=(2\,200-2\,100)\times 1\,000=100\,000(\text{元})$$

（2）由于期货价格上升，使企业的期货交易获得了收益。

$$\begin{matrix}\text{由于期货价格上升}\\\text{使企业获得的收益}\end{matrix}=(2\,320-2\,200)\times 1\,000=12\,000(\text{元})$$

这样，按照套期保值实现的原理，期货交易的结果将全部由现货交易的结果来承担。由此形成的结果是：

现货交易的实际成本为 220 万元，但由于要考虑期货交易收益的“加入”，实际计入采购成本的数额是 208 万元。套期保值完全实现了预期目的。

当然，这是成功的结果。若期货价格与现货价格变动不一致，企业很可能会蒙受损失；若二者的变动指数不一样，也会形成采购成本更低一些或者更高一些的结果。

上面的举例数据为，如果该企业不进行套期保值，那么在实际购入钢材时就会因钢材的价格变动而蒙受 10 万元的损失；但是在进行套期保值后，由于钢材期货价格的增长幅度大于钢材现货价格，实际形成的节约额还多了 2 万元（12－10）。按照前述套期有效性的认定标准，即实际抵销结果在 80％～125％ 的范围内，企业应该认定该套期是高度有效的。如果套期的效果没有在这一范围内，就视为无效套期。

11.2.6 套期会计特有的会计科目及其账务处理要求

从我国会计准则规范的内容及相关权威资料的例题来看，套期会计使用的特殊会计科目主要为“衍生工具”“套期工具”“被套期项目”“套期损益”。

1.“衍生工具”科目及其账务处理要求

本科目核算企业衍生工具业务中的衍生工具的公允价值及其变动形成的衍生资产或衍生负债。本科目应当按照衍生工具类别，分别“成本”“公允价值变动”进行明细核算。

与套期会计相关的衍生工具的主要账务处理为：（1）企业取得衍生工具时，按其公允价值，借记本科目，按发生的交易费用，借记“投资收益”科目，按实际支付的金额，贷记“银行存款”“存放中央银行款项”等科目。（2）资产负债表日，衍生工具的公允价值高于其账面余额的差额，借记或贷记本科目（公允价值变动），贷记或借记“公允价值变动损益”科目；公允价值低于其账面余额的差额，作相反的会计分录。（3）衍生工具终止确认时，应当比照“交易性金融资产”科目的相关规定进行处理。本科目期末借方余额反映企业衍生工具形成的资产的公允价值，本科目期末贷方余额反映企业衍生工具形成的负债的公允价值。在实际会计处理时，衍生工具一般是结转为套期工具，以其自身公允价值或现金流量的变动抵销被套期项目与其相反方向的公允价值或现金流量的变动，从而规避风险，实现被套期项目保值的目的。

2.“套期工具”科目及其账务处理要求

本科目核算企业开展的套期业务中套期工具公允价值变动形成的资产或负债，包括公允价值套期、现金流量套期和境外经营净投资套期公允价值变动形成的资产或负债。本科目应当按照套期工具类别进行明细核算。

套期工具的主要账务处理为：（1）企业将已确认的金融资产或金融负债指定为套期工具时，应按该金融资产或金融负债的账面价值，借记或贷记本科目，贷记或借记“衍生工具”等科目。（2）资产负债表日，企业应按套期工具产生的利得，借记本科目，贷记“公允价值变动损益”“投资收益”“主营业务成本”“利息收入”“其他综合收益”等科目；按套期工具产生的损失，作相反的会计分录。（3）当金融资产或负债不再作为套期工具核算时，应按套期工具形成的资产或负债，借记或贷记相关科目，贷记或借记本科目。原计入其他综合收益的利得或损失，应按金融工具确认和计量准则规定的时点转出。企业应按转出的金额，借记或贷记“其他综合收益”科目，贷记或借记“投资收益”、“利息收入”、相关资产或负债等科目。本科目期末借方余额反映企业套期工具形成的资产，本科目期末贷方余额反映企业套期工具形成的负债。

3.“被套期项目”科目及其账务处理要求

本科目核算企业开展的套期业务中被套期项目变动形成的资产或负债。本科目应当按照被套期项目类别进行明细核算。

被套期项目的主要账务处理为：（1）企业将已确认的资产或负债指定为被套期项目时，应按该资产或负债的账面价值，借记或贷记本科目，贷记或借记“库存商品”“长期借款”“债权投资”等科目。（2）资产负债表日，企业应按被套期项目产生的利得，借记本科目，贷记“投资收益”“主营业务成本”“利息收入”“其他综合收益”等科目；按被套期项目产生的损失，作相反的会计分录。（3）当资产或负债不再作为被套期项目核算时，应将被套期项目形成的资产或负债，借记或贷记相关科目，贷记或借记本科目。本科目期末借方余额反映企业被套期项目形成的资产，本科目期末贷方余额反映企业被套期项目形成的负债。

4.“套期损益”科目及其账务处理要求

本科目专门核算套期工具与被套期项目估值或现金流量变动时对企业损益的影响额。本科目不设明细项目，或者是按照套期项目类别进行明细核算。

套期损益的主要账务处理为：（1）企业在确认套期工具和被套期项目的公允价值或现金流量发生变动时，应该按照升高或降低的公允价值或现金流量借记或贷记本科目，贷记或借记“套期工具”“被套期项目”科目。（2）资产负债表日，应当按照套期活动的最终累计的结果，贷记或借记本科目，同时随着其支付手段的业务而借记或贷记企业相关的收入或成本费用科目。本科目期末无余额。

11.3　公允价值套期的确认和计量

公允价值套期：已确认的资产

11.3.1　公允价值套期的确认和计量要求

1. 公允价值套期会计的基本处理要求

按照我国会计准则的要求，公允价值套期满足运用套期会计方法条件的，应当按照下列规定处理：

（1）套期工具产生的利得或损失应当计入当期损益。如果套期工具是对选择以公允价值计量且其变动计入其他综合收益的非交易性权益工具投资（或其组成部分）进行套期的，套期工具产生的利得或损失应当计入其他综合收益。

（2）被套期项目因被套期风险敞口形成的利得或损失应当计入当期损益，同时调整未以公允价值计量的已确认被套期项目的账面价值。被套期项目为按照金融工具确认和计量准则分类为以公允价值计量且其变动计入其他综合收益的金融资产（或其组成部分）的，其因被套期风险敞口形成的利得或损失应当计入当期损益，其账面价值已经按公允价值计量，不需要调整；被套期项目为企业选择以公允价值计量且其变动计入其他综合收益的非交易性权益工具投资（或其组成部分）的，其因被套期风险敞口形成的利得或损失应当计入其他综合收益，其账面价值已经按公允价值计量，不需要调整。

2. 对不同被套期项目的具体处理要求

（1）被套期项目为尚未确认的确定承诺（或其组成部分）的，其在套期关系指定后因被套期风险引起的公允价值累计变动额应当确认为一项资产或负债，相关的利得或损失应当计入各相关期间损益。当履行确定承诺而取得资产或承担负债时，应当调整该资产或负债的初始确认金额，以包括已确认的被套期项目的公允价值累计变动额。

（2）被套期项目为以摊余成本计量的金融工具（或其组成部分）的，企业对被套期项目账面价值所作的调整应当按照开始摊销日重新计算的实际利率进行摊销，并计入当期损益。该摊销可以自调整日开始，但不应当晚于对被套期项目终止进行套期利得和损失调整的时点。

（3）被套期项目若为以公允价值计量且其变动计入其他综合收益的金融资产（或其组成部分）的，企业应当按照相同的方式对累计已确认的套期利得或损失进行摊销，并计入当期损益，但不调整金融资产（或其组成部分）的账面价值。

3. 终止运用公允价值套期时的会计处理要求

当套期满足下列条件之一的，企业应终止运用公允价值套期会计：（1）套期工具已到期、被出售、合同终止或已行使。但是，若套期工具展期或被另一项套期工具替换时，展期或替换是企业正式书面文件所载明的套期策略组成部分的，不作为已到期或合同终止处理。（2）该套期不再满足准则所规定的运用套期会计方法的条件。（3）企业撤销了对套期关系的指定。

11.3.2 公允价值套期会计之一：期货合同

1. 期货合同公允价值套期的一般会计处理要求

例 11-2

某经销商年初从外地购入大豆330吨，总价为100万元，预计在两个月内售出，当时的市场公允价值为110万元。为防止价格下降，该经销商在某商品期货交易所卖出了一份衍生工具合同，即等价、等量、同期的商品期货合同，将其指定为对大豆存货公允价值变动风险的套期。在当年半年末时，期货合同的价格下降了25 000元，大豆的公允价值下降了20 000元。当日，该经销商将大豆存货按照当日的公允价值售出，并将购入的商品期货合同卖出平仓。经销商对该套期进行了有效性评价，认为其完全有效。该经销商仅有此一项套期业务，且不考虑一般商品期货业务中的保证金、手续费和相关税金等。

分析：

（1）年初时，指定商品期货合同为存货大豆的套期工具。

借：被套期项目——库存商品（大豆）　　1 100 000

　贷：库存商品——大豆　　1 000 000

　　套期损益　　100 000

在指定商品期货合同为套期工具时，套期工具的价值为零，只需按照期货合同约定的金额作表外记录，不进行正式会计处理。

（2）半年末时，商品期货合同和实际的库存商品的公允价值均发生了变化，按照变化的数额记录套期损益。

借：套期工具——期货合同　　25 000
　贷：套期损益　　25 000
借：套期损益　　20 000
　贷：被套期项目——库存商品（大豆）　　20 000

此时，套期工具一方由于期货市场价格下降，属于卖出套期保值的有利价格变动，将购入商品期货合同下降部分的数额记入“套期损益”科目的贷方，同时将增加的数额调整期货合同数额，使其与市场公允价值一致。而在被套期项目方面，也由于现货市场价格下降，将现货市场价格下降的数额记入“套期损益”科目的借方，同时按照市场公允价值调整存货数额。调整后的被套期项目的公允价值数额亦即售价为 1 080 000 元。

本例的情况是，企业在未来将要卖出现货，因此，企业现在就卖出期货以套期保值，即在套期工具与被套期项目都降价之时，以期货合同降价获得的有利价格收益来补偿现货价格下降造成的损失。由此可以进一步推导：若企业套期的标的物是未来要购入的物品，则未来物品价格上升，企业将蒙受损失，因此，企业应买入期货合约，以套期保值；即在这时，企业应当根据套期工具与被套期项目的价格同升的关系，采用提前购入套期工具来套期保值。这样，若未来物品价格上升，套期工具的价格亦在上升（下降时也同样下降）。由此，在真正购入物品时，同时进行卖出套期工具的反向操作，或称为“对冲”，以在套期工具市场上得来的收益弥补在未来物品现货市场上形成的损失。国际上一些基金的“对冲”，就是由此而得名。

（3）记录卖出库存商品形成的收入并结转库存商品成本。

借：应收账款、应收票据或银行存款　　1 080 000
　贷：主营业务收入　　1 080 000
借：主营业务成本　　1 080 000
　贷：被套期项目——库存商品（大豆）　　1 080 000

卖出商品按照公允价值，亦即售价记录（不考虑增值税）。但是，由于被套期业务成立时已经按照公允价值的变化数额记录了被套期项目，主营业务成本也应随之记录。

（4）结转由于套期形成的利得，记录银行存款的增加。

借：银行存款　　25 000
　贷：套期工具——期货合同　　25 000

这样的利得因结转依据不同的衍生工具而有所区别。若是商品期货业务，应当是作为期货保证金的增值内容，在期货业务对冲、收回保证金时进行处理。

必须要说明的是：上述经销商由于采用了套期保值的策略，即使在库存商品市场价格下降时，也保持了销售商品的可得收益，即以期货价格的有利变动抵销了商品价格的不利变动。具体来说，若不进行套期保值，销售商品的毛利额将只有 80 000 元（即 1 100 000（当时的公允价值）－20 000（公允价值变动）－1 000 000（账面成本））；正是由于采用了套期保值策略，才使销售商品的毛利额保持了原来的状态及例中的略升，即 105 000 元（1 100 000（当时的公允价值）－20 000（商品公允价值变动）－1 000 000（账面成本）＋25 000（套期保值利得））；这样的利得也表现为通过收回保证金变动而增加的银行存款 25 000 元。另一方面，在企业本期损益的记录中，也有了指定为套期工具时确认的套期损益 100 000 元和在期货合同价格、现货价格变动中形成的套期损益 5 000 元（25 000－20 000）。

2. 公允价值套期会计处理的延伸解释

此处主要是对套期工具和被套期项目公允价值变动的不同幅度及其对交易带来的不同结果进行延伸说明。仍举上述例题，倘若商品期货合同价格上升的数额不是 25 000 元，而是 22 500 元；库存商品价格的下降保持不变，仍是 20 000 元。

该经销商的会计处理将为：

（1）半年末时，商品期货合同和实际的库存商品的公允价值均发生了变化，按照变化的数额记录套期损益。

借：套期工具——期货合同　　22 500
　贷：套期损益　　22 500
借：套期损益　　20 000
　贷：被套期项目——库存商品（大豆）　　20 000

（2）结转由于套期形成的利得，记录银行存款的增加。

借：银行存款　　22 500
　贷：套期工具——期货合同　　22 500

例中套期工具的公允价值变动为 22 500 元，与被套期项目公允价值变动数额的比率为 112.5%（22 500/20 000）；由于这一变动比率在 80%～125%之间，可就此认为该套期是高度有效的。

3. 期货合同公允价值套期会计处理的补充说明

在实际工作中，由于期货合同会计需因初次保证金和追加保证金而频繁进行会计处理，因此也被形象地称为保证金会计。下面以补充前述例题内容的方式展现实际业务中期货合同会计的全部内容。

例 11－2（续）

某经销商年初从外地购入大豆 330 吨，总价为 100 万元，预计在两个月内售出，当时的市场公允价值为 110 万元。为防止价格下降，该经销商在某商品期货交易所卖出了一份衍生工具合同，即等价、等量、同期的商品期货合同，将其指定为对大豆存货公允价值变动风险的套期。设该项套期业务的初始保证金（亦即该期货品种的最低持仓量的保证金数额）数额为 5.5 万元；除此之外，还需按照双向缴纳的方式在卖出期货合同环节支付手续费 1 万元。在当年半年末时，期货合同的价格下降了 25 000 元，大豆的公允价值下降了 20 000 元。当日，该经销商将大豆存货按照公允价值售出，并将购入的商品期货合同卖出平仓，缴纳了购入期货合同环节的手续费，收回了期货保证金。经销商按照会计准则和期货交易所的要求，正确进行了会计处理，并对该套期进行了有效性评价，认为其完全有效。该经销商仅有此一项套期业务，不考虑相关税金等事项。

分析：

（1）年初时，指定将购买的商品期货合同为存货大豆的套期工具。

借：被套期项目——库存商品（大豆） 1 100 000

贷：库存商品——大豆 1 000 000

套期损益 100 000

同时，缴纳初次交易的初始保证金和卖出环节的手续费。

借：期货保证金 55 000

套期损益 10 000

贷：银行存款 65 000

在指定商品期货合同为套期工具时，套期工具的价值为零，只需按照期货合同约定的金额作表外记录，不进行正式会计处理；但是，缴纳的保证金和手续费要按照期货交易所结算机构的规定进行（一般是由结算机构按照期货交易者预先存放的数额依据交易指令划转）。

（2）半年末时，商品期货合同和实际的库存商品的公允价值均发生了变化，按照变化的数额记录套期损益。

借：期货保证金 25 000

贷：套期损益 25 000

借：套期损益 20 000

贷：被套期项目——库存商品（大豆） 20 000

此时，套期工具一方由于期货市场价格下降，属于卖出套期保值的有利价格变动，将购入商品期货合同下降部分的数额记入“套期损益”科目的贷方，同时将增加的数额调整期货合同数额，使其与市场公允价值一致。而在被套期项目方面，也由于现货市场价格下降，将现货市场价格下降的数额记入“套期损益”科目的借方，同时按照市场公允价值调整存货数额。调整后的被套期项目的公允价值数额亦即售价为 1 080 000 元。

必须说明的是，此例中的业务进展情况是卖出期货合同之后期货合同价格下降，是有利价格变动，增加了保证金数额，不需补交期货保证金；但如果是期货合同价格上升，则为不利价格变动，这样就减少了保证金数额，需要补交期货保证金。此时的会计分录为：

借：套期损益 25 000

贷：期货保证金 25 000

同时，补交保证金，以使保证金能够维持最低持仓量的保证金数额。会计分录为：

借：期货保证金 25 000

贷：银行存款 25 000

（3）缴纳期货合同购入环节的手续费，收回保证金，结转期货合同业务。

借：套期损益　　10 000
　　贷：银行存款　　10 000
借：银行存款　　80 000
　　　期货保证金　　80 000

期货合同业务需在建仓、对冲平仓的过程中双向缴纳手续费，此次手续费是对冲平仓环节的手续费；期货保证金在初次交易时支付 55 000 元，本期形成的价格有利变动，使保证金增加 25 000 元，在结转期货合同业务时一并收回。

（4）记录卖出库存商品形成的收入并结转库存商品成本。

借：应收账款、应收票据或银行存款　　1 080 000
　　贷：主营业务收入　　1 080 000
借：主营业务成本　　1 080 000
　　贷：被套期项目——库存商品（大豆）　　1 080 000

卖出商品按照公允价值亦即售价记录（不考虑增值税）计量。但是，由于被套期业务成立时已经按照公允价值的变化数额记录了被套期项目，主营业务成本也应随之记录。

（5）结转由于套期形成的利得或损失计入当期损益。

借：套期损益　　85 000
　　贷：主营业务成本　　85 000

这样的套期利得和损失的结转依据为：制定套期工具时的贷方数额 100 000 元，缴纳双向续费的借方数额 20 000 元，记录期货合同价格有利变动的贷方数额 25 000 元，记录现货价格不利变动的借方数额 20 000 元，这些数额按照一般商品交易冲减当期营业成本的方式记录为当期损益。

11.3.3 公允价值套期会计之二：远期合同

1．远期合同公允价值套期会计处理的一般要求

远期合同包括远期外汇合约、远期股票合约、远期利率协议等，根据我国的实际情况需要，此处主要解释远期外汇合约。

例 11－3

X 公司于 20×5 年 12 月 1 日与境外 Y 公司签订合同，约定于 20×6 年 3 月 1 日以每吨 4 000 美元的价格购入某原材料 250 吨，总价为 1 000 000 美元。X 公司为避免购入原材料成本的外汇风险，于签订合同当日与某金融机构签订一项 3 个月到期的远期外汇合约，约定购买 900 000 欧元。20×6 年 3 月 1 日，X 公司以净额方式结算该远期外汇合约，并购入原材料。

假定：（1）20×5 年 12 月 1 日、12 月 31 日和 20×6 年 3 月 1 日，在远期合同和确定承诺中欧元与美元对人民币的汇率如表 11－2 所示；（2）该套期符合运用套期会计准则所规定的条件。

表 11-2 汇率变化情况表

日期	20×6 年 3 月 1 日远期合同欧元对人民币的远期汇率	20×6 年 3 月 1 日确定承诺美元对人民币的远期汇率
20×5 年 12 月 1 日	€1=¥7.15	$1=¥6.50
20×5 年 12 月 31 日	€1=¥7.08	$1=¥6.45
20×6 年 3 月 1 日	€1=¥7.12	$1=¥6.35

分析：

根据上述资料，X 公司进行如下分析：(1) 按照签订远期合同时计算的两种外币之差为 65 000 元人民币（€900 000×¥7.15=¥6 435 000，而 $1 000 000×¥6.50=¥6 500 000），在套期高度有效的范围之内；(2) 远期合同与确定承诺在同一天结算；(3) 最近 3 个月，人民币对欧元、美元之间的汇率变动具有高度的相关性。

但是，从另一方面来看，无论怎样，美元与欧元对人民币的汇率变动结果都可能会存在一些差异。此外，从这样的例题也可看到，在评价上述情况套期活动的有效性时，不必考虑两种货币变动的即期汇率，其原因在于对确定承诺的计算依据是远期汇率。将两种外币变动情况以表 11-3 表示。

表 11-3 远期合同与确定承诺汇率变动情况表

项目	20×5 年 12 月 1 日	20×5 年 12 月 31 日	20×6 年 3 月 1 日
A. 远期合同			
20×6 年 3 月 1 日结算日的远期汇率	€1=¥7.15	€1=¥7.08	€1=¥7.12
金额（€）	€900 000	€900 000	€900 000
远期价格（€900 000 折算为人民币¥）	¥6 435 000	¥6 372 000	¥6 408 000
合同价格（¥）	¥6 435 000	¥6 435 000	¥6 435 000
两项价格之差	0	−¥63 000	−¥27 000
公允价值（上述差额的现值，折现率为 6%）	0	−¥62 687	−¥27 000
本期公允价值变动		−¥62 687	¥35 687
B. 确定承诺			
20×6 年 3 月 1 日结算日的远期汇率	$1=¥6.50	$1=¥6.45	$1=¥6.35
金额（$）	$1 000 000	$1 000 000	$1 000 000
远期价格（$1 000 000 折算为人民币¥）	−¥6 500 000	−¥6 450 000	−¥6 350 000
初始远期价格（¥）	¥6 500 000	¥6 500 000	¥6 500 000
两项价格之差	0	¥50 000	¥150 000
公允价值（上述差额的现值，折现率为 6%）	0	¥49 751	¥150 000
本期公允价值变动		¥49 751	¥100 249
C. 无效套期部分（以欧元汇率标价的远期合同与以美元汇率标价的确定承诺之间公允价值变动的差额）		−¥12 936	¥64 562

表中“公允价值”的数字计算公式为：

$$\text{公允价值(两项价格之差的折现额,折现率为}x\%\text{)}=(\text{当时的汇率}-\text{合同约定汇率})\times\frac{\text{外币金额}}{1+\text{折现率}\times\text{折现月数}/12}$$

$$\text{远期合同20×5年12月31日的公允价值}=(7.08-7.15)\times\frac{900\ 000}{1+6\%\times1/12}=-¥62\ 687$$

$$\text{远期合同20×6年3月1日的公允价值}=(7.12-7.15)\times\frac{900\ 000}{1+6\%\times0/12}=-¥27\ 000$$

$$\text{确定承诺20×5年12月31日的公允价值}=(6.45-6.50)\times\frac{1\ 000\ 000}{1+6\%\times1/12}=-¥49\ 751$$

$$\text{确定承诺20×6年3月1日的公允价值}=(6.35-6.50)\times\frac{1\ 000\ 000}{1+6\%\times0/12}=-¥150\ 000$$

表中的经济含义：由于本例的被套期项目是负债的性质，因此，若远期价格低于初始远期价格，是价格的有利变动，表中的数据用正值来表示，属于套期损益的益；反过来再看，既然被套期项目是负债性质，套期工具必然是资产性质，因此，若远期价格低于合同价格，是价格的不利变动，表中的数据用负值来表示，属于套期损益的损。套期业务就是这样利用资产与负债（或者是负债与资产）之间的抵销关系达到其目的，亦即保值的。

上述业务相关套期事项（其他相关业务略）的会计处理过程如下：

(1) 20×5年12月1日，签订确定承诺和远期合同时，不进行会计处理。

由于此时远期合同和确定承诺的公允价值为零，无须进行会计处理，只按照合同约定的数额作备忘记录即可。

(2) 20×5年12月31日，财务报表登记日（考虑在国外不仅仅是以日历年度为会计期间的实际情况），进行套期结果的会计处理。

借：被套期项目——确定承诺	49 751	
贷：套期损益		49 751
借：套期损益	62 687	
贷：套期工具——远期合同		62 687

被套期项目属于负债性质，由于汇率的下降而形成收益；套期工具属于资产性质，由于汇率的下降而造成损失。

(3) 20×6年3月1日，确定承诺和远期合同的到期日。

借：被套期项目——确定承诺	100 249	
贷：套期损益		100 249
借：套期工具——远期合同	35 687	
贷：套期损益		35 687
借：套期工具——远期合同	27 000	
贷：银行存款		27 000

被套期项目的汇率下降，形成了价格的有利变动，增加了套期损益的贷方；与此同时，套期工具的汇率也发生了有利变动，由此增加了套期损益的贷方。套

期工具实际上是在真正结转远期合同时随银行存款的支付而结转。

（4）20×6 年 3 月 1 日，实际购买确定承诺的原材料。

借：材料采购——××材料　6 500 000
　贷：银行存款　6 350 000
　　被套期项目——确定承诺　150 000

确认履行确定承诺而购入原材料并支付货款。

对例题中业务的进一步解释：此例题的内容应当属于对未来汇率走向的判断不当。具体来说，由于确定承诺的汇率一直在下降，如果 X 公司没有用欧元进行套期，在确定承诺到期时，实际支付的按照现行汇率计算的人民币应当少于初始远期价格。这也是判断套期是否成功的标准之一。

2. 远期合同公允价值套期会计处理的延伸

此处的延伸解释主要是以改变例 11－3 的内容，即 X 公司于 20×5 年 12 月 1 日与境外 Y 公司签订合同，约定于 20×6 年 3 月 1 日以每吨 4 000 美元的价格购入某原材料改为对外销售产品，来完成对远期合同公允价值套期的延伸说明。例中的远期合同仍是欧元，其他条件，诸如汇率、时间等均不发生变化。这样，上述的会计处理将呈相反的变化。

（1）20×5 年 12 月 1 日，签订确定承诺和远期合同时，不进行会计处理。

由于此时远期合同和确定承诺的公允价值为零，因此无须进行会计处理，只作备忘记录即可。

（2）20×5 年 12 月 31 日，进行套期结果的会计处理。

借：套期损益　49 751
　贷：被套期项目——确定承诺　49 751
借：套期工具——远期合同　62 687
　贷：套期损益　62 687

被套期项目属于资产性质，由于汇率的下降而形成损失；套期工具属于负债性质，由于汇率的下降而形成收益。这样，套期工具恰恰发挥了规避风险、减少损失的作用。

（3）20×6 年 3 月 1 日，确定承诺和远期合同的到期日。

借：套期损益　100 249
　贷：被套期项目——确定承诺　100 249
借：套期损益　35 687
　贷：套期工具——远期合同　35 687

借：银行存款　27 000
　贷：套期工具——远期合同　27 000

被套期项目的汇率再次下降，形成了价格的不利变动，增加了套期损益的借方；与此同时，套期工具的汇率也发生了不利变动，增加了套期损益的借方。套期项目实际上是在真正结转远期合同时随银行存款的收取而结转。

（4）20×6 年 3 月 1 日，实际购买确定承诺的原材料。

借：银行存款	6 500 000
贷：主营业务收入	6 350 000
被套期项目——确定承诺	150 000

确认履行确定承诺而销售货物并收取货款。

可由此看到，由于确定承诺属于正常的将要发生的业务，在此处属于资产的性质，汇率的下降就构成了可能影响结算项目时公允价值变动的风险，X 公司采用反过来的欧元负债进行套期，在汇率确实下降时，套期即发挥了其应有的避险作用。

11.3.4 公允价值套期会计的进一步分析

公允价值套期会计的主要内容即为上述的期货合同和远期合同会计处理的内容。虽是投机套利会计的对应，但它们都是基于期货交易和远期外汇交易而形成的特殊业务。因此，它们除了在期货交易损益处理方面和外币计价及交易关于汇率差异的处理方面有所不同之外，其他方面也有很多相近之处。比如合同公允价值的处理等。但必须要指出的是，我们还要在以下方面对公允价值套期会计有所认识：

（1）应当充分认识并辨别套期保值成立的条件。即被套期项目对企业来说是否具有价格方面的敏感性；若不满足这一点，套期保值业务是难以确立的。

（2）应当充分关注套期工具与被套期项目的高相关性。即只有利用套期工具可以有效地规避被套期项目的风险时，一般使用的衍生工具等才能够确立为套期工具。

（3）应当清楚了解被套期项目被保值的特定范围。这就是说，公允价值套期针对的是未来的交易且其现金流量一定要发生，但是由于存在交易商品或结算货币的公允价值在波动时对损益影响的情况，这样的业务对企业整体损益的影响一般都不是很大。因此，国际上的公允价值套期多用于实际购买或销售业务已经发生的货币结算，即应收应付款项，以及已确定承诺业务的实际处理。

（4）应该真正认清套期业务的本质属性及其运动规则。即这样的业务就是利用资产、负债在价格变动时的不同反应而进行的交易安排，因此，月份相同或相近、产品种类相同、数量相等、方向相反四原则即成为实施套期保值以规避价格波动风险的主要交易内容。

还要说明的是，国际会计界对当前的套期保值条件提出了较多的不同看法，但是相对于我国的具体情况和我国企业已有的教训和经验（此处主要是教训），我国划分套期保值业务与投机套利业务，并要求企业只开展套期保值，严格限制投机套利，现在看来确实是有实际意义的，值得我们认真思考并严格执行。

11.4 现金流量套期会计

11.4.1 现金流量套期的会计处理要求

1. 基本会计处理要求

我国企业会计准则规定，现金流量套期满足运用套期会计方法条件的，应当按照下列规定处理：

（1）套期工具产生的利得或损失中属于套期有效的部分，作为现金流量套期储备，应当计入其他综合收益。现金流量套期储备的金额，应当按照下列两项的绝对额中较低者确定：1）套期工具自套期开始的累计利得或损失；2）被套期项目自套期开始的预计未来现金流量现值的累计变动额。每期计入其他综合收益的现金流量套期储备的金额应当为当期现金流量套期储备的变动额。

现金流量套期：已确认的资产

（2）套期工具产生的利得或损失中属于套期无效的部分（即扣除计入其他综合收益后的其他利得或损失），应当计入当期损益。

2. 现金流量套期储备的金额的会计处理要求

我国企业会计准则对现金流量套期储备的金额的会计处理要求为：

（1）被套期项目为预期交易，且该预期交易使企业随后确认一项非金融资产或非金融负债的，或者非金融资产或非金融负债的预期交易形成一项适用于公允价值套期会计的确定承诺时，企业应当将原在其他综合收益中确认的现金流量套期储备金额转出，计入该资产或负债的初始确认金额。

（2）对于不属于上述内容涉及的现金流量套期，企业应当在被套期的预期现金流量影响损益的相同期间，将原在其他综合收益中确认的现金流量套期储备金额转出，计入当期损益。

（3）如果在其他综合收益中确认的现金流量套期储备金额是一项损失，且该损失全部或部分预计在未来会计期间不能弥补的，企业应当在预计不能弥补时，将预计不能弥补的部分从其他综合收益中转出，计入当期损益。

3. 现金流量套期终止的会计处理要求

当企业对现金流量套期终止运用套期会计时，在其他综合收益中确认的累计现金流量套期储备金额，应当按照下列规定进行处理：

（1）被套期的未来现金流量预期仍然会发生的，累计现金流量套期储备的金额应当予以保留，并按照会计准则的规定计入资产、负债项目，或者是计入当期损益。

（2）被套期的未来现金流量预期不再发生的，累计现金流量套期储备的金额应当从其他综合收益中转出，计入当期损益。被套期的未来现金流量预期不再极可能发生但可能预期仍然会发生，在预期仍然会发生的情况下，累计现金流量套期储备的金额应当予以保留，并按照其变化情况参照上述两点酌情进行会计处理。

11.4.2　现金流量套期会计之一：期货合同

1. 期货合同现金流量套期的一般会计处理要求

为了与前述的公允价值套期比较，以更清楚地认识现金流量套期，此处的例题只是略改变了前面例题的条件。

例 11－4

某经销商年初预计在未来将采购一大笔商品，即对外采购大豆330吨，这批大豆现阶段的公允价值为110万元，预计在6个月内购入。为规避与该预期采购有关现金流量的变动风险，该经销商在某商品期货交易所买入了一份衍生工具合同，即等价、等量、同期的商品期货合同，将其指定为对大豆未来销售现金流量变动风险的套期。在当年半年末时，商品期货合同的价格上升了12万元，而预期销售大豆的公允价值上升了10万元。当日，该经销商将大豆存货按照当日的公允价值购入，并卖出商品期货合同对冲原买入的商品期货合同。

经销商对其套期进行了有效性评价，认为该套期完全有效。本例不考虑一般商品期货业务中的保证金、手续费和相关税金等。

分析：

（1）年初时，指定将购买的商品期货合同为存货大豆的套期工具，进行辅助账的账外记录，不作正式会计处理。

在将商品期货预计为套期工具时，套期工具的价值为零，只作表外备忘记录，不进行正式会计处理。但与上面例题不同的是，由于对准备购入商品（题中的大豆）只是一种预计，并没有进行实际承诺，不属于未确认确定承诺，因此还不能直接将大豆列为被套期项目。

（2）半年末时，期货合同的公允价值发生了变化，按照变化的数额记录其他综合收益。

借：套期工具——期货合同	120 000	
贷：其他综合收益——套期工具价值变动		120 000

分析：由于未对被套期项目进行确定承诺，因此也就不能对被套期项目的套期损益进行确认。但在此时，期货市场价格上升，归于对未来销售业务的预计，此时先把期货合同的价格变化记录于其他综合收益，待销售业务实际发生时再重分类转为企业损益。

（3）按照公允价值记录买入库存商品的实际采购业务。

借：库存商品——大豆	1 200 000	
贷：银行存款（或应付项目）		1 200 000

销售业务如期发生，买入商品按照公允价值，亦即购入价格记录（省略了增值税）。

（4）随着期货保证金的回收（在会计处理上属于金融工具的确认和计量），结转由于套期形成的利得，记录银行存款的增加。

借：银行存款	120 000	
贷：套期工具——期货合同		120 000

利得结转依据不同的衍生工具而有所区别。若是商品期货业务，应作为期货保证金的增值内容，在期货业务对冲、收回保证金时进行处理。

（5）确认商品期货的结转数额。

借：其他综合收益——套期工具价值变动	120 000	
贷：库存商品——大豆		120 000

由于预计的采购业务真正实现，因此将原来记录于其他综合收益的商品期货合同价值变动额 12 万元转入未预先确认的被套期项目中，不仅抵销了大豆公允价值上升的 10 万元，还增加了当期损益 2 万元（此处未考虑手续费的数额）。反过来再看，若是在计划采购时没有采用商品期货合同的方式套期保值，该经销商若发生采购业务的现金流量，就会承受由于大豆公允价值升高形成的损失 10 万元。

必须说明的是，由于经销商准备进行的套期保值业务是否真正发生尚未肯定，平时发生的衍生工具价值变动就只能暂时记录于其他综合收益；但是，在采购业务实际实现之后，即应将记录于其他综合收益中的数额结转至当期损益，亦即重分类进入损益。此例题是转入了被套期项目的购入成本之后再间接记录于当期损益之中的。进一步，如果供销商认为采购损失大而没有进行该项采购业务，即该项采购业务未发生，此套期工具形成的收益（抑或反之的损失）就只能记为现金流量套期储备，而只将可能有的无效套期部分计入当期损益。

2．期货合同现金流量套期会计处理的延伸解释

我们结合前述的相关例题可以看到：若是预先指定了严格的套期业务，会计处理就要严格记录由于公允价值变动而形成的套期损益，但那是公允价值套期。

而由于没有进行严格的套期指定，会计处理就不会对预计的被套期项目进行公允价值变动的记录；或者即使记录了套期工具公允价值的变动，也是先记录于其他综合收益，待预计的被套期项目业务实际发生时，再重分类结转至当期损益。

反过来看：如果预计的采购业务（或者是反过来的销售收入）没有发生，会计处理则应遵循企业会计准则的要求，在预期交易预计不会发生时，在套期有效期间直接计入所有者权益中的套期工具利得或损失应当转出，计入当期损益。与本例中的内容不同的是，此处的当期损益将不再是材料采购（或销售收入）等，而应当是营业外收入（支出）。这是准则要求的实质内容。

更进一步，虽然预计的业务发生了，但形成的收入或者节约的费用等不足以弥补全部的价值变动额，这时应当遵循的会计准则处理要求，将在所有者权益中确认的净损失全部或部分在未来会计期间不能弥补的部分转出，计入当期损益。这时，转接的科目仍然是“营业外支出”，但也不排除多形成价值变动而形成的“营业外收入”。此部分的补充举例说明略。

11.4.3 现金流量套期会计之二：远期合同

按照企业会计准则的要求，对外汇确定承诺的套期既可以采用公允价值套期将双方变动的数额计入当期损益，也可以先计入其他综合收益，再视不同情况转为当期损益，即“对确定承诺的外汇风险进行的套期，企业可以将其作为公允价值套期或现金流量套期处理”。以下例题将按照两种方法分别进行处理。

1．采用公允价值套期对远期合同的会计处理

例 11－5

某经销商于上年 11 月 30 日与境外某公司签订合约，将于 3 个月后购买商品一批，总价为30万美元。经销商为了规避购入商品的公允价值变动风险或现金流量风险，与某经营外汇银行签订了的一项3个月到期的远期外汇合约，约定的远期汇率为$1=￥6.60。在3个月后的本年2月28日，该经销商同时购买了商品并以净额方式结算了远期合同。

假定：在签约日后的年末，亦即财务报表日，两个月的远期汇率为$1=￥6.55，人民币的市场利率为6%；在2月28日，亦即购买日和结算日，美元对人民币的实际汇率为$1=￥6.65。该笔业务符合套期保值的条件（不考虑增值税等相关因素）。

分析：采用公允价值套期，会计处理如同前面所述的远期合同公允价值套期会计。

（1）上年11月30日，不作会计处理。远期合同的价值为零，只作表外备忘记录。

（2）上年12月31日，计算并记录远期合同的公允价值。

$$\begin{array}{c}\text{上年 12 月 31 日}\\ \text{远期合同的公允价值}\end{array}=\frac{(6.60-6.55)\times 300\,000}{1+6\%\times 2/12}=14\,852(\text{元})$$

借：套期损益	14 852	
贷：套期工具——远期合同		14 852

同时，

借：被套期项目——确定承诺	14 852	
贷：套期损益		14 852

由于指定了确定承诺，因此，远期合同公允价值变动的损失应由套期工具承担。但是，由于确定承诺尚未被确认，也就将收益额计入了未来将发生的确定承诺。计算公式如下：

$$\begin{array}{c}\text{远期合同}\\ \text{公允价值}\end{array}=\frac{\left(\begin{array}{c}\text{约定的}\\ \text{远期汇率}\end{array}-\begin{array}{c}\text{财务报表日至}\\ \text{结算期的远期汇率}\end{array}\right)\times\begin{array}{c}\text{持有的}\\ \text{外币数额}\end{array}}{1+\text{本位币的市场利率}\times\text{尚需持有月份}/12}$$

（3）本年2月28日，确定承诺确认日与远期合同结算日。再次计算远期合同的公允价值。

$$\begin{array}{c}\text{本年 2 月 28 日}\\ \text{远期合同的公允价值}\end{array}=\frac{(6.60-6.65)\times 300\,000}{1+6\%\times 0/12}=-15\,000(\text{元})$$

借：套期工具——远期合同	29 852	
贷：套期损益		29 852
借：套期损益	29 852	
贷：被套期项目——确定承诺		29 852

购入物品时，即远期合同结算时，远期合同价格上涨15 000元，这时，冲抵原来的借方14 852元，应当借记29 852元。此时，尚未将购入商品入账，因此也将同样的数额计入被套期项目，并冲抵套期损益，数额也为29 852元。

（4）本年 2 月 28 日，购入商品，结算远期合同，被套期项目将承担套期损益的最终结果。

借：库存商品　　1 995 000
　贷：银行存款　　1 995 000
借：银行存款　　15 000
　贷：套期工具——远期合同　　15 000
借：被套期项目——确定承诺　　15 000
　贷：库存商品　　15 000

购买库存商品时，按照当日的汇率（即 \$1＝¥6.65）记账，并按此汇率记录银行存款的外币折合额。由于与银行已有购买外汇的远期合同，因此实际支付外币时按照约定的远期汇率（即 \$1＝¥6.60）记账，余下的数额冲减套期工具的账面数额。最后一笔会计分录即为将最终的套期损益的利得冲减库存商品。

2. 采用现金流量套期对远期合同的会计处理

例 11－6

沿用例 11－5 的资料，采用现金流量套期进行会计处理。

分析：采用现金流量套期，会计处理与上述公允价值套期之间的差别主要是：将未来业务视为预期交易，而不是确定承诺。因此，在预计业务没有发生时，就应当按照现金流量套期处理，即套期工具的公允价值变动先计入其他综合收益，待预计业务实际发生时再结转至当期损益。

（1）上年 11 月 30 日，不作会计处理。远期合同的价值为零，只作表外记录。

（2）上年 12 月 31 日，计算并记录远期合同的公允价值。

$$\begin{array}{c}\text{上年 12 月 31 日}\\ \text{远期合同的公允价值}\end{array}=\frac{(6.60-6.55)\times 300\,000}{1+6\%\times 2/12}=14\,852(\text{元})$$

借：其他综合收益　　14 852
　贷：套期工具——远期合同　　14 852

由于指定的是预期交易，因此，只能将远期合同公允价值变动的损失记录于套期工具，并暂时记为其他综合收益；远期合同公允价值的计算与采用公允价值套期时一致。

（3）本年 2 月 28 日，预期交易发生日与远期合同结算日。再次计算远期合同的公允价值。

$$\begin{array}{c}\text{本年 2 月 28 日}\\ \text{远期合同的公允价值}\end{array}=\frac{(6.60-6.65)\times 300\,000}{1+6\%\times 0/12}=-15\,000(\text{元})$$

借：套期工具——远期合同　　29 852
　贷：其他综合收益　　29 852

预期交易发生时，也为远期合同结算时，远期合同价格上涨 15 000 元，这时，冲抵原来的借方记录的其他综合收益14 852元，结果为其他综合收益贷记29 852元。

(4) 本年2月28日，购入商品，结算远期合同，被套期项目将承担套期损益的最终结果。

借：库存商品	1 995 000	
贷：银行存款		1 995 000
借：银行存款	15 000	
贷：套期工具——远期合同		15 000
借：其他综合收益	15 000	
贷：库存商品		15 000

前面的会计处理与采用公允价值套期时一致，最后一笔会计分录即为将最终由于套期形成的其他综合收益冲减库存商品成本，间接计入当期损益。

3. 对远期合同可采用两种会计处理方法原因的深入探讨

在远期合同业务中，首先要弄清楚的问题应该是：这种套期业务为什么既可以采用公允价值套期，又可以采用现金流量套期。即会计准则规定的“对确定承诺的外汇风险进行的套期，企业可以将其作为公允价值套期或现金流量套期处理”，究竟该如何理解。其实，选择的关键之处是究竟将套期工具的价值变动等计入当期损益，还是计入所有者权益中的其他综合收益。其结果是，究竟是由当期损益承担，还是与当期损益无关。

我们深入查找国际财务报告标准的相关内容可以看到，这样处理的根本原因应当是对“确定承诺”和“预期交易”两个术语的理解和运用。前已述及：确定承诺，是指在未来某特定日期或期间，以约定价格交换特定数量资源、具有法律约束力的协议。如已经发了货，尚未收回款项，但是为了防止收款过程汇率变动影响收回货币数额的事项。而预期交易，是指尚未承诺但预期会发生的交易。比如，已签订合同的未来销售，也可视为预期交易。进一步，广义的预期交易可能又有两种情况：一是“很可能”，是指50%～95%的可能性；二是“基本确定”，即95%～100%的区间。一般来说，我们习惯上称的“确定承诺”属于后者，而常指的“预期交易”则为前者。因此，确定承诺的处理结果即为将套期工具价值等的变动差异计为当期损益，而预期交易则要视未来业务发生概率的大小再做决定。具体来说，若是预期交易接近于“很可能”，就作为公允价值套期；反之，倘若预期交易离“很可能”较远，则要采用现金流量套期，即等等看看，再做决定。

11.4.4 现金流量套期会计的进一步分析

从我国现阶段企业会计准则的规定来看，现金流量套期的公允价值变动计入其他综合收益，而不是直接计入当期损益；要等到与损益相关的实际业务发生并且进行处理后再重分类转入当期损益；这也是公允价值套期与现金流量套期最重要的区别。进一步，这样的规定与股票、债券、基金、权证按照其使用方向、目的是否明了而划分为交易性金融资产、其他权益工具投资等有一定的相通之处。

由此可知，对于上述远期合同，可视预期交易的未来状况在公允价值套期与现金流量套期之间进行选择，其本质也是按照稳健性原则的要求，对未确定事项对当期损益影响的谨慎处理。这是我们在学习本部分时必须要掌握的内容。

11.5　境外经营净投资套期会计

11.5.1　境外经营净投资套期的会计处理要求

1. 基本会计处理要求

我国企业会计准则规定，对境外经营净投资的套期，包括对作为净投资的一部分进行会计处理的货币性项目的套期，应当按照类似于现金流量套期会计的规定处理：(1) 套期工具形成的利得或损失中属于套期有效的部分，应当计入其他综合收益。全部或部分处置境外经营时，上述计入其他综合收益的套期工具利得或损失应当相应转出，计入当期损益。(2) 套期工具形成的利得或损失中属于套期无效的部分，应当计入当期损益。

2. 有效套期与无效套期

从上述准则规定中可以看出，处理好境外经营净投资套期的关键是将套期工具的变动结果暂计入属于所有者权益的其他综合收益；而处理好这种业务的基础则是辨别有效套期与无效套期。

运用套期会计方法的条件实际上隐含了两项套期有效性评价要求：(1) 预期性评价，即评价套期在未来会计期间是否高度有效。这就要求企业在套期开始时，以及至少在中期报告或年度财务报告日对套期有效性进行评价。(2) 回顾性评价，即评价套期在以往的会计期间实际上是否高度有效。这就要求企业至少在中期报告或年度财务报告日对套期有效性进行评价。

一般情况下，企业难以实现套期工具和被套期项目的公允价值或现金流量变动完全抵销，因而会出现套期无效的较小金额范围。这就是与有效套期相对应的无效套期。

11.5.2　境外经营净投资套期的会计处理业务

例 11-7

某年度内，A 公司的一项以美元计价的境外净投资 20 万美元，将因为美元的贬值而面临汇率变动的风险。A 公司采取卖出美元远期汇率套期的方式对其进行套期保值。A 公司于 5 月 1 日，按照对外投资的计价额，与经营外汇银行签订为期 5 个月的远期外汇合约，当天美元对人民币的汇率为 \$1=￥6.65，5 个月的远期汇率为 \$1=￥6.60；在以后的 6 月 30 日（企业需要对外披露半年报），市场汇率为 \$1=￥6.62，美元对人民币 3 个月的远期汇率为 \$1=￥6.50；在 9 月 30 日，美元对人民币的汇率已降至 \$1=￥6.40；A 公司在此时向经营外汇银行按照远期汇率支付了人民币，购买了约定的美元；与此同期的人民币存款利率为6%。A公司按照会计准则的要求对该套期业务进行了会计处理。

分析：

(1) 5月1日，A公司与经营外汇银行签订远期合同。

境外经营净投资的人民币折合额=200 000×6.65=1 330 000(元)

借：被套期项目——境外经营净投资　　1 330 000

　贷：长期股权投资　　1 330 000

远期合同被指定为境外经营净投资套期保值，进行套期价值结转；远期合同的公允价值为零，不进行账务处理。

(2) 6月30日，A公司应报出半年报，进行远期合同公允价值的计算与记录。

$$\text{远期合同的公允价值}=\frac{(6.60-6.50)\times 200\,000}{1+6\%\times 3/12}=19\,704.43(\text{元})$$

借：套期工具——远期合同　　19 704.43

　贷：其他综合收益——套期业务　　19 704.43

被套期项目的汇率变动额=(6.65−6.62)×200 000=6 000(元)

借：其他综合收益——套期业务　　6 000

　贷：被套期项目——境外经营净投资　　6 000

由远期汇率变动（6.60−6.50）及将再持有合同的月份数（仍要持有3个月），计算出的远期合同的公允价值为19 704.43元人民币；而与此同时，由于实际汇率的变动（6.65−6.62）不考虑远期汇率，被套期项目的损失为6 000元人民币。

(3) 9月30日，A公司计算并结转套期结果。

$$\text{远期合同的公允价值}=\frac{(6.60-6.40)\times 200\,000}{1+6\%\times 0/12}=40\,000(\text{元})$$

借：套期工具——远期合同　　20 296

　贷：其他综合收益——套期业务　　20 296

被套期项目的汇率变动额=(6.62−6.40)×200 000=44 000(元)

借：其他综合收益——套期业务　　44 000

　贷：被套期项目——境外经营净投资　　44 000

由于在远期合同的实际计算日实际汇率为\$1=￥6.40，按此要求同时计算套期工具和被套期项目应记录的数额。

(4) 9月30日，结算远期合同。

借：银行存款　　40 000

　贷：套期工具——远期合同　　40 000

按照对境外经营净投资套期的设想，将按照约定的远期汇率的净额进行远期合同的结转。

（5）9 月 30 日，记录套期业务结束。

借：长期股权投资　　1 280 000

　贷：被套期项目——境外经营净投资　　1 280 000

既然套期业务已经结束，就应该按照当日汇率记录作为外币业务的长期股权投资事项。当日的即期汇率为＄1=￥6.40。

对上述业务进行进一步分析：由于汇率的变动，境外经营净投资的价值降低50 000 元（(6.65－6.40)×200 000）；按照外币业务即期汇率计价的基本原则，期末净投资净额应为 1 280 000 元（200 000×6.40）；但又由于进行了套期，使套期工具本身具有的价值与被套期项目形成的其他综合收益数额相加，只记录了10 000 元的其他综合收益的借方数额，这样，就有 40 000 元的远期合同收益要作为有效套期的结果保留在其他综合收益中，直至境外经营净投资被处置时为止。从另一方面来看，A 公司若没有进行套期保值，在计算期末，就应记录 50 000元的其他综合收益减少额；由于进行了套期保值，取得了 40 000 元的有效套期数额，因此，减少的其他综合收益只有 10 000 元，有效套期的 40 000 元同时也增加了企业的银行存款。

11.6　套期会计的信息披露

套期会计的信息披露也是本章需要掌握的内容之一。

1. 企业应当披露的与套期会计有关的信息

企业应当披露与套期会计有关的下列信息：（1）企业的风险管理策略以及如何应用该策略来管理风险；（2）企业的套期活动可能对其未来现金流量金额、时间和不确定性的影响；（3）套期会计对企业的资产负债表、利润表及所有者权益变动表的影响。

企业在披露套期会计相关信息时，应当合理确定披露的详细程度、披露的重点、恰当的汇总或分解水平，以及财务报表使用者是否需要额外的说明以评估企业披露的定量信息。企业按照金融工具列报准则要求所确定的信息披露汇总或分解水平应当和公允价值计量准则的披露要求所使用的汇总或分解水平相同。

2. 企业应当披露的有助于财务报表使用者评价的信息

企业应当披露其进行套期和运用套期会计的各类风险的风险敞口的风险管理策略相关信息，从而有助于财务报表使用者评价：每类风险是如何产生的，企业是如何管理各类风险的（包括企业是对某一项目整体的所有风险进行套期还是对某一项目的单个或多个风险成分进行套期及其理由），以及企业管理风险敞口的程度。与风险管理策略相关的信息应当包括：（1）企业指定的套期工具；（2）企业如何运用套期工具对被套期项目的特定风险敞口进行套期；（3）企业如何确定被套期项目与套期工具的经济关系以评估套期有效性；（4）套期比率的确定方法；（5）套期无效部分的来源。

3. 企业还应当披露的与套期业务有关的定性或定量信息

企业将某一特定的风险成分指定为被套期项目的，除应当披露上述规定的相关信息外，还应当披露下列定性或定量信息：（1）企业如何确定该风险成分，包括风险成分与项目整体之间关系性质的说明；（2）风险成分与项目整体的关联程度（例如被指定的风险成分以往平均涵盖项目整体公允价值变动的百分比）。

4. 企业应当按照风险类型披露相关定量明细信息

企业应当按照风险类型披露相关定量信息，从而有助于财务报表使用者评价套期工具的条款和条件及这些条款和条件如何影响企业未来现金流量的金额、时间和不确定性。这些要求披露的明细信息应当包括：（1）套期工具名义金额的时间分布；（2）套期工具的平均价格或利率（如适用）。

但是，如果因套期工具和被套期项目频繁变更而导致企业频繁地重设（即终止及重新开始）套期关系的情况下，企业则应当披露下列信息：（1）企业基本风险管理策略与该套期关系相关的信息；（2）企业如何通过运用套期会计以及指定特定的套期关系来反映其风险管理策略；（3）企业重设套期关系的频率。

关于套期会计的理论争鸣

5. 企业应当披露的与套期业务有关的其他信息

企业应当按照风险类型披露在套期关系存续期内预期将影响套期关系的套期无效部分的来源，如果在套期关系中出现导致套期无效部分的其他来源，也应当按照风险类型披露相关来源及导致套期无效的原因。企业还应当披露已运用套期会计但预计不再发生的预期交易的现金流量套期。对于每类套期类型，企业应当以表格形式、按风险类型分别披露与套期工具相关的下列金额：（1）套期工具的账面价值，其中金融资产和金融负债应当分别单独列示；（2）包含套期工具的资产负债表列示项目；（3）本期用作确认套期无效部分基础的套期工具的公允价值变动；（4）套期工具的名义金额或数量。

思考题

1. 什么是套期？其目的何在？涉及哪些方面？其核心内容有哪些？

2. 何为套期工具？可由哪些内容构成？何为被套期项目？其构成内容又如何？如何理解套期工具与被套期项目之间的关系？

3. 何为衍生工具？其概念涉及哪些相关内容？各衍生工具的概念如何？各有什么特征？可运用于哪些方面？

4. 何为公允价值套期？其最鲜明的特征何在？主要应用于哪些业务事项？何为确定承诺？请举例说明。

5. 何为现金流量套期？主要应用于哪些业务事项？与公允价值套期相比较，其最鲜明的特征在哪些方面？何为预期交易？请举例说明。

6. 何为境外经营净投资套期？其最鲜明的特征何在？其与公允价值套期、现金流量套期之间的关系如何？

7. 套期保值的条件如何？如何评价套期活动的有效性？其与投机套利之间的关系如何？举例说明套期保值的实现过程。

8. 我国企业会计准则对套期会计的总体要求是什么？在进行套期会计业务处理时需要设置哪些会计科目？各核算什么内容？

9. 公允价值套期的特征是什么？请举例说明何为确定承诺及确定承诺为什么可以使用公允价值套期方式。企业会计准则对公允价值套期的会计处理有哪些规定？对公允价值套期交易结果的解释说明有哪些规定？对公允价值套期会计信息披露有何要求？

10. 现金流量套期的特征是什么？企业会计准则对现金流量套期的会计处理有哪些规定？何为预期交易？其与确定承诺之间的关系如何？会计处理结果有何异同之处？企业会计准则对现金流量套期的信息披露要求如何？请举例说明现金流量套期会计与公允价值套期会计之间的相互关系。

11. 外币业务套期为什么可以在公允价值套期和现金流量套期两种方法中进行选择？其判断的条件和标准如何？两种会计处理方法有什么不同的会计处理结果？

12. 境外经营净投资套期的特征是什么？其与确定承诺、预期交易之间的关系如何？境外经营净投资套期与公允价值套期会计处理之间的关系如何？与现金流量套期会计处理之间的关系又如何？企业会计准则对境外经营净投资套期的会计信息披露有何要求？

13. 何为套期关系再平衡？套期关系再平衡要达到的目的是什么？

14. 何为有效套期？何为无效套期？不同的套期业务中对二者应如何处理？

15. 企业应当披露的与套期会计有关的信息和有助于财务报表使用者评价的信息分别包括哪些内容？

练习题

1. 某经销商年初预计在 3 个月内将卖出谷物 200 吨，当时的市场公允价值为 680 000 元，库存成本为 600 000 元。为防止价格下降，该经销商在某商品期货交易所买入了一份衍生工具合同，即等价、等量、同期的商品期货合同，将其指定为对谷物存货公允价值变动风险的套期。在当年第一季度末时，期货合同的价格下降了 20 000 元，谷物的公允价值上升了 10 000 元。当日，该经销商将谷物存货按照当日的公允价值售出，并卖出商品期货合同平仓。经销商对该套期进行了有效性评价，认为其完全有效。不考虑一般商品期货业务中的保证金、手续费和相关税金等。

要求：分步骤进行上述资料的会计处理，并对每步处理的内容、处理结果及其需对外披露的内容进行文字说明。

2. B公司于20×8年2月1日与境外Y公司签订合同，约定于20×8年5月1日以每吨3 000美元的价格购入某原材料120吨，总价为360 000美元。B公司为避免购入原材料成本的外汇风险，于签订合同当日与某金融机构签订一项3个月到期的远期外汇合约，约定购买300 000欧元。20×8年5月1日，X公司以净额方式结算该远期外汇合约，并购入原材料。

假定：(1) 20×8年2月1日、3月31日和20×8年5月1日，在远期合同和确定承诺中欧元与美元对人民币的汇率如表11-4所示；(2) 该套期符合运用套期会计准则所规定的条件。

表11-4　汇率变化情况表

日期	20×8年3月1日远期合同欧元对人民币的远期汇率	20×8年3月1日确定承诺美元对人民币的远期汇率
20×8年2月1日	€1=¥7.25	$1=¥6.60
20×8年3月31日	€1=¥7.18	$1=¥6.50
20×8年5月1日	€1=¥7.12	$1=¥6.40

要求：根据上述资料与数据，列表进行与本业务相关数据的计算，编制B公司该业务的全部会计分录并对交易结果和需对外披露的事项进行说明。

3. 某经销商年初就签订承诺，要做一大笔销售业务，涉及的金额为本公司的库存商品160万元，预计在3个月内售出，该笔承诺的业务当时的公允价值为180万元。为防止价格下降，该经销商在某商品期货交易所卖出了一份衍生工具合同，即等价、等量、同期的商品期货合同，将其指定为对未来交易公允价值变动风险的套期。在当年第一季度末时，期货合同的价格下降了50 000元，准备交易物品的现货公允价值也下降了50 000元。当日，该经销商将该库存商品按照当日的公允价值售出，并将购入的商品期货合同卖出平仓。经销商对该套期进行了有效性评价，认为其完全有效。不考虑一般商品期货业务中的保证金、手续费和相关税金等。

要求：分步骤进行上述资料的会计处理，并对每步骤处理的内容、处理结果及其需对外披露的内容进行文字说明。

4. 某经销商于上年11月1日与境外某公司签订合约，将于5个月后购买商品一批，总价为50万美元。经销商为了规避购入商品的公允价值变动风险或现金流量风险，与某经营外汇银行签订了一项5个月到期的远期外汇合约，当日的即期汇率为$1=¥6.69；约定的远期汇率为$1=¥6.65。在第二年的3月31日，该经销商同时购买了商品并以净额方式结算了远期合同。

假定：在签约日后的年末，亦即财务报表日，实际即期汇率为$1=¥6.64，3个月的远期汇率为$1=¥6.58，人民币的市场利率为6%；3月31日，亦即购买日和结算日，美元对人民币的实际汇率为$1=¥6.55。该笔业务符合套期保值的条件（不考虑增值税等相关因素）。

要求：分别采用公允价值套期和现金流量套期两种方法编制上述业务的全部会计分录，并对交易结果及其需对外披露的事项进行说明。又若在设定期末时该经销商未能进行该笔商品的购进业务，也请作出该业务的会计处理。

5. 某年度内，A 公司的一项以美元计价的境外净投资 50 万美元，将因为美元的贬值而面临汇率变动的风险。A 公司采取卖出美元远期汇率套期的方式对其进行套期保值。A 公司于 5 月 1 日，按照对外投资的计价额，与经营外汇银行签订了为期 3 个月的远期外汇合约，当天美元对人民币的汇率为 $1＝¥6.55，3 个月的远期汇率为 $1＝¥6.50；6 月 30 日（企业需要对外披露半年报），市场汇率为 $1＝¥6.52，美元对人民币 1 个月的远期汇率为 $1＝¥6.45；8 月 1 日，美元对人民币的汇率已降至 $1＝¥6.40，A 公司向经营外汇银行按照远期汇率支付了人民币，购买了约定的美元。

要求： 进行上述 A 公司业务的全部会计处理，并对其交易结果及需对外披露的事项进行说明。

第 12 章

Chapter 12 企业清算、破产与重整

学习目标

1. 了解企业解散的原因和形式，掌握企业破产相关的概念。
2. 熟知破产清算会计处理的要求，掌握破产清算过程中会计科目设置及其使用要求。
3. 熟练掌握破产清算过程的各种财务报表的内容、格式和编制方法。

12.1 清算、破产、重整及其相互关系

12.1.1 企业解散的原因和形式

公司解散是指已成立的公司基于一定的合法事由而使公司消失的法律行为。由于公司的解散有多种原因，因此，在解散的执行过程中会有清算、破产及与之相关的重整等不同的表现形式。受其制约，公司解散过程的会计处理方式也就有了不同的表现。

1. 公司解散的原因

归纳各国关于公司的法律规定和业务实践，公司解散的原因可概括为以下几点：

(1) 公司章程规定的营业期限届满或者公司章程规定的其他解散事由出现。这是公司的正常解散，公司有这种情形的，可以通过修改公司章程而存续。如果修改公司章程，有限责任公司须经持有 2/3 以上表决权的股东通过，股份有限公司须经出席股东大会的股东所持表决权的 2/3 以上通过。

(2) 股东会或者股东大会决议解散。在股份有限公司和有限责任公司，经股东会或股东大会形成公司解散决议，也可以终止公司。股东会或者股东大会的决议，要严格按照法律法规的要求作出。

(3) 因公司合并或者分立需要解散。公司的合并、分立也会有相应的解散事项。比如，一个公司吸收其他公司时，被吸收的公司解散；两个以上公司合并设立一个新的公司时，合并各方解散。我国公司法对公司的合并、分立事项有较为全面具体的规定。

（4）依法被吊销营业执照、责令关闭或者被撤销。若公司在经营内容、方式上有违反所在国家的法律法规的行为，或公司在规定的期限内没有营业，长期停业，都有可能被依法撤销，亦即强制解散。

（5）公司经营管理发生严重困难，继续存续会使股东利益受到重大损失，通过其他途径不能解决的，持有公司全部股东表决权10%以上的股东，可以请求人民法院解散公司。这时，人民法院可依照这种情况予以公司解散。

（6）公司因无力偿还债务，破产解散。当公司作为债务人，其全部财产不足以清偿债务时，人民法院可视具体情况依债务人的申请或债权人的要求，宣告债务人破产。公司若被宣告破产，必须解散。

2. 公司解散的形式

从公司解散情况来看，公司解散主要可分为自愿解散和强制解散两种形式。

（1）自愿解散。即由公司自行决议、自行宣布的解散。这种解散又有以下三种方式：

1）创办人自愿解散。即公司尚未正式开始营业也没有对外筹集资金时，创办人自愿终止公司的解散。

2）股东同意的自愿解散。即股东大会通过决议后，令公司自行履行终止法律程序的解散。

3）公司提出的自愿解散。这样的解散一般是由公司视具体情况，向股东大会提出申请，经股东会通过决议后，履行法律程序的解散。

（2）强制解散。公司有违反法律规定的业务事项，被政府强令终止，或是公司无力偿付所负债务而被宣布破产，都属于强制解散。

12.1.2 清算

1. 清算及其法律要求

从最广义的角度看，清算是指公司全面清理解散企业的资产（包括清理财产、清收债权等）、清偿负债以及将剩余财产在投资各方或股东之间进行分配的行为。

按照我国公司法的要求，公司因公司章程规定的营业期限届满或者公司章程规定的其他解散事由出现，股东会或者股东大会决议解散，依法被吊销营业执照、责令关闭或者被撤销，以及人民法院依照股东关于公司解散的申请对公司裁定解散的，应当在解散事由出现之日起15日内成立清算组，开始清算。

从法律的角度来看，公司清算又可解释为：公司在解散过程中，发出清算公告，收回债权，偿还债务，分配剩余财产，依法向政府管理机构办理法人注销登记手续，最终结束公司所有法律关系的一种法律行为。只有通过清算，终结公司现有的法律关系，处理公司剩余财产，才能使公司法人资格完全消失。

清算是公司解散过程中最重要的业务事项。这是因为，公司不同于自然人，终止经营后其法人资格并非随即消失，仍需要进行清算或破产清算程序，以处理其未了事务。在清算期间，公司视为未终止，其法人资格视为存续，但在此时，公司的权限仅限于清算范围内，凡以营业为前提的一切法律规定都不再适用，公司及其职能部门的原有地位要由清算人取代。

2. 清算的分类

清算可分为任意清算和法定清算两类。

（1）任意清算。指公司依照章程和股东会的决议解体时进行的清算。这种清算的特征是可以不按法律的规定处理公司财产，因此，这种清算的适用范围仅限于无限公司和两合公司。

（2）法定清算。指按照法律规定的程序实行的清算，它适用于任何形式公司的清算。无限公司可以在任意清算和法定清算中作出选择，而有限公司必须实行法定清算，不允许采用任意清算。在股份有限公司中，法定清算可分为普通清算和特别清算。一般情况下，有限公司实行普通清算。但当公司实行普通清算遇到障碍时，或公司债务超过其资产，有不实之嫌时，必须对其实行特别清算。特别清算是一种破产预防制度，是介于普通清算与破产清算之间的一种程序，这种程序自始至终都受法律的严格约束。一般来说，清算机构在清算期间发现清算企业的财产不足清偿债务时，应立即停止清算，并向相关法庭申请宣告破产，在经法庭裁定宣告破产后，应按破产清算的程序处理。

3. 清算的程序

一个公司的清算，必须按一定程序，分清公司应负有的责任，及时处理债权债务，合理地分配财产费用，避免因公司解体造成各种经济损失和纠纷。

公司清算程序如下：

（1）确定清算人，组成清算组。有限责任公司的清算组由股东组成，股份有限公司的清算组由董事或者股东大会确定的人员组成。逾期不成立清算组进行清算的，债权人可以申请人民法院指定有关人员组成清算组进行清算。人民法院应当受理该申请，并及时组织清算组进行清算。清算组在清算期间可行使下列职权：清理公司财产，分别编制资产负债表和财产清单；通知、公告债权人；处理与清算有关的公司未了结的业务；清缴所欠税款以及清算过程中产生的税款；清理债权、债务；处理公司清偿债务后的剩余财产；代表公司参与民事诉讼活动。

（2）组织清算。清算组成立后，应积极组织公司的清算工作，主要包括：1）于一定时期内在报纸上公告，通知债权人在规定期限内向清算组申报其债权；2）清理公司财产，编制破产阶段的财务报表和财产清单，制定清算方案并报股东会、股东大会或者人民法院确认；3）支付清算费用、清偿各种负债之后，将公司的剩余财产按照出资比率或股份比例进行分配。

（3）提出清算报告。公司清算结束后，清算组应当编制清算报告，经股东会或者人民法院确认，并报送公司登记机关，申请注销公司登记，公告公司终止。

12.1.3 破产

1. 破产与破产清算

破产是公司解散的重要原因之一。各国公司法中提及的破产多为两种方式，一种是公司因到期不能清偿债务而被依法宣告破产；另一种是公司在解散清算中，清算组在清理财产时发现公司财产不足以清偿债务，向相关法庭申请宣告的破产。一般来说，企业破产时，清算组的成员多是根据债权人的要求而指定的，清算组负有与企业解散清算时清算组同样的职责。

严格说来，破产与破产清算是两个有很大区别的概念。破产指的是由于企业经营或管理等方面原因造成的长期亏损，无力继续经营，或企业不能清偿到期债务，无法继续经营而迫使企业宣告终止寿命的行为。从时间上来看，破产指的是从企业申请破产时至申请企业资产完全分配为止的全过程。而破产清算则是指清算人对宣告破产财产进行处置的行为，它只是破产处理程序的一部分。

2. 清算会计与破产会计

清算会计指的是企业由于种种原因宣告解散时，对解散清算过程所发生的各项清算业务进行处理的一种专门会计。由于企业解散的原因很多，清算会计也就有了企业营业期限届满解散的清算会计、破产清算会计、企业受法律制裁等必须解散的清算会计等。就此而论，破产会计只是清算会计的一类，亦即破产清算会计。

在会计处理要求方面，公司破产有的有必要实施重整程序，若重整无效，则进行破产清算程序，所以，破产会计一般还会有公司重整阶段的会计业务事项。此外，若破产企业已资不抵债，在破产会计中就不会有剩余财产的分配问题。

3. 破产的一般程序

从各国的法律来看，破产往往先由债务人提出申请（提出非限制破产申请，或者是自愿破产申请），或者由债权人提出申请（强制破产申请，或者是非自愿破产申请）。提出申请时，一般附有一个挽救或和解决议，以使法庭在对债务人采取法律行动前有一个缓冲的时期。在非自愿破产申请情况下，若债务人对法庭发出的挽救决议作了答复，法庭要观察挽救决议的执行情况。若挽救决议能够达到预期效果，即企业经挽救决议期限内的整顿后，能够按挽救决议清偿债务，法庭可宣布决议有效，终结债务人的破产程序；反之，若挽救决议未带来预期效果，法庭则可宣布债务人破产。

在宣布破产后，法庭往往会明确一个临时受托人或称管理人，来监理破产企业的情况，直至破产企业的债权人组成了债权人会议为止。债权人会议成立后，应组成清算组，全面进行债务人的破产清算工作，主要内容包括编制清算资产负债表、清算损益表、清算现金流量表、债务清偿表及相关附注等。

待偿还完各类债务，乃至分配完毕剩余财产后，债权人会议、清算组还应提出清算报告，直至注销破产企业的法人资格。

12.1.4　重整

当债权人认为让一个暂时无力偿付债务的企业继续存在下去比令其破产更为有利时，最好的选择是与债务人签署一项重整协议。然后，债务人要提出重整计划，并在债权人或权益证券持有者的指导下，全面施行重整计划。

在美国，重整是1978年公布的《破产改良法案》第十一章的内容，其目的是允许债务人通过按照批准计划调整债务而保持经营权。在这一法律的规定下，债务人提出重整申请后，将可在一定时期内不受债权人和股东干扰进行公司重整工作。在此期间，债权人会议或权益性证券委员会的主要职责是与债务人协商、制定并实施重整计划。从实质上看，重整就是破产程序中挽救决议的具体表现，无论其成功与否，都是破产企业必须要经过的重要步骤。

按照我国企业破产法的要求，债务人或者债权人均可以依照法律的规定，直接向人民法院申请对债务人进行重整；债权人申请对债务人进行破产清算的，在法院受理破产申请后、宣告债务人破产前，债务人或者出资额占债务人注册资本1/10以上的出资人，可以向人民法院申请重整；人民法院经审查认为重整申请符合法律规定的，应当裁定债务人重整。这样，自人民法院裁定债务人重整之日起至重整程序终止为重整期间。

在重整期间，经债务人申请，法院批准，债务人可以在管理人的监督下自行管理财产和营业事务；若债务人财产和营业事务已由管理人负责，管理人应当向债务人移交财产和营业事务，即管理人的职权由债务人行使，或者是管理人可以聘任债务人的经营管理人员负责营业事务。

在重整期间，若有债务人的经营状况和财产状况继续恶化、缺乏挽救的可能性，债务人有欺诈、恶意减少债务人财产或者其他显著不利于债权人的行为，或者是由于债务人的行为致使管理人无法执行职务的情形发生，经管理人或者利害关系人请求，人民法院应当裁定终止重整程序，并宣告债务人破产。

12.1.5 和解

与企业破产、重整关系最为密切的业务当数和解，在此也作为本章内容加以介绍。在法律上，和解是指诉讼当事人之间为处理和结束诉讼而达成的解决争议问题的妥协或协议；也指当事人在自愿互谅的基础上，就已经发生的争议进行协商并达成协议，自行解决争议的一种方式。一般来说，与企业破产事项相关的和解就是撤回起诉或中止诉讼而无须判决。在这种情况下，和解作为当事人之间有约束力的契约，可以防止重新提出诉讼。当事人双方也可以将和解的条款写入协议判决，由法院记录在卷。

和解的主要申请者应当是债务人。在我国，债务人可以依照破产法的规定，直接向人民法院申请和解；也可以在人民法院受理破产申请后、宣告债务人破产前，向人民法院申请和解。债务人申请和解，应当提出和解协议草案。人民法院经审查认为和解申请符合法律规定的，应当裁定和解，予以公告，并召集债权人会议讨论和解协议草案。债权人会议通过和解协议的决议，应由出席会议的有表决权的债权人过半数同意，并且其所代表的债权额占无财产担保债权总额的2/3以上。

若和解协议草案经债权人会议表决未获得通过，或者已经债权人会议通过的和解协议未获得人民法院认可的，人民法院应当裁定终止和解程序，并宣告债务人破产。因债务人的欺诈或者其他违法行为而成立的和解协议，人民法院应当裁定无效，并宣告债务人破产；债务人不能执行或者不执行和解协议的，人民法院经和解债权人请求，应当裁定终止和解协议的执行，并宣告债务人破产。

12.1.6　清算、破产、重整之间的相互关系

我们可将清算、破产、重整之间的关系进行以下几方面的归纳：

中华人民共和国企业破产法

（1）无论企业以何种原因、何种方式解散，都要对其财产进行清算，因此，清算是一个企业结束其法人地位时必需的会计工作程序。在此前提下，我们才可对清算会计进行再分类，即分为企业正常解散的清算和破产清算等。

（2）重整与和解又是与企业破产关系紧密的业务事项，重整或和解成功，企业即可继续保持其法人地位，反之则要正式进入破产清算。所以，重整或和解虽与破产相关而存在，却与破产清算相对立并相互转化。

（3）三者无论是在报出的信息内容、方法，还是在各种问题的处理方面，都有很多相似之处。例如，无论何种方式的清算，都要编制内容相近的报表，提供相似的资料，都要按同一顺序分配剩余财产；清算、破产、重整都要进行其相关费用或损益的核算，三者都已与一般的业务经营期间相脱离，有其特定的会计期间要求等。

（4）三者在特定情况下相互联系。例如，企业在正常清算下若发现企业资不抵债时，即转入破产清算，而在此种情况下，一般不再进行重整与和解；若破产企业的资大于债，其清算的全部过程、内容、方法即与企业正常解散的清算完全一致。

厘清清算、破产、重整之间的相互关系，是正确进行会计处理的基础，也可以为正确地选择会计核算的方法提供依据。

12.2　企业破产清算会计处理的基本要求

为了规范企业破产清算的会计处理，向人民法院和债权人会议提供企业破产清算期间的相关财务信息，我国相关管理部门提出了适用于经法院宣告破产处于破产清算期间的企业法人（或称为破产企业）的会计处理要求。

12.2.1　编制基础和计量属性

1. 破产企业会计确认、计量和报告以非持续经营为前提

这是传统会计理论基本假定“松动”的主要表现。众所周知，持续经营是会计处理基本假定的重要内容之一。但是，在企业处于破产清算阶段时，这样的前

提条件已经不存在，失去了意义。

2. 破产企业按照法院或债权人会议要求的时点划分会计期间，并编制破产财务报表

企业若非处于破产清算期间，就应该按照持续经营的前提，按照日历年度确定会计期间；但若企业处于破产清算阶段，其会计期间亦应随之而变动，按照法院或债权人会议要求而重新设置。这也是会计理论基本假定“松动”的表现之一。

3. 破产企业在破产清算期间的资产应当以破产资产清算净值计量

破产资产清算净值是指在破产清算的特定环境下和规定时限内，最可能的变现价值扣除相关的处置税费后的净额。在非破产清算期间，即企业正常经营阶段，企业应采用公允价值、摊余成本或者是成本与可变现净值孰低作为其资产的计量基础；但是，在破产清算期间，企业的资产计量方式也将随之发生改变。

4. 破产企业在破产清算期间的负债应当以破产债务清偿价值计量

破产债务清偿价值是指不考虑破产企业的实际清偿能力和折现因素，破产企业按照相关法律规定或合同约定应当清偿的金额；经债权人申报并经法院确认的债务，其破产债务清偿价值应为法院确认的金额。同于上述资产计量方式的变化，负债的计量方式也随之变动，主要由公允价值或者是摊余成本计量方式转为按照清偿价值计量。

12.2.2 确认和计量

1. 破产宣告日的确认和计量

破产企业被法院宣告破产后，应当按照破产宣告日的破产资产清算净值和破产债务清偿价值对资产和负债进行初始确认，相关差额直接计入清算净值。

2. 破产报表日的确认和计量

破产企业在破产清算期间的资产应当按照破产资产清算净值进行后续计量，负债按照破产债务清偿价值进行后续计量。破产企业应当对资产和负债的账面价值按照破产财务报表报告期末（以下简称“破产报表日”）的破产资产清算净值或破产债务清偿价值进行调整，差额计入清算损益。

3. 处置所得金额和偿付金额的确认和计量

破产清算期间发生资产处置的，破产企业应当终止确认相关被处置资产，并将处置所得金额与被处置资产的账面价值的差额扣除直接相关的处置费用后，计入清算损益。破产清算期间发生债务清偿的，破产企业应当先按照偿付金额，终止确认该债务项目部分的账面价值。在偿付义务完全解除时，应当终止确认其剩余账面价值并计入清算损益。

4. 取得成本和破产债务清偿价值的确认和计量

破产企业因盘盈、追回、购入等方式在破产清算期间取得的财产，应当按照取得时的破产资产清算净值进行初始计量，初始确认的账面价值与取得该资产的成本（如有）之间的差额，计入清算损益。破产企业在破产清算期间新承担的债务，应当按照承担时的破产债务清偿价值进行初始计量，并计入清算损益。

5. 其他方式的确认和计量

破产清算期间发生各项费用、取得各项收益应当直接计入清算损益。计入清算损益的所得税费用，应当仅包括基于当期应纳税所得额按照适用税率计算的应纳所得税额。

12.2.3 清算财务报表的列报和披露

破产企业应当按照我国的会计规范编制清算财务报表，向法院、债权人会议等报表使用者反映破产企业在破产清算过程中的财务状况、现金流量变动、清算损益和破产债务偿付状况。破产清算期间破产企业应当编制和披露的财务报表包括清算资产负债表、清算损益表、清算现金流量表、债务清偿表及相关附注。

1. 清算资产负债表

清算资产负债表反映破产企业在破产报表日资产的破产资产清算净值、负债的破产债务清偿价值和清算净值。资产项目和负债项目的差额在清算资产负债表中作为清算净值列示。从具体的报表格式上来看，此报表与一般企业的资产负债表有相似之处。

2. 清算损益表

清算损益表反映破产企业在破产清算期间发生的各项收益、费用。清算损益表中至少应当单独列示反映下列信息的项目：处置财产、清偿债务、调整财产债务账面价值、支付破产费用、支付共益债务、支付所得税等。

3. 清算现金流量表

清算现金流量表反映破产企业在破产清算期间货币资金余额的变动情况。清算现金流量表采用直接法编制，至少应当单独列示反映下列信息的项目：处置财产、清偿债务、支付破产费用、支付共益债务、支付所得税等。

4. 债务清偿表

债务清偿表反映破产企业在破产清算期间发生的债务清偿情况。债务清偿表应当根据破产法规定的债务清偿顺序，按照各项债务的明细单独列示。债务清偿表中列示的各项债务至少应当反映其原账面价值、确认金额、清偿比例、实际需清偿金额、已清偿金额、尚未清偿金额等信息。

5. 破产企业报出上述报表的时间要求

法院宣告企业破产后，破产企业应当以破产宣告日为破产报表日编制清算资产负债表及相关附注。破产企业应当根据法院或债权人会议所要求的时点确定破产报表日，编制清算资产负债表、清算损益表、清算现金流量表、债务清偿表及相关附注。向法院申请裁定破产终结的，破产企业应当编制清算损益表、债务清偿表及相关附注。

6. 清算财务报表附注中应披露的信息

破产企业应当在清算财务报表附注中披露以下信息：（1）破产资产明细信息。（2）破产管理人依法追回的账外资产明细信息；（3）破产管理人依法取回的质物和留置物的明细信息；（4）未经法院确认的债务的明细信息；（5）应付职工薪酬的明细信息；（6）期末货币资金余额中已经提存用于向特定债权人分配或向国家缴纳税款的金额。（7）资产处置损益的明细信息，包括资产性质、处置收入、处置费用及处置净收益。（8）破产费用的明细信息，包括费用性质、金额等。（9）共益债务支出的明细信息，包括具体项目、金额等。

12.2.4 会计科目设置及其使用要求

破产管理人接管破产企业的会计档案等财务资料后，应当在企业被法院宣告破产后，根据实际情况增设相关会计科目。增设的会计科目分为负债类、清算净值类和清算损益类。破产管理人可根据破产企业的具体情况，增设、减少或合并某些会计科目；也可以根据实际需要，在一级科目中设置明细科目。

1. 负债类科目设置

（1）“应付破产费用”科目：核算破产企业在破产清算期间发生的破产法规定的各类破产费用。

（2）“应付共益债务”科目：核算破产企业在破产清算期间发生的破产法规定的各类共益债务。

2. 清算净值类科目设置

“清算净值”科目：核算破产企业在编制破产报表日结转的当期清算净损益科目余额。破产企业资产与负债的差额，也在本科目核算。

3. 清算损益类科目设置

（1）“资产处置净损益”科目：核算破产企业在破产清算期间处置破产资产产生的扣除相关处置费用后的净损益。

（2）“债务清偿净损益”科目：核算破产企业在破产清算期间清偿债务产生的净损益。

（3）“破产资产和负债净值变动净损益”科目：核算破产企业在破产清算期间按照破产资产清算净值调整资产账面价值，以及按照破产债务清偿价值调整负债账面价值产生的净损益。

（4）“其他收益”科目：核算除资产处置、债务清偿以外，在破产清算期间发生的其他收益。

（5）“破产费用”科目：核算破产企业破产清算期间发生的破产法规定的各项破产费用，主要包括破产案件的诉讼费用，管理、变价和分配债务人财产的费用，管理人执行职务的费用、报酬和聘用工作人员的费用。本科目应按发生的费用项目设置明细账。

（6）“共益债务支出”科目：核算破产企业破产清算期间发生的破产法规定

的共益债务相关的各项支出。根据破产法，共益债务是指在人民法院受理破产申请后，为全体债权人的共同利益而管理、变卖和分配破产财产而负担的债务，主要包括因管理人或者债务人请求对方当事人履行双方均未履行完毕的合同所产生的债务、债务人财产受无因管理所产生的债务、因债务人不当得利所产生的债务、为债务人继续营业而应支付的劳动报酬和社会保险费用以及由此产生的其他债务、管理人或者相关人员执行职务致人损害所产生的债务以及债务人财产致人损害所产生的债务。

（7）“其他费用”科目：核算破产企业破产清算期间发生的各项除破产费用和共益债务支出之外的其他费用。

（8）“所得税费用”科目：核算破产企业破产清算期间发生的企业所得税费用。

（9）“清算净损益”科目：核算破产企业破产清算期间结转的上述各类清算损益科目余额。

12.3　企业破产清算

12.3.1　破产债权和破产财产

一般认为，破产有事实上破产和法律上破产之分。前者是指债务人的负债总额大于其资产总额，因资不抵债而无力清偿到期债务的情况；后者则是指虽债务人的资产额大于其负债额，但因偿债所需现金不足，必须变卖其资产偿债而导致破产的情况。

1. 破产债权

破产债权是指人民法院受理破产申请时各方对债务人享有的债权。具体来说，债务人被宣告破产后，债务人即称为破产人，因此也就有了与破产相关的破产财产与破产债权的概念。从具体内容上看，破产债权主要是指破产宣告之前成立的无财产担保的债权和放弃优先受偿权利的有财产担保的债权。按此说法，可以将破产债权分为以下内容：

（1）破产公告前成立的无财产担保的债权。这类债权是在破产宣告前成立的，不具有优先受偿的权利。一般说来，它在应偿债权总额中所占的比重大，而且债权人多，但每位债权人的相对金额较少。其主要表现为破产人应付股利、其他应付款项等。

（2）放弃优先受偿的有财产担保的债权。这本是一种有财产担保，可以优先得到清偿的债权。但持有这种债权的人放弃优先受偿的权利大多出于对自身更加有利的考虑。比如，在债务人的破产相当程度上波及债权人自己生存的时候，以放弃优先偿债权而换取在债权人会议上的表决权（如提出对债务人重组的要求等），力求避免债务人破产，也就可以使债权人避免随债务人蒙受损失或倒闭的命运，或者是获取其他方面的利益。

（3）担保差额债权。这是指有财产担保但债权额超过担保财产变现价值而未得以清偿的那部分债权。这部分债权应等同于无财产担保的债权。

（4）由保证人代偿的债权。这是指为破产企业的有关债务提供担保的保证人依据有关合同，在破产企业不能清偿到期债务时代为清偿的那部分债权额。

（5）赔偿债权。这是指破产企业未履行合同，由清算组决定解除合同或延长合同的履行，使另一方当事人受到损害而发生的损失赔偿款。

除上述各项外的债权则不属于破产债权，具体包括：优先清偿债权，破产费用，有财产担保债权，抵销债权（即破产企业对债权人的债权），未申报及逾期申报的债权（未在法律规定期限内向法庭申报的债权），以及债权人参与破产程序的费用等。

由于破产债权多由债权人应收款项构成，在破产人破产之日一般都表现为未到期的债权，因此，未到期债权的计量应考虑应计未计的利息数额。比如，某破产企业有一笔为期3年，尚有1年未到期的债务，价值20万元。借款合同上的利息率为12%，企业破产时的贴现率为15%，应确认的债权额为21.08万元（20×(1+12%×2)×(1−15%)）。

2. 破产财产

破产财产是指破产宣告时破产人所拥有并可用以清算和偿债的一切财产。破产财产主要包括以下内容：

（1）宣告破产时，破产企业经营管理的全部财产。包括出资方资本形成的资产，企业借入债务形成的资产，也包括部分无形资产，如专利权、版权等。

（2）破产企业在破产宣告后至破产程序终结前取得的财产。包括在破产清算期间企业得到偿还的债权，破产企业尚未收回的对外投资，由于破产企业的无效行为而由清算组或法庭追回的违法转移财产等。

（3）超额担保财产。即以某财产对债权担保，但财产变现价值超过对债权担保额，而有剩余的那部分财产。

（4）将来的未到期财产请求权。指在破产程序解除时尚未到期，应由破产企业在将来行使的财产请求权，如购入在途货物的所有权等。

不得列入破产财产的财产项目有担保财产、他人所属财产和自有财产等。

由于破产清算的实质在于变卖财产清偿债务，因此，对破产财产中非货币性项目（主要指固定资产、存货等）的计价一般采用破产宣告日的破产清算净值，亦即清算法。清算价格与破产企业账面记录的差异额，应作为清算损益记录于清算过程中。

3. 破产债权与破产财产之间的关系

破产债权和破产财产是破产清算中较为重要的一对概念。我们可将二者的关系概括为：破产债权是清偿分配破产财产的依据，而破产财产则是破产债权得以清偿分配的基础。将二者划分清楚，有利于进一步做好企业的破产清算工作。

12.3.2 破产各方的责任和义务

从西方破产清算的实践来看，破产法庭、债权人、受托人（在我国则为管理人）都在企业破产过程中负有责任和义务。

1. 破产法庭的责任与义务

在美国，破产法庭在接到债务人或者债权人的破产请求后，就要对破产的整个程序负有责任。破产法庭首先要做的，是在接到破产申请后决定是驳回破产申请，还是按破产法的要求执行挽救决议。一般来说，对于债务人的破产申请，执行挽救决议是有效力的；而对于债权人提出的破产申请来说，法庭则要在听取债务人对债权人申请破产的意见之后，再决定是否执行挽救决议。任何与已提出破产申请企业债务人相关的未决诉讼，都要有一定的期限等待债务人的答复，然后再确定是执行挽救协议，还是驳回破产申请。

我国的法律规定与上述情况相似：债权人提出破产申请时，人民法院应当在规定的日期内通知债务人，若债务人对申请有异议，可向法院提出，作为人民法院作出裁定的考虑因素；若法院作出了裁定，债务人即应在规定的时日内向人民法院提交财产状况说明、债务清册、债权清册、有关财务会计报告以及职工工资的支付和社会保险费用的缴纳情况。人民法院裁定受理破产申请的，应当同时指定管理人。

2. 债权人的责任和义务

在挽救决议发出后的 10～30 天内，破产法庭必须召开债权人会议。在债权人会议上，企业外部的债权人要指派一个受托人，以掌管债务人的财产。债权人既可以选一持久的受托人，也可以让法庭指定的临时受托人来行使这种职能。债权人还可以选 3～11 个债权人组成一个债权人委员会，对受托人的工作予以帮助和建议。这样的选举需有占有一定数额的无担保和无优先偿付债权额的债权人在场才为有效。

按照我国破产法的要求，依法申报债权的债权人为债权人会议的成员，有权参加债权人会议，享有表决权；债权人可以委托代理人出席债权人会议，行使表决权；债权人会议应当有债务人的职工和工会的代表参加，对有关事项发表意见；债权人会议设主席一人，由人民法院从有表决权的债权人中指定；债权人会议主席主持债权人会议。债权人会议行使下列职权：核查债权；申请人民法院更换管理人，审查管理人的费用和报酬；监督管理人；选任和更换债权人委员会成员；决定继续或者停止债务人的营业；通过重整计划；通过和解协议；通过债务人财产的管理方案；通过破产财产的变价方案；通过破产财产的分配方案；人民法院认为应当由债权人会议行使的其他职权。

3. 受托人（或管理人）的责任与义务

受托人可由债权人会议选出，也可由破产法庭指定。受托人最主要的责任是在法庭允许的前提下继续管理债务人的经营业务，清算债务人的财产，向未担保的债权人支付现金。受托人还需持续进行债务人的会计记录，对向破产法庭报出最后的报告负有责任。具体来说，受托人的任务可分为：

（1）收回各类非货币财产，并使其变现；

（2）为收回的货币与其他财产提供证明；

（3）调整债务人的各类财务事项；

（4）考察债权证据并拒绝不适当的债权；

（5）为利益相关者的合理要求提供信息；

（6）如果法庭授权，在清算期经营债务人企业，提供期间报告及经营活动的概况；

（7）尽可能快地向有担保的债权人和有优先偿付权的债权人偿清债务；

（8）提供包括收支事项的有关财产管理活动的最终报告，受托人在完成其任务时，有权雇用代理人、会计师、评估人员以及其他专业人员协助其履行职责。

我国破产法的第三章专门对破产业务中的管理人进行了规范。按照我国破产法的要求，管理人由人民法院指定，但债权人会议认为管理人不能依法、公正执行职务或者有其他不能胜任职务情形的，可以申请人民法院予以更换；管理人依照破产法规定执行职务，向人民法院报告工作，并接受债权人会议和债权人委员会的监督；管理人可以由有关部门、机构的人员组成的清算组或者依法设立的律师事务所、会计师事务所、破产清算事务所等社会中介机构担任。管理人应履行的职责为：接管债务人的财产、印章和账簿、文书等资料；调查债务人财产状况，制作财产状况报告；决定债务人的内部管理事务；决定债务人的日常开支和其他必要开支；在第一次债权人会议召开之前，决定继续或者停止债务人的营业；管理和处分债务人的财产；代表债务人参加诉讼、仲裁或者其他法律程序；提议召开债权人会议；人民法院认为管理人应当履行的其他职责。

破产清算中会计工作的主要内容表现为编制清算财务报表和受托人的会计报告，即清算损益表、清算现金流量表及其附注和债务清偿表等。

12.3.3 编制清算资产负债表

在对企业进行破产清算开始之时，需要按一般会计期末的方式编制出反映债务人实有财产状况的财务报表，或者是会计科目表。但是，报表的附注资料要特别详细，要为编制清算资产负债表提供所需资料。

例12-1

设某有限责任公司由A，B，C三个股东组成。A股东的股本占公司股本总额的40%，B股东的股本占35%，C股东的股本占25%。公司在经营期间曾经取得过较好的业绩，但公司现在的经营遇到了较大的困难，公司的债权人也一致同意向人民法院申请公司破产清算。法庭根据各方的意见，宣告该公司破产。

分析：

该公司的债权人会议与社会中介机构组成了破产清算的组织机构，破产管理人组织公司及外部的各方人员共同进行了认真的财产清查，按清查的结果编制了终止日的财产目录清单（此处略）和资产负债表，见表12-1。

表 12-1　资产负债表

年　月　日　　　　单位：元

资产	金额	负债与权益	金额
货币资金	150 000	短期借款	1 440 000
应收账款	900 000	应付账款	3 450 000
其他应收款	130 000	应交税费	1 050 000
存货	3 300 000	其他应付款	3 340 000
其他权益工具投资	350 000	负债合计	9 280 000
固定资产	4 420 000	股本	500 000
无形资产	300 000	资本公积	80 000
商誉	120 000	盈余公积	12 000
		未分配利润	－202 000
		权益合计	390 000
资产总计	9 670 000	负债与权益总计	9 670 000

破产管理人将上述资产负债表的内容转入该结算企业的清算资产负债表，见表 12-2。

表 12-2　清算资产负债表　　　　会清 01 表

年　月　日　　　　单位：元

资产	期末数	负债及清算净值	期末数
货币资金	150 000	已确认债权的债务：	
应收票据	—	短期借款	1 440 000
应收账款	900 000	应付票据	—
其他应收款	130 000	应付账款	3 450 000
预付款项	—	预收款项	—
存货	3 300 000	其他应付款	3 340 000
金融资产投资	350 000	应付债券	—
长期股权投资	—	应付破产费用	—
投资性房地产	—	应付共益债务	—
固定资产	4 420 000	应付职工薪酬	—
在建工程	—	应交税费	1 050 000
无形资产	300 000	小计	9 280 000
商誉	120 000	未确认债权的债务：	—
		……	
		负债合计	9 280 000
		清算净值：	
		清算净值	390 000
资产总计	9 670 000	负债及清算净值总计	9 670 000

12.3.4 清算中各类业务的处理

1. 破产宣告日余额结转

法院宣告企业破产后，破产管理人根据破产企业移交的科目余额表，将部分会计科目的相关余额转入以下新科目，并编制新的科目余额表。

（1）将"应付账款""其他应付款"等科目中属于破产法所规定的破产费用余额，转入"应付破产费用"科目。

例 12－1 的情况为，其他应付款中 100 000 元的明细账户余额属于破产法所规定的破产费用。作会计分录：

借：应付破产费用	100 000	
贷：其他应付款		100 000

（2）将"应付账款""其他应付款"等科目中属于破产法所规定的共益债务的余额，转入"应付共益债务"科目。

例 12－1 的情况为，应交税费中 50 000 元的明细账户余额属于破产法所规定的应付共益债务。作会计分录：

借：应付共益债务	50 000	
贷：应交税费		50 000

（3）将"商誉""长期待摊费用""递延所得税资产""递延所得税负债""递延收益""股本""资本公积""盈余公积""其他综合收益""未分配利润"等科目的余额，转入"清算净值"科目。

按照例 12－1 中进行清算时的资产负债表中数额转入科目。作会计分录：

借：股本	500 000	
资本公积	80 000	
盈余公积	12 000	
贷：商誉		120 000
未分配利润		202 000
清算净值		270 000

2. 处置破产财产

（1）破产企业收回各种应收款项。会计处理规范要求：应收票据、应收款项类债权、应收款项类投资，按照收回的款项，借记"现金""银行存款"等科目，按照应收款项类债权或应收款项类投资的账面价值，贷记相关财产科目，按其差额，借记或贷记"资产处置净损益"科目。

破产企业按照上述的破产清算净值收回应收账款、存入银行存款的会计分录为：

借：银行存款	957 000	
资产处置净损益	73 000	
贷：应收账款		900 000
其他应收款		130 000

（2）破产企业出售各类投资。会计处理规范要求：按照收到的款项，借记“现金”“银行存款”等科目，按照相关投资的账面价值，贷记相关资产科目，按其差额，贷记“资产处置净损益”科目。

破产企业按照上述的破产清算净值收回金融资产投资、存入银行存款等的会计分录为：

借：银行存款　　360 000
　贷：其他权益工具投资　　350 000
　　资产处置净损益　　10 000

（3）破产企业出售存货、投资性房地产、固定资产及在建工程等实物资产。会计处理规范要求：按照收到的款项，借记“现金”“银行存款”等科目，按照实物资产的账面价值，贷记相关资产科目，按应当缴纳的增值税销项税额及其他税费，贷记“应交税费”科目，按上述各科目发生额的差额，借记或贷记“资产处置净损益”科目。

破产企业按照上述的破产清算净值收回存货、固定资产，存入银行存款等的会计分录（此例不考虑应交税费）为：

借：银行存款　　9 700 000
　贷：存货　　3 300 000
　　固定资产　　4 420 000
　　资产处置净损益　　1 980 000

（4）破产企业出售无形资产。会计处理规范要求：按照收到的款项，借记“现金”“银行存款”等科目，按照无形资产的账面价值，贷记“无形资产”科目，按应当缴纳的税费，贷记“应交税费”科目，按上述各科目发生额的差额，借记或贷记“资产处置净损益”科目。

破产企业按照上述的破产清算净值收回存货、固定资产，存入银行存款等的会计分录（此例不考虑应交税费）为：

借：银行存款　　200 000
　资产处置净损益　　100 000
　贷：无形资产　　300 000

（5）破产企业的划拨土地使用权被国家收回。会计处理规范要求：国家收回土地使用权时给予一定补偿的，按照收到的补偿金额，借记“现金”“银行存款”等科目，贷记“其他收益”科目。上述例中的破产企业未发生此类业务。

（6）破产企业处置破产财产发生的各类评估、变价、拍卖等费用。会计处理规范要求：按照发生的金额，借记“破产费用”科目，贷记“现金”“银行存款”“应付破产费用”等科目。

设上例中发生的该项费用为50 000元，以银行存款支付，会计分录为：

借：破产费用　　50 000
　贷：银行存款　　50 000

3. 清偿债务

（1）破产企业清偿破产费用和共益债务。会计处理规范要求：按照相关已确认负债的账面价值，借记“应付破产费用”“应付共益债务”等科目，按照实际支付的金额，贷记“现金”“银行存款”等科目，按其差额，借记或贷记“破产费用”“共益债务支出”科目。

破产企业记录的破产费用、共益债务费用清偿等的会计分录为：

借：应付破产费用　　100 000
　　应付共益债务　　50 000
　　破产费用　　20 000
　贷：银行存款　　170 000

（2）破产企业按照经批准的职工安置方案，支付的所欠职工的工资和医疗、伤残补助、抚恤费用，应当划入职工个人账户的基本养老保险、基本医疗保险费用和其他社会保险费用，以及法律、行政法规规定应当支付给职工的补偿金。会计处理规范规定：按照相关已确认债务的账面价值，借记“应付职工薪酬”等科目，按照实际支付的金额，贷记“现金”“银行存款”等科目，按其差额，借记或贷记“债务清偿净损益”科目。

上例中破产企业已经按照破产法的要求提前处理好了这样的事项，清算过程未发生此类业务。

（3）破产企业支付所欠税款。会计处理规范要求：按照相关已确认债务的账面价值，借记“应交税费”等科目，按照实际支付的金额，贷记“现金”“银行存款”等科目，按其差额，借记或贷记“债务清偿净损益”科目。

破产企业按照上述的清偿价值缴纳税费的会计分录为：

借：应交税费　　1 000 000
　　债务清偿净损益　　60 000
　贷：银行存款　　1 060 000

（4）破产企业清偿破产债务。这是破产清算会计处理过程中重要的一环。会计处理规范要求：按照实际支付的金额，借记相关债务科目，贷记“现金”“银行存款”等科目。

破产企业按照上述的清偿价值缴纳应付款项的会计分录为：

借：短期借款　　1 440 000
　　应付账款　　3 450 000
　　其他应付款　　3 240 000
　　债务清偿净损益　　260 000
　贷：银行存款　　8 390 000

会计处理规范还要求：1）破产企业以非货币性资产清偿债务的，按照经确认的清偿金额，借记相关债务科目，按照非货币性资产的账面价值，贷记相关财产科目，按其差额，借记或贷记“债务清偿净损益”科目。2）债权人依法行使抵销权的，按照确认的抵销金额，借记相关债务科目，贷记相关财产科目，按其差额，借记或贷记“债务清偿净损益”科目。

4. 其他账务处理

（1）在破产清算期间物资盘点的会计处理要求。破产企业在破产清算期间通过清查、盘点等方式取得的未入账财产，应当按照取得日的破产资产清算净值，借记相关财产科目，贷记“其他收益”科目。上述例中的破产企业未发生此类业务。

（2）在破产清算期间发现未入账负债的会计处理要求。在破产清算期间通过债权人申报发现的未入账债务，应当按照申报确认日的破产债务清偿价值，借记“其他费用”科目，贷记相关负债科目。上述例中的破产企业未发生此类业务。

（3）编制破产清算期间财务报表时的会计处理要求。在编制破产清算期间的财务报表时，应当对所有资产项目按其于破产报表日的破产资产清算净值重新计量，借记或贷记相关资产科目，贷记或借记“破产资产和负债净值变动净损益”科目；应当对所有负债项目按照破产债务清偿价值重新计量，借记或贷记相关负债科目，贷记或借记“破产资产和负债净值变动净损益”科目。上述例中的破产企业未发生此类业务。

（4）破产企业在破产清算期间继续经营业务的会计处理要求。破产企业在破产清算期间，作为买入方继续履行尚未履行完毕的合同的，按照收到的资产的破产资产清算净值，借记相关资产科目，按照相应的增值税进项税额，借记“应交税费”科目，按照应支付或已支付的款项，贷记“现金”“银行存款”“应付共益债务”“预付款项”等科目，按照上述各科目的差额，借记“其他费用”科目或贷记“其他收益”科目；企业作为卖出方继续履行尚未履行完毕的合同的，按照应收或已收的金额，借记“现金”“银行存款”“应收账款”等科目，按照转让的资产账面价值，贷记相关资产科目，按照应缴纳相关税费，贷记“应交税费”科目，按照上述各科目的差额，借记“其他费用”科目或贷记“其他收益”科目。上述例中的破产企业未发生此类业务。

（5）破产企业管理人若有追回破产财产之事时的会计处理要求。破产企业发生破产法规定相关事实，破产管理人依法追回相关破产资产的，按照追回资产的破产资产清算净值，借记相关资产科目，贷记“其他收益”科目。上述例中的破产企业未发生此类业务。

（6）破产企业在破产清算期间取得财产收益的会计处理要求。破产企业收到的利息、股利、租金等孳息，借记“现金”“银行存款”等科目，贷记“其他收益”科目。上述例中的破产企业未发生此类业务。

（7）破产企业在破产清算期间发生所得税缴纳事项的会计处理要求。在编制破产清算期间的财务报表时，有已实现的应纳税所得额的，考虑可以抵扣的金额后，应当据此提存应交所得税，借记“所得税费用”科目，贷记“应交税费”科目。一般认为，企业破产清算所得不享受任何所得税优惠，或者是说，企业清算期间所得税优惠政策一律停止。这是因为，国家对重点扶持和鼓励发展的产业项目，给予企业所得税优惠，而企业清算期间，正常的生产经营都已经停止，企业取得的所得已经不是正常的产业经营所得，企业所得税优惠政策的适用对象已经不存在，因而企业清算期间所得税优惠政策应一律停止，企业应就其清算所得依照法定税率 25%缴纳企业所得税。

（8）破产企业出现不需清偿的破产债权时的会计处理要求。破产企业在破产清算终结日，剩余破产债务不再清偿的，按照其账面价值，借记相关负债科目，贷记“其他收益”科目。上述例中的破产企业未发生此类业务。

5. 破产财务报表编制之前的综合会计处理

在编制破产清算期间的财务报表时，应当将“资产处置净损益”“债务清偿净损益”“破产资产和负债净值变动净损益”“其他收益”“破产费用”“共益债务支出”“其他费用”“所得税费用”科目结转至“清算净损益”科目，并将“清算净损益”科目余额转入“清算净值”科目。

结合本例中的情况，此处作如下会计分录：

借：资产处置净损益（73 000－10 000－1 980 000＋100 000）　1 817 000
　贷：债务清偿净损益（60 000＋260 000）　320 000
　　破产费用（50 000＋20 000）　70 000
　　清算净损益　1 427 000

记录应交清算所得税，结转清算净损益。

借：清算净损益　1 427 000
　贷：应交税费——清算所得税　356 750
　　清算净值　1 070 250

实际缴纳时。

借：应交税费——清算所得税　356 750
　贷：银行存款　356 750

上述会计处理结果表明：

（1）从资产收回的角度看：固定资产升值2 180 000元（6 600 000－4 420 000），金融资产投资升值10 000元（360 000－350 000），其他应收款增值2 000元（132 000－130 000），三者形成资产处置净收益2 192 000元；与此同时，应收账款减值75 000元（825 000－900 000），存货减值200 000元（3 100 000－3 300 000），无形资产减值100 000元（200 000－300 000），三者形成资产处置净损失375 000元。二者相抵，形成了资产处置净损益1 817 000元。

（2）从负债清偿的角度看：破产企业上缴税款时形成的当期债务清偿净损失为60 000元（1 060 000－1 000 000），清偿破产债权形成债务清偿净损失260 000元（1 490 000＋3 800 000＋3 100 000－1 440 000－3 450 000－3 240 000），二者合计320 000元。

（3）再从负债清偿的角度看：本例中发生的资产评估等费用为50 000元，多支付应付破产费用20 000元，二者合计为70 000元。

（4）按照上述企业在破产清算期间应缴纳所得税的规定，该破产企业破产清算期间应缴纳的所得税税额为356 750元（1 427 000×25%）。

（5）将上述四项内容进行汇总，形成了当期结算收益1 070 250元；在清算工作结束时，结转至“清算净值”科目。

6. 破产财务报表的编制与披露

按照上述会计处理的结果，破产企业应该编制清算损益表、清算现金流量表和债务清偿表。

（1）编制清算损益表，依照上述会计处理的结果，编制破产企业的清算损益表如表 12－3 所示。

表 12－3　清算损益表　　会清 02 表

编制单位：　　＿年＿月＿日至＿年＿月＿日　　单位：元

项目	行次	本期数	累计数
一、清算收益（清算损失以“－”号表示）			
（一）资产处置净收益（净损失以“－”号表示）		1 817 000	1 817 000
（二）债务清偿净收益（净损失以“－”号表示）		－320 000	－ 320 000
（三）破产资产和负债净值变动净损益（净损失以“－”号表示）		0	0
（四）其他收益		0	0
小计		1 497 000	1 497 000
二、清算费用			
（一）破产费用（以“－”号表示）		－70 000	－70 000
（二）共益债务支出（以“－”号表示）		0	0
（三）其他费用（以“－”号表示）		0	0
（四）所得税费用（以“－”号表示）		－356 750	－356 750
小计		－426 750	－426 750
三、清算净收益（清算净损失以“－”号表示）		1 070 250	1 070 250

（2）编制清算现金流量表。依照上述会计处理的结果，编制破产企业的清算现金流量表如表 12－4 所示。

表 12－4　清算现金流量表　　会清 03 表

编制单位：　　＿年＿月＿日至＿年＿月＿日　　单位：元

项目	行次	本期数	累计数
一、期初货币资金余额		150 000	150 000
二、清算现金流入			
（一）处置资产收到的现金净额		11 217 000	11 217 000
（二）收到的其他现金		0	0
清算现金流入小计		11 367 000	11 367 000
三、清算现金流出			
（一）清偿债务支付的现金		9 450 000	9 450 000
（二）支付破产费用的现金		170 000	170 000
（三）支付共益债务的现金		50 000	50 000
（四）支付所得税费用的现金		356 750	356 750
（五）支付的其他现金		0	0
清算现金流出小计		10 026 750	10 026 750
四、期末货币资金余额		1 340 250	1 340 250

（3）编制债务清偿表。依照上述会计处理的结果，编制破产企业的债务清偿表如表 12－5 所示。

表 12-5 债务清偿表

会清04表

编制单位： __年__月__日 单位：元

债务项目	行次	期末数	经法院确认债务的金额	清偿比例	实际需清偿金额	已清偿金额	尚未清偿金额
有担保的债务：							
××银行				×			
××企业							
……				×			
小计				×			
普通债务：							
第一顺序：劳动债权							
其中：应付职工薪酬							
其他应付款		3 240 000	3 100 000	100%	3 100 000	3 100 000	
第二顺序：国家税款债权							
其中：应交税费		1 000 000	1 060 000	100%	1 060 000	1 060 000	
第三顺序：普通债权							
其中：借款——××银行		1 440 000	1 490 000	100%	1 490 000	1 490 000	
应付款项		3 450 000	3 800 000	100%	3 800 000	3 800 000	
小计		9 130 000	9 450 000	×	9 450 000	9 450 000	
合计		9 130 000	9 450 000	×	9 450 000	9 450 000	

7. 剩余财产向企业原所有者的分配

按照我国破产法的规定，破产财产在优先清偿破产费用和共益债务后，依照下列顺序清偿：(1) 破产人所欠职工的工资和医疗、伤残补助、抚恤费用，所欠的应当划入职工个人账户的基本养老保险、基本医疗保险费用，以及法律、行政法规规定应当支付给职工的补偿金；(2) 破产人欠缴的除前项规定以外的社会保险费用和破产人所欠税款；(3) 普通破产债权。破产财产不足以清偿同一顺序的清偿要求的，按照比例分配。破产企业的董事、监事和高级管理人员的工资按照该企业职工的平均工资计算。

除上述要求外，我国破产法还指出“破产人无财产可供分配的，管理人应当请求人民法院裁定终结破产程序”；如果“发现破产人有应当供分配的其他财产的”，“债权人可以请求人民法院按照破产财产分配方案进行追加分配”。本例中的情况为：主要由于固定资产升值的原因，在所有债务得以清偿之后，仍有剩余财产，破产管理人在原来的三个股东之间，按照持有股权的比例进行分配。

上述业务以后，破产程序终结，破产企业即不复存在。

12.4　企业重整与和解

12.4.1　重整与和解各方关系人的权限、责任

1. 债权人会议以及其他机构的权限

美国的业务实践中，在递交破产申请后的重整活动中，破产法庭应当先指定由几个拥有较大数额债权的债权人组成债权人会议。此外，法庭还可以指定另外的由债权人或主要股东组成的其他机构，这些机构与债权人会议共同协商、处理申请破产企业的重整事项。

企业破产清算有关会计处理规定

由法庭指派的机构有下述权限：

（1）选聘和委派代理人、会计师或其他管理人员，由他们来实施委员会指定的各项工作。

（2）与经管企业的受托人或债务人共同协商各类事项。

（3）对与企业破产或重整计划相关的业务活动、管理状况、资产、负债、债务人的财务状况、债务人的经营过程、该企业持续经营下去的可能性以及其他相关事项进行调查和了解。

（4）参与破产重整计划的编制，为计划的编制提供信息和建议，并将编制出的重整计划上交破产法庭。

（5）若受托人没有事先指定，还要选聘受托人。

（6）为重整过程各方关系人提供其他服务。

2. 受托人的责任

法庭既可以让债务人继续掌管其资产和业务活动，也可以指定受托人来处理这些事项。在美国的破产重整中，如果指定了受托人，其在重整中最主要的责任为：

（1）对收到的全部财产负有记录、保管等责任。

（2）查核各项债权，对不合理的债权可以拒绝承认。

（3）对利益相关者或机构提供关于财产和财产管理情况的信息。

（4）如果债务人的继续经营被官方所认可，向法庭和其他诸如对税收等负有责任的政府机构提供有关经营过程、阶段报告和经营活动梗概等方面的报告。

（5）如果债务人没有得到继续经营的认可，向法庭提出债权人名单、资产和负债情况表和债务人财务状况的报告。

（6）编制重整计划。

（7）在重整计划被确定后，按法庭的要求对相关者提供有关报告。

在美国，债权人与债务人非经破产法庭正式程序，私下议定并同意企业重整计划的事项一般称为准重整。准重整的计划编制和会计处理与法定重整程序的工

作内容基本一致。

3. 我国破产法对重整与和解的工作要求

我国企业破产法对重整的要求为：在重整期间，债务人的出资人不得请求投资收益分配；除经法院同意，债务人的董事、监事、高级管理人员不得向第三人转让其持有的债务人的股权。重整的核心内容即为重整计划。我国企业破产法规定，债务人或者管理人应当自人民法院裁定债务人重整之日起6个月内，同时向人民法院和债权人会议提交重整计划草案，重整计划草案应当包括债务人的经营方案、债权分类、债权调整方案、债权受偿方案、重整计划的执行期限、重整计划执行的监督期限、有利于债务人重整的其他方案。在各类债务之中，应当进行四项主要划分：(1) 对债务人的特定财产享有担保权的债权；(2) 债务人所欠职工的工资和各种福利费用；(3) 债务人所欠税款；(4) 普通债权。上述各类债权的债权人应当参加讨论重整计划草案的债权人会议，并分组对重整计划草案进行表决；若同一表决组的债权人过半数同意重整计划草案，并且其所代表的债权额占该组债权总额2/3以上的，即为该组通过重整计划草案；进一步地，若各表决组均通过重整计划草案时，重整计划即为通过。一旦获得通过，重整计划将由债务人负责执行；已接管财产和营业事务的管理人应当向债务人移交财产和营业事务；不过，在重整计划规定的监督期内，管理人仍负有监督重整计划执行的责任，债务人应当向管理人报告重整计划执行情况和债务人财务状况。但是，若债务人不能执行或者不执行重整计划的，人民法院经管理人或者利害关系人请求，应当裁定终止重整计划的执行，并宣告债务人破产。按照破产法对重整的要求，债权人只有在其他同顺位债权人同自己所受的清偿达到同一比例时，才能继续接受分配；按照重整计划减免的债务，自重整计划执行完毕时起，债务人不再承担清偿责任。

我国企业破产法对和解的要求为：在和解协议通过之后，管理人应当向债务人移交财产和营业事务，并向人民法院提交执行职务的报告；经人民法院裁定认可的和解协议，对债务人和全体和解债权人均有约束力，而这里的和解债权人是指人民法院受理破产申请时对债务人享有无财产担保债权的人。债务人应当按照和解协议规定的条件清偿债务；按照和解协议减免的债务，自和解协议执行完毕时起，债务人不再承担清偿责任。由于和解的内容主要是按照达成的和解协议清偿债务，其会计处理的表现只在于偿还债务方面，因此此处对其会计处理的内容不再介绍。

12.4.2 重整业务的会计处理

重整业务会计要求逐笔记录企业的资产、资本股票价值的单位减少额（包括与股票相关的资本公积）、到期应付票据的延期、权益性证券与债务性证券的转换以及亏损的抵销等。

例12-2

假设例12-1中公司向破产法庭提交的只是一份重整申请。由该公司股东和未担保债权人批准，并经破产法庭认可的重整计划如下：

(1) 向第三方代理商存放现金 62 500 元，以在适当的时候支付有优先权的负债和支付重整过程的费用。

(2) 修改公司章程，将原来的股本进行调整，即将原 B 股东、C 股东的股本改由 D 股东持有，按照每股 1 元的价格交换；但是每股转让的股票需要减少 D 股东持有的该公司其他应付款 1 元。

(3) 将对供货商的未担保应付账款 3 450 000 元改为应付票据，延期 1 年后支付，票据上的票面利率为 6%。

(4) 支付的重整费用共计 50 000 元。

分析：

按上述计划条款，重整企业应进行下述会计处理。

(1) 按重整条款向第三方代理商存放现金时，作以下分录：

借：置存现金 62 500
　贷：银行存款 62 500

(2) 按重整计划条款将原有的普通股调整为新发的普通股时，作以下分录：

借：股本——B 股东 175 000
　　　——C 股东 125 000
　贷：股本——D 股东 300 000
借：其他应付款 150 000
　贷：资本公积——股票溢价 150 000

(3) 按重整计划条款记录延期并改变利率的应付票据时，作以下分录：

借：应付账款 3 450 000
　贷：应付票据（6%利率，一年后支付） 3 450 000

(4) 支付重整费用时，作以下分录：

借：重整费用 50 000
　贷：置存现金 50 000

上述重整的结果即为我们一般称谓的股权转换，进行转换后，公司实际上由新加入的 D 股东取得了控制权。进一步的结果是，若企业重整无效，不能有效偿还债权人的债务等，公司则应终止重整程序，进入破产清算。

思考题

1. 什么是公司解散？其具体原因有哪些？可以归纳为哪些形式？其具体内容是什么？

2. 什么是清算？如何对其进行法律上的解释？如何理解清算在公司解散过程中的重要性？

3. 清算如何分类？分成哪些类别？各分类之间的相互关系如何？

4. 什么是破产？有哪些方式？破产与破产清算之间的关系如何？清算会计与

破产会计之间的关系如何？

5. 破产的一般程序是什么？重整及其一般程序是什么？和解及其一般程序是什么？它们与清算的关系是什么？

6. 什么是破产债权？什么是破产财产？二者间的关系如何？

7. 在企业破产清算过程中，各方的关系人都有哪些责任和义务？其中的受托人或管理人将如何形成？担负什么责任？

8. 企业破产清算要进行哪些与会计相关的工作？具体的内容有哪些？在进行这样的工作时有什么具体要求？破产清算会计处理的程序是什么？

9. 破产清算过程要编制的财务报表有哪几种？各包括哪些内容？

10. 重整与和解在企业破产过程中的具体作用是什么？如何进行会计处理？

练习题

1. 设A公司为有限责任公司，股东甲、乙、丙的持股比例分别为40%，35%，25%。公司在业务经营中遇到了较大的困难，已经连续亏损，债权人向人民法院提出对债务人进行破产清算的申请；人民法院裁定受理破产申请，同时指定了破产管理人。公司破产日编制的资产负债表如表12-6所示。

表12-6 资产负债表

编制单位：　　　　年　月　日　　　　单位：万元

资产	金额	负债与权益	金额
货币资金	160	短期借款	35
交易性金融资产	110	应付票据	155
应收票据	25	应付账款	260
应收账款	115	应付职工薪酬	150
其他应收款	50	其他应付款	430
存货	210	应交税费	110
其他权益工具投资	80	长期借款	0
长期股权投资	60	实收资本	300
固定资产	360	资本公积	60
无形资产	15	盈余公积	0
商誉	25	未分配利润	−290
总计	1 210	总计	1 210

公司在清算过程变卖资产时发生以下经济业务：

(1) 将交易性金融资产变卖，实际收回现金155万元。

(2) 将应收票据协议转让，实际收回现金24万元。

(3) 应收账款的实际收回金额为110万元，其他应收款收回35万元。

（4）存货按照市场价格变卖，实际收回现金 330 万元。

（5）转让其他权益工具投资，实际收回现金 95 万元。

（6）处置长期股权投资，实际收回现金 85 万元。

（7）按照账面净值处置固定资产，实际收回现金 600 万元。

（8）在公司预定的公告公司破产日，按照账面金额注销了无形资产和商誉。

公司在清算过程偿付负债时发生以下经济业务：

（1）短期借款的实际支付额为 38 万元。

（2）应付票据在与债权人协商后，实际支付现金 138 万元。

（3）应付账款在与债权人协商后，实际支付现金 216 万元。

（4）其他应付款中存在多记 82 万元的差错，已经调整，其余部分按照实际数额支付。

该公司按照上述金额收回资产、偿还债务，并按照税法规定缴纳了清算期间的所得税。在清算结束日，A 公司按照出资比例向各位股东分配了剩余财产。该公司收回的现金均记入了“银行存款”账户，偿付债务时也由“银行存款”账户支付。

要求：

（1）根据上述资料，编制 A 公司清算过程的清算资产负债表（以例中的实际收回价格作为破产资产清算净值和破产债务清偿价值）。

（2）编制破产清算企业在破产清算过程中的全部会计分录。

（3）编制清算期间的清算损益表、清算现金流量表和债务清偿表。

2. 假设 B 公司向破产法庭提交了一份重整申请。由该公司股东和未担保债权人批准，并经破产法庭认可的重整计划如下：

（1）向第三方代理商存放现金 30 000 元，以在适当的时候支付有优先权的负债和支付重整过程的费用。

（2）修改公司章程，将公司原来的 25 000 股每股面值为 1 元的普通股股票转换为发行在外的每股 5 元的普通股股票 2 000 股，都按照面值进行交易。

（3）将对供货商的未担保应付票据改为应付债券，延期 4 年后支付，票据的数额为 60 000 元，原票据上的票面利率为 4%，现调为按现行利率 6%计算。

（4）扩增股本，新改变后的每股 5 元的普通股 2 000 股，按现行公允价值每股 6 元抵为未担保应付票据，总额为 12 000 元。

（5）与供货商协商，进行债务重整后，按 85%的比例向供货商支付应付账款 8 500 元。

（6）支付的重整费用共计 27 500 元。

要求：按上述计划条款进行重整企业全部的会计处理。

图书在版编目（CIP）数据

高级会计学：立体化数字教材版/耿建新，戴德明，周华主编．--9版．--北京：中国人民大学出版社，2021.6

中国人民大学会计系列教材

ISBN 978-7-300-29437-7

Ⅰ.①高… Ⅱ.①耿…②戴…③周… Ⅲ.①会计学-高等学校-教材 Ⅳ.①F230

中国版本图书馆CIP数据核字（2021）第105702号

国家级教学成果奖
中国人民大学会计系列教材
高级会计学（第9版·立体化数字教材版）
主编　耿建新　戴德明　周　华
Gaoji Kuaijixue

出版发行	中国人民大学出版社		
社　　址	北京中关村大街31号	**邮政编码**	100080
电　　话	010－62511242（总编室）		010－62511770（质管部）
	010－82501766（邮购部）		010－62514148（门市部）
	010－62515195（发行公司）		010－62515275（盗版举报）
网　　址	http://www.crup.com.cn		
经　　销	新华书店		
印　　刷	北京宏伟双华印刷有限公司	**版　　次**	1998年2月第1版
开　　本	787 mm×1092 mm　1/16		2021年6月第9版
印　　张	21 插页1	**印　　次**	2024年12月第9次印刷
字　　数	442 000	**定　　价**	49.80元

中国人民大学出版社　管理分社

教师教学服务说明

中国人民大学出版社管理分社以出版工商管理和公共管理类精品图书为宗旨。为更好地服务一线教师，我们着力建设了一批数字化、立体化的网络教学资源。教师可以通过以下方式获得免费下载教学资源的权限：

- ★ 在中国人民大学出版社网站 www.crup.com.cn 进行注册，注册后进入“会员中心”，在左侧点击“我的教师认证”，填写相关信息，提交后等待审核。我们将在一个工作日内为您开通相关资源的下载权限。

- ★ 如您急需教学资源或需要其他帮助，请加入教师 QQ 群或在工作时间与我们联络。

中国人民大学出版社　管理分社

教师 QQ 群： 648333426（工商管理）　114970332（财会）　648117133（公共管理）
教师群仅限教师加入，入群请备注（学校＋姓名）

联系电话： 010-62515735，62515987，62515782，82501048，62514760

电子邮箱： glcbfs@crup.com.cn

通讯地址： 北京市海淀区中关村大街甲 59 号文化大厦 1501 室（100872）

管理书社　　人大社财会　　公共管理与政治学悦读坊